RELIGIONS
DE
L'ANTIQUITÉ.

IMPRIMERIE DE E. DUVERGER,
RUE DE VERNEUIL, No 4.

RELIGIONS
DE L'ANTIQUITÉ,

CONSIDÉRÉES PRINCIPALEMENT DANS LEURS FORMES
SYMBOLIQUES ET MYTHOLOGIQUES;

OUVRAGE TRADUIT DE L'ALLEMAND

DU DR FRÉDÉRIC CREUZER,

REFONDU EN PARTIE, COMPLÉTÉ ET DÉVELOPPÉ

PAR J. D. GUIGNIAUT,

Membre de l'Institut de France, Professeur à la Faculté des Lettres
de l'Académie de Paris.

TOME TROISIÈME,
PREMIÈRE PARTIE.

Doctrine grecque des Héros et des Démons ; mythe, culte et mystères de Bacchus ;
Pan et les Muses ; l'Amour et Psyché, et les initiations de Thespies.

PARIS,
CABINET DE LECTURE ALLEMANDE
DE J.-J. KOSBÜHL, RUE DU CAIRE, N° 31.

M DCCC XXXVIII.

AVIS DE L'EDITEUR

POUR

CETTE PREMIÈRE PARTIE DU TOME TROISIÈME.

Nous offrons aujourd'hui au public savant et à la juste impatience de nos souscripteurs la première des deux parties dont se composera le tome troisième et dernier des *Religions de l'antiquité*. Cette partie comprend le livre septième de l'ouvrage, consacré principalement au culte de Bacchus et à ses mystères. Les lecteurs compétents apprécieront la portée des questions aussi graves que nombreuses qui y sont traitées; la nouveauté et la grandeur des solutions qu'elles y reçoivent; la profondeur d'érudition, la richesse de développements, l'inspiration de pensée et de style qui y règnent d'un bout à l'autre. Le traducteur, en persévérant dans son système d'une version à la fois libre et fidèle, système aujourd'hui sanctionné par les plus illustres suffrages, s'est attaché à reproduire ces mérites divers, et à les faire ressortir encore davantage par cette juste mesure de précision et de lumière où le génie de la forme française peut s'allier à celui de la forme allemande sans risquer de l'altérer. Dans les notes placées au bas des pages et dont il a droit de revendiquer une partie, comme il s'est fait un devoir d'en vérifier toutes les citations en les rectifiant ou les complétant, lorsqu'il était besoin, il a laissé prévoir ce que ses *Éclaircissements,* réservés pour la fin du tome entier, ajouteront d'instruction et d'intérêt aux recherches de M. Creuzer, par la controverse des opinions, l'analyse des travaux les plus récents, quelquefois par l'exposition de vues qui lui sont propres.

Mais ce qui, dès à présent, doit ajouter à notre publication un nouveau prix, c'est l'annexe que nous donnons à cet avant-dernier volume du texte, en l'accompagnant d'un cahier de cent douze planches gravées, formant avec les explications qui y sont jointes et qui, pour la plupart, appartiennent au traducteur, un autre volume considérable. Ces planches qui, par leur disposition, contiennent un très grand nombre de sujets, s'appliquent aux livres IV, V, VI et VII, par conséquent à tout le tome deuxième et à cette première partie du tome troisième des *Religions de l'antiquité;* elles mettent à jour, pour ainsi parler, la portion archéologique de l'ouvrage. Si quelques sujets déjà indiqués ne s'y trouvent point encore et sont réservés au troisième et dernier cahier de planches, lequel paraîtra avec la seconde partie du tome troisième du texte, d'autres, par avance, portent sur l'objet principal de cette seconde partie, sur la mythologie et les mystères de Cérès et de Proserpine. Cela tient à l'ordre de matières adopté par M. Creuzer, ordre purement systématique, auquel nous avons dû en substituer un autre plus régulier dans notre recueil de monuments, enté, comme l'on sait, sur la *Galerie mythologique* de feu Millin. Mais quoique cette dernière et toujours précieuse collection soit le fond de la nôtre, l'on s'apercevra aisément qu'elle reparaît ici singulièrement enrichie et renouvelée. Indépendamment des cinquante-trois planches du premier cahier, le second en compte vingt-quatre entièrement nouvelles, et il en est peu parmi les autres où de nouveaux sujets n'aient trouvé place à côté des anciens, soit par addition, soit par substitution. De la sorte, non-seulement les sujets donnés ou indiqués par M. Creuzer, et qui n'existaient point dans la *Galerie mythologique,* y ont été introduits; mais pour les religions de l'Asie antérieure, surtout pour celles des Phéniciens et de leurs colonies, et même pour les religions grecques et italiques, spécialement les mystères, un grand nombre de monuments, dont quelques-uns inédits, sont venus combler des lacunes ou prêter de nouvelles lumières tant au texte qu'aux éclaircissements de la *Symbolique* française.

Voilà ce que nous avons fait pour racheter le long retard qu'a éprouvé, malgré nous, cette publication, aujourd'hui bien près de son terme, et dont l'importance, par une juste compensation, aura gagné à ces délais mêmes. Nous tâcherons de faire mieux encore dans la livraison prochaine, laquelle sera composée également de deux volumes, l'un de texte, l'autre de planches, et ne laissera plus en arrière, ainsi que nous l'avons dit déjà, que la récapitulation générale de l'ouvrage, les notes et éclaircissements des tomes deuxième et troisième, le discours préliminaire et les tables, compléments qui, comme ceux du tome premier, dès longtemps publiés, sont le travail entièrement personnel du traducteur.

TABLE

DES CHAPITRES ET ARTICLES

CONTENUS DANS LA PREMIÈRE PARTIE DU TOME TROISIÈME.

LIVRE VII.

DOCTRINE GRECQUE DES HÉROS ET DES DÉMONS ;
MYTHE, CULTE ET MYSTÈRES DE BACCHUS ; PAN ET LES MUSES ;
L'AMOUR ET PSYCHÉ ET LES INITIATIONS DE THESPIES.

Pages.

CHAP. I. Des Héros et des Démons ou Génies 1-55

I. Étymologie des mots Démon et Héros, et leur sens général chez les poètes, surtout chez Homère; premiers traits d'une démonologie plus développée et plus arrêtée dans Hésiode, p. 2. — II. Formation et caractères de la notion des Héros et de celle des Démons ou Génies dans les croyances populaires des Grecs; rapports et distinction de ces deux notions, p. 8. — III. Rapports des Héros avec les demi-dieux, et des uns et des autres avec les dieux; différence entre la conception grecque et les conceptions orientales à cet égard; Héros postérieurs aux temps héroïques; Héros devenus dieux chez les Grecs; comment et de quels éléments s'est formé l'usage de l'apothéose chez les Romains, p. 21. — IV. Culte des Héros essentiellement différent de celui des dieux, et d'un caractère funèbre en général ; autres honneurs décernés aux Héros; Héros honorés comme des dieux et dans dans quel cas, p. 32. — V. Origine orientale, principalement persique et égyptienne, de la doctrine systématique des Démons et des Héros ; comment cette doctrine s'introduisit, et quels développements divers elle prit dans les différentes écoles philosophiques de la Grèce, chez les Juifs et surtout chez les Néo-Platoniciens, p. 38.

CHAP. II. De la religion de Bacchus envisagée dans son origine et dans ses développements historiques et mythologiques. 56-201

I. Le Dionysus de Thèbes, sa généalogie, sa naissance, son éducation; divers symboles, le lierre, le taureau, le bouc; rôles d'Hermès, des nymphes Hyades et Pléiades, des Heures; légende des exploits de Bacchus ; son importance et son idéal dans le culte populaire, dans les monuments de la poésie et dans ceux de l'art, p. 58.—II. Le Dionysus indien, époque et signification de sa légende grecque ; que cette légende est une inversion de celle des Hindous ; diverses étymologies du nom de Dionysus et sa véritable origine; nom de Bacchus; monuments, p. 79. — III. Le Dionysus égyptien, sa légende également intervertie par les Grecs, son identité avec Osiris lui-même en rapport avec l'Inde; origine égyptienne d'une des branches de la religion de Bacchus, p. 88. — Haute antiquité des dogmes orphiques prouvée par le témoignage des premiers historiens et par l'accord des plus anciens dogmes philosophiques; écoles orphiques successives, traditions qui semblent les indiquer; opposition du culte d'Apollon et de celui de Bacchus, de la lyre et de la flûte, symboles de ces cultes, et leur conciliation opérée peu à peu par les réformes introduites dans le dernier; rapports du pythagorisme avec les doctrines orphiques et bachiques réformées; représentations figurées qui ont trait à cet ordre de faits, p. 97. — V. Cortége de Bacchus; Bacchantes ou Ménades; Lenæ; Naïades et Nymphes; Thyades; Mimallones; Tityres; Silènes; Satyres et Faunes, p. 124. — VI. Silène prophète et son âne, d'origine probablement orientale; Silène-Acratus ou Chalis, symbole de l'ivresse prophétique et identique à Bacchus; conception supérieure de Silène; Méthé, Maron, Ampélos, etc., autres personnifications bachiques, p. 140. — VII. Pan, les Pans et les Panisques. Origine orientale et spécialement égyptienne de Pan; son caractère astronomique et astrothéologique, soit en Égypte, soit en Grèce; ses diverses généalogies; ses rapports avec Hermès, avec Silène et Bacchus, avec Protée. Pan dans la croyance populaire des Grecs et sur les monuments, p. 157.— VIII. Origine du culte des Muses, et leurs rapports primitifs avec les religions orphiques et bachiques de la Thrace, avec Dionysus, Pan, Hermès et Maïa ; idée fondamentale, double source, terrestre et sidérique, du mythe des Muses, et ses développements divers aux différentes époques et dans les différents pays de la Grèce ; monuments de l'art, p. 184.

Chap. III. Cosmogonies orphiques et âges du monde. . 202-221

Différentes cosmogonies attribuées à Orphée ; l'être primitif et ses noms divers ; figure sous laquelle il était représenté ; âges successifs du monde et dynasties divines correspondantes, p. 202.

Chap. IV. Mystères de Bacchus. 222-271

I. Mystères de Bacchus à Athènes ; époque, lieu, formes de leur célébration ; personnages, cérémonies, symboles principaux qui s'y rapportaient, p. 222. — II. Iacchus, le Dionysus des Mystères en Attique ; Zagreus, autre Dionysus mystique, le même au fond que Iacchus ; légende de la naissance et de la mort de ce dieu, d'origine immédiatement crétoise, médiatement égyptienne, p. 231. — III. Le culte de Bacchus chez les Phrygiens et chez les peuples voisins ; Sabus, Sabazius et les Sabazies ; Bassareus, Briseus et leurs fêtes. Identité de ces dieux et caractère généralement orgiastique de ces fêtes, p. 244. — IV. Koros et Kora, Liber et Libéra en Italie, et le Dionysus de la Grande-Grèce. Liaison étroite de ces religions avec les cultes correspondants de la Grèce, particulièrement de Samothrace et d'Athènes, et leurs rapports avec ceux de l'Égypte et de l'Asie antérieure. Hébon, le même que Bacchus; Libéra, la même que Proserpine, dans les mystères italiques, p. 258.

Chap. V. De la doctrine des Mystères, spécialement de ceux de Bacchus. 272-374

I. Doctrine de Dieu et du monde. Dionysus le créateur et le souverain de la nature; ses rapports avec Jupiter et avec Apollon; signification cosmogonique et morale du démembrement et de la mort de Zagreus, ainsi que des rites, noms et symboles qui s'y rattachaient. Ce que sont les jouets de Dionysus enfant; le cratère dionysiaque. Rapports de Dionysus avec Héphæstus ou Vulcain, autre démiurge; mythes cosmogoniques et physiques qui concernent ce dernier, p. 272. — II. Pneumatologie et anthropologie, ou des Génies dans le culte secret, particulièrement des Génies bachiques. Ces Génies, médiateurs entre le ciel et la terre, guides et précepteurs des âmes, comme Dionysus lui-même; ailés et non ailés, p. 290. — III. De la destinée et de la migration des âmes. Leur descente sur la terre et dans les corps, sous les auspices de Dionysus et de Proserpine; leur délivrance et leur retour aux cieux par l'intervention des mêmes divinités; conditions de ce retour, épreuves et purifications nécessaires, p. 302. — IV. Les symboles du culte mystérieux de Bacchus et de la doctrine des mystères, soit en général, soit sur les vases grecs de l'Italie en particulier. Destination de ces vases, leur sens, leurs peintures; exemples des représentations figurées, relatives à Bacchus, à sa légende, aux formes fondamentales de la religion bachique, qu'ils offrent aux yeux. Les Danaïdes et leurs rapports avec les mystères, p. 312. — V. Représentations figurées des vases qui ont trait à la migration des âmes, à leur descente sur la terre et dans les corps, à leur purification ici-bas, et à leur retour aux cieux. La fête des Apaturies et ses rapports avec la doctrine des mystères, avec tout cet ordre d'idées et d'images, p. 350.

CHAP. VI. L'Amour et Psyché et les initiations de Thespies. 375-407

I. Introduction. Éléments primitifs, degrés divers et principaux symboles des mystères de l'Amour à Thespies; alliance du culte d'Éros avec celui des Muses et développement supérieur, soit du dogme, soit des formes, qui en fut la conséquence, p. 375. — II. Mythe de Narcisse et son rapport avec la destinée de l'âme, avec la doctrine morale des mystères de Thespies; un mot sur le mythe analogue d'Hylas; représentations figurées, p. 384. — III. Éros ou l'Amour au point de vue orphique et platonicien, comme favorisant le retour des âmes, p. 391. — Représentations figurées tirées du cycle mythique de l'Amour, p. 394.— V. Exposition du mythe ou de l'allégorie d'Amour et Psyché; diverses interprétations qui en ont été données; éléments primitifs et sens originel de ce mythe, p. 398.

ADDITIONS ET CORRECTIONS.

PREMIÈRE PARTIE.

Page 66, note 2, ligne 12 ; p. 123, n. 3, l. 2 ; p. 127, n. 1, l. 6 ; p. 132, n. 1 ; p. 137, n. 3, l. 4 ; et p. 319, n. 1, *au lieu de* CIX, *lisez* CXIX,

Page 79, note 1, ligne 5, *après* CXV, *ajoutez* CIX,

Page 88, note 2, *ajoutez* — *Cf.* pl. CXI, 429 *a*.

Page 100, ligne 15, au fonds, *lisez* au fond.

Page 136, note 4, ligne 2, 428 *a*, *lisez* 428 *b*,

Page 138, note 3, CX *bis*, *lisez* CVIII *bis*,

Page 154, note 1, ligne 2, et 157, n. 2, l. 4, CXIX, *lisez* CIX,

Page 157, note 3, CVIII, *lisez* CVIII *bis*,

Page 180, notes, ligne 1, 451, *lisez* 670,

Page 247, note 2, *après* CXII, 429, *ajoutez* CXI, 429 *a*,

Page 297, note 5, *après* CXXII, 455, *ajoutez* CVIII *bis*, 458 *a*,

Page 364, note 1, 499, *lisez* 469,

Page 370, note 1, CXLV *deux fois*, *lisez* CXLIV.

RELIGIONS DE L'ANTIQUITÉ.

LIVRE SEPTIÈME.

DOCTRINE GRECQUE DES HÉROS ET DES DÉMONS;
MYTHE, CULTE ET MYSTÈRES DE BACCHUS;
PAN ET LES MUSES;
L'AMOUR ET PSYCHÉ, ET LES INITIATIONS DE THESPIES.

CHAPITRE PREMIER.

DES HÉROS ET DES DÉMONS OU GÉNIES.

Sur le point de passer aux mystères dans lesquels se perfectionna la religion des Grecs, c'est ici le lieu d'embrasser d'une vue générale leur doctrine des Héros et des Démons. Nulle part, en effet, ces êtres intermédiaires entre la Divinité et l'homme ne revêtent un caractère plus décidé que dans le culte secret et dans les systèmes des anciens philosophes qui s'en rapprochent. Nulle part aussi les conceptions sacerdotales, transplantées en Grèce, ne contrastent d'une manière plus frappante avec la poésie nationale et populaire. Homère, renonçant à ces idées profondes, adopta, dans ses chants, une croyance naïve qui se représentait les dieux eux-mêmes comme voisins de l'homme et secourables à sa faiblesse. La plupart des poètes qui vinrent après Homère suivirent en cela son exemple. Il en résulta que les traditions primitives des Grecs, sur les êtres dont il s'agit, ne purent prendre ni corps ni figure. Les données poétiques, telles quelles, seront notre point de départ ; et, après avoir jeté un coup d'œil rapide sur les opinions du peuple et sur le culte public, nous exposerons les dogmes supérieurs de la démonologie étrangère importée en Grèce.

I. Étymologie des mots *démon* et *héros*, et leur sens général chez les poètes, surtout chez Homère ; premiers traits d'une démonologie plus développée et plus arrêtée dans Hésiode.

Le mot *démon*, si diversement expliqué par les philosophes et par les érudits, selon les idées qu'ils se faisaient de la chose, emporte, par son étymologie la plus probable, ou la notion de science ou celle de dispensation ; il signifie *savant*, *doué de lumières*, ou bien *distributeur*, *dispensateur*, *ordonnateur*, sens qui convient également aux dieux et aux puissances intermédiaires, et que de célèbres écrivains grecs ont adopté de préférence[1]. Quant au mot *héros*, les interprétations n'en sont pas moins diverses. Il est hors de doute que ce mot, analogue au nom grec de Junon, *Héra*, au latin *herus* et *hera*, à l'alle-

[1] Δαίμων, de δαίω, *j'apprends*, comme qui dirait δαήμων (Interpr. Gr. ad Iliad. I, 222); ou de ce même mot et de sa racine δάω, au sens de *diviser*, *distribuer* (Lennep, Etymol. l. Gr., p. 167). Suivant Proclus (in Plat. Cratyl., p. 82, coll. p. 81, 73 Boissonad.), on disait dans l'ancienne langue δάμων.

mand *Herr*, etc., renferme l'idée de *maître* ou *seigneur*[1].

Si maintenant nous cherchons dans Homère, dans Eschyle et dans les autres poètes, jusqu'aux Alexandrins ou même plus tard, les idées qu'ils purent attacher à ces mots *démon* et *héros*, nous serons frappés de la généralité dans laquelle ils les prennent d'ordinaire. Pour eux les *démons* ce sont ordinairement les *dieux*, presque sans trace aucune de ce sens spécial que les dogmes des prêtres et ceux des philosophes attachèrent au premier de ces noms et que la croyance même du peuple reconnut à tel ou tel des êtres particuliers qu'il désignait[2]. Les prosateurs attiques et autres, quand ils écrivent sur des matières générales et non pas dans l'esprit des écoles philosophiques, se conforment à l'usage des poètes. Toutefois, il arrive souvent qu'au sens vulgaire de *dieu* ou *divin* vient, dans le mot *démon* et dans ses dérivés, se rattacher l'idée accessoire de fortune, de bonheur et de malheur[3].

---

[1] Jupiter lui-même avait parmi ses noms celui de ἕρρος ou ἕρος, comme Ἥρα s'appelait encore ἕρα; le maître et la maîtresse. *Confér.* tom. II, p. 590, n. 3.

[2] *Voy.*, par exemple, Iliad. I, 222, avec les remarques des scholiastes. *Cf.* Spanheim ad Aristophan. Plut., v. 81 ; Staveren ad Fulgent. Mythol. III, 5, p. 712.

[3] Le ἄλλα δὲ δαίμων de l'Odyssée, II, 734, est déjà remarquable sous ce rapport, et, dans ce poème, presque toujours l'emploi de δαίμων, δαιμόνιος, offre une nuance particulière, même quand il s'agit des dieux. *Cf.* C. Barthii Adversar. XXXV, 17, p. 1619;—et Nitzsch, *Erklærende Anmerk. z. Homers Odyss.* I, p. 89 sq. Ce savant observe que c'est surtout dans l'emploi des adjectifs θεῖος et δαιμόνιος que la distinction éclate ; que le ἐπέσσυτο δαίμονι ἴσος nous affecte tout autrement que ne ferait θεὸς ὥς, et que, dans beaucoup de passages d'Ho-

Aux yeux du Grec et sans raisonnement ultérieur, le *Démon* était la puissance supérieure et cachée qui dirigeait sa destinée indépendamment de tout concours de sa part; il appelait ainsi, en général, tout être divin dont la force surpassait la mesure des siennes.

L'emploi que fait Homère du mot *héros* présente le même caractère de généralité. Chez lui ce mot répond entièrement à son étymologie et signifie *maître* ou *seigneur* dans une acception presque banale. On sait à quel point il le prodigue, l'appliquant non-seulement aux guerriers, mais aux chantres, aux écuyers, aux échansons même, à tous ces hommes des temps anciens, quels qu'ils fussent, qui, grandissant de siècle en siècle, dans la tradition nationale, avaient fini par être considérés comme des êtres d'un ordre supérieur. En ce sens, quiconque s'élevait par ses mérites au-dessus de la mesure commune de l'humanité était pour les Grecs un *Héros*[1]. Mais ceux-là surtout, parmi les grands hommes, qui, délivrés des misères du présent, ne vivaient plus que dans la mémoire de leurs belles actions, obtenaient ce titre d'honneur. Peu à peu même, et plus ils s'enfonçaient dans les profondeurs du passé, leur gloire croissante les affranchissait des entraves de la condition humaine et les portait au rang des dieux. Déjà cette exaltation de l'idée des Héros sem-

---

mère, l'idée de la puissance obscure et mystérieuse d'une force supérieure ressort du mot δαίμων plutôt que de θεός.   (J. D. G.)

[1] *Voy.* Aristot. Problem. XIX, 49 (? *ci-après* p. 10, n. 3). *Cf.*, en général, les interprètes d'Homère et les lexiques, surtout Hesych., *v.* Ἡρώων; Apollon. Lex. Homer., *s. v.*

ble percer dans un passage de l'Iliade où il est question d'une race de demi-dieux entre les guerriers qui tombèrent devant Troie [1].

Chez Hésiode, cette exaltation ressort bien davantage. Son poème des Œuvres et Jours renferme plusieurs traits non équivoques d'une démonologie tout-à-fait développée. Dans le morceau célèbre des Ages du monde, le poète chante les hommes de l'âge d'or : « Après leur mort, dit-il, ils sont devenus les génies (*démons*) bienfaisants, habitant sur la terre, gardiens des mortels, qui observent les œuvres de justice et les œuvres d'injustice, qui, voilés d'un nuage épais, parcourent la terre en tout sens, répandant les biens ; tel est le royal privilége qui leur fut conféré [2]. » Ici donc les hommes d'un monde primitif et bienheureux apparaissent en un rang qui les place immédiatement au-dessous des dieux. Ils sont médiateurs entre eux et les hommes ; ils donnent la richesse, comme les divinités telluriques en général, comme Pluton dans Sophocle, comme Déméter, la terre mère, dans un fragment orphique, comme Dionysus, tel qu'on l'invoquait dans les Lénées [3]. On sait que les dieux de la mort sont en même temps les grandes puissances qui dispensent les biens de la terre et qui les

---

[1] XII, 23. — Ἡμιθέων γένος ἀνδρῶν, à la manière d'Hésiode, ce qui a fait suspecter, soit le vers, soit le passage même où se trouve cette qualification des héros, unique dans tout le poème. *Cf.* Heyn. Observ., t. VI, p. 277.   (J. D. G.)

[2] V. 122 sqq. ed. Lœsner.

[3] Πλουτοδόται, Orphic. hymn. LXXIII (72), coll. schol. Aristophan. Plut. 727; Diodor. Sic. I, 12; schol. Aristoph. Ran. 479; Moser ad Nonn., p. 220.

retirent. Les Démons, jadis mortels, sont les ministres de cette dispensation.

Dans un autre passage le poëte, rappelant aux juges des peuples ces êtres *immortels* qui circulent invisibles parmi les hommes et veillent au maintien de la justice, les présente comme des ministres de Jupiter et porte leur nombre à trente mille[1]. Hésiode connaît aussi une hiérarchie parmi les Démons; mais il ne s'en explique pas clairement, pour nous du moins. En parlant du second âge, celui d'argent, il s'exprime ainsi : « Quand la terre eut reçu dans son sein cette autre race, ceux qui la composaient furent dès lors appelés bienheureux mortels habitant sur la terre; placés en seconde ligne, ils n'en eurent pas moins, eux aussi, leurs honneurs[2]. » Il semble, en comparant les passages cités, que, de ces deux classes de génies, les uns aient été immortels et les autres sujets à la mort. Suivant Plutarque[3], au contraire, se fondant sur l'autorité même d'Hésiode, ils auraient été tous indistinctement mortels, quelque prolongée que pût être leur existence. Jusqu'à quel point le philosophe de Chéronée était-il fondé à conclure de l'exemple des Nymphes,

---

[1] Op. et D., v. 252 sqq.

[2] V. 140 sqq. La leçon ἐπιχθόνιοι paraît devoir être préférée à ὑποχθόνιοι. *Cf.*, du reste, Græyii Lect. Hesiod., cap. IV, p. 525 sq. ed. Lœsner.—Gaisford aussi (Poet. min. gr., vol. I, p. 11 ed. Lips.) donne ἐπιχθόνιοι; Gœttling (p. 148 de son édit.), avec Lanzi et Buttmann, ὑποχθόνιοι, par des raisons tirées de la manière de concevoir les différents degrés de cette hiérarchie des Démons, et leur rapport avec les âges successifs du monde. *Voy.*, à ce sujet, la note 1re sur le livre VII, dans les *Éclaircissements*, fin de ce tome.   (J. D. G.)

[3] De defectu oracul., p. 750 sq. Wytt.

donné dans les vers qu'il rapporte[1], au sort des Démons en général, c'est ce qu'il est assez difficile de déterminer. Tantôt, en effet, dans l'antiquité, l'on distinguait les divinités rustiques, ce peuple des dieux, comme les nommaient les Romains[2], des hommes qui, après leur mort, furent jadis élevés en un rang supérieur ; tantôt on les confondait avec ces êtres intermédiaires, avec les demi-dieux[3]. Le vague, l'indécis, le nébuleux, semble le caractère même de cette sphère des Esprits, tant qu'elle reste abandonnée à la conception populaire. Aussi Homère, dont la brillante épopée demandait des traits plus arrêtés, la laissa-t-il à l'écart.

Le dernier passage de la démonologie d'Hésiode se rapporte au quatrième âge du monde. « Jupiter, y est-il dit, créa la race divine des Héros, qui sont appelés demi-dieux..., sur la vaste terre[4]. » Puis le poète raconte que,

[1] Voici la traduction de ces vers mis dans la bouche de la nymphe Naïs, et qui doivent avoir appartenu à l'un des ouvrages perdus d'Hésiode (Hesiod. Fragm., p. 190 Gaisf., 88 Dindorf., 227 Goettling) : « La criarde corneille vit neuf générations d'hommes vigoureux ; le cerf quatre vies de corneille ; le corbeau, dans sa longue vieillesse, voit passer trois cerfs ; le phénix neuf corbeaux ; pour nous, nymphes à la belle chevelure, filles de Jupiter qui porte l'égide, nous vivons autant que dix phénix. » Pline (H. N. VII, 48) les reproduit en substance ; Ausone (Eid. XVIII) les traduit à sa manière. Quant à Plutarque, par un calcul qui lui est propre, il en déduit le nombre 9720 ans pour la durée de la vie des Démons. (J. D. G.)

[2] *Plebs deorum* ou *dii plebeii*, par opposition avec les *dii selecti* ou *senatus deorum* (Augustin. de Civ. D. VII, 3).

[3] Voy. Ovid. Heroïd. IV, 49, coll. Cuper. Observ. III, 16 ; Theop. ap. Ælian. V. H. III, 18 ; Conon. Narrat. I ; Pausan. VI, Eliac (I), 24.

[4] V. 158-160 sqq.

de ces Héros, les uns périrent dans la guerre contre Thèbes, les autres sous les murs de Troie, à cause d'Hélène; il ajoute que maintenant, par la volonté de Jupiter, ils mènent une vie de délices dans les îles des bienheureux, sur les bords de l'Océan : idées qui s'accordent avec le passage de l'Iliade cité plus haut, aussi bien qu'avec diverses assertions de Pindare et des autres poètes grecs. Du reste, la description d'Hésiode doit être regardée comme un témoignage fondamental au sujet des Héros. On conçoit, quand on lit les vers de ce poète, l'éloge que lui décerne Plutarque[1], d'avoir le premier nettement distingué les êtres doués d'intelligence en dieux, démons, héros et hommes, les demi-dieux étant compris dans les héros. Par ces notions déjà plus déterminées, ainsi que par ce qu'il y reste encore de vague, Hésiode se place, pour ainsi dire, entre les dogmes des prêtres et des philosophes et les croyances populaires sur les démons. Il fournit donc un point de départ naturel pour traiter des uns et des autres.

II. Formation et caractères de la notion des Héros et de celle des Démons ou Génies dans les croyances populaires des Grecs; rapports et distinction de ces deux notions.

C'est dans les poèmes d'Homère que nous trouvons le plus ancien, le plus fidèle tableau de la vie et des mœurs du peuple grec, des croyances et des idées qui lui appartiennent. La distinction des classes, telle qu'elle existe dans le monde décrit par Homère, nous explique en

---

[1] Lib. cit., p. 699 Wytt.

grande partie l'origine de ce culte général dont les Héros étaient devenus l'objet. Parmi les hommes de l'âge appelé héroïque se remarque une frappante inégalité de conditions. Quelle que fût d'ailleurs la simplicité de cet âge, le noble y apparaît comme un être d'une espèce supérieure, élevé au-dessus de l'homme du commun, non-seulement par le rang, la puissance et la richesse, mais par la force physique, la beauté et l'éducation. Ces avantages, les chefs guerriers, issus des antiques familles de rois, les rois eux-mêmes, les possédaient à un degré supérieur. Ceux-ci, du reste, n'ayant sur la noblesse que la prééminence du rang, sans domination aucune, la condition de l'homme qui cultivait la terre, industrie la plus générale dans la Grèce de ces temps-là, n'en était que plus dure. Aussi la fleur de l'humanité, dans sa vigueur et dans son éclat, ne pouvait-elle s'épanouir que parmi la classe des privilégiés. Leur vie libre et toute chevaleresque, se partageant entre le plaisir de la chasse, l'exercice des armes, la guerre, ou s'écoulant dans la joie des banquets, favorisait chez ces natures puissantes l'essor de toutes les facultés. C'est là ce qui établissait leur influence sur les affaires publiques, soit dans l'assemblée du peuple, soit dans la mêlée. La parole des nobles, des grands, n'était pas moins décisive dans l'une que la force de leur bras dans l'autre, en bataille rangée ou en combat singulier.

On conçoit comment de pareilles mœurs, un tel état de société, durent conduire à la vénération et bientôt à un véritable culte envers les Héros. Le peuple voyait dans les nobles ses défenseurs et ses représentants à la fois. Les chefs de l'armée et les rois à leur tête présidaient à tous les intérêts, faisaient pour lui l'office des dieux et portaient même avec eux un titre commun[1]. Ce qu'était Jupiter entre les dieux, Agamemnon l'était entre les hommes. Le pouvoir des rois vient de Jupiter, le roi suprême, et avec le pouvoir les dons nécessaires à son exercice, la force et la beauté, la grandeur physique, le courage, la résolution, la prudence. Aussi les chefs des peuples sont-ils dits non-seulement égaux, pareils aux dieux, mais encore fils, nourrissons de Jupiter[2], appellations qui, à la vérité, étaient devenues pour les rois des titres généraux, mais n'en témoignent que mieux de l'empire de ces antiques opinions. Il était donc dans les habitudes les plus intimes du Grec des temps héroïques, il était en quelque sorte passé dans sa nature de placer au-dessus de lui, par un sentiment religieux, les rois, les chefs et leurs enfants, à cause des avantages réels ou supposés qu'il leur reconnaissait. Ainsi considérait-il ses *Maîtres* (c'est le sens même du mot *Héros*) durant leur vie sur la terre. Et ce sentiment du peuple, les penseurs de la nation ne manquèrent pas de le donner pour base à leurs conceptions plus déterminées. Non-seulement Aristote, dans ses Problèmes[3], partage les mortels en Héros et en hommes ordi-

---

[1] Ἄνακτες. *Cf.* livre V, sect. I, chap. II, tom. II, p. 365.
[2] Θεοειδής, ἰσόθεος, διογενής, διοτρεφής. *Cf.* l. VI, c. I, t. II, p. 560.
[3] XIX, 49 (?). — Schneider (*Woerterb.* I, 621) indique le même endroit des Problèmes, en citant le passage suivant que nous n'y trouvons ni là ni ailleurs : Οἱ δὲ ἡγεμόνες τῶν ἀρχαίων μόνοι ἦσαν ἥρωες, οἱ δὲ λαοὶ ἄνθρωποι. (J. D. G.)

naires, comme les immortels en Dieux et en Génies ; mais, dans sa Morale[1], il fonde sur ces croyances populaires une division des vertus et des vices, mettant la nature animale, telle qu'elle se rencontre rarement chez les hommes, un degré au-dessous de l'humaine nature, et un degré au-dessus cette vertu héroïque et divine qui n'est pas moins rare. « C'est ainsi, ajoute-t-il, que, dans Homère, Priam dit d'Hector qu'il semble être le fils, non pas d'un homme, mais d'un dieu ; c'est ainsi que les Lacédémoniens appelaient *homme divin* un de ces êtres supérieurs qui apparaissent de loin en loin. »

A la mort de ces hommes éminents devait naturellement croître l'admiration qu'ils avaient inspirée pendant leur vie, l'idée qu'on se faisait de leurs grandes qualités, des services rendus par eux, de leur supériorité à tous égards sur les autres hommes. Et d'abord, dans les traditions de tous les peuples anciens se rencontre une croyance, celle de l'existence prolongée des hommes des temps primitifs. De même qu'une vie de plus de neuf mille ans était attribuée aux Démons ou Génies, selon Plutarque, de même les vieilles légendes grecques parlent de mortels qui seraient parvenus à l'âge de mille ans[2]. C'est ce qu'on racontait particulièrement des chefs anti-

---

[1] VII, 1, p. 1145, Bekker.

[2] Joseph. Antiq. I, 4, pag. 17 sq. Havercamp., d'après Acusilaüs et autres. *Cf.* Spanheim ad Callimach. H. in Dian. 132. — Ce nombre consacré de mille ans, pour la durée de la vie des hommes des anciens jours, fut transporté dans la suite aux Hyperboréens. *V.* Strab. XV, p. 711. *Cf.* Voss, *Alte Weltkunde* (*Kritische Blætter*, t. II, p. 356 sqq.). (J. D. G.)

ques de la nation, et cette longue vie passait pour la récompense de leurs vertus. On croyait aussi que leur taille avait surpassé la mesure actuelle de la taille humaine. Ici encore s'accordent les témoignages de tous les peuples. Quelle contrée de la terre n'a pas eu ses géants, ne montre pas ses ossements de géants et les empreintes de pieds gigantesques? Il nous suffira de citer, dans la tradition héroïque des Grecs, l'exemple des os d'Oreste retrouvés à Tégée en Arcadie, et qui n'avaient pas moins de neuf coudées de long[1]. Aussi ne faut-il pas s'étonner de voir Homère se représenter les anciens Héros comme si supérieurs aux hommes de son temps par tous les avantages physiques[2]; et Pausanias se conforme tout-à-fait à l'esprit des croyances populaires, lorsqu'à l'occasion de la statue de Polydamas, dont la taille avait surpassé celle de tous les autres hommes, il en excepte les Héros « et les autres mortels qui peuvent avoir vécu avant eux[3]. »

Les reliques des Héros, comme on le voit par cette même histoire des ossements d'Oreste transportés de Tégée à Sparte sur l'ordre de l'oracle, étaient encore regardées comme un gage de prospérité et de victoire pour la terre où elles reposaient. Les tombeaux des ancêtres, surtout des chefs antiques du pays, sont constamment nommés à côté des temples des dieux du pays, quand il s'agit de la défense des biens les plus chers d'un peuple[4]. Qui plus

[1] Herodot. I, 68; Pausan. III, Laconic., 3. *Cf.* Creuzer. Comment. Herodot. I, p. 301.

[2] Οἷοι νῦν βροτοί εἰσι, comme il est dit plus d'une fois dans l'Iliade.

[3] VI, Eliac. (II), 2, *init.*

[4] Ælian. V. H. II, 28; Lucian. Eunuch., t. V, pag. 206 Bip. Les

est, ces Héros, dont les restes sacrés protégeaient la patrie de leur présence, venaient eux-mêmes à son secours dans les grandes nécessités publiques. Ils apparaissaient tout d'un coup dans la mêlée et jetaient l'épouvante dans les rangs ennemis, comme Iacchus ou comme Echetlæus, l'homme de la charrue, à la bataille de Marathon [1]. C'est pourquoi les anciens législateurs, qui voulaient fonder les devoirs civils sur les plus sublimes instincts de l'homme, en sanctionnant le culte des dieux, n'oublièrent pas de consacrer d'une manière toute spéciale celui des Héros de la patrie; témoin la loi de Dracon rapportée dans Porphyre en termes si impératifs [2]. Mais, ainsi que le montrent les exemples cités d'Iacchus et d'Echetlæus, en même temps que les Héros défendent le sol sacré de la patrie, ils épanchent de son sein les biens qu'il renferme; ils donnent à la fois protection et abondance. Ici évidemment la notion des Héros coïncide avec celle des Démons qu'Hésiode nous a dépeints comme les dispensateurs de la richesse. Il n'est guère douteux non plus, à en juger par l'esprit général de ces croyances, que le peuple grec dût avoir aussi ses démons ou génies locaux, lesquels étaient censés habiter chaque localité particulière et la tenir sous leur garde. Toutefois il ne nous est parvenu aucun témoignage clair et positif à cet égard. Du moins est-il certain

heros partagent avec les dieux l'épithète de ἐγχώριοι ou ἐπιχώριοι, et reçoivent avec eux des offrandes communes. *Cf.* Comment. Herodot. I, p. 265.

[1] *Cf.* liv. VI, ch. VIII, p. 765, tom. II.
[2] De abstin. IV, p. 380 Rhœr. *Cf.* Sam. Petit. Leg. Attic., pag. 69 Wessel.

que les religions populaires de l'ancienne Italie eurent de pareils génies, comme en font foi et les inscriptions et les passages des auteurs[1]. Les mêmes religions, dans la conception du Lar familier qui leur est propre[2], avaient rapproché étroitement et pour ainsi dire confondu l'idée des Héros et celle des génies locaux. Ces *Maîtres bienheureux* qui, après une vie de piété et de justice, étaient demeurés les invisibles possesseurs de la maison, et se révélaient à ses pieux habitants par toute sorte de bienfaits et par les bénédictions de tous les jours, ne différaient pas au fond de ces génies distributeurs des biens, des anciens Grecs, dont les pas invisibles, à leur entrée dans la maison, étaient semés de tous les vrais trésors. La preuve que ces idées furent communes aux Grecs et aux Romains, c'est que ceux-ci traduisent assez souvent par *Lares* le grec δαίμονες[3]; et chez ceux-là le mot *héros* continua de se dire d'un mort, au sens de *bien-heureux*, depuis Hésiode jusqu'aux derniers temps[4].

Mais les croyances grecques elles-mêmes, aux génies bienfaisants et propices opposaient le contraste, d'ailleurs si général, de génies terribles et malfaisants; elles reconnaissaient des héros bons et des héros mauvais[5]. Dans ce domaine de la foi populaire, l'imagination flottait, pour ainsi dire, entre la crainte et la confiance. On ne s'approchait qu'en silence des banquets servis en l'honneur des

---

[1] Gruter. Inscript., p. 4. *Cf.* Cuper. Observat. III, 16, p. 333.
[2] *V.* liv. V, sect. II, ch. II, p. 411, 417 sqq. du tom. II.
[3] Cic. de Universo, 11, *ibi* interpret.
[4] Alciphron. Epist. III, 37, *ibi* Bergler.
[5] Plutarch. de placit. philosoph. I, 8.

Héros; le voisinage de ces êtres invisibles avait toujours quelque chose de redoutable. La terreur croissait avec le coucher du soleil. La rencontre d'un Héros pendant la nuit était censée porter malheur et causer toute sorte d'accidents[1]. Dans les lois de Zaleucus et de Charondas, il est formellement question de génies malfaisants ou funestes, de démons vengeurs, qui perdent les familles et y sèment la discorde quand elles ont été souillées, ou qui veillent sur l'autel de la patrie, prêts à punir quiconque ose refuser l'obéissance aux magistrats[2]. Sans nous étendre ici sur le héros lacédémonien Astrabacus, qui, dans l'histoire de Démarate, joue tout-à-fait le rôle d'un mauvais génie, et qui, à d'autres égards, paraît se rapprocher des Silènes et des Satyres, compagnons de Bacchus[3], nous rappellerons encore le *méchant héros de Témesse*, passé en proverbe sous ce titre. On peut voir dans Pausanias[4], et en partie dans Elien[5], la légende de cet esprit malfaisant, jadis homme, devenu, pour les habitants de la cité italique, une espèce d'ange exterminateur, apaisé par les honneurs rendus d'ordinaire aux Héros et par l'offrande

---

[1] Aristoph. Av. 1490, *ibi* Schol. et Beck; Alciphron. III, 58, *ibi* Bergler.

[2] Δαίμονες ἑστιοῦχοι, ἐξοικιστοί, ἐχθροποιοί. Stob. Serm. XLII. *Cf.* Heyn. Opusc. Acad. II, p. 83, 101, 105.

[3] *Voy.* Herodot. VI, 61 sqq.; Pausan. III, Laconic., 16; Clem. Alex. Protrept., p. 35, Potter. *Cf.* les Comment. Herodot., I, pag. 241-270, où il est traité au long d'Astrabacos et de son frère Alopecos, dont l'un fait allusion à l'âne et l'autre au renard; et ci-après chap. II, art. VI de ce livre.

[4] VI, Eliac. (II), 6.

[5] Var. Histor. VIII, 18.

annuelle de la plus belle fille du pays, vaincu enfin par le locrien Euthymus, célèbre athlète, et disparaissant sous les flots de la mer. On montrait encore, à l'époque romaine, la copie d'un tableau antique qui le représentait noir de figure, d'un aspect effrayant, et vêtu d'une peau de loup. Euthymus lui-même, le fort, le courageux, apparaît dans la légende sous les traits d'un Héros et d'un Génie supérieur à l'humanité. Il lui fut donné d'échapper à la mort, et il passa pour le fils du fleuve dans les eaux duquel il avait disparu à son tour. Pareillement, nous avons vu le génie vaincu se perdre au sein des eaux, que les superstitions populaires assignent aujourd'hui encore, ainsi que les bois, pour séjour aux esprits. Un trait non moins remarquable de ces croyances universelles, c'est cette supériorité d'un esprit sur un autre qu'il dompte et soumet. Ce trait, nous le retrouvons, aussi bien que ceux qui précèdent, dans un semblable conte populaire qui retentit à travers la Grèce, des forêts du Parnasse jusqu'au rivage italique de Sybaris. Là, en effet, au pied du Parnasse, près de Crissa, habitait un esprit femelle, un malin esprit, d'une taille et d'une forme terribles, appelé Sybaris ou Lamia. Les plus beaux jeunes gens du pays tombaient ses victimes, lorsqu'enfin Eurybates, fils d'Euphémus, par amour pour le bel Alcyonée, précipita le monstre du haut des rochers. Celui-ci se brise la tête contre une pierre, et de cette pierre naît aussitôt la source nommée Sybaris, nom qui passa dans la suite à la colonie des Locriens en Italie[1]. Ici donc la nature de l'esprit malfaisant

---

[1] Antonin. Liberal., cap. 8 (d'après Nicander). Sur *Eurybates* et

se résout encore en une eau vivante. Lui aussi, Eurybates, est mis en rapport avec un fleuve, avec l'Axius, dont il tire son origine; il est fils de la *bonne parole*, de la *parole propice* (Euphémus), comme l'autre vainqueur était lui-même le *bon courage* (Euthymus); enfin, conduit à Crissa par un Génie, c'est une lutte nouvelle d'esprit contre esprit que nous offre la légende grecque.

En général, l'essence, la vertu la plus intime de chaque être, est son Génie. C'est le point central de son activité, la cause agissante de son existence propre, qu'il soit source, plante, animal ou homme. Cette religion d'imagination, qui fut celle des Grecs, animait tous les éléments, toutes les parties de la nature; partout où se produit, où agit une force cachée, dans l'homme comme dans la nature, dans l'ordre moral comme dans l'ordre physique, pour le bien comme pour le mal, elle reconnaît quelque chose de divin, elle met des Démons ou des Génies. Bien plus, dans ce domaine encore indéterminé et flottant des esprits, elle s'inquiète aussi peu de la distinction précisément morale du bien et du mal que d'une classification arrêtée, d'une hiérarchie constante parmi les êtres divers qui le composent. Souvent elle met sur le même pied, elle gratifie des mêmes honneurs les génies bienfaisants et les génies malfaisants[1]; souvent elle confond les rangs et mêle

---

Eurybatos aussi bien que sur les *Eurybates*, au pluriel, et les nombreuses légendes qui les concernent, il faut voir Eustath. ad Odyss. XIX, 247, p. 694 Bas., coll. Ephor. Fragm. ed. Marx, p. 207.

[1] L'histoire d'un autre athlète, d'un autre vainqueur, Cléomédès, que l'oracle prescrivit aux Astypaléens, ses compatriotes, d'honorer comme le dernier des Héros, en est une preuve frappante. *Voy.* OEno-

les uns avec les autres héros, démons et dieux. Nous en avons vu un exemple dans le sens élevé que donne Homère au mot *démon* pris pour *dieu*. Le dérivé substantif δαιμόνιον s'emploie en un sens analogue; il signifie un dieu, ou l'œuvre d'un dieu, comme Aristote le remarque très bien dans sa Rhétorique[1]. Mais c'est surtout l'emploi de δαιμόνιος, comme adjectif, qui montre tout ce qu'il y a de vague et de complexe dans ces croyances populaires. Ce mot s'applique à un homme extraordinaire, considéré tantôt dans l'effet de son activité, dans son énergie, tantôt comme être souffrant et placé sous l'influence de puissances supérieures, subissant sa destinée; il veut dire par conséquent *heureux* et *malheureux*. De là le sens indéterminé dans lequel Homère prend si fréquemment cette épithète, dont il se sert souvent en manière d'allocution générale, ou même avec une idée de blâme[2].

Et pourtant, quelque vagues, quelque indéfinis que soient les idées et les mots, même dans ce langage et ces opinions du peuple il est possible de saisir les premiers linéaments, non pas d'une classification systématique, mais d'une distinction quelconque entre les héros, les démons et les dieux. D'abord, et historiquement, pour ainsi dire, les héros et les démons ont le pas sur les hom-

---

maus ap. Euseb. Præp. Ev. V, 34, coll. Pausan. VI, 9, Ælian. V. H. XI, 3.

[1] II, 23.

[2] Déjà les anciens en avaient fait la remarque, par exemple Plutarque, de Isid., pag. 475 sqq. Wytt. — *Cf.* art. I, pag. 6 et not. 3 *ci-dessus*.

mes du temps actuel, appartenant, les uns et les autres, à des époques antérieures et successives du monde primitif. Ainsi l'avons-nous vu chez Hésiode, qui enveloppe en quelque sorte les Démons eux-mêmes dans la série des temps, dans le cycle historique. Ensuite, sans recourir aux démarcations déjà si formelles de ce poète, le sens populaire des anciens, révélé par le langage usuel, suffit à distinguer essentiellement le Démon du Héros. Nul doute que ces deux noms ne soient fréquemment appliqués à un seul et même être; mais ils le désignent sous des points de vue différents, comme on s'en aperçoit en lisant avec attention la légende déjà citée du héros ou du démon de Témesse, dans Pausanias. Le Héros, c'est le personnage historique et humain tout entier, corps et âme; le Démon, c'est son âme séparée de son corps, c'est le principe de son activité, son esprit personnifié et représenté comme un fantôme[1]. Avec ce langage populaire s'accorde pleinement la langue d'Homère, si fidèle à la nature. Dès le début de l'Iliade, Achille précipite aux enfers les *âmes* des Héros, tandis qu'*eux-mêmes* (les Héros) sont la proie des chiens et des oiseaux. Ailleurs, il est question des ombres ou fantômes des Héros, lesquelles sont aux enfers, pendant qu'eux ils errent sur la terre ou habitent quelque autre région. Par exemple, comme le rapportaient les Héraclées ou poèmes sur Hercule, l'ombre de ce héros est descendue au sombre royaume, et

---

[1] Φάσμα, apparition, spectre, fantôme, mot quelquefois appliqué aux mêmes êtres qui sont nommés tantôt héros, tantôt démons. *Cf.* la note 215 dans les Commentat. Herodot. I, p. 233 sq.

lui-même, son être, sa personne transfigurée, réside auprès des dieux dans l'Olympe [1].

En résumé, il semble que le *démon*, chez les Grecs, soit, pour nous servir de ces termes philosophiques, la conception abstraite et de sentiment d'une individualité humaine ou autre; le principe, l'esprit, l'énergie constitutive d'un être de la nature ou de l'humanité; le *héros*, au contraire, l'homme tout entier, l'homme tel qu'il est dans la nature, pris d'une manière concrète et parmi les plus dignes représentants de l'humanité; plus spécialement, l'apparition historique d'une personnalité imposante, l'image d'un grand homme des temps anciens dans tout l'ensemble de son être et de ses actions. Aussi les Héros appartiennent-ils à l'histoire, forment-ils une de ses époques, tandis que les Démons, à vrai dire, échappent au temps, sont en dehors et au-dessus d'elle. Les Romains, quand ils voulaient exprimer la vertu secrète qui animait un grand homme, l'esprit qui avait inspiré telle ou telle de ses actions, disaient, pour cette raison, son *génie*; mais lorsqu'ils entraient dans le vestibule de la maison d'une noble famille et qu'ils y voyaient les portraits des aïeux illustrés de siècle en siècle par leurs services, c'est du nom de *héros* qu'ils les saluaient.

Maintenant une individualité élevée à sa plus haute puissance, devenue par l'abstraction un démon ou un génie, se personnifie de nouveau, et par là s'explique jusqu'à un certain point toute cette famille de Génies qui jouent

---

[1] *Cf.* liv. V, sect. I, chap. IV, p. 384 du tome II, et la note fin de ce tome, à laquelle nous renvoyons la même. (J. D. G.)

dans les mystères un rôle si important. Cette partie de la doctrine secrète donnait, pour ainsi dire, la main aux croyances publiques; elle était en quelque sorte le populaire dans le mystique. Là gît encore le fondement de ces personnifications artificielles par le moyen desquelles l'esprit d'un dieu ou d'un héros prend place à côté de ce héros ou de ce dieu avec une existence et une forme propres. Qui ne sait tout ce que la vive imagination des Grecs a créé en ce genre de riant et de significatif? qui ne connaît ces Génies, bachiques et autres, reflets gracieux, pour la plupart, des grandes divinités dont ils sont les ministres, et qu'on serait tenté d'appeler les moments personnifiés d'une vie divine[1]? Enfin, c'est de cette démonologie populaire, si prompte à décomposer et à personnifier ses décompositions, qu'il faut encore dériver l'usage, si répandu plus tard, de l'apothéose.

III. Rapports des Héros avec les demi-dieux, et des uns et des autres avec les dieux; différence entre la conception grecque et les conceptions orientales à cet égard; Héros postérieurs aux temps héroïques; Héros devenus dieux chez les Grecs; comment et de quels éléments s'est formé l'usage de l'apothéose chez les Romains.

Mais, avant de traiter la question de l'apothéose, voyons par quelle gradation, dans les idées grecques, le héros devient demi-dieu ou même s'élève jusqu'à la divinité. Le point de départ de la religion des Grecs, ce fut toujours

[1] Voyez avec quelle admiration Winckelmann s'exprime au sujet du génie ailé de la villa Borghèse, par exemple (Hist. de l'Art, t. I, p. 375 de la trad. franç.), et nos planches, *passim*, avec l'explication.

la terre, et, bien que ses dieux n'aient point été des hommes, en général, on peut dire qu'ils lui vinrent de l'humanité. Les grandes figures qui apparaissaient dans la tradition, les nobles sentiments, les hauts faits, les merveilleux caractères qu'elle attribuait aux personnages historiques, donnèrent au peuple grec le type de ses héros, et ses héros à leur tour lui donnèrent la mesure de ses dieux. Ainsi, dans ses naïves croyances, élevant de degré en degré l'homme idéalisé toujours davantage, selon que les temps s'éloignaient, il finit par le porter jusqu'à l'Olympe. Voilà pourquoi les généalogies des familles royales de la Grèce se rattachent par les fils des dieux aux plus sublimes objets du culte national. La même chose sans doute arrive en Orient, chez les peuples de l'Asie et de l'Égypte anciennes, mais non pas de la même manière. Là l'élément métaphysique prévaut; les fils des dieux sont des incarnations divines, périodiques, temporaires, qui gardent l'empreinte de leur origine et révèlent à chaque instant la source suprême d'où elles sont émanées. Dans les demi-dieux des Grecs, au contraire, l'élément humain, national, est tellement dominant qu'il est difficile d'y voir autre chose que le reflet mythique de héros réels, environnés d'une auréole où se mêlent tout au plus quelques traits empruntés aux déifications du monde physique[1]. Il y a mieux; l'Olympe lui-même, dans la peinture toute populaire qu'Homère nous en retrace, semble n'être que la copie resplendissante du palais ou de la fa-

---

[1] *Cf.* la note 7 dans les Éclaircissements sur le livre III, tom. Ier, p. 841 sqq. (J. D. G.)

millé d'un des antiques souverains de la Grèce, et Jupiter l'idéal le plus parfait du monarque des temps héroïques. Évhémère et ses disciples avaient mis en relief cette différence entre la conception grecque et la conception orientale, quand ils déclaraient que tous les dieux de leur pays n'étaient que des hommes déifiés. C'est avec raison que Plutarque[1] repousse cette doctrine; mais lui-même accepte l'opinion qui représentait les divinités à affections humaines, les divinités atteintes par la souffrance et la douleur, telles qu'Osiris et Dionysus, Isis et Cérès, comme des Démons ou des Génies d'un ordre supérieur, comme des êtres en qui la substance divine n'était point sans mélange, qui, par les penchants de l'âme aussi bien que par les sensations du corps, participaient de la condition humaine. En effet, dans ces véritables demi-dieux, l'intuition religieuse de l'Orient se marie, pour ainsi dire, avec la foi populaire des Grecs, ou, si l'on veut, les deux routes se rencontrent, la route d'en-haut qui part de l'infini, et celle d'en-bas qui part de la terre et de l'humanité. La Grèce même, par une fusion d'éléments historiques et d'éléments symboliques, sur laquelle nous nous sommes expliqués ailleurs[2], exalta tel ou tel de ses Héros, Hercule, par exemple, jusqu'à la hauteur de l'idée orientale. Un dieu, et le plus grand des dieux, s'unissant à une mortelle, lui avait donné la vie, et avec la vie un corps pur, un corps éthéré ou divin, qui, sur le bûcher de l'Œta,

---

[1] De Iside, p. 471 sqq. Wyttenb.
[2] *Voy.* liv. IV, chap. V, particulièrement art. IV, pag. 194 sqq. du tome II; — et notre note, p. 207, 208, *ibid.*   (J. D. G.)

échappa à la destruction de sa périssable enveloppe. Aussi Hercule n'alla-t-il point, comme les autres Héros, habiter la région de l'air et la sphère de la lune; il monta dans l'Olympe, à l'assemblée des dieux; il devint lui-même un des immortels[1]. Dans le fond il n'est autre chose qu'un dieu descendu sur la terre par une véritable incarnation. Mais à partir de ce point où elles se réunissent, la légende religieuse de l'Orient et la mythologie populaire des Grecs suivent chacune leur route. Celle-là s'attache à révéler l'émanation divine aux non-initiés par des emblèmes physiques[2]; celle-ci, au contraire, montre le fils des dieux prouvant sa divine origine par des actions, par des faits héroïques dans le sens grec, et méritant ainsi son admission au séjour de l'Olympe. C'est par ces travaux, c'est par ces services méritoires que le demi-dieu devient le modèle du héros, comme le héros de l'homme; et l'homme voit s'ouvrir devant lui une carrière d'efforts, mais aussi de mérites, dans laquelle il grandit et s'élève peu à peu de terre. On entrevoit ici quelque chose de semblable au dogme de la purification, qui tient une si grande place dans les religions orientales. C'est la source où le puisèrent les mystères des Grecs, qui, à leur tour, donnent ici la main aux croyances populaires. Mais, avant de développer cette grande idée, commune dans son principe à la foi du peuple et à la doctrine des initiés, conti-

---

[1] *Hercules immortalis*, comme il est appelé sur les médailles. *Cf.* Spanheim ad Callimach. Hymn. in Dian. 159.

[2] Ainsi dans le mythe d'Attis. liv. IV, ch. III, art. III, p. 65, 67 sqq., tom. II.

nuons d'étudier la manière dont le peuple se représenta les rapports des Héros avec les dieux.

Dans le point de vue historique où se placent la tradition populaire et l'épopée, l'âge héroïque se termine avec les derniers Héros qui combattirent sous les murs de Troie, et le temps présent est l'âge de fer. Toutefois, on continua de croire que, même dans le cours de cet âge récent, quelques hommes privilégiés avaient mérité de monter au rang des Héros, ou même en un rang plus élevé encore. Eunape parle d'Apollonius de Tyane comme d'un être intermédiaire entre la divinité et l'homme[1]. Xénocrate et d'autres anciens ne pensaient guère autrement de Pythagore[2]. Mais comme la popularité de ces opinions pourrait sembler douteuse, je rappellerai l'oracle qui, d'après Pausanias, avait annoncé aux habitants d'Astypalée que leur compatriote Cléomédès était le dernier des Héros, et qu'ils eussent en conséquence à lui offrir les sacrifices dus à un être devenu immortel[3]. Voilà donc un Héros de la soixante-douzième olympiade. Vers la soixante-sixième, Athènes en consacre deux dans le couple célèbre d'Harmodius et d'Aristogiton; du moins la chanson populaire, si connue, du Samien Callistrate, envoie l'un d'eux habiter les îles des bienheureux en compagnie d'Achille et de Diomède[4]. Il est question aussi d'une héroïne, Lampsacé, qui doit avoir vécu vers l'olympiade trente et unième. Elle avait sauvé de la fu-

[1] Cf. Cuperi Observ., p. 330 ed. Lips.
[2] Iamblich. Vit. Pythag., p. 5 ed. Kuster.
[3] Art. II, p. 17, n. 1, ci-dessus.
[4] Ap. Athen. XV, p. 695, p. 540 sqq. Schweigh.

reur des Bébryces, ses compatriotes, une colonie entière de Phocéens, et ceux-ci, lui ayant déféré après sa mort les honneurs héroïques, résolurent au bout d'un certain temps de l'adorer comme une déesse[1]. D'autres traces se rencontrent, non-seulement d'autres Héros plus ou moins récents, mais encore des honneurs divins rendus à des Héros qui n'étaient pas même fils des dieux. Ainsi Ménélas fut révéré par les habitants de Thérapnes, à côté d'Hélène devenue une déesse, d'abord comme un héros, puis comme un dieu[2]. Nous avons eu plus haut l'exemple d'un être héroïque et divin à la fois, objet d'un double culte approuvé d'Hérodote et de Plutarque, qui reconnaissent l'identité d'un dieu étranger avec le héros grec Hercule[3]. Mais Hercule du moins était un demi-dieu; il était fils de Jupiter comme Hélène était sa fille, tandis qu'un simple mortel, Diomède, fils de Tydée, fut adoré à titre de dieu par les habitants de la nouvelle Argos (Argyrippa, Arpi) qu'il avait fondée en Apulie, et aussi bien par ceux de Thurium, de Métaponte et de plusieurs autres villes italiques. Il était associé aux Dioscures et partageait avec eux les mêmes honneurs. On veut même qu'il eût échappé au commun tribut de la mort. Mais, selon d'autres traditions, le premier platane fut planté dans l'île de son nom pour décorer son tombeau. Ses compa-

[1] Charon ap. Plutarch. de virt. mul., p. 45 sqq. Wytt. *Cf.* Creuzer. Histor. gr. antiquiss. fragm., p. 111.

[2] Isocrat. Helen. Encom., cap. 27 fin., p. 218 Coray, coll. Panath. 26, p. 246.

[3] Liv. V, ch. V, p. 167 du tome II, *ibi* Herodot., coll. Plutarch. de Isid., p. 482 Wytt.

gnons furent métamorphosés en oiseaux et firent retentir toute la contrée de leurs cris plaintifs[1]. Des légendes semblables existaient en Grèce, d'oiseaux voltigeant autour de la tombe d'Achille ou de celle de Méléagre, ou bien, comme nous l'avons vu ailleurs, s'envolant des cendres du héros Memnon[2]. Sans doute on peut se rendre compte de ces légendes par des circonstances physiques et locales, par des apparitions nouvelles d'oiseaux, remarquées après la mort des Héros et liées à leur souvenir[3]; mais il est difficile de s'en tenir à cette explication fortuite d'un trait si fréquemment reproduit dans la mythologie ancienne. Il est difficile de ne pas se redire que, dans la haute antiquité, les oiseaux furent les emblèmes naturels des Démons et des Héros, de ces êtres intermédiaires que l'on se figurait habitant comme eux la région de l'air. Rappelons-nous ces Génies vigilants, protecteurs divins de la terre et des hommes, que les Perses se représentaient sous l'image d'oiseaux ; rappelons-nous leurs Feryers, portions célestes des âmes humaines, immortels gardiens des bons[4]; et nous serons amenés à penser, surtout par l'exemple des oiseaux memnoniens, que l'antiquité, dans le symbole de ces oiseaux s'échappant de la tombe des Héros, voulut insinuer l'immatérialité et la pureté aussi bien que la tutélaire vigilance de ces grandes âmes dégagées de leurs liens mortels.

Le premier parmi les esprits de lumière, Ormuzd, avait

[1] Pindar. Nem. X, 12, *ibi* Schol. ex Ibyc., Polemon., al.
[2] Liv. III, ch. VIII, p. 484, tom. Ier.
[3] Heyn. Exc. I ad Virgil. Æn. XI, p. 636 sq.
[4] Liv. II, ch. II et III, p. 326, 341 sq., tom. Ier.

pour symboles l'épervier et l'aigle. L'aigle, chez les Grecs et chez les Romains, était l'oiseau de Jupiter; c'était aussi, chez les derniers, l'oiseau sacré de l'empereur, ce Jupiter terrestre. A Rome, lors de l'apothéose d'un empereur, on avait coutume de lâcher de son catafalque enflammé, dans le Champ-de-Mars, un aigle qui emportait, pour ainsi dire, jusqu'à l'Olympe l'âme du César[1]. Les Grecs eux-mêmes ne furent étrangers ni à cet usage ni à cette idée, comme on le voit par la description des funérailles qu'Alexandre fit à Héphestion, son favori[2]. Il y a là, sans aucun doute, un fonds de conceptions et de rites symboliques se rattachant primitivement au culte des grandes divinités solaires, par exemple de l'Hercule au Phénix[3]. Mais la coutume de l'apothéose, telle qu'elle s'introduisit à Rome, tient d'une manière plus immédiate à la doctrine étrusque des Génies, laquelle, à la vérité, repose sur des croyances répandues dans tout le monde ancien, et qui, des sanctuaires thraces ou pélasgiques, se propagèrent en Grèce aussi bien qu'en Étrurie.

La manière d'être d'un homme, l'esprit qui préside à ses actes, la vertu qui les opère, tout cela, nous l'avons dit, d'après ces vieilles croyances, s'appelle son *Génie*. Le Génie, c'est le compagnon de la vie[4], comme dit un an-

---

[1] Dio Cass. LVI, 42, LXXIV, 5; Herodian. IV, 2, 22.
[2] Diodor. XVII, 115. *Cf.* Sainte-Croix, Exam. crit. des histor. d'Alexandre, p. 468 sqq.
[3] *Cf.* liv. III, ch. VII, p. 474, n. 2, tome Ier; et liv. IV, ch. compl., p. 239 et n. 4, tome II; Bœttiger, *Vorlesung. ueb. die Kunst-Mythol.*, 1808, p. 67 sq.
[4] Ὀπαδός, συνοπαδός. Iamblich., *ubi supra*.

cien, et, en tant qu'il élève l'âme à de hautes pensées, il est nommé encore l'initiateur de la vie[1]. Plus nettement, c'est, suivant l'expression d'Horace[2], le dieu de la nature humaine. Se concilier le Génie était donc un des principaux soins de la vie; rentrer en grâce avec lui, quand il s'irritait, était une affaire capitale. Parmi les anciens, les uns nous parlent d'un seul Génie pour chaque homme, Génie tantôt riant, tantôt sombre, tantôt blanc, tantôt noir[3]; les autres en reconnaissent deux, l'un bon, l'autre méchant, se disputant en quelque sorte la vie et la destinée de chacun de nous. Il semble que ce dualisme, d'origine orientale, soit fort ancien dans la doctrine des Démons, au moins chez les Étrusques[4]. Chez les Grecs on en trouve aussi peu de traces que de cette doctrine en général. Il est question pourtant de Démons qui paraissent avoir disposé des moments de la vie humaine; chez Callimaque, par exemple, d'un Démon du lendemain[5]; et Horace parle à peu près dans le même sens d'un Génie qui se souvient de la brièveté de la vie[6]. Aussi les Romains, comme l'attestent des locutions bien connues[7], confon-

[1] Μυσταγωγὸς τοῦ βίου. Menander ap. Amm. Marcell. XXI, 14, coll. Clem. Alex. Strom. V, p. 610; Menandri fragm. ed. Cleric., p. 260.
[2] Epist. II, 2, 188.
[3] Horat. *ibid.*
[4] *Cf.* liv. V, sect. II, ch. II, p. 429 du tome II, avec les planches indiquées, et la note 3* dans les Éclaircissements sur ce livre, fin du même tome.
[5] Δαίμονα τίς εὖ οἶδε τὸν αὔριον; Epigramm. XV, p. 288 Ernesti.
[6] Epist. II, 1, 144.
[7] *Indulgere genio, defraudare genium.*

daient-ils l'idée des jouissances de la vie avec celle du Génie.

Plus fort est cet arbitre de la vie humaine, plus favorable à l'homme dont il régit la destinée, plus parfait et plus heureux est celui-ci. Là où se rencontrait une nature éminente, formée pour la gloire et pour la fortune, les anciens s'inclinaient en quelque sorte devant le puissant Génie qui l'animait; ils allaient jusqu'à la déifier après la mort. Cette espèce de culte s'étendit de bonne heure à la supériorité de rang, de condition, à des classes entières, par exemple aux Héros dans le monde homérique. Dans l'ancienne Rome, les esclaves se représentaient ainsi leurs maîtres comme des êtres d'une nature privilégiée et presque divine; hommes, on le sait, ils juraient par le Génie du maître; femmes, par la Junon (le génie femelle) de leur maîtresse[1]. De la même source découla l'usage en vertu duquel les enfants consacraient, dans les religions privées, leurs parents morts. Tout comme les Ptolémées d'Égypte se divinisaient tour à tour de père en fils, Auguste décerna les honneurs divins à Jules-César, son père adoptif, et plus tard l'empire romain tout entier jura par le Génie d'Auguste lui-même et par ceux de ses successeurs[2]. Voilà de quels éléments se forma peu à peu la coutume de l'apothéose des empereurs. Les Grecs en donnèrent la première idée (si l'on fait abstraction de l'exemple unique de Romulus dans les temps anciens), en dé-

---

[1] Tibull. IV, 5, 8, III, 6, 48, *ibi* interpret. *Cf.* liv. VI, chap. II, p. 591 et 622, n. 2, tome II.

[2] Casaubon. ad Sueton. Cæsar., cap. 88.

diant des autels, même quelquefois des temples, aux généraux et aux proconsuls romains, et en adorant Rome personnifiée. Bientôt le Génie d'Auguste et la Fortune de Rome furent associés l'un à l'autre dans des temples communs. Enfin, grâce au concours de ces flatteries plus ou moins récentes et des rites antiques, surtout de la consécration des parents morts, l'on en vint à déifier les empereurs, comme pères de la patrie, par une véritable et complète apothéose[1].

On a pu voir, dans tout ce qui précède, quelle influence variée et profonde la foi aux Génies, à ce monde mystérieux et fantastique des esprits, exerçait sur les pensées, sur les habitudes, sur la vie tout entière des Étrusques et des Romains. Pour les Grecs, ils abandonnèrent cette croyance aux instructions secrètes des initiations et des mystères, qui, de temps en temps, à l'époque de certaines fêtes solennelles, venaient les transporter hors de la sphère habituelle de leurs idées. Dans le cours ordinaire de la vie et dans le culte public, ils se préoccupaient peu des Démons, parce que ceux-ci n'avaient point d'histoire. Aussi

---

[1] Casaub. *ibid.*; Wieland sur les Épîtres d'Horace, II, p. 78, coll. p. 178 sq.; Mitscherlich Comment. de apotheos. — *Voy.* les monuments nombreux de consécration et d'apothéose, soit des rois d'Orient et d'Égypte, soit des empereurs ou impératrices, soit même de particuliers, élevés de leur vivant au rang des héros ou des dieux, et avant tout les représentations de l'apothéose de Romulus, de la ville de Rome divinisée, du génie du sénat, de celui du peuple, etc., dans nos planches CCXVIII, CCXLV, CCLII, CCLVIII, n⁰ˢ 878-906, avec les explications y relatives, tome IV, et les éclaircissements sur tout ce sujet, note 4 sur le livre VII, fin du tome III. (J. D. G.)

se contentèrent-ils de les reléguer une fois pour toutes au commencement des temps, afin de laisser une place d'autant plus large aux Héros, qui avaient chacun leur généalogie et leur légende. Sans doute c'étaient là encore des esprits, mais des esprits plus rapprochés de l'homme, dont ils avaient jadis ressenti les joies et les misères. Les Grecs pouvaient espérer, en leur rendant un culte convenable, se faire d'eux des amis constants. Qu'était ce culte des Héros? c'est ce qu'il s'agit maintenant de voir.

IV. Culte des Héros essentiellement différent de celui des dieux, et d'un caractère funèbre en général; autres honneurs décernés aux Héros; Héros honorés comme des dieux et dans quel cas.

Dans plusieurs passages des auteurs anciens, qui ont rapport au culte public des Grecs, les Héros sont nommés immédiatement après les dieux et il n'est pas question des Démons[1]. On pourrait croire qu'ils sont compris parmi les dieux; mais il est plus vraisemblable et plus conforme à l'esprit de la religion grecque de penser qu'au contraire ils sont confondus avec les Héros. Ceux-ci, en effet, remplissent à bien des égards l'office de démons ou de génies tutélaires, médiateurs entre la divinité et l'homme, et protecteurs du pays dont ils furent jadis les

---

[1] Par exemple dans la loi de Dracon déjà citée, art. II, pag. 13 *ci-dessus*, et dans un fragment d'Héraclite rapporté chez Origène contre Cels. VII, 65, p. 740 E de la Rue; ce qui n'empêche pas le même philosophe de faire mention du *démon* dans un autre passage (*ibid.* VI, 18, p. 668). — *Cf.* Schleiermacher, *Herakleitos,* etc., p. 497 et 523 du tome Ier du *Museum der Alterthums-Wissenschaft* de Wolf et Buttmann. (J. D. G.)

plus beaux ornements. Le culte qui leur était rendu prit sans doute son origine dans la croyance, semée chez le peuple, que tel ou tel de ces esprits bienheureux avait apparu aux siens en quelque grande circonstance; dans l'espoir naturel que, même après sa mort, il ne cessait pas de veiller au bien de sa patrie. Ce culte, pour l'ordinaire, était un culte funèbre dans son essence et nettement distingué de celui des dieux, au moins olympiens. On dédiait aux Héros, comme aux dieux *chthoniens* ou terrestres, une sorte d'autel bas ou de réceptacle, de foyer, recouvert d'une grille de bois et disposé pour recevoir les offrandes funèbres[1]. Les autels des dieux olympiens, au contraire, étaient élevés, à peu d'exceptions près, et généralement en pierre[2]. On consacrait encore aux Héros un lieu particulier, une enceinte dans laquelle s'accomplissaient les cérémonies de leur culte. Cette enceinte sacrée renfermait souvent un simple cénotaphe ou bien un véritable tombeau, et à côté un de ces petits autels dont il vient d'être parlé. Quelquefois les Héros avaient un bois sacré[3], rarement un temple. Le lieu consacré au culte d'un Héros est fréquemment appelé un *Héroon*[4], par une

---

[1] Ἐσχάρα, nom vulgairement appliqué au foyer.

[2] Βωμός. *Voy.* Ammonius sur ce mot, *ibi* Walckenaer, p. 47, et les remarques du même ad Euripid. Phœniss. 281, not. 75, coll. n. 77, p. 614; Eustath. ad Odyss. VI fin., p. 265 Basil. — *Cf.*, sur ces distinctions du culte, se rattachant plus ou moins à celles de la hiérarchie divine, les développements de la note 2 sur ce livre, fin du volume.

(J. D. G.)

[3] Ἄλσος. Serv. ad Virgil. Æn. I, 445.

[4] Ἡρώειον, Ἡρώϊον en ionien, Ἡρῶον, ou encore Ἡρῷον, et ἡρώων μνῆμα. *Cf.* Sallier, dans les Mém. de l'Acad. des Inscript., t. VII, pag. 189 sq.

distinction presque toujours observée avec le *Hiéron*, qui était l'enceinte consacrée à un dieu[1]. Quelquefois, et, à ce qu'il paraît, dans les temps postérieurs, le nom de *Héroon* fut appliqué à toute espèce de tombeau[2]. Ce qu'il y a de sûr, c'est que les familles donnaient à ceux de leurs membres qu'elles avaient perdus le titre de *Héros*, les pères même aux fils : les inscriptions en fournissent la preuve[3]. Celle du saint respect, de la crainte religieuse que les monuments des Héros inspiraient aux Grecs, se trouve exprimée et dans les lois et dans les traditions historiques[4].

Les cérémonies du culte rendu aux Héros ne différaient pas moins de celles qui caractérisaient le culte des dieux. A ceux-ci l'on immolait la victime ou sur l'autel ou à côté, de telle sorte que sa tête était rejetée en arrière et regardait le ciel. C'étaient là proprement les sacrifices[5]. La victime immolée aux Héros, sur l'humble autel qui leur appartenait, avait la tête penchée en bas, et son sang coulait d'ordinaire dans une fosse pratiquée au-dessous. Ce mode d'immolation, désigné par un terme particu-

---

[1] Une enceinte consacrée, avec ou sans bois sacré ou temple, s'appelait en général τέμενος, et pour les héros σηκός (Pollux, Onomastic. I, sect. 6, p. 5 ed. Hemsterh. ; Eustath. ad Odyss. IX, 219, p. 349 Bas.). ἱερὸν et ἡρῷον étaient des dénominations plus spéciales dont la différence est parfaitement marquée dans la narration 45e de Conon, chez Photius (Conon. Narrat., p. 47 Kann.).

[2] Hesych. et Suid. s. v.

[3] Reines. ad Inscript. Class. VII, p. 201.

[4] Pausan. II, Corinth., 28, III, Laconic., 4; Ælian. V. H., V, 17.

[5] Θυσίαι.

lier¹, et qui constituait manifestement un sacrifice funèbre, une offrande aux morts, en portait aussi le nom². Des livres spéciaux, dont il est mention chez les anciens, décrivaient ces rites³. On sacrifiait aux dieux le jour de la nouvelle lune, aux Démons et aux Héros le jour qui suivait. Les sacrifices des dieux, dont les autels étaient tournés tous vers l'Orient, avaient lieu le matin; ceux des Héros vers le soir⁴. La seconde coupe était encore mêlée en l'honneur de ces derniers⁵, et l'on couronnait de guirlandes les portes de leurs chapelles, comme il arrivait chez les Romains dans les hommages rendus aux Lares⁶.

Les Grecs avaient encore d'autres manières d'honorer les Héros. Souvent ils donnaient leurs noms aux différentes divisions ou classes du peuple. L'histoire d'Athènes en fournit un exemple remarquable. Dans la lutte des deux factions de Clisthènes et d'Isagoras, le premier, pour s'attacher le peuple, qui tenait beaucoup à ses Héros, abrogea les quatre noms anciens des tribus athéniennes, fondés sur la distinction des classes⁷, se rendit à Delphes et pro-

---

¹ Ἐντόμια.
² Ἐναγισμοί. Schol. min. ad Iliad. I, 459; Schol. Apollon. I, 587, coll. Herodot. II, 44; Pausan. II, Corinth., 11. Θυσία, du reste, est fréquemment transporté aux héros, par exemple dans Pausan. VI, 9, et Diodor. IV, 1, coll. 39, *ibi* Wesseling. *Cf.* Cuper. Observat. I, 12, III, 16.
³ Athen. IX, p. 518 Schweigh.
⁴ Pindar. Isthm. IV, 110, *ibi* Schol.; Vitruv. de Archit. IV, 8.
⁵ Plutarch. Quæst. Rom. XXV, p. 105 Wyttenb.
⁶ *Cf.* liv. V, sect. II, ch. II, p. 422 du tome II.
⁷ C'est l'opinion tout-à-fait vraisemblable de Strabon et Plutarque,

posa à l'oracle cent noms de Héros, pour la plupart attiques. De ces noms dix furent choisis, d'après lesquels furent désignées les dix tribus introduites par Clisthènes, et les dix Héros s'appelèrent dès lors *Éponymes*[1]. Au reste, ce nombre de cent Héros peut nous donner une idée de l'importance de ce culte chez les Grecs en général et chez les Athéniens en particulier, dont la dévotion était renommée à cet égard[2].

Les Héros furent également immortalisés sur les monnaies des cités grecques, surtout de celles dont ils passaient pour avoir été les fondateurs. Les premiers auteurs ou les sauveurs des villes étaient, en effet, honorés comme des Héros, quelquefois même comme des dieux[3]. De ces Héros élevés au rang des dieux, ainsi que nous l'avons vu déjà, Hercule et Dionysus ou Bacchus étaient les premiers. Bientôt nous parlerons au long de celui-ci. Quant à

tandis qu'Hérodote et Euripide, d'après la légende athénienne, font dériver ces noms de ceux des fils prétendus d'Ion. Il y a, du reste, sur l'application précise de presque tous ces noms, dont le sens général n'est pas douteux, et jusque sur l'orthographe de l'un d'eux (Τελέοντες ou Τελέοντες, Αἰγικόρεις, Ἀργάδεις, Ὅπλητες), de graves difficultés et des sentimens fort divers parmi les savants. *Voy.*, à ce sujet, la note 3 sur ce livre dans les Éclaircissements, fin de ce tome, et *conf.* liv. VI, ch. I, p. 563 du tome précédent, où sont rapportés les noms religieux de ces mêmes tribus, qui en avaient d'autres encore. (J. D. G.)

[1] Herodot. V, 66; Pausan. I, Attic., 5. — *Cf.* même note, fin du vol.
[2] *V.* Ælian. V. H., V, 17.
[3] Il y en a des exemples multipliés dans les auteurs, par exemple Apollod. II, 58, *ibi* Heyne; Hygin. Fab. 30, p. 86, *ibi* Staver.; Cic. de N. D. III, 15, *ibi* Creuzer, p. 547; Thucyd. V, 11; et principalement sur les médailles. *Cf.* Spanheim de usu et præst. Numism., t. I, p. 563 sqq.

l'autre, tandis que Thèbes décernait à sa mère Alcmène les honneurs dus à une héroïne, Athènes, qui avait accueilli et protégé ses fils, les Héraclides, lui rendait à lui-même, avant toute autre ville, les honneurs divins. Jusque-là il n'avait été révéré qu'à titre de Héros[1]. C'est que, la première, elle avait reconnu, dans ce Héros vraiment divin, l'antique Sem-Héraklès de l'Egypte, ce fils et ce dieu du soleil, dont les mystères, peu connus d'ailleurs, étaient encore célébrés à des époques récentes[2]. L'objet en était probablement cette transfiguration par le feu et par la lumière, cette purification successive de l'homme matériel, passant du héros au démon et du démon au dieu, dont le mythe populaire garda quelque vestige dans la fameuse scène du bûcher de l'Œta[3]. Dans la religion de Bacchus, cette doctrine de purification nous apparaîtra beaucoup plus claire et plus développée. Nous ne voulons, pour le moment, que faire remarquer une autre héroïne qui s'y rattache, la mère même du grand Dionysus, Sémélé. Tous les neuf ans l'on célébrait en son honneur, à Delphes, l'antique cité du soleil, une fête appelée *Héroïs*. Cette fête était mystérieuse, et, à en juger par ce qui s'y passait, on peut croire avec Plutarque[4] que la résurrection de Sémélé y était représentée.

[1] Pherecyd. ap. Anton. Liber. cap. 33 (Pherecyd. Fragm., p. 184 ed. sec. Sturz.); Diodor. Sic. IV, 39.
[2] J. Lyd. de Mens., p. 93 Schow., p. 220 Rœther.
[3] *Cf.* liv. IV, ch. V, art. IV, p. 204 sqq., notre note sur la page 207 sq., et celle à laquelle elle renvoie dans les Éclaircissements sur le même livre, tome II. (J. D. G.)
[4] Quæst. Gr. XII, p. 202 Wytt.

C'est ainsi que le dogme des Héros se liait avec les mystères dont nous allons bientôt nous occuper et qui nous y ramèneront plus d'une fois. Mais, avant tout, jetons un coup d'œil sur la démonologie et l'héroologie d'après la doctrine des écoles, tant en Orient que chez les Grecs.

V. Origine orientale, principalement persique et égyptienne, de la doctrine systématique des Démons et des Héros ; comment cette doctrine s'introduisit et quels développements divers elle prit dans les différentes écoles philosophiques de la Grèce, chez les Juifs et surtout chez les Néo-Platoniciens.

Plutarque reconnaît l'origine étrangère de la doctrine des Démons, sans toutefois se prononcer sur la patrie véritable et primitive de cette doctrine. Il parle des Démons comme d'êtres intermédiaires qui nous rattachent aux dieux, et il remarque à cette occasion que ce dogme peut venir des Mages et de Zoroastre, ou d'Orphée de Thrace, ou des Égyptiens et des Phrygiens, deux peuples dont les rites religieux offrent plus d'un trait qui s'y rapporte[1]. Ce sont là, en effet, les sources principales d'où paraît être dérivée toute la démonologie des Grecs. La chose est hors de doute, surtout pour l'antique magisme, sans que l'on puisse déterminer au juste, dans l'état des connaissances, à laquelle de ses branches et des contrées où il fleurit, la Bactriane, la Médie et Babylone, il faut faire honneur du premier développement de ce dogme important. Ce qui est certain, c'est que Zoroastre et ses successeurs avaient une classification systématique des

---

[1] De Oracul. defect., p. 699, coll. de Isid., p. 477 sqq. Wytt.

êtres intermédiaires, qui se liait intimement à toutes les parties de leur édifice religieux[1].

Quant aux Égyptiens, ici se représente une question souvent agitée. Ce peuple avait-il des Héros? On prétend qu'Hérodote le nie, sauf à se contredire plus d'une fois, dans un passage auquel on fait dire beaucoup plus qu'il ne dit réellement[2]. Le père de l'histoire affirme simplement que les Égyptiens n'observent aucun des rites héréditaires consacrés chez les Grecs en l'honneur des Héros. Mais il savait que la croyance de l'Égypte n'en admettait pas moins des êtres qui, au sens de ces mêmes Grecs, méritaient le nom de Héros. Une tradition rapportait qu'Osiris et Typhon avaient été des hommes; une autre, que l'Hermès de Thèbes et l'Asclépius de Memphis, d'hommes étaient devenus dieux[3]. Si telle était l'idée égyptienne, on conçoit qu'un culte funèbre, semblable à celui qui avait lieu en Grèce, ne pouvait s'appliquer à ces Héros divins. Les Grecs étaient dans le même cas vis-à-vis de leur Hercule olympien, et, pour être conséquents, ils l'honoraient non comme un Héros, mais comme un dieu.

Quoi qu'il en soit, l'Égypte n'en paraît pas moins avoir été, directement ou indirectement, une des grandes sources, pour ne pas dire la source capitale, de la démo-

---

[1] *Cf.* liv. II, ch. II, art. II, p. 325 sqq., t. Ier.

[2] II, 50 (νομίζουσι... ἥρωσι οὐδέν), coll. 51, 64, 143; Meiners *Gesch. d. Relig.* I, p. 326. — *Cf.* notre tome Ier, Éclaircissements du liv. III, p. 841-845.

[3] Plutarch. de Isid., p. 467 Wytt.; Clem. Alex. Strom. I, pag. 331 Potter.

nologie supérieure et systématique importée en Grèce et adoptée par les écoles philosophiques de ce pays. Le même Plutarque, que nous citions tout à l'heure, dit que Pythagore, Platon, Xénocrate et Chrysippe, c'est-à-dire les chefs de celles de ces écoles qui contribuèrent surtout à développer le dogme des Démons, avaient suivi en cela les anciens théologiens[1], nom sous lequel sont si fréquemment désignés les Orphiques. Or les Orphiques, comme nous le verrons dans l'un des chapitres subséquens, avaient eux-mêmes puisé en Égypte. Thalès, assure-t-on, enseigna le premier la distinction des dieux, des démons et des héros, ce qui sans doute se rapporte à une démonstration plus ou moins systématique de cette distinction déjà marquée dans Hésiode, qu'aurait tentée le père de la philosophie des Ioniens. On ajoute, en effet, qu'il nommait Démons des êtres d'une nature analogue à celle de l'âme (suivant une autre leçon, des êtres de la nature physique); Héros, les âmes des hommes séparées de leurs corps (ou simplement les âmes des hommes séparées[2]). La doctrine de Pythagore présente une économie déjà plus déterminée du monde des esprits. Il y est question d'une chute et d'un retour des âmes, d'un Hermès qui exerce son autorité sur elles, qui ramène celles qui sont pures dans les régions supérieures et livre les impures aux Érinnyes pour les enchaîner; l'air, est-il

[1] De Is., p. 478.
[2] Athenagor. Legat., cap. 21, coll. Plutarch. de placit. philos. I, 8. La comparaison fait voir qu'il faut lire, chez ce dernier, ψυχικάς plutôt que φυσικάς; le premier donne ἀνθρώπων au lieu de σωμάτων.

dit encore, est tout rempli d'âmes, d'esprits appelés Démons et Héros, qui envoient aux hommes les songes et leur indiquent, aussi bien qu'aux animaux, des remèdes dans leurs maladies[1]. Les Pythagoriciens reconnaissaient trois ordres de natures raisonnables : les dieux ; les êtres intermédiaires ou les Démons et les Héros, habitants de l'éther ; les habitants de la terre ou les hommes. Ils parlaient aussi de trois classes de Démons : les premiers immortels, qui tiennent de plus près au dieu suprême et sont impeccables ; puis les Héros, entre ceux-ci et les suivants ; enfin les derniers, qui furent mortels, ou les âmes humaines portées par leurs vertus dans la pure région de l'éther. Ils y peuvent demeurer auprès des dieux, tant que par de nouvelles fautes ils n'ont pas mérité d'aller habiter de nouveau des corps mortels[2]. Le fond de ces dogmes nous est donné, par des écrivains d'époques fort anciennes, comme une dérivation des doctrines égyptiennes, orphiques et bachiques[3] ; et il ne faut pas oublier que, selon d'autres, les purifications et la divination tout entière étaient, dans la pensée des Pythagoriciens, en rapport nécessaire avec l'existence des Esprits[4]. Empédocle avait adopté la plupart de ces idées. A ses yeux aussi, les âmes procédaient d'une source divine ; il les nommait des Démons, et il comparait leur union avec les corps à

---

[1] Diogen. Laert. VIII, 32, *ibi* interpret.

[2] Hierocl. ad Pythag. aur. Carm., p. 226, *ibi* Schier, p. 36.

[3] Herodot. II, 81, passage important sur lequel nous reviendrons plus loin.

[4] Diogen. Laert. VIII, 32.

un exil durant lequel elles devaient être purifiées en traversant successivement tous les éléments[1]. Quant à Héraclite, bien qu'adversaire déclaré des croyances populaires, il ne paraît pas qu'il ait repoussé le dogme des Démons propagé d'Orient en Grèce dans des temps, selon toute vraisemblance, antérieurs à Hésiode. Lui aussi il enseignait que l'univers entier était rempli d'âmes et de démons; il disait qu'il n'était pas de lieu, si petit qu'il fût, où ne se trouvassent des dieux[2]. Il semble, en un mot, que, sur ce point comme sur bien d'autres, la philosophie d'Héraclite ait été une des principales sources des opinions stoïciennes.

Platon, dans ses divers écrits, envisage la démonologie sous des points de vue divers; mais il est hors de doute qu'il connaissait cette doctrine antique dans toute son étendue; il en fit même un emploi singulièrement remarquable. Sans nous arrêter sur le Cratyle, où il explique à sa manière les noms de *démons* et *héros*, sur l'Apologie où il appelle Démons les enfants des dieux et des nymphes ou autres femmes; dans le Phèdre, il distingue Jupiter, le dieu suprême, des autres dieux et des Démons, entendant par ceux-ci toutes les âmes (les divines exceptées), même les âmes humaines, avant qu'elles descendent dans des corps mortels[3]. Dieu, en effet, dit le Timée[4], forma les

---

[1] Plutarch. de exil., p. 446 Wytt.; Stob. Serm. 38, p. 230 ed. Gesn. tert., etc. *Cf.* Sturz. Empedocles, p. 448-459.

[2] Diogen. Laert. IX, 7; Aristot. de part. animal. I, 5; Cels. in Origen. c. Cels. VII, p. 738. *Cf.* Schleiermach. *Herakleit.*, p. 495 sqq.

[3] Phædr., p. 251 et *ibi* Heindorf., p. 41 Bekker.

[4] P. 40 Steph., p. 44 Bekk.

âmes des hommes, et, avant de les laisser s'unir avec les corps, il voulut qu'elles habitassent les étoiles en égal nombre, afin de les instruire sur leur essence divine et sur leur destination. Dans le Politique[1], il est parlé de Démons qui, pasteurs divins, gardent les êtres vivants selon leurs différentes espèces. Dans les Lois[2], après les diverses classes de dieux, les Démons, puis les Héros, sont recommandés au culte public. Mais le passage capital est celui de l'Epinomis[3] où Platon s'explique avec étendue sur les animaux sacrés, comme il les nomme, dont le ciel est rempli dans une immense gradation ; parlant ensuite des dieux visibles qui sont dans les étoiles, des animaux qui sont dans l'éther, et des Démons, comme ceux-ci habitants invisibles de l'air. Quelque près que les Démons soient de nous, ils ne se montrent cependant jamais à découvert; mais, doués de facultés supérieures, ils pénètrent toutes nos pensées. Ils chérissent l'homme vertueux, détestent le méchant, sont susceptibles de joie et de douleur, affections que ne connaît point le dieu parfait. Une cinquième espèce d'êtres surhumains, ce sont les demi-dieux, qui appartiennent à l'eau et ne sont visibles que de temps en temps. Tous ces êtres ou animaux se révèlent de différentes manières, par exemple dans les songes et la divination, et n'agissent pas moins diversement sur l'esprit de l'homme. Dans un autre passage presque aussi important, qui fait partie du Banquet[4], la sage Diotima définit

[1] P. 271 Steph., p. 277 sq. Bekk.
[2] IV, p. 713 sq. Steph., p. 349 sq. Bekk.
[3] P. 984 sq. Steph., p. 359 sq. Bekk.
[4] P. 202 Steph., p. 428 Bekk.

Éros ou l'Amour un grand Démon. Tout ce qui tient aux Démons, ajoute-t-elle, est intermédiaire entre la divinité et les mortels et les met en communication suivie. C'est par la même voie que viennent les prophéties, les rites concernant les sacrifices, les initiations, les oracles, et tous les autres moyens de connaître la volonté des dieux ou de se les rendre propices. Ce passage, que nous nous contentons de donner en substance[1], avait déjà beaucoup occupé les anciens[2]. Les mêmes idées se retrouvent dans un fragment de poème orphique qui nous a été conservé par Clément d'Alexandrie[3]; et depuis longtemps l'on a remarqué qu'en effet le passage de Platon est tout-à-fait dans la manière de cette école[4]. Maint trait de cette doctrine des Esprits avait pénétré dans les croyances populaires, ce qui explique que Ménandre eût pu produire jusque sur la scène une sentence pareille à celle-ci : « A chaque homme est attaché, dès sa naissance, un Génie chargé de l'initier dans les mystères de la vie[5]. »

[1] On peut le lire en entier dans la traduction de M. Cousin, t. VI, p. 298 sq. (J. D. G.)

[2] V. Plutarch. de Is., p. 480 Wytt.; Aristid. Orat. II, p. 106 Jebb.; Appuleius de dogm. Plat. et de Gen. Socrat., p. 101; Porphyr. de Abstin., p. 173 Rhœr.; Hermias ad Plat. Phædr., pag. 93 Ast.; Max. Tyr. Dissert. XIV, 8, p. 266; — Proclus in Plat. Alcibiad. I, tom. II, p. 173 sqq. Procl. Oper. ed. Cousin. (J. D. G.)

[3] Stromat. V, p. 724 Pott.—Orphica ed. Hermann., p. 453 sq. *Cf.* Lobeck, Aglaophamus, lib. II, p. 455 sq. Ce fragment est rapporté par le savant critique à un poëme théurgique destiné aux évocations, et d'époque plus ou moins récente. (J. D. G.)

[4] Proclus in Plat. Alcibiad. I, ap. Bentley Ep. ad Millium, p. 455 Lips. (t. II, p. 181 ed. Cousin). *Cf.* Eschenbach. Epigen., p. 120 sqq.

[5] *Cf.* art. III, p. 29 *ci-dessus*.

Cette initiation de la vie, cet anoblissement de l'homme par les êtres intermédiaires, s'éclairciront bientôt quand nous traiterons des mystères. Poursuivons la revue des opinions des philosophes sur ces êtres eux-mêmes, et en premier lieu des Académiciens, fidèles ici comme partout à Platon. Ce n'est, selon Xénocrate[1], ni aux dieux ni aux bons démons qu'étaient consacrés ces jours malheureux, marqués dans le calendrier des Grecs, ces fêtes de deuil et leurs tristes cérémonies. C'était à de sombres et terribles puissances, ennemies de l'homme, ayant l'air pour séjour, et dont il fallait conjurer la colère en leur payant ce tribut de piété. Ici encore nous retrouvons l'accord des doctrines orphiques, et, chez le savant grammairien Pollux, une série de noms caractéristiques qui s'appliquent à des génies favorables ou funestes et rentrent dans le même ordre d'idées[2]. Les Stoïciens aussi connaissaient les bons et les mauvais démons, les bons et les mauvais héros[3], et leur démonologie devait être d'autant plus développée qu'ils tenaient plus à la divination. Nous avons déjà mentionné le célèbre Chrysippe comme un de ceux qui, en cela, avaient suivi les anciens théologiens, c'est-à-dire les Orphiques. Posidonius avait écrit un livre spécial sur les Héros et les Démons, livre dont Macrobe rapporte un passage sur la substance éthérée de ces derniers

[1] Ap. Plutarch. de Is., p. 479 sqq. Wytt.
[2] Δαίμων ἀλάστωρ, dans l'hymne orphique LXXIII, (72); dans Pollux, Onomast. V, 26, 131, δαίμονες προστροπαῖοι, παλαμναῖοι, λύσιοι, ἀποτροπαῖοι, ἀλεξίκακοι, ce dernier surnom rappelant l'Hercule Tutélaire (tom. II, p. 204).
[3] Plutarch. de placit. philos. I, 8.

êtres[1]. Nous savons encore que les Stoïciens donnaient le nom de Héros aux âmes des hommes vertueux qui avaient quitté la vie[2].

Les Hébreux, de leur côté, puisèrent à la source orientale de la démonologie systématique, surtout depuis la captivité de Babylone. Sous les Séleucides et les Ptolémées, ce commerce des Juifs avec l'Orient d'une part, d'autre part avec les Grecs, particulièrement à Alexandrie, devint plus actif et plus régulier. C'est alors que le nom de *démon* prit, chez eux, le sens exclusif d'esprit mauvais et malfaisant[3]. Alors aussi se formèrent ces idées de démons ou d'esprits des méchants, qui passent dans d'autres corps pour les tourmenter, et qu'on croyait pouvoir expulser par de certains moyens; par l'emploi de certaines herbes magiques[4]. On sait quels développements divers ce cercle nouveau d'idées reçut parmi les Juifs, combien il était dominant à l'époque du Christ[5]. Le sens mauvais donné au nom des démons prévalut également dès lors chez les écrivains du christianisme[6]. D'un autre côté, la parole du Christ rapportée dans un passage de

---

[1] Saturn. I, 12. *Cf.* Posidon. reliq. ed. J. Bake, p. 45.

[2] Diogen. Laert. VII, 151, *ibi* Menage.

[3] *V.* Creuzer. Comment. Herodot. I, p. 286 sq.

[4] Joseph. de bell. Jud. VII, 3, coll. Eustath. ad Odyss. X, 294, p. 398 Bas.

[5] Dans l'épitre aux Éphésiens, II, 2, par exemple, de savants interprètes ont reconnu le dogme antique selon lequel l'air serait l'habitation des Démons, dogme également familier à Platon. *Cf.* Mayer; Hist. diaboli, Tubing., 1780.

[6] *Cf.* Origen. c. Cels. V, p. 254.

l'évangile de saint Matthieu[1] fut cause que les grands docteurs de l'Église adoptèrent le dogme d'un ange assigné à chaque homme en qualité d'esprit tutélaire. Les expressions dont ils se servent à cet égard se rapprochent quelquefois tout-à-fait du langage usité dans les mystères et parmi les philosophes. Un passage de Denys-l'Aréopagite[2], entre autres, décrit les anges absolument dans les mêmes termes qu'emploie Platon dans le Banquet en parlant des démons; et saint Basile[3], quand il traite de l'ange qui est donné à chaque croyant, comme *précepteur* et comme *pasteur*, pour le conduire dans la vie, nous rappelle ce que nous avons vu plus haut, chez Ménandre, du Génie initiateur de la vie; il nous rappelle plus positivement encore ces passages de Platon où il est question de *Démons pasteurs*, et l'expression du stoïcien Sénèque parlant du dieu précepteur ou *pédagogue* qui accompagne chacun de nous[4].

Les circonstances où se trouvait alors le monde ne pouvaient que redoubler le zèle avec lequel, sous les empereurs romains, les philosophes, et en particulier les Néo-Platoniciens, s'occupèrent de la démonologie. L'esprit de cette école était, comme nous l'avons déjà remarqué plus d'une fois, de se rattacher étroitement aux temps anciens, de remettre en lumière ce qu'il y avait de profond dans les vieilles croyances populaires, dans les doctrines mys-

---

[1] XVIII, 10.
[2] De cœlesti hierarch., t. I, cap. 4 B, C.
[3] Eunomium III, p. 272.
[4] *Deus pædagogus*, Epist. 110.

térieuses, de réveiller dans son sein le sens religieux si pénétrant des premiers penseurs de la Grèce. Ils donnaient donc pour fondement à toutes leurs spéculations les dogmes orphiques, pythagoriques ou platoniques. Mais sans ce contact nouveau avec les idées de l'Orient et notamment avec celles des Juifs, sans les victorieux progrès du christianisme, jamais leur doctrine des Esprits n'aurait pris la direction ni le complet développement qui s'y remarquent. Au reste, son étendue même nous fait une loi de nous borner, dans ce livre, aux points les plus essentiels, reconnus et en grande partie controversés par les principaux philosophes de l'école dont il s'agit.

Un des premiers et des plus grands parmi ces philosophes, dont quelques-uns avaient écrit des traités spéciaux sur les Démons[1], Plotin, ayant manifestement en vue les opinions opposées qui régnaient de son temps à cet égard, se place, selon son habitude, au centre même de la question, et émet, relativement à l'essence des Démons, une opinion toute dogmatique[2]. D'après lui les Démons sont les traces ou les empreintes de l'âme du monde qui les a engendrés aussi bien que les dieux. Faits pour remplir le monde dans lequel cette grande âme se développe et pour en coordonner la puissante harmonie, ils forment différentes espèces; mais, s'ils participent à la matière, ce n'est point à la matière corporelle, c'est à une matière intelligible, qui seule rend possible l'union des

---

[1] Entre autres le philosophe Origène, contemporain de Longin. *Cf.* Longin. Epist. in Porphyrii vit. Plotin., cap. 20, p. 128 Fabric.

[2] Dans le passage fondamental, Ennead. III, 5, 6, p. 296.

esprits avec les corps. Iamblique est dans les mêmes opinions. Voulant répondre à la difficulté que Plotin cherchait à résoudre et que Porphyre avait soulevée de nouveau lorsqu'il demandait comment il se pouvait faire que, les dieux n'ayant point de corps, les astres fussent des dieux, Iamblique admettait l'idée d'un corps céleste, très rapproché de l'essence incorporelle des dieux, idée que les Pères de l'Église appliquèrent au dogme des anges[1]. Ce philosophe s'explique, dans un autre passage[2], sur la distinction des Démons, des Héros et des âmes. Suivant lui l'essence des Démons est active, et, par son activité, conduit à leur perfection les êtres dont se compose le monde; celle des Héros est vivante et raisonnable et faite pour la direction des âmes. Les Démons possèdent les forces génératrices, ils président à la naissance et lient les âmes aux corps; les Héros ont en partage les forces vivifiantes, les forces par lesquelles ils peuvent conduire les hommes et les affranchir d'une seconde naissance. La sphère d'action des Démons est plus vaste, elle s'étend sur le monde entier; celle des Héros se borne à la surveillance des âmes[3]. Nous retrouvons donc ici cette application de la démonologie à l'œuvre du salut, selon les mystères, dont nous avons déjà signalé des indices chez Platon et même avant lui. Iamblique rapportait encore l'origine des Démons aux puissances démiurgiques des dieux: ceci rappelle les divers attributs et les opérations diverses que les

---

[1] De myster. Ægypt. I. 17.
[2] Lib. cit. II, 1, p. 39 sq. Gal.
[3] On peut comparer Proclus in Plat. Cratyl., p. 80 Boissonad.

philosophes de ce temps-là, aussi bien que les sectes chrétiennes des Gnostiques, des Valentiniens et autres, reconnaissaient à un démiurge déterminé et à son rapport avec les Æons, notions qui, combinées avec les idées postérieures des sectateurs de Mithra, donnèrent lieu à la fiction d'un démon appelé *Démogorgon*, puissance magique d'un ordre supérieur[1]. Cet être singulier mérite d'autant plus d'être remarqué que les noms propres de démons sont plus rares dans les écrits des anciens, si l'on en excepte toutefois les démons qui forment le cortége de certaines divinités[2].

Les Platoniciens de cette époque ne furent pas moins partagés sur la question de la hiérarchie des Démons et sur celle de savoir si certains d'entre eux étaient mortels ou non. Tandis que quelques-uns, tels que Porphyre, se prononçaient pour l'affirmative, d'après l'autorité d'Hésiode, d'autres, tels qu'Ammonius et Iamblique[3], soutenaient le contraire. Proclus laissait la chose indécise[4] : quant à la hiérarchie des Démons, ce philosophe, conformément aux doctrines de Platon, disait que l'univers était gardé par les dieux et les Démons; par ceux-là dans son ensemble et dans son unité, par ceux-ci dans ses parties, en remplissant l'espace, et dans un rapport plus intime avec les êtres gardés. Autour de chaque dieu se groupait, selon lui, une troupe de Démons dans lesquels étaient

---

[1] Heyn. Opusc. Academ. III, p. 309 sqq.
[2] *Cf.* Porphyr. de Abstin. II, 37, p. 171 Rhœr.
[3] De myst. Ægypt. III, 22.
[4] *Cf.* Cudworth Syst. intell., p. 1154 sq.

divisées l'unité et la totalité de sa vigilance[1]. Ailleurs, se développant avec plus de détail sur ce sujet, et reconnaissant, d'après Platon, que toute la région intermédiaire entre les dieux et les hommes était occupée par les Démons, il disait que ce sont là les Démons de nature, tandis que les hommes de l'âge d'or qui portent maintenant ce nom, aussi bien que les demi-dieux, les Héros, ne sont point Démons et Héros par leur nature, mais par leur conduite, étant, de nature, des âmes qui ont voulu partager le sort des mortels, comme le grand Hercule et d'autres encore. Les âmes héroïques ont une disposition naturelle aux grandes actions, à tout ce qui est noble et élevé; ce sont là les Héros qu'il faut honorer, auxquels il faut offrir des sacrifices funèbres[2].

Les philosophes dont il s'agit donnèrent aussi une grande attention au dogme du Génie, de l'esprit tutélaire qui veille sur chaque homme en particulier. Il y a sur ce sujet un traité spécial de Plotin, dont le titre est : « Sur le Démon qui nous a reçus en partage[3]. » Et l'idée et l'expression sont éminemment platoniques ; c'est un des points les plus essentiels de cette anthropologie que nous retrouvons dans les mystères, de cette ordonnance de la nature, d'après laquelle, lors de la descente des âmes dans les corps, à chacune d'elles est assigné son Démon, qui prend en quelque sorte possession d'elle, qui la « reçoit en partage. » Cette locution caractéristique se reproduit

[1] Proclus ad Plat. Tim., p. 130.
[2] Id. in Plat. Cratyl., p. 73 sqq. Boissonad. *Cf.* in Alcibiad. I, p. I, p. 70 sqq. ed. Creuzer (p. 19 sqq. Cousin).
[3] Περὶ τοῦ εἰληχότος ἡμᾶς δαίμονος. Ennead. III, 4.

fréquemment, toujours dans le même sens, depuis Lysias et Platon jusqu'aux derniers Platoniciens[1].

La tradition du Démon de Socrate fut, on le pense bien, l'occasion et le sujet d'un grand nombre de théories sur le Génie tutélaire à qui chacun de nous est confié. Ce qui prouve son existence, selon Hermias, l'un des commentateurs de Platon[2], c'est que, dans la vie, une foule de choses sont au-dessus de notre pouvoir, par exemple le choix d'un état; c'est encore que notre esprit n'est pas seulement sous la conduite de notre raison, mais aussi sous une influence étrangère, comme le montrent particulièrement les songes. Mais il n'est pas donné à tous d'entendre la voix du Génie; c'est la marque et le privilége des nobles âmes. En quoi consiste cette voix, c'est une question accessoire sur laquelle les opinions étaient divisées[3]. Du reste, observe encore Hermias, si chaque homme en naissant reçoit un Génie principal qui lui demeure attaché, dans le cours de sa vie il est soumis périodiquement à plusieurs Génies secondaires. L'âme impure est livrée à un Démon passionné, l'âme pure et sage à un Démon noble et bon. En sorte que Platon a raison de dire, dans sa République[4], que ce n'est point le

---

[1] Lysias, p. 198, p. 130 Reisk.; Plat. de Rep. X, 14, p. 514 Bekker; Hermias in Plat. Phædr., p. 93 sqq.; Sallust. de Diis et Mundo, cap. 20, p. 278 Gal., etc.

[2] L. c., p. 93 sq.

[3] Psellus s'est fort étendu sur toutes ces questions dans son livre Περὶ ἐνεργείας Δαιμόνων. V. Fabric. Bibl. Gr., t. V, ibi Leon. Allat. de Psellis diatrib., p. 27 sq. ed. pr.

[4] X, cap. 14, p. 509 Bekk.

Démon qui nous reçoit en partage, selon l'expression vulgaire, mais que c'est nous qui le choisissons.

Les hommes éminents de l'école néo-platonicienne demeurèrent fidèles à l'esprit de Platon, dans l'application morale d'une doctrine d'ailleurs si dangereuse; Plotin surtout, qui, en admettant le dogme des Démons, ne manque pas de faire ses réserves pour le grand principe de la liberté humaine. Son traité, si plein d'idées, contre les astrologues[1], en fournit la preuve. On sait quelle pernicieuse influence les maximes de ceux qu'on appelait Chaldéens exercèrent sur la moralité des générations d'alors, quel empire elles obtinrent sur les âmes dans toutes les classes de la société. De graves philosophes, tels que Panétius, Cicéron, Sextus, Favorinus[2], déployèrent toutes les ressources de leur savoir et de leur talent pour extirper ce fléau dans sa racine. Plotin, de son point de vue, remplit la même tâche dans le livre que nous avons cité. Il entreprend d'y démontrer que, des deux âmes qui sont en nous, l'une, l'âme qui vient de la nature, est à la vérité dans la dépendance des astres et liée à la fatalité; mais que l'autre âme, celle qui procède de Dieu, est libre, libre à la fois de la fatalité et des étoiles, et suffit à nous affranchir.

Au reste, sur cet article même de l'affranchissement et de la purification de l'âme, les opinions des nouveaux Platoniciens se partageaient encore. Ils admettaient généralement la possibilité d'élever l'âme, de degré en degré,

---

[1] C'est le troisième de la seconde Ennéade.
[2] *V.* Gell. N. A. XIV, 1.

jusqu'à la divinité, en la purifiant. Aussi classaient-ils les hommes entre eux comme ils avaient classé les Démons. Celui qui possède la puissance théurgique, dit Psellus[1], se nomme père divin; celui qui possède celle de la contemplation s'appelle homme divin; celui qui a la puissance purificatrice est un homme *spirituel*; celui qui a la vertu politique un honnête homme, un vertueux[2]. Toutefois Olympiodore[3] accusait d'infidélité aux doctrines de Platon ceux qui transformaient l'homme en démon, en ange ou en dieu. Psellus lui-même n'avait point en vue une déification véritable; il ne parlait que d'une assimilation, d'une affinité de l'âme avec les purs esprits. Iamblique, au contraire[4], reconnaissait des cas où l'âme humaine, pénétrée d'un rayon de la lumière suprême, était complétement transfigurée en ange. Damascius allait plus loin encore, disant que l'âme, par l'opération du rayon divin, pouvait à la fin être déifiée[5]. Voilà comment, ici comme

---

[1] De omnifaria doctrina, cap. 55, p. 110 in Fabr. B. Gr. *l. c.*

[2] Θεοπάτωρ, θεῖος, δαιμόνιος, σπουδαῖος. Peut-être, comme semble l'indiquer le premier nom, la hiérarchie consacrée dans les mystères de Mithras ne fut-elle pas sans influence sur cette classification. *Cf.* notre livre II, ch. IV, p. 360, tome Ier.

[3] Dans son Commentaire sur le Phédon de Platon. — M. Cousin a donné dans le Journal des Savants, années 1834 et 1835, les analyses de deux commentaires distincts d'Olympiodore sur le Phédon. On trouve dans le second une classification des vertus plus ou moins analogue à celle que nous venons de voir des hommes: vertus physiques, morales, politiques, purificatrices, contemplatives, exemplaires, et, selon Iamblique, hiératiques.   (J. D. G.)

[4] De myst. Ægypt. II, 2.

[5] Θιοῦται. *Cf.* Gale ad Iambl. *l. l.*

sur d'autres points, les résultats de la spéculation philosophique se liaient à ces purifications et à ces transformations qui, dans les cérémonies et les enseignements des mystères, s'enveloppaient du voile des symboles. On voit aussi, par cet examen rapide de la doctrine des Démons et des Héros, qu'à travers les modifications successives de forme et d'expression que subit cette doctrine, chez les Grecs et chez les Romains, surtout depuis l'introduction du christianisme, une même pensée fondamentale se poursuit, qui, dans les croyances populaires, ne se laisse entrevoir que par des manifestations isolées, tandis que, dans le dogme secret et dans les théories des philosophes, elle se révèle avec plus de suite et d'enchaînement.

CHAPITRE II.

DE LA RELIGION DE BACCHUS ENVISAGÉE DANS SON ORIGINE ET DANS SES DÉVELOPPEMENTS HISTORIQUES ET MYTHOLOGIQUES.

Dionysus ou Bacchus fut lui-même, chez les Grecs, un des Héros ou des Démons : un Héros pour le peuple et pour ses poètes, un Démon pour les théoriciens systématiques qui voulaient concilier les antiques croyances nationales avec le rang élevé dont cet être merveilleux jouissait dans les religions de l'Orient. Ainsi, selon Plutarque[1], Osiris, Isis et Dionysus étaient des Démons en qui l'élément divin avait subi le mélange des passions et des affections humaines; de bons Démons toutefois, qui, pour leurs mérites, avaient été reçus parmi les dieux. On faisait donc sagement, d'après lui, de rendre à Bacchus, aussi bien qu'à Hercule, un culte où s'associaient les honneurs divins et les honneurs dus aux Héros. Dans la poésie populaire, Hercule et Bacchus étaient simplement deux Héros, deux fils de Jupiter, également haïs et persécutés par Junon. Cette poésie montrait au peuple ses dieux sous des couleurs presque semblables à celles sous lesquelles il était habitué à contempler ses chefs et ses rois. De la sorte, le voluptueux et florissant Dionysus, ce dieu qui partage le délire qu'il cause, en même temps dieu fort, victorieux et triomphant, devint, ainsi qu'Her-

[1] De Isid., p. 477 sqq. Wyttenb.

cule, le descendant d'une antique maison royale, le fils d'une vierge grecque rendue mère par Jupiter.

Et pourtant quelle différence entre l'un et l'autre! Le mythe d'Hercule dissimule si bien son origine étrangère, l'élément symbolique y est tellement subordonné, tellement absorbé par l'élément héroïque et grec, qu'il est besoin d'une grande attention pour y découvrir le rayon divin, la trame d'antique religion solaire qui court, en quelque façon, à travers ce mythe tout entier. Au contraire, le mythe de Bacchus, même sous sa forme la plus humaine, laisse encore entrevoir sa patrie orientale. L'épopée, du reste si extérieure, si indifférente au sens profond des croyances primitives, parle d'un Dionysus furieux, miraculeusement sauvé dans les abîmes de la mer, et de l'arrêt terrible encouru par celui qui avait méprisé le dieu des Orgies[1]. Mais rien de tout cela ne saurait ébranler la foi du peuple aux créations fantastiques dont il se repaît avec autant d'avidité que d'inconséquence. Plus singulières, plus mystérieuses, et en même temps plus humaines sont ces créations, plus il s'y complaît. Voilà le secret de la passion des Grecs pour le bizarre petit-fils de Cadmus; voilà pourquoi leurs femmes se portaient avec tant d'ardeur aux cérémonies étranges du nouveau culte. Celles d'Élis chantaient le cantique suivant, empreint de ce caractère à la fois populaire et mystique : « Viens, héros Dionysus, dans le temple sacré, sur le bord de la mer; viens au temple avec tes dons précieux, hâtant le pas de ton pied de taureau. » Et elles ajoutaient

[1] Iliad. VI, 132 sqq. — *Cf.* l. V, sect. I, ch. IV, p. 376 sq., t. II.

cette double invocation : « Auguste taureau! auguste taureau[1]! » Nous savons que ces mêmes Éléens adoraient Dionysus comme le soleil, ne trouvant aucune difficulté à honorer dans un seul et même être un Héros ou un demi-dieu et le taureau solaire[2].

I. Le Dionysus de Thèbes, sa généalogie, sa naissance, son éducation; divers symboles, le lierre, le taureau, le bouc; rôles d'Hermès, des nymphes Hyades et Pléiades, des Heures; légende des exploits de Bacchus; son importance et son idéal dans le culte populaire, dans les monuments de la poésie et dans ceux de l'art.

C'est ainsi que, même dans le culte populaire le plus naïf et le plus borné, cette branche importante des reli-

---

[1] Plutarch. Quæst. Græc. XXXVI, p. 255, coll. de Isid. p. 495 Wyttenb. Le rapprochement de ce dernier passage, qui montre les Argiens évoquant du sein des eaux Dionysus βουγενής, empêche d'admettre dans le premier la conjecture, d'ailleurs ingénieuse, de Visconti (Mus. Pio-Clem., t. V, p. 18, note *a*), Ἀλείων ἐς ναόν, « dans le temple des Éléens, » au lieu de ἅλιον. — On pourrait encore lire, dans le même sens, Ἄλιον, pour Ἤλειον, Ϝαλεῖον (Welcker, *Nachtrag z. Æschyl. Trilog.*, p. 190).

[2] Etymol. M. v. Διόνυσος. Le récit de Pausanias (VI, 26 *init.*) sur le Bacchus fêté près d'Élis, en qualité de dieu du vin, donne au fond le même résultat. — Les sources du mythe de Bacchus se trouvent indiquées et les formes de ce mythe exposées, avec un grand détail, dans le *Dionysus* de M. Creuzer, suite de mémoires sur cette branche si riche des religions grecques, dont il n'a malheureusement paru que le premier volume (Heidelberg, 1808, in-4°). Il faut y joindre les savantes remarques de M. Moser, son disciple, sur les six livres du poème de Nonnus qu'il a édités, *Nonni Dionysiacor. libri sex, ab VIII ad XIII, res bacchicas ante expeditionem Indicam complectentes...* (Heidelb., 1809, in-8°) avec une analyse des quarante-deux autres; et les indications renfermées dans l'ouvrage plus ancien de G. G. Schwarz (*Mis-*

CH. II. RELIGION DE BACCHUS. 59

gions grecques ne saurait cacher sa racine étrangère. Voyons d'abord ce qu'au sens du peuple et des poètes Thèbes avait à raconter de son demi-dieu, qu'elle faisait naître d'une fille des hommes. La généalogie de Bacchus le rattachait par sa mère Sémélé et par Cadmus, père de celle-ci, aux antiques Inachides d'Argos et à Poseidon ou Neptune; par Harmonie, épouse de Cadmus, aux vieilles divinités de Samothrace[1]. D'après cette généalogie, le nouveau demi-dieu serait né à Thèbes de Béotie, dans le seizième siècle avant notre ère[2]; mais quelque Grec qu'elle le fasse en cela, elle n'en indique pas moins, par une foule de traits, ses rapports avec l'Orient, avec la Phénicie et l'Égypte, avec la Libye et le sanctuaire antique de Jupiter Ammon[3]. La légende de la naissance de Dionysus, les

cellam politioris humanitatis, Norimb., 1721, in-4°, p. 63 sq.). — Notre note 5 sur le livre VII, fin du tome III, donnera une liste des autres écrits les plus importants concernant la religion et la mythologie de Bacchus, avec un aperçu général des principaux systèmes dont elles ont été l'objet dans les temps modernes. (J. D. G.)

[1] *V.* Apollodor. II, 1, 4; III, 1, 1, III, 4, 1, et 4, 4, *ibi* Heyne et Clavier, coll. Hygin. Fab. 6, *ibi* Muncker et Staveren, et les tables généalogiques X, XI, XI *a*, à la fin de l'Apollodore de Heyne, — ou le tableau I, tome I, de l'Histoire des premiers temps de la Grèce de Clavier. (J. D. G.)

[2] Hérodot. II, 145, *ibi* interpret. En 1544, suivant Larcher, Chronologie d'Hérodote, p. 327.

[3] Les éléments de cette généalogie mythique, où les noms d'Agénor, frère de Bélus, de Cadmus, fils d'Agénor, de Phœnix, etc., semblent, en effet, nous reporter vers l'Asie antérieure, tandis que d'autres nous indiquent la Libye et l'Égypte, sont recomposés en tableau, pour la commodité du lecteur, et soumis à une analyse critique, aussi bien que la chronologie qu'on en déduit, dans la note 6 sur ce livre, fin du volume. (J. D. G.)

circonstances miraculeuses, les symboles significatifs dont elle est entourée, conduisent au même résultat[1].

Dionysus est né du feu[2]. D'après une tradition, il était descendu du ciel avec la foudre, ou, ce qui revient au même, Sémélé l'avait mis au jour parmi les tonnerres et les éclairs. Son image la plus antique était faite d'un poteau, poteau, suivant une autre tradition, tombé du ciel en même temps que la foudre, dans la demeure de Cadmus. Polydore, oncle du nouveau demi-dieu, y tailla, dit-on, la première statue de Dionysus *Cadméen*[3]. Ainsi cette statue ne fut d'abord qu'un simple Hermès, tel qu'on le vit longtemps dans les vignobles de la Sicile[4]. A cause de son origine, Bacchus, entre ses nombreuses épithètes, reçut celle de *Flamboyant*, et, par allusion à sa naissance miraculeuse, il s'appelle encore *Bromios* ou le retentissant[5]. Du sein de Sémélé, que l'éclat de gloire dans lequel le dieu du tonnerre lui est apparu a privée de la vie, s'é-

---

[1] *V.* les passages fondamentaux, Hom. Hymn. XXVI, 1-10; Euripid. Phœn. 651 sqq., Bacch. 3, 89 sqq., 275 sqq., 519; Apollodor. III, 4, 3; Nonni Dionysiac. VIII, 1 sqq.

[2] Πυριγενής. *Cf.* Moser ad Nonn., p. 216.

[3] Καδμείου. Pausan. IX, Bœot., 12.

[4] *Cf.* le sujet représenté sur notre pl. CVIII, 427.   (J. D. G.)

[5] Λαμπτήρ, Βρόμιος. Chez les poètes, comme sur les monuments, il paraît avec le foudre dans les mains. *V.* Creuzer, Dionysus, p. 251-253; Meletem. I, p. 20, n. 15; Moser ad Nonn., pag. 204 sq., 210. — *Cf.* le Bacchus à la tête radiée, précédé d'une Ménade portant deux flambeaux, suivi d'un Satyre tenant un cratère, dans notre planche CXIV, 469; ce qui rappelle la fête Λαμπτήρια, célébrée en l'honneur de Dionysus Λαμπτήρ à Pellène, avec des flambeaux et des cratères remplis de vin (Pausan. VII, Achaïc., 27).   (J. D. G.)

CH. II. RELIGION DE BACCHUS. 61

chappe leur glorieux fils; et, à l'instant même, pour sauver ses jours, un lierre croît autour des colonnes de la salle royale, qui cache l'enfant divin dans son feuillage[1]. Nous avons vu de même, sur le rivage de Byblos, la tige de bruyère envelopper dans sa merveilleuse croissance le cercueil qui recèle le corps d'Osiris, et devenir ensuite cette colonne du palais du roi à laquelle s'attache Isis éplorée[2]. Le lierre, attribut constant de Bacchus, était aussi la *plante d'Osiris*, comme l'appelaient les Égyptiens[3].

Entre les autres plantes consacrées à Bacchus, dieu des arbres, dieu florissant[4], c'est au lierre surtout qu'on le

[1] Mnaséas de Patara, dans le Schol. d'Euripide, Phœniss. 651. De là l'épithète de περικιόνιος, *caché dans la colonne*, donnée à Dionysus, et sur laquelle on a tant disserté. *V.* Schwarz, ouvrage cité page 67, et Valckenaer ad Eurip. Phœn. 654. Il en a déjà été question liv. III, ch. II, p. 391 et 406, tom. Ier. *Cf.* pl. LIII, 139 *b*.

[2] Livre III, premier passage cité. — On conçoit que les Orphiques, en rapport avec l'Égypte, honorassent spécialement Bacchus dieu-colonne : Hymn. Orph. XLVII (46). On peut consulter encore, à ce sujet, Clem. Alex. Strom. I, p. 418 Pott.; Harpocrat. v. Ἀγυιεύς; Pausan. IX, Bœot., 12; Euripid. Fragm., p. 426 Beck.; Spencer de Leg. Hebr. rit., p. 664-667; Jablonski de Rempha (Opusc. II, p. 71 sqq.); Schleusner, Lex. N. F., t. II, p. 816. Il ne faut pas même négliger le passage du lit nuptial d'Ulysse, Od. XXIII, 188 sqq.

[3] *Chenosiris*. Plutarch. de Isid., p. 498 Wytt. C'est ce que confirme la langue copte. *Cf.* Salmas. Epist. ad Gol., p. 167; Silvestre de Sacy, notes sur Sainte-Croix, Myst. du Pagan. II, p. 54.

[4] Δενδρίτης, εὐανθής (Athen. XI, p. 465, si la leçon est certaine), ou au moins φιλανθής, φιλοστέφανος, etc. Sur la multitude de ces plantes, et entre autres sur celle dans laquelle fut métamorphosée la nymphe de même nom, Psalacantha, plante à laquelle on attribuait des vertus merveilleuses aussi bien qu'au lierre, il faut voir Hephæstion, p. 322

reconnaissait, qu'on reconnaissait ses compagnons. Là où croissaient en abondance le lierre et les plantes qui s'en rapprochent, Bacchus avait porté ses pas, jusqu'au centre de l'Inde, où le sommet du mont sacré Méros était, disait-on, couronné de lierre [1]. Le *thyrse*, ce rameau, cette arme de Bacchus, comme il s'appelle [2], n'avait pas d'ornement plus essentiel que le lierre. Originairement, ce n'était autre chose qu'un sarment de vigne entouré de branches de lierre. Mais souvent il est pris pour l'arme plus redoutable des Bacchantes, où, sous le feuillage du lierre, se cachait la pointe du glaive. Le thyrse est fréquemment encore employé comme synonyme de la tige de férule ou haste, nommée *narthex*, attribut distinct de Bacchus, et réciproquement [3]. Ainsi dans un vers orphique, passé en proverbe, et dont le sens est : « Beaucoup portent le narthex (ou le thyrse), mais bien peu sont inspirés de Bacchus [4]. »

On entourait aussi de lierre la trompette au son de laquelle les anciens Argiens appelaient solennellement du

sq. Gal., coll. Hesych. v. Ψαλαξ., Plutarch. Symposiac. III, 1, pag. 631 Wytt.; Schwarz, l. c., page 69 sqq.; Moser ad Nonn., pag. 173, 207.

[1] Arrian. Indic., c. 5.

[2] Euripid. Bacch., v. 308, 25 et 80. *Cf.* Schwarz, l. c., p. 99, 100; Barker dans le *Classical Journal*, XII, p. 406 sqq.; Moser ad Nonn, p. 227 sq.

[3] *V.* Suidas, v. Θύρσος, et l'excellent article de Schneider sur ce mot, dans son Lexique, I, p. 649. Il est question aussi de flambeaux unis au thyrse.

[4] Wyttenb. ad Platon. Phædon., p. 173. — *V.* les planches relatives à la religion de Bacchus, avec l'explication, *passim*.

sein des eaux le fils du taureau, Dionysus[1]. En effet, du sein des eaux, principe de toutes choses, s'élevait, tous les ans, le taureau équinoxial, et avec lui la nouvelle année solaire, amenant tous les biens à sa suite. Le symbole du taureau était, pour ainsi dire, héréditaire dans cette famille antique des rois d'Argos où se reportait la première origine de la mère de Bacchus. Io, la génisse, fille d'Inachus, avait, dans ses voyages, visité les sept bouches du Nil[2], les lieux où les sept vaches du songe de Pharaon furent si heureusement expliquées par l'Hébreu Joseph. Non-seulement les rois, premiers fondateurs des fêtes de l'année et de son ordonnance, se rattachaient au symbole du taureau, mais la prêtresse de Junon argienne ne pouvait se rendre au temple de cette reine des cieux que dans un char, traîné par des vaches[3]. Comme le bœuf ou la vache, la corne de ces animaux était un emblème de l'année et un signe d'abondance. Des cornes furent les plus anciennes coupes que l'on vidait en échangeant les vœux de la nouvelle année[4]. Bacchus, sous ce point de vue, avait différents surnoms également significatifs : Dieu *porte-cornes, aux cornes de taureau, au front de tau-*

---

[1] Plutarch. de Isid., p. 495 Wytt. *Cf.* p. 58, n. 1, *ci-dessus*.

[2] Moschi Idyll. II, 51; — coll. Æschyl. Prometh., v. 791, 824 sqq. Bothe.

[3] *Cf.* liv. VI, ch. II, p. 606, tom. II.

[4] *V.* les passages cités dans le Dionysus., p. 279, et les *Homer. Briefe*, p. 135, 137. — Bacchus lui-même tient fréquemment un *rhyton*, espèce de coupe en forme de corne, comme on le verra en parcourant nos planches relatives à ce culte, et comme on en trouve un si grand nombre dans les collections. (J. D. G.)

reau, aux cornes d'or[1]. Au lever du taureau céleste, avec les pluies du printemps, et parmi les éclairs qui fécondent et brûlent à la fois, la vierge Sémélé, nommée encore *Thyoné* ou *la terre*[2], avait été délivrée de son fruit, et son fils resplendissant commença de répandre ses bénédictions sur les cités et les campagnes d'alentour. Là était le pays du taureau, cette terre où, en vertu d'un oracle, le taureau fatigué s'abattant avait désigné à Cadmus les lieux qui allaient devenir pour lui une patrie nouvelle[3]. Là, les Cadméens, son peuple, s'abandonnaient aux transports de la joie, en célébrant la fête du printemps, et les Bacchantes faisaient retentir les forêts du Cithéron de chants solennels en l'honneur du dieu libérateur qui affranchissait la terre de ses liens. C'était à Thèbes spécialement que Dionysus portait le surnom de *Libérateur*[4]. Alors le taureau était apparu, pour nous servir des termes mêmes de la prière qui invoquait son apparition[5]. Alors s'ouvrait, dans ce signe sacré, le cours de la nouvelle année, qui commençait au printemps. Mais des périodes plus longues étaient aussi consacrées par le

[1] Κερασφόρος, ταυρόκερως, ταυρομέτωπος, χρυσόκερως. *Cf.* Schwarz, p. 72; Cr. Dionys., p. 285.

[2] Quelques anciens expliquaient en ce sens le mot Θυώνη, nom que prit Sémélé après qu'elle eut été transportée au séjour des dieux par son fils. Diodor. Sic. III, 61. *Cf.* Moser ad Nonn., p. 188 sq.

[3] Euripid. Phœn. 641; Pausan. IX, Bœot., 12, etc.

[4] Λύσιος. Pausan. II, Corinth., 7.

[5] Φάνηθι ταῦρος, Euripid. Bacch., 1015. Il est remarquable que le prêtre thébain qui porta Bacchus *Lysius* à Sicyon se nommait *Phanès* (Pausan. *ibid.*): nous reviendrons plus loin sur ce nom commun au dieu et à son prêtre.

CH. II. RELIGION DE BACCHUS. 65

même signe. Les Thébains avaient des fêtes triennales, leurs *Triétérides,* fondées, rapportait-on, par Bacchus lui-même, et célébrées avec pompe en son honneur [1]. Les anciens poètes sont pleins d'allusions à cette fête, et peut-être faut-il, d'après le savant Zoëga [2], en voir une du même genre dans les trois cornes qui, sur un bas-relief antique, se remarquent au-dessus de la tête d'un Satyre qui danse à côté d'une Ménade transportée.

Revenons à l'histoire poétique de la naissance du demi-dieu. Jupiter, son père, le reçoit avant terme, à six mois, du sein de sa mère expirante, et, pour mûrir ce tendre fruit, il le coud dans sa propre cuisse, d'où il le retire au temps marqué; puis il le livre à Hermès, qui porte l'enfant à sa tante Ino, épouse d'Athamas, chargée de l'élever [3]. Ce mythe, qui, du reste, avait plusieurs variantes [4], fut pour Bacchus la source de nouvelles épithètes, qui toutes ont trait à sa double naissance [5]. On a cherché la clef de la fiction de la cuisse ($\mu\eta\rho\acute{o}\varsigma$), tantôt dans une allusion au mont Mérou de l'Inde, grécisé en *Méros,* tantôt dans une expression biblique qui fait naître le fils de la cuisse de son père [6]. L'art s'était aussi emparé de ce my-

---

[1] Cic. de N. D. III, 23, *ibi* Davies, p. 621 ed. Creuzer.
[2] *Bassirilievi,* n° 82.
[3] Apollodor. III, 4, 3, *ibi* Heyne.
[4] Selon Méléagre (Carm. CXI), Bacchus, retiré des cendres brûlantes de Sémélé, fut remis immédiatement entre les mains des Nymphes par Hermès.
[5] Μηρορραφής, εἰραφιώτης, διμήτωρ, etc. Orph. Hymn. XLVIII (47), 2, coll. XXX (29), XLIV (43), LII (51); Moser ad Nonn. IX, 3 et 10; p. 190, 195 sq., et *ibi* cit.; Diod. Sic. IV, 4, III, 61.
[6] Genes. XLVI, 26. *Cf.* Cleric. ad Hesiod. Theog., v. 939, et ad

the significatif, mais surtout dans ses rapports avec les notions propres aux mystères[1]. Quant à Hermès portant le dieu enfant, ce fut déjà, dans l'antiquité, un sujet populaire[2]. Mais c'est principalement, comme l'on sait, l'éducation de Bacchus que les artistes s'étaient complu à traiter dans une multitude d'ouvrages, et cela sous les aspects les plus divers[3]. Suivant la tradition, lorsque Ino

Lucian. Deor. Dial. IX, 1, t. II, p. 276 Bip. — Nous reviendrons sur le Mérou dans l'article suivant.

[1] *V.* une patère du cabinet Borgia, représentant la naissance de Bacchus, dans Lanzi *Saggio della l. etr.*, t. II, p. 195, coll. Zoëga, *Bassirilievi*, I, p. 20; Welcker, *Zeitschrift f. alt. K.*, I, 3, p. 519. — *Cf.* nos planches CXXVIII, 431, CX, 432, CXI, 433, avec l'explication.

(J. D. G.)

[2] Pausan. III, Laconic., 18. *V.* le bas-relief de la villa Albani publié et expliqué par Zoëga (*Bassiril.* I, 3), et par Welcker (*Zeitschrift*, I, 3, t. VI, 25, et p. 515 sqq.). Ce dernier savant a donné dans le même recueil (*ibid.*, p. 500 sqq., et tab. V, 23, VI, 24) une explication développée d'un autre bas-relief, fort remarquable, d'un cratère connu sous le nom de Baptistère de Gaëte et qui se voit aujourd'hui au musée de Naples. Welcker observe, du reste, qu'Hermès ne porte pas toujours le jeune Dionysus, comme sur ces monuments; souvent on le voit qui paraît garder seulement l'enfant divin qu'une Nymphe tient sur son sein (*ibid.*, tab. VI, 26, et p. 517 sq.). Sur une médaille de Laodicée, c'est Jupiter qui porte lui-même dans ses bras le fruit qu'il a mis au jour. — *Cf.* nos planches CXII, 435, CIX, 436, CXIII, 437, CXIV, 438, coll. CXVIII, 434, avec l'explication. (J. D. G.)

[3] Il faut voir le bas-relief de la villa Albani, donné dans Zoëga, *Bassiril.*, n° 73. Winckelmann rapporte au même sujet un autre bas-relief fort ancien de Rome, qu'il a publié dans ses *Monumenti* (n° 56); que Zoëga a reproduit (n° 41), mais où il ne veut voir qu'une scène de famille, tandis que son prédécesseur y trouve Ino avec le jeune Bacchus et les Nymphes. (Ce monument est donné avec plus d'exactitude dans la nouvelle édition allemande des Œuvres de Winckelmann, t. III, tab. III, B.) Welcker (*ibid.*, p. 507) adopte l'explication de

CH. II. RELIGION DE BACCHUS. 67

et son époux eurent été rendus furieux par Junon, Jupiter, pour soustraire son fils au péril qui le menaçait, le métamorphosa en chevreau et chargea Hermès de le porter à Nysa auprès des Nymphes[1]. L'histoire d'Ino devenue Leucothée, déesse de la mer, et de Mélicertes, son fils, devenu Palémon, fournit une riche matière aux poètes depuis Homère jusqu'à Nonnus[2]. D'après Apollodore, c'est à Nysa, en Asie, que fut porté Dionysus. Mais les Grecs cherchèrent et trouvèrent partout leur sacrée Nysa, en Thrace, en Carie, en Égypte, en Arabie, en Éthiopie, dans l'Inde, probablement aussi en Lydie[3]. Quoi qu'il en soit, le trait le plus remarquable de cette légende populaire, c'est la métamorphose de Bacchus en chevreau ou en bouc[4], où l'on ne saurait méconnaître un sens à la

Winckelmann, mais sans déterminer si c'est Ino proprement dite ou Leucothée qui est représentée avec les Nymphes. — *Cf.* nos planches CXV, 439, CXVI, 440, etc. (J. D. G.)

[2] Apollodor. III, 4, 3. — Suivant l'hymne homérique XXVI, 3 sq., Jupiter remet lui-même aux Nymphes le jeune Bacchus, qu'on voit en effet dans ses bras et accompagné d'un chevreau, sur la médaille dont il vient d'être question et que reproduit notre planche CXVIII, 434. (J. D. G.)

[2] Odyss. V, 333 ; Dionysiac. IX, 54 sqq.

[3] Heyn. ad Apollodor. *ubi supra.*

[4] *Cf.* Nonn. XIV, 154 sqq., et Moser ad IX, 28, p. 221 sq. On sait que le bouc demeura consacré à Bacchus, à qui des boucs ou des chèvres (Pausan. IX, 8, Διονύσου αἰγοβόλου, ou, selon la conjecture de Kuhn, αἰγοβόρου, qui rappellerait la Ἥρη αἰγοφάγος, III, 15) étaient sacrifiés. — Le chevreau, le bouc et la chèvre sont rapprochés de Bacchus sur une foule de monuments, à commencer par ceux que représentent nos planches CXV, 439, CXVIII, 434, CXXV, CXLV, CXLIX, etc. (J. D. G.)

fois agraire et astronomique, aussi bien que dans le Bacchus-taureau dont nous avons parlé.

Le dieu enfant fut donc porté aux Nymphes qui, dans la suite, poursuit le mythe, furent placées par Jupiter au nombre des étoiles, sous le nom de *Hyades*. Après Ino ou Leucothée et Nysa, nourrice de Bacchus, les Nymphes, comme elles symboles de l'eau, président aussi à l'élément humide, à la vie des plantes, à la génération des animaux, continuent son éducation[1]. C'est la tradition générale suivie par les poètes jusqu'à Nonnus, qui parle positivement de Nymphes des fleuves[2]. Cette part attribuée aux Hyades, dans l'éducation de Bacchus, était aussi, quelquefois, donnée aux Pléiades. Le vieux logographe Phérécyde appelait les Hyades *Nymphes de Dodone*, les rattachant ainsi au culte de Jupiter Pélasgique, à l'un des siéges les plus anciens de la population grecque, à la région du fleuve Achéloüs, si souvent présenté comme le père des eaux nourricières, sous le symbole bachique du taureau[3].

[1] Le nom d'*Ino* a le sens d'*eau*, et, sous celui de *Leucothée*, c'est une déesse de la mer, comme on vient de le voir; *Nysa* est une des Nymphes appelées elles-mêmes *Nyséides*, et rentre dans leur idée générale. Il est même probable que ces trois noms, Ἰνώ, Νύσα, Νύμφαι, ont entre eux une étroite analogie, sinon une racine commune, ainsi que le soupçonne Schwenck *Etymol.-myth. Andeut.*, p. 140 sq. *Cf.* Zoëga *Abhandl.*, ed. Welcker, page 5, note 11. *Hyades* vient d'une autre racine qui a le même sens, Ἰάς de ὕω, d'où ὕδωρ, etc.

(Ç.-R. et J. D. G.)

[2] Dionysiac. IX, 28, *ibi* Moser, p. 221-223.

[3] *Cf.* les développements importants du liv. VI, ch. I, art. I, p. 536, 539 sqq.; 544, et notre planche CXCIII, 681, avec l'explication.

(J. D. G.)

Mais, sans ce rapport accessoire, le cortége des Hyades et des Pléiades suffirait par lui-même à montrer dans Dionysus le souverain de l'élément humide, le dispensateur des pluies et des eaux fécondantes en général. De là une des innombrables étymologies du nom grec de ce dieu[1], étymologie qui, comme tant d'autres, quoique fausse en soi, contient cependant une idée vraie. On sait, du reste, que les Hyades sont les étoiles qui, en se groupant, forment le front du taureau, tandis que les Pléiades sont sur l'épaule de cette même constellation. Le lever et le coucher de ces étoiles, soit au printemps, soit à l'automne, étaient pour les anciens un des signes fondamentaux dans l'observation de la température. L'apparition des Hyades, par exemple, annonçait au laboureur et au matelot l'orage et la pluie[2].

Nous avons donc, ici encore, le taureau équinoxial comme président au passage de la saison sèche à la saison humide, comme auteur de l'humidité et de la chaleur qui fécondent la terre. On a vu plus haut comment, à Argos, il était évoqué du sein des eaux. La Laconie conservait un mythe non moins caractéristique. Les habitants de Brasies y montraient une grotte et nommaient le champ qui l'entourait le *Jardin de Dionysus*. Cadmus, disait-on, sitôt que Sémélé, sa fille, eut mis au jour l'enfant divin, les enferma l'un et l'autre dans un coffre que les flots de la mer eurent bientôt porté jusqu'à Brasies, circonstance d'où cette ville tirait son nom. Là aussi vint

---

[1] Διός et ὕω—ὅτι Διὸς ὕοντος ἐτέχθη (Etymol. M., p. 277 Sylb.)
[2] Tiro ap. Gell. N. A., XIII, 9.

Ino, qui éleva Bacchus dans la grotte[1]. Partout où prend naissance une légende touchant Dionysus, doivent aussi se trouver la patrie et le berceau du dieu. De là ses nombreuses villes natales, dont il est déjà question dans un des hymnes homériques[2]. Mais ce qu'il y a ici de plus remarquable, c'est ce dieu venu de la mer, ce dieu renfermé dans un coffre. Il serait facile de multiplier des parallèles plus ou moins hasardés[3]; mais il en est un, celui d'Osiris, également enfermé dans un coffre[4], que nous ne saurions passer sous silence, d'autant plus que nous aurons à noter, par la suite, l'influence de la tradition égyptienne sur le mythe de Dionysus.

Les *Heures* aussi participèrent à l'éducation du jeune Bacchus. Voilà pourquoi elles prenaient le surnom de *Dionysiades*, pourquoi Bacchus avait un autel dans une chapelle des Heures, dont la fondation, selon Philochore, était rapportée à Amphictyon[5]. Et en effet, quelles divinités plus rapprochées de ce dieu du printemps, de ce dieu qui préside aux vicissitudes des saisons, que les déesses gardiennes des portes de l'Olympe? Quelles que soient,

---

[1] Pausan. III, Laconic., 24. Il faut comparer les détails curieux donnés par cet auteur sur le culte et les représentations figurées de Dionysus en Laconie, dans les chapitres 20, 22, 19 et 13. On adorait à Sparte Bacchus *Colonatas*, de Κολώνη, colline.—*Cf.* notre planche CX, 432, avec l'explication.

[2] Hymn. V, ed. Herm. *Cf.* Moser ad Nonn., p. 196 sq.

[3] On a pensé à la nacelle de Moïse et même à l'arche de Noé. *Voy.* Schwarz, p. 64.

[4] *Cf.* liv. III, ch. II, p. 390, tome Ier.

[5] Cr. Dionys., p. 273; Nonn. IX, 11 sqq.; Visconti, Mus. Pio-Clem. IV, p. 100 sq.

CH. II. RELIGION DE BACCHUS. 71

du reste, les attributions des Heures, attributions qui, sans aucun doute, se modifièrent dans le cours des temps[1], l'idée fondamentale subsista. Dionysus est avant tout le taureau équinoxial; mais, à raison de la grande importance calendaire des équinoxes, il est aussi le dieu qui se reproduit à travers tous les signes du zodiaque. Il est l'introducteur, l'initiateur de l'année, mais en même temps son ordonnateur en général. Les déesses des saisons, les Heures, se trouvent donc naturellement ses nourrices. Les Parques elles-mêmes couronnèrent le jeune dieu à l'instant de sa naissance, et les Grâces lui sont également associées[2].

Dionysus, poursuit la tradition populaire de Thèbes, n'eut pas plus tôt trouvé la vigne que Junon le rendit furieux[3]. Dans ce transport, il parcourt l'Égypte, où le roi Protée l'accueille, puis la Syrie et la Phrygie. Ici Rhéa l'initie aux mystères, et alors il se rend en Thrace, où il châtie sévèrement le roi hostile des Édoniens, Lycurgue. De

---

[1] *Cf.* liv. VI, ch. I, p. 554 sq. tome II.

[2] *V.* Muret. in Catull., p. 106; Pausan. VIII, Bœot., 38. — La naissance et l'éducation de Bacchus, ses rapports avec la famille de Cadmus, avec Hermès, avec Ino-Leucothée, Nysa, etc., avec les Nymphes, avec les Hyades et les Pléiades, avec les Heures, les Parques, etc.; le caractère primitif, soit agraire, soit astronomique, de ce dieu en Grèce; la détermination exacte des représentations figurées qui ont trait à cette partie essentielle du mythe dionysiaque, sont l'objet de quelques éclaircissements dans la note 7 sur ce livre, fin du volume. Il faut consulter en outre l'explication des planches aux numéros déjà indiqués, et celle des sujets qui font suite, planches CXVI, 441, CXXIII, 442, CXVII, 443, CXXVII, 463, CXLIX, 476, etc. (J. D. G.)

[3] De là son épithète de μαινόλης. Cr. Meletem. I, p. 22, n. 19.

là il entreprend une expédition dans l'Inde, au retour de laquelle il revient à Thèbes. Après y avoir institué les Orgies sur le Cithéron, il trouve un nouvel adversaire dans Penthée, successeur de Cadmus au trône. Il le châtie aussi, rend furieuses à leur tour les femmes rebelles d'Argos, change en dauphins les pirates tyrrhéniens qui l'avaient fait captif dans le trajet d'Icarie à Naxos[1], et enfin descend aux enfers pour en retirer Sémélé, sa mère, qui monte avec lui au ciel sous le nom de *Thyoné*[2].

Telle est la forme la plus générale du mythe, dont Thèbes de Béotie est en quelque sorte le centre. Cette ville fut, en effet, l'un des foyers les plus anciens du culte nouveau de Bacchus; c'est de là que la tradition nous le fait voir se propageant dans les autres cités grecques; c'est le demi-dieu de Thèbes qui devint, avec le temps, le Dionysus des poètes et des artistes. Un certain Pégasus le porta, dit-on, de Béotie à Athènes[3]. La même chose résulte d'un récit fort remarquable que Pausanias nous a conservé sur les cérémonies du culte de Bacchus à Sicyon.

[1] *V.* liv. VI, ch. III, p. 632, tom. II, où l'on montre que le dauphin appartenait à Bacchus aussi bien qu'à Neptune. Les deux dieux semblent s'être donné rendez-vous à Naxos (Eustath. ad Odyss. III, 191, p. 114 Bas.).—*Cf.* pl. CX *bis*, 446. Les autres monuments relatifs à cette seconde partie du mythe seront cités dans les articles suivants, surtout II et IV; et nous ferons dans la note 8, fin du volume, un examen général des traditions qui s'y rapportent.   (J. D. G.)

[2] Apollodor. III, 5, 1. *Cf.* p. 37 et p. 64 *ci-dessus*. Ce dernier acte du mythe se rattache intimement aux mystères qui sont le sujet des chapitres IV et V.—*Cf.* note pl. CXXVIII, 443 *a*, avec l'explicat. (J. D. G.)

[3] Pausan. I, Attic., 2. On voit, au chapitre 3, que le Céramique tirait son nom d'un héros Céramus, fils de Bacchus et d'Ariadne.

Tous les ans, à sa fête, pendant une procession de nuit, on portait dans son temple, auprès de sa statue d'or et d'ivoire, entourée de statues de marbre des Bacchantes, d'autres images du dieu, qui étaient gardées dans une sacristie. L'une de ces images, désignée sous le nom de *Baccheus*, avait été consacrée par Androdamas, fils de Phlias, lui-même fils de Bacchus, et époux de la fille de Sicyon, *Chthonophylé*. L'autre, qui suivait, se nommait *Lysius*, et c'était le Thébain *Phanès* (autre nom de Bacchus que nous retrouverons dans les mystères), qui, sur l'ordre de la Pythie, l'avait apportée de Thèbes[1]. Tout ici est digne d'attention, et les mots et les choses. Ces deux statues, décorées de noms significatifs du dieu, inaugurées par des prêtres qui descendent de lui ou le reproduisent, dont l'un s'unit avec la race des antiques rois du pays, ce sont deux vieilles idoles, d'une forme grossière sans doute, mais d'un sens profond, qui viennent prendre place à côté de la figure idéale de Dionysus personnifié par la puissance de l'art, comme, à côté du dogme populaire de ce demi-dieu d'apparence humaine, se plaçaient les systèmes symboliques des prêtres et la doctrine secrète venue de Thèbes.

En effet, à Thèbes même, le nom de *Lysius*, donné à Bacchus, avait divers sens, diverses applications. Nous avons vu plus haut sa signification physique probable, qui montre le dieu délivrant la terre de ses liens : elle fut développée dans les mystères, et nous aurons occasion d'y revenir. Politiquement, et dans l'esprit de la cité thé-

---

[1] Pausan. II, Corinth., 7, coll. 6, 12 et 2.

baine, c'était le *libérateur* par excellence, qui jadis avait sauvé les Thébains des mains des Thraces, près d'Haliartus. Il avait un temple à Thèbes sous ce titre, près du théâtre[1]. C'est, comme nous l'avons remarqué souvent, le héros, le dieu national, protégeant le peuple qui lui rend des honneurs. On voit Dionysus revêtir ce caractère éminent de dieu national dans les transactions les plus solennelles de l'État, et s'associer en conséquence à l'Apollon Isménien[2]. Ce petit-fils prétendu des vieux rois de Thèbes, roi fort et bienveillant lui-même, finit par devenir, dans la foi générale du peuple grec, le type divin des monarques, parce qu'en lui semblaient s'être unies, au plus haut degré, par l'accord le plus digne d'envie, la terreur dans la guerre et la douceur dans la paix. Aussi, pour honorer, pour déifier les princes, choisissait-on de préférence le nom de Dionysus, comme l'attestent les médailles et les autres monuments de l'antiquité. C'est l'idéal qu'avait devant les yeux Alexandre-le-Grand. Démétrius Poliorcète, plus encore, se proposa cet héroïque et royal modèle. Mithridate se fit appeler *Evius* et *Bacchus*[3]; et

---

[1] Pausan. IX, Bœot., 16. Sur cette épithète et sur cette idée de Bacchus *libérateur* (λύσιος, λυαῖος, ἐλευθέριος), il faut consulter Plutarch. Nic., cap. 3, Sympos. III, 6 et VII, 10, p. 666 et 949 Wytt., Quæst. Rom. CIV, p. 181 Wytt.; Artemidor. Oneirocrit. II, 37, p. 134, p. 216 Reiff.; Moser ad Nonn., p. 211 sq.

[2] *V.* le récit mémorable de Pausan. IV, Messen., cap. 27, au sujet du rétablissement de Messène par Épaminondas.

[3] *V.*, sur l'épithète de Εὔϊος, *Evius*, donnée à Bacchus, et provenant de l'exclamation bachique Εὐοῖ, *Evoe*, Plutarch. de Ei Delphico, p. 593 Wytt.; Athen. VIII, p. 363, p. 539 Schweigh.; Schol. ad Aristoph. Thesmophor., v. 999, coll. Pausan. IV, 31.

CH. II. RELIGION DE BACCHUS. 75

l'on voit Antoine, le courageux et voluptueux triumvir, honoré par la flatterie du nom de *second Dionysus*, comme Cléopâtre de celui de *nouvelle Déo*[1].

Une foule de poèmes épiques, de tragédies, de Thébaïdes surtout[2], perdus pour la plupart, célébraient le demi-dieu de Thèbes, d'après les traditions de cette ville, où il jouissait d'un culte spécial. Mais le mythe de Bacchus n'en formait pas moins une partie importante de la poésie des Grecs en général, quelque peu de place qu'il semble tenir dans les grandes épopées homériques. Plusieurs des hymnes que nous avons sous le nom même d'Homère en sont une première preuve, et l'histoire littéraire de l'antiquité en fournit bien d'autres, sans citer encore une fois la vaste compilation poétique de Nonnus, qui puisa largement aux sources anciennes. Quant aux arts du dessin et à la sculpture en particulier, il n'y eut pas pour elle de mine plus féconde que le cycle dionysiaque. Un exemple des représentations primitives du genre symbolique est ce taureau à face humaine, appelé

---

[1] Δηώ, nom de Cérès, qui sera expliqué dans le livre VIII, sect. I. *V*., du reste, Cic. pro Flacco, cap. 25, *ibi* Manut.; Vell. Pat. II, 82, *ibi* Ruhnk.; Plutarch. Anton., cap. 26 et 54. — *Cf.* notre pl. LXXXVI, 493, avec l'explication.

[2] Sans parler des Europies, des Alcmæonides, des Œdipodies, etc. — *V*. Interpret. ad Polluc. Onom. X, 117; Phot. Lex., *v.* πέμψαι et ὀκτώπουν; Bœckh de Trag. Gr. princip., pag. 28 sqq.; Moser Introd. ad Nonn., p. 7-11. — *Cf.*, sur les poèmes qu'on peut appeler du cycle cadméen ou thébain, les monographies de Wüllner et G. Müller, *de Cyclo epico*, et surtout les savantes dissertations de M. Welcker, dans l'*Allgem. Schulzeitung*, 1832, et dans l'ouvrage récent intitulé *Der epische Cyclus*, etc., Bonn, 1835, p. 198 sqq. (J. D. G.)

ordinairement *Hébon*, et qui n'est autre que Dionysus[1]. Les monnaies, d'après la nature de leur destination, durent conserver longtemps cette image antique, comme on le voit par une multitude de médailles de villes, principalement de la Grande-Grèce et de la Sicile[2]. Sur les monnaies béotiennes, on trouve, accompagnée d'autres attributs bachiques tels que la diote, la tête de Bacchus couronnée de lierre, avec deux cornes de taureau qui s'avancent[3]. Le lion, le bélier, le serpent, emblèmes non moins significatifs; d'autres animaux encore, consacrés au dieu de l'année, tels que le chien, le tigre, le léopard, la panthère, ou lui fournissent de nouveaux attributs ou l'accompagnent sur les monuments[4].

Mais l'art élevé, qui travaillait sous l'inspiration de la religion populaire et d'après l'idéal créé par les poètes, abandonna bientôt ces vieux types, et tâcha de révéler le dieu dans la forme humaine, de le produire aux yeux éclatant de beauté. Il s'empara de l'idée fondamentale de

---

[1] « Un grand nombre d'Hellènes donnent à Dionysus des formes de taureau, » dit Plutarque (de Isid., p. 494 Wytt.).

[2] Eckhel, D. N. V. I, p. 136 sqq.; Creuzer. Dionys., p. 277 sqq.; Visconti Mus. Pio-Clem., t. V, p. 17 sq. — *Cf.* nos planches CXXVI, 464, 465, CXXVII, 465 *a*, CXII, 466, CXI, 467 et 468, avec l'explication. (J. D. G.)

[3] Pellerin, Recueil, tome I, pl. XXIV, n° 8, et *ibi* p. 150. — *Cf.* notre planche CXXVIII, 462, coll., 462 *a*. C'est Bacchus κερατοφυής, tandis que le précédent est ταυρόμορφος. (J. D. G.)

[4] Schwarz, ouvrage cité, p. 77 sqq., 81 sq., 108 sqq.; Cr. Dionys., p. 279 sqq. Nous reviendrons plus loin sur ceux de ces symboles qui se lient de plus près aux mystères. — *Cf.* les planches relatives à Bacchus, *passim*.

Bacchus avec une grande puissance, et parvint, en la revêtant des traits d'une jeunesse toute divine, à en faire le digne objet du culte public. Il conçut le dieu comme la source éternelle de la vie dans sa plénitude et dans sa fleur, et présenta aux hommages du peuple le jeune et voluptueux et beau et fortuné Dionysus. Ce qui dépassait la mesure délicate posée et observée par le génie de l'art, au lieu de la plénitude et de la mollesse des formes l'embonpoint poussé jusqu'à l'intumescence, au lieu d'une douce et bienheureuse ivresse les transports violents et désordonnés; ces contrastes, tantôt légèrement, tantôt fortement indiqués, furent relégués dans le cortége de Bacchus. D'une part le vieux et informe Silène, représentant sous le nom d'Acratus l'excès de la boisson, d'autre part les Satyres dissolus ou les Bacchantes furieuses, se chargèrent de montrer quelles ressources le talent des artistes savait trouver jusque dans les données les plus hasardeuses. Déjà Calamis, célèbre contemporain de Phidias ou un peu plus ancien que lui, avait consacré son ciseau à Bacchus. Il avait fait en grand style, pour le temple de Tanagre, une statue du dieu en marbre de Paros, ouvrage remarquable, mais plus encore le Triton dompté par Dionysus, conformément à la tradition du pays[1]. Nous ne savons précisément jusqu'à quel point Calamis avait porté l'idéal de Bacchus[2]. C'est au maître du style

[1] Pausan. IX, Bœotic., 20.
[2] *V.* le passage de Quintilien, Inst. Orat. XII, 10, p. 609 Spalding. (coll. Cic. Brut., cap. 18), qui semble indiquer une époque de transition et d'adoucissement de l'ancien style. On peut consulter, du reste, sur Calamis et ses contemporains, Schorn, *Stud. der Gr. Künstl.,*

beau et gracieux tout ensemble, c'est à Praxitèle qu'il était réservé de l'achever[1]. Peut-être avons-nous, dans quelques-unes des statues qui nous sont parvenues, des copies des chefs-d'œuvre de ce grand artiste. L'on a regardé comme la meilleure statue de Bacchus celle qui, de la villa Medici à Rome, est passée dans la galerie de Florence. L'on admire encore cette figure de Bacchus jouant avec le Satyre, dans le musée Pio-Clémentin[2]. Au reste, de même que le mythe de ce dieu, développé par la poésie, fut inépuisable en fictions, de même le cercle des représentations d'art qui le concernent, une fois ouvert, s'étendit et se diversifia à l'infini. Pour s'en convaincre, on n'a qu'à parcourir les descriptions des musées et les traités d'archéologie[3].

pag. 263 sqq.; *Thiersch Epoch. d. bild. Kunst*, 2ᵉ édit., pag. 153 sq.; — Sillig Catal. Artif., p. 115 sqq., et O. Müller, *Handb. der Archæol.*, page 89 sqq. (J. D. G.)

[1] Pausan. VI, Eliac. (II), 26; Callistrat. Stat., cap. 8; Plin. H. N. XXXIV, 8, 19, 10, mentionnent ou décrivent plusieurs de ses travaux en ce genre. L'on possédait encore de célèbres statues de Bacchus par Myron et Lysimaque (Pausan. IX, Bœot., 30). Cf. Bœttiger, *Andeut. z. Archæol.*, p. 162 sqq., 166; O. Müller, *Archæol.*, p. 108 sq., et les autres ouvrages d'archéologie qui viennent d'être cités.
(C-R. et J. D. G.)

[2] Tom. I, tav. 42. Cf. Recueil de fragm. de sculpt. ant. en terre cuite, 1814, in-4°, pl. V et p. 17 sqq.— Il faut citer encore au premier rang, parmi les statues idéales de Bacchus, celle de la villa Ludovisi à Rome, et celles du Musée royal du Louvre, à Paris (Bouillon I, 30 coll. 29, celle-ci dans la pose de l'Apollon lycien). *V.* notre planche CVIII *bis*, 458, 458 *a*, *b* et *c*, coll. CX *bis*, 446, CXIV, 459, où Bacchus est couché, et rapprochez les belles statues d'Ariadne, CXVI, 460, CXIII, 461, avec l'expl. (J. D. G.)

[3] *V.*, par exemple, Heyne, priscæ artis opera, etc., Commentat. Soc.

II. Le Dionysus Indien, époque et signification de sa légende grecque; que cette légende est une inversion de celle des Hindous; diverses étymologies du nom de Dionysus et sa véritable origine; nom de Bacchus; monuments.

L'expédition de Dionysus dans l'Inde, qui se retrouve dans presque toutes les formes du mythe de ce demi-dieu, plusieurs de ses attributs, tels que la panthère et le long vêtement flottant, appellent notre attention vers l'Orient. Les poètes se complurent à développer toutes les circonstances de la marche victorieuse de Bacchus, à peindre la force irrésistible et la gloire sans pareille unies dans son triomphe à la suprême bonté. L'art suivit fidèlement ces modèles poétiques, et l'on voit, par exemple, sur les bas-reliefs, comme dans les chants dionysiaques, le divin héros faisant grâce à Dériadès après l'avoir vaincu[1].

Entraînés par la tendance qui a porté tant de mythologues de ces derniers temps à retrancher, pour ainsi dire,

---

Gott., tom. X, p. 87 sqq.; Beck, *Grundriss der Archæol.*, p. 158 sqq., et, sur les bustes de Bacchus en particulier, Gurlitt *Einleit. z. Büstenkunde*, au mot *Bacchus*. — *Cf.*, entre autres ouvrages récents, Müller *Handb. d. Arch.*, p. 511 sqq.; de Witte, Descript. du Cabinet Durand, Paris, 1836, pour les peintures de vases surtout, p. 27 sqq., et *passim* ; et nos nombreuses planches relatives à ce culte. (J. D. G.)

[1] Nonni Dionys. XL, 60 sqq. Ainsi le représente un bas-relief du Musée Chiaramonti, auquel il faut comparer celui de la villa Albani expliqué d'abord par Winckelmann (*Monum. ined.*, n° 57), puis reproduit avec plus de soin par Zoëga (*Bassiril.*, n° 75). — *Cf.* nos planches CXVIII, CXIX, CXXX, CXV, n°s 448-451 a, où sont rapprochés divers monuments figurant les principales circonstances ou variantes de ce grand épisode du mythe bachique. (J. D. G.)

toutes les racines orientales des symboles et des mythes de la Grèce, plusieurs ont été jusqu'à méconnaître et l'origine asiatique de la légende dont il s'agit et la réalité des rapports primitifs de Bacchus avec l'Inde. L'horizon des Grecs, selon eux, s'étant agrandi lentement, cette contrée ne leur fut connue qu'à une époque tardive, et entra seulement alors dans le cercle successivement étendu des fables sur Dionysus. La légende entière, ont-ils dit encore, a pris sa source dans les flatteries prodiguées à Alexandre, lui aussi vainqueur de l'Orient, et s'est embellie de circonstances empruntées à son histoire. Mais, répondrons-nous, l'enfance de la géographie ne peut-elle pas s'être prolongée chez les Grecs, et leurs ancêtres, cependant, avoir reçu de bonne heure, des régions lointaines de la Haute-Asie, un nom qui, par une tradition obscure, se propagea des pères aux enfants avec la doctrine qui l'accompagnait? De plus, Euripide vivait près de cent ans avant Alexandre, et toutefois, dans ses Bacchantes, il parle de l'expédition de Dionysus dans l'Inde[1]. Le vainqueur historique de cette contrée peut avoir habilement tourné à son but l'enthousiasme religieux de ses compagnons pour le demi-dieu qu'ils croyaient l'avoir subjuguée avant lui, et le mythe de Bacchus s'être chargé par suite de quelques détails, de quelques ornements nouveaux. Mais

---

[1] V. 14-18. — L'Inde n'est pas nommée expressément dans ce passage, mais la Perse, la Bactriane, la Médie, l'Arabie, et l'*Asie entière*, qui semble désigner ici (v. 17-19) l'Asie maritime et occidentale, surtout l'Asie-Mineure, avec ses villes demi-grecques, demi-barbares.

(J. D. G.)

Nonnus lui-même, qui, à la vérité, puisait à des sources antiques (et l'argument n'en est que plus fort), semble ne point connaître ces embellissements modernes.[1]

Il serait superflu d'insister aujourd'hui sur ces controverses[2]. Tout ce que nous avons dit jusqu'à présent a dû convaincre nos lecteurs de la constante habitude qu'eurent les Grecs de s'approprier précisément les meilleures et les plus belles choses qui leur venaient de l'étranger. Ils envoyèrent dans l'Inde le dieu qu'ils avaient reçu de ce pays. Nous admettrons donc comme un fait que la religion de Bacchus, en dernière analyse, tire son origine de la Haute-Asie, bien que nous reconnaissions également, dans sa propagation jusqu'en Grèce, quelques points, quelques foyers intermédiaires, tels que l'Asie antérieure et l'Égypte. La transmission par le premier de ces deux pays a pour elle des raisons graves et nombreuses[3]. Nous traiterons avec soin, dans la suite, des rapports de Dionysus et de son culte avec l'Égypte. Il faut nous expliquer, avant tout, brièvement sur leur origine indienne.

Depuis longtemps les savants avaient été frappés de ce qu'il y a d'oriental dans les attributs de Dionysus, aussi

---

[1] V. Schow, Commentat. de Nonni Dionys., et Moser ad Nonn., p. 191-195 et p. 263-268.

[2] Comme elles ont été soulevées de nouveau et que l'opinion développée par notre auteur a trouvé, jusque dans ces derniers temps, des contradictions plus ou moins graves, nous croyons devoir donner un exposé plus étendu des principaux points en discussion dans la note 9 sur ce livre, fin du volume. (J. D. G.)

[3] Euripide, par exemple, fait venir de Lydie en Grèce les mystères de Bacchus (Bacch., v. 460-490).

bien que des récits des Grecs sur le Bacchus indien; mais les connaissances sur l'Inde étaient trop peu avancées pour qu'il fût possible de tirer de ces données des conséquences vraiment fécondes. De nos jours l'on comprend comment les compagnons d'Alexandre ont pu dire que les Indiens des montagnes adorent Dionysus et ceux des plaines Hercule[1]. Sans porter atteinte aux droits de la nationalité qui, certes, à la distance où se trouvent l'une de l'autre l'Inde et la Grèce, doivent être pris en grande considération; sans chercher dans les forêts de chênes du mont Hémus les mêmes fruits qui ne pouvaient mûrir que sous les palmiers de l'Émodus, nous ne saurions méconnaître l'identité des lois, en quelque sorte physiologiques, suivant lesquelles une des branches les plus remarquables des religions anciennes s'est développée sur les bords de l'Indus et s'est reproduite dans les pays baignés par la mer Égée. Nous avons marqué, dans notre premier livre, les époques distinctes de la religion des Hindous; nous nous sommes fait une idée de ce grand système d'émanation qui en domine tous les développements historiques; nous avons saisi le rapport de ces développements, soit avec les évolutions fondamentales où la divinité suprême se manifeste par une sorte de trinité, soit avec ces évolutions secondaires au moyen desquelles les personnes divines, et l'une d'elles surtout, s'incarnent successivement sur la terre. Parmi les incarnations de Vichnou, il en est deux qui ont appelé notre principale attention et nous ont d'avance expliqué que les Grecs aient cru re-

---

[1] Arrian. Indic., cap. 7 sqq., *ibi* interpret.

trouver leur Hercule dans l'Inde : Rama et Crichna, tous deux nés d'une vierge, tous deux, sous une enveloppe mortelle, révélant l'essence divine avec une pureté et un éclat incomparables, tous deux luttant incessamment contre les ténèbres et contre le mal[1].

Maintenant, pour ce qui concerne Dionysus, les Grecs nous représentent son culte indien comme moins pur que celui d'Hercule. C'est que ce culte tient en principe à un développement antérieur, primitif et tout populaire des religions de l'Inde, au sivaïsme[2]. Bacchus lui-même n'est-il pas plus ancien qu'Hercule, dans les traditions de la Grèce? Or, si nous nous référons aux extraits bien imparfaits encore que nous avons de ceux des Pouranas qui se rapportent au sivaïsme[3], nous y retrouvons tous les traits principaux de la fable de Bacchus, présentés seulement dans l'esprit et sous les couleurs de l'Orient. Nous y trouvons Siva avec l'attribut caractéristique du phallus, avec celui du taureau ; Siva, père de la joie et de la douleur à la fois, menant un cortège bizarre qui rappelle tout-à-fait le cortége de Dionysus ; Siva parcourant la terre jusqu'à ses extrémités occidentales, et partout

---

[1] Tome Ier, pages 150 sqq., 191 sqq., 199 sqq., 205 sqq., surtout la note page 203 sq.

[2] Même tome, pages 146 sqq., 159 sqq., 170 sqq.

[3] Dans ce résumé comme dans les développements du livre Ier, ch. II, nous avons modifié, d'après des documents plus sûrs, et avec une circonspection nécessaire dans l'état des connaissances, quelques points de l'exposition que M. Creuzer, à l'exemple de Gœrres (*Mythengesch. d. Asiat. Welt*, p. 45 sqq. et *passim*), a puisée aux sources suspectes de Polier, Wilford et autres. Nous pensons avoir, par là, fortifié ses rapprochements au lieu de les affaiblir. (J. D. G.)

rendant des combats, remportant des victoires et propageant ses Orgies. Ainsi la direction des conquêtes du dieu est changée; il marche maintenant d'orient en occident et suit le cours du soleil, ce régulateur éternel des migrations des peuples et des cultes. Nysa, tant célébrée par la tradition grecque comme le berceau ou la nourrice de Bacchus, Nysa placée en tant de lieux divers[1], les compagnons d'Alexandre crurent la reconnaître au berceau même de la religion de Siva et peut-être de tout le brahmanisme avec elle, vers cette branche ouest des monts Émodus qui sépare les deux territoires arrosés par l'Indus d'un côté, par l'Oxus de l'autre. Plusieurs noms de peuples et de lieux, plusieurs circonstances géographiques de ces contrées, indépendamment de la ressemblance des cérémonies, des symboles et des mythes, autorisaient jusqu'à un certain point cette identification du Bacchus grec et du Bacchus indien, qui dès lors devint générale : les *Nyséens* et le mont voisin *Nichadas*, demeure fabuleuse de Siva; la présence de la vigne et du lierre dans le pays habité par cette tribu; le *Mérou*, qui rappelait la seconde naissance de Dionysus sorti de la cuisse de Jupiter (*meros*); enfin, jusqu'à l'*Himala*, où semblait reparaître l'*Hœmus* de la Thrace[2]. Là surtout Dionysus dut être

---

[1] Steph. Byz. s. v., et, pour ce qui suit, Arrian. de Exped. Alex. V, 1 et 9; Indic. c. 1; Strab. XV, p. 687 Cas.; Diodor. Sic., II, 38, III, 63; Plin. H. N. VI, 21; Curt. VIII, 10. (J. D. G.)

[2] *Cf.* Ritter, *Erdkunde, Asien*, I, p. 13, IV, 1, p. 449 sq.; v. Bohlen, *das alte Indien* I, p. 141 sqq.; et notre note 9 s. c. l., fin du vol. (J. D. G.)

CH. II. RELIGION DE BACCHUS. 85

aux yeux des Grecs, comme il est à ceux de plus d'un moderne[1], le *dieu* ou le *roi de Nysa*.

C'est, au reste, l'explication que déjà les anciens donnaient du nom grec de Bacchus. Ils avaient imaginé une foule d'étymologies de ce nom plus fausses les unes que les autres, quoique toutes dérivées de quelque notion ou attribution fondamentale du dieu dont il s'agissait[2]. Par exemple, Phérécyde et Antiochus, probablement le stoïcien d'Ascalon, disaient que ce dieu s'appelait *Dionysos*, parce qu'il était descendu en pluie sur les arbres de Jupiter (*Dios nysæ* ou *nyssæ*, ce dernier mot désignant les arbres[3]). C'est là une interprétation physique, selon laquelle Dionysus est conçu comme le principe de l'humidité. D'après le même Phérécyde, il se nommait encore dans ce sens *Hyès*, et Sémélé sa mère, *Hyé* : noms auxquels on ne manquait pas de rattacher celui des Hyades, nourrices de Bacchus[4]. Mais la véritable étymologie, l'étymologie hindoue du mot *Dionysos*, ne s'était point entièrement effacée de la mémoire des Grecs. *Dionysos*, dit le grand Étymologique[5], s'appelait encore, suivant quel-

---

[1] Langlès, dans les *Rech. Asiat.*, trad. fr., t. I, p. 278 sq.; Wilford et autres dans les volumes suivants du recueil anglais; Gœrres, cité plus haut, etc. Cf. Moser ad Nonn., p. 264 sqq.

[2] Cr. Dionys., p. 244; Moser ad Nonn., p. 201 sq.

[3] Schol. mscr. ad Aristid. Panath., p. 185 Jebb., in Cr. Meletem. I, p. 20, n. 15. — Pag. 313, tom. III, Dindorf.

[4] Etym. M. et Suid. v. Ὕης. Cf. Valcken. ad Eurip. Phœn. 654 sqq.; Cr. Dionys., p. 269; — et Sturz, Pherecyd. fragm., p. 108 ed. sec.

(J. D. G.)

[5] Pag. 251, 28 sq., *ibi* Basl. ad Gregor. Corinth., pag. 882, coll. Creuz., Hom. Br., p. 206, not. — M. de Bohlen (ouvr. cit., p. 143,

ques-uns, *Deunysos*, parce qu'il avait régné à **Nysa**, *Deunos* (*Deuos* ou *Deuas*) signifiant roi dans la langue des Indiens. C'est évidemment le sanscrit *Devas*, mot qui veut dire *dieu*, et s'applique aux rois comme titre d'honneur. De ce mot et de *Nicha*, *Nichadas*, la nuit, pays de la nuit, sera venu par composition *Devanichi*, qui, légèrement modifié par le son en *Dionysos*, rappelle par le sens le surnom de *Nyctelios* ou *Nocturne*, sous lequel Bacchus avait un temple à Mégare[1].

Ici se placent naturellement quelques observations sur cet autre nom propre du Dieu, qui lui-même paraît avoir été dans l'origine une épithète. On a voulu également le retrouver dans la langue sacrée de l'Inde, où le mot *Baghis* est, en effet, l'un des surnoms de Siva[2]. D'autres en cherchent l'étymologie dans la langue phénicienne, *bacchos* ayant dans cet idiome, au dire d'Hésychius, le sens de *lamentation*, ce que l'hébreu confirme[3]. Il faudrait supposer alors une fête funèbre de Bacchus, ou une fusion des Adonies avec les Dionysies. Mais on peut remarquer

---

n. 456, p. 141 sq.) observe qu'il faut lire, au lieu de δεῦνος, δεῦος, ou mieux encore, avec Hésychius, δεύας, qui est *devas*, *deus*, etc.; mais il n'admet point comme originairement hindoue et sanscrite la composition *Devanichi*, *Devanisi* (Δεύνυσος, en ionien, pour Δεόνυσος, Διόνυσος), cette composition étant contre les règles de la langue qui exigeraient *Nisidevas*, le dieu de la nuit, *Nis*, donnée, au reste, pour mère au dieu du soleil, en même temps dieu du vin, par la mythologie indienne.— *Cf.* même note, f. d. v. (J. D. G.)

[1] Pausan. I, Attic., 40, coll. Plutarch. Sympos. VII, 9, p. 941 Wytt.
[2] Jones dans les *Asiat. Res.* I, pag. 207. — Le même et Langlès, trad. fr. I, p. 189, 281.
[3] Hesych. I, p. 682 Alb. En hébreu, בכה (*bachah*), *flevit*.

que déjà la racine grecque *bazô* et son élément fondamental *ba* impliquent la notion d'un dieu ou d'un culte bruyant, retentissant, avec les idées accessoires de sentences proclamées, de prophéties annoncées à haute voix [1]. Or, ces prédications orgiastiques sont précisément ce qui domine dans la signification propre du mot *Bacchos*, mot qui s'applique à la fois au dieu et à ses ministres inspirés comme lui [2]. La même pensée fondamentale est exprimée par les noms de plusieurs êtres prophétiques, tels que le devin *Bacis*, les *Bacides*, femmes devineresses [3], et le *Bacchés*, disciple inspiré du dieu tellurique Tagès chez les Étrusques [4]. Dans tous ces noms s'associent les idées de transports solennels et de prophéties, comme dans leurs éléments semblent se rencontrer les idiomes grecs et ceux des peuples de l'Orient.

La dénomination de *Bacchus indien* est aujourd'hui généralement reçue dans le langage de l'art, et s'applique justement à plusieurs statues auxquelles on avait d'abord imposé d'autres noms. Témoin cette figure barbue d'une beauté mâle, avec d'amples draperies et un sceptre dans sa main élevée, que Winckelmann prenait encore pour un Sardanapale, et où Visconti nous a montré le Bacchus

---

[1] Βάζω de βά, Lennep. Etymol. l. gr., p. 140.

[2] Βάκχος, Bacchus et Bacchant, serviteur de Bacchus (Bast ad Greg. Corinth., p. 914). On trouve aussi Βάκχιος et Βάκχειος ou Βακχεῖος, employés soit substantivement, soit adjectivement. *Cf.* l'article précédent, p. 73, et liv. IV, ch. III, p. 87 et n. 1, tom. II.

[3] Herodot. VIII, 20; Ælian. V. H. XII, 35.

[4] Liv. V, sect. II, ch. IV, art. I, surtout p. 463, tom. II. *Cf.* Cr Comm. Herodot. I, p. 261.

indien[1]. Souvent il porte à la main un vase, comme par exemple le Bacchus avec la coupe en forme de coquillage, parmi les statues d'Herculanum[2]. Déjà, sur le coffre de Cypselus, on voyait Bacchus barbu, couché dans une grotte, vêtu d'une tunique retombant sur ses pieds et une coupe d'or dans sa main; autour de lui étaient des pampres, des pommiers et des grenadiers[3].

III. Le Dionysus égyptien, sa légende également intervertie par les Grecs, son identité avec Osiris lui-même en rapport avec l'Inde; origine égyptienne d'une des branches de la religion de Bacchus.

La tradition populaire des Grecs, renversant la marche de l'histoire, prétendait que Dionysus était venu de Grèce en Égypte aussi bien que dans l'Inde. C'est ainsi, avons-nous vu ailleurs, que la Neith de Saïs tirait son origine d'Athènes, métropole supposée de cette ville égyptienne[4]. Ogygès, disait-on, et sa femme Thébé, autochthones de l'Attique, s'étaient rendus en Égypte, y avaient bâti Thèbes, fondé les mystères d'Isis et inauguré son culte aussi bien que celui de Dionysus, son époux[5]. Ainsi, la première capitale de l'Égypte aurait pris son nom de celui

---

[1] Mus. Pio-Clem., tom. II, tav. 41. — *Cf.* notre planche CXII, 429, coll. CXVII, 430, avec l'explication. (J. D. G.)

[2] Winckelm. *Sendschreiben*, p. 143, nouvelle édition allemande.

[3] Pausan. V, Eliac (I), 19. — *Cf.*, pour l'analogie de la composition, notre planche CXIV, 459, et, pour les autres caractères, le très ancien Bacchus barbu, reproduit planche CVIII, 428, dont il faut rapprocher CXLII, CXLIII et CXLV, 471-473. (J. D. G.)

[4] Liv. V, sect. I, ch. I, p. 56, tom. II.

[5] Schol. mscr. ad Aristid. Panath., p. 185; — p. 313. Dindorf.

CH. II. RELIGION DE BACCHUS. 89

d'une femme grecque[1], et la Grèce aurait donné la naissance à deux de ses grandes divinités. Ailleurs nous lisons qu'Osiris aurait été le fondateur de Thèbes aux cent portes[2]. Remarquons avant tout que si cette Thèbes d'Égypte, la cité de Jupiter-Ammon, la grande Diospolis, fondée par Osiris, avait, selon la légende grecque, donné asile à Dionysus, la Thèbes de Grèce était regardée comme le berceau de ce fils de Jupiter : c'est un rapprochement dont nous aurons à tirer les conséquences.

Hérodote, qui commença l'application de la critique à ces traditions et à bien d'autres, observe que, tandis que les Égyptiens donnent Hercule, Dionysus et Pan comme des dieux d'une haute antiquité, aux yeux des Grecs ce sont les plus jeunes de tous. Il explique cette différence par la connaissance tardive qu'ils eurent de ces dieux, et pense que les époques diverses qu'ils assignent à leur naissance ne sont autres que celles de l'introduction de leur culte en Grèce. En Égypte, Pan appartient aux dieux du premier ordre, Hercule à ceux du second, Dionysus à ceux du troisième, issus des précédents[3]. Ainsi, dans le système égyptien, Dionysus est un dieu né d'une succession de dieux ; il est la dernière émanation de l'essence divine. Aussi doit-il, revêtu d'une enveloppe mortelle, souffrir les dernières douleurs et un trépas sanglant ; car il n'est

---

[1] *Cf.*, sur l'étymologie égyptienne ou copte de ce nom, qu'on explique diversement, Jablonski, Voc. Ægypt., p. 86 sq., *ibi* Te Water ; Champollion le jeune, l'Égypte sous les Pharaons, I, p. 216 sqq.
[2] Diodor. I, 15.
[3] Herodot. II. 145 sq. *Cf.* liv. III, ch. II, p. 409 sqq., tom. I.

pas autre qu'Osiris tombé sous les coups de Typhon[1]. Chez les Égyptiens, le divin Osiris passa, dans la suite des temps, selon toute apparence, pour un ancien roi, dont les fortunes diverses, les malheurs et enfin la *passion* étaient l'objet de représentations dramatiques données au peuple sur les bords du lac de Saïs[2]. De même, en Grèce, des processions solennelles avaient lieu, où intervenaient de véritables scènes représentant les aventures et les souffrances de Bacchus, quelquefois remplacé par un autre héros du pays[3]. Telle est l'origine de la tragédie grecque et en même temps celle du dithyrambe, où les vainqueurs obtenaient pour prix un bœuf[4]. C'était aux fêtes de Bacchus seulement que se donnaient les jeux dramatiques, et les théâtres étaient bâtis au voisinage de ses temples[5].

---

[1] Herodot. II, 42; Diodor. I, 23; Plutarch. de Is., p. 483 sq. Wytt. *Cf.* Moser ad Nonn., p. 213-215.

[2] Herodot. II, 171. *Cf.* liv. III, p. 413 sq., et la note indiquée dans les Éclaircissements, p. 841-845, tom. Ier.

[3] Ainsi par Adraste, roi fugitif d'Argos, à Sicyon, d'après Hérodote V, 67. *Cf.* Cr. Comment. Herodot. I, p. 217-224. La vie et la mort d'Adraste se voient encore dépeintes sur les vases grecs et sur d'autres monuments. *V.* Millin, Mag. Encyclop., 1814, t. II, p. 201-222. — *Cf.* nos planches CCXI et CCXV, 721, 725, avec l'explication. (J. D. G.)

[4] *V.* Bentley Opusc., p. 310 Lips.; Hermann ad Aristot. Poet., pag. 104; Timkowsky de Dithyrambis eorumque usu, etc., Mosquæ, 1808 (coll. Act. Semin. reg. Lips., v. I, p. 204 sqq.). — M. Welcker, dans son ouvrage intitulé *Nachtrag zur Æschyl. Trilogie*, Francf., 1826, a publié de nouvelles et importantes recherches sur les rapports de ces formes de poésie, et principalement du drame satyrique, avec la religion de Bacchus. Nous en avons beaucoup profité dans nos Éclaircissements sur ce livre. (J. D. G.)

[5] Bœttiger *Andent. z. Archæol.*, p. 68 sq.

CH. II. RELIGION DE BACCHUS. 91

Cette conception d'Osiris-Dionysus offre plus d'un rapport avec les religions de l'Inde, et en particulier avec le culte de Siva, dieu de Nysa, troisième personne de la Trinité hindoue, révélation la plus sensible de la divinité. C'est aussi un culte de joie et de douleur, une adoration enthousiaste et passionnée de la nature, où les mêmes idées et les mêmes symboles reparaissent, où le nom même d'*Iswara* semble rappeler *Osiris*, quoique le dieu-homme, le héros militant et souffrant sur la terre, ne puisse guère se retrouver qu'en Crichna, lui-même, à la vérité, non sans rapport avec Siva [1]. Nous avons vu ailleurs comment, dans l'Asie occidentale, les Phéniciens développèrent le culte funèbre d'un dieu de la nature mort et ressuscité, Adonis, si semblable à Osiris [2]. Enfin, dans l'antique religion des Pélasges de Samothrace, nous est apparu Osiris-Dionysus, le plus jeune des trois Cabires, mis à mort par ses frères, et dont l'organe viril, ce phallus, énergique et constant symbole d'un même culte orgiastique dans l'Inde, en Égypte, dans l'Asie antérieure, en Grèce, est porté jusqu'en Tyrrhénie [3].

Pour revenir à l'Égypte, Osiris y passait pour le fils de Cronos, qui l'avait eu de Rhéa aussi bien que sa sœur Isis. On veut que ce Cronos ne soit qu'un Phthas hellénisé [4];

---

[1] *Cf.* liv. I, ch. II et III, art. III, *passim*, surtout pag. 161, 211; et les Éclaircissements du liv. III, p. 805, 840 sq., tom. Ier.

[2] Liv. IV, ch. III, art. II, p. 42 sqq., tom. II.

[3] Liv. V, sect. I, ch. II, art. IV, p. 302, tom. II.

[4] Jablonski Panth. Ægypt. I, 141. — *Cf.* la note 6 sur le liv. III, dans les Éclaircissements du tome Ier, pag. 839, coll. 829, 835.

(J. D. G.)

et, en effet, d'après une généalogie de Samothrace, Dionysus était fils d'Héphæstus[1]. Mais si Dionysus, dans la tradition populaire des Grecs, avait pour père Jupiter, ce n'en était pas moins une idée égyptienne, Osiris, suivant une légende de ce pays, étant fils d'Ammon ou ayant été adopté par le grand dieu de Thèbes[2]. Si maintenant une autre tradition, conservée dans Plutarque[3], rapporte que Dionysus, fils de Jupiter et d'Isis, s'appelait, chez les Égyptiens, non Osiris, mais *Arsaphès*, ce nom nous révèle un dieu du phallus[4], tout-à-fait analogue au Siva de l'Inde. Il n'en est que plus certain, comme l'assure Hérodote[5], que d'Égypte vint aux Grecs une doctrine développée où le culte du phallus jouait un grand rôle. Mais, dans tous les cas, c'était en l'honneur d'Osiris-Dionysus, dieu mort et ressuscité, dieu bienfaiteur de l'humanité à laquelle il avait payé sa dette, qu'avaient lieu ces processions où l'on portait en pompe des statues priapiques, et qui rappelaient les Phallophories de la Grèce[6]. Osiris, selon le dogme égyptien, se présentait, sous l'un de ses aspects, dans un état d'abaissement profond. Une tradition voulait qu'il eût été un simple mortel, un roi, un héros, et l'on sait qu'il était noir de couleur[7]. C'est là le côté hu-

---

[1] Liv. V, sect. I, ch. II, art. III, p. 297, tom. II.
[2] Diodor. I, 23 et 27. *Cf.* tom. Ier, p. 407.
[3] De Isid., p. 498 Wyttenb. — Même tome, p. 805.
[4] Jablonski, Voc. Ægypt., p. 39.
[5] II, 49.
[6] Le même, II, 48, *ibi* Bæhr et Creuzer.
[7] Plutarch. de Isid., p. 474 Wytt. — *Cf.* tom. Ier, p. 398, 412, 414, et les Éclaircissements, p. 410, 418, avec les planches qui y sont indiquées.

main et peut-être historique de cette religion. De quelque manière que l'on s'en rende compte, il est difficile de ne pas entrevoir ici de nouveaux indices des rapports primitifs d'Osiris-Dionysus avec l'Inde[1].

Cicéron parle d'un Bacchus, le second des cinq qu'il reconnaît, qui serait né du Nil et qui aurait donné la mort à Nysa[2]. Si nous considérons qu'une étymologie grecque dérive le mot *Nysa* du verbe qui signifie *piquer, percer*, et si nous admettons avec Jean le Lydien[3] que, Dionysus étant le soleil, *Nyssa* veuille dire *le cercle du temps*, il faudra reconnaître, dans le Dionysus meurtrier de Nysa, le soleil qui

---

[1] Nous avons cru devoir réserver à notre livre IX et dernier l'examen de cette grave question de l'origine hindoue d'une partie au moins de l'ancienne religion égyptienne, question que M. de Bohlen a soulevée de nouveau, sous la forme du parallèle, dans l'ouvrage remarquable *Das alte Indien mit besonderer Rücksicht auf Ægypten*, Kœnigsberg, 1830, et qu'il résout, comme M. Creuzer, peut-être avec un peu de précipitation, par l'affirmative. (J. D. G.)

[2] Cic. de N. D. III, 23, p. 618 ed. Creuzer., — et sa savante note, dont ce qui suit dans le texte est en partie un extrait, p. 619-621. Le premier Dionysus est fils de Jupiter et de Proserpine ; il en sera traité au long dans le chapitre IV, aussi bien que du troisième, fils de Cabirus et roi de l'Asie, en l'honneur de qui les Sabazies furent instituées ; le quatrième, pour qui les mystères Orphiques se célébraient, naquit de Jupiter et de la Lune, ou, selon Jean-le-Lydien et d'autres, de *Sémélé* (peut-être confondue avec *Séléné*, d'où *Luna* introduit dans le texte de Cicéron, selon une conjecture de Moser) ; le cinquième, de Nisus et de Thyoné (la même que Sémélé, ainsi que nous l'avons vu plus haut, ou bien distincte d'elle), instituteur des Triétérides. (J. D. G.)

[3] De Mens., p. 81, 82 Schow., pag. 198-200 Rœther, coll. Cornut. de N. D., cap. 30, Eudoc., p. 118. Νύσα ou Νύσσα, de νύσσειν, *pungere* ; Διόνυσος, δι' ἐν ἡ νύσσα (ὁ καμπτήρ) καὶ ἡ περικύκλησις τοῦ χρόνου.

reçoit, qui abîme en soi, qui consomme et tue en quelque sorte le cours des saisons, de même que Saturne dévore ses propres enfants. Jean-le-Lydien nous apprend encore que le second Dionysus, fils du Nil, était roi de Libye, d'Éthiopie et d'Arabie, par conséquent identique au Dionysus libyen, qui, selon Diodore et autres, parti de Nysa à la tête d'une expédition contre Saturne et s'avançant à travers la Libye, y tua *Campé*, le monstre aux cinquante têtes, puis lui éleva un tombeau[1]. Il n'est pas difficile de retrouver dans ce mythe le même sens allégorique que nous venons de découvrir dans le précédent. Il suffit de se rappeler l'Hercule et le Phanès des Orphiques, symboles du cercle du temps et de toutes choses, et portant, comme Campé, de nombreuses têtes d'animaux[2]. Dionysus immolant cette Campé, dont le nom seul semble exprimer la révolution des saisons[3] comme sa figure le zodiaque, c'est, ainsi que Bacchus, meurtrier de Nysa, le soleil auteur à la fois et destructeur du cours de l'année et du temps.[4]

Les Grecs, héritiers des antiques traditions de la Thèbes d'Égypte sur le divin héros du soleil, les propagèrent en

[1] Diodor. Sic. III, 71, *ibi* Wesseling; Nonni Dionys. XVIII, 232.
[2] *V.* le chapitre III, *ci-après*.
[3] Κάμπη, en avançant l'accent, Καμπή, reviendrait à καμπτήρ, donné par Lydus comme explication de νύσσα en ce sens.
[4] En admettant que Dionysus soit le soleil et vienne originairement de l'Inde, une explication beaucoup plus simple du meurtre de *Nysa* ou *Nisa* par lui (*Nisus* est son père comme elle est sa nourrice) serait celle qui ferait dériver ce nom du mot sanscrit *Nis*, la nuit, mère du soleil et sa victime en même temps. *Cf.* p. 85 sq., n. 5, *ci-dessus*.

(J. D. G.)

les développant à leur manière. Ammon, disaient-ils, avait eu Dionysus de la chèvre Amalthée, qu'il tua d'un coup de foudre, redoutant la jalousie de Rhéa, son épouse. Le précieux enfant trouva un asile dans une île du fleuve Triton, où il fut élevé par Aristée et sa fille, la nymphe Nysa, avec l'assistance de Minerve[1]. Ainsi encore, chez Hérodote[2], Jupiter porte le jeune Dionysus, cousu dans sa cuisse, par-delà l'Égypte, à Nysa en Éthiopie. C'est pour ce motif que, suivant quelques-uns, Anacréon avait appelé Bacchus fils d'Éthiopie, tandis que d'autres voyaient plutôt ici une allusion à la couleur foncée du vin[3]. Enfin, sur d'anciennes monnaies grecques, par exemple sur celles de Mytilène, dans l'île de Lesbos, on voit la tête de Jupiter-Ammon, accompagnée de symboles bachiques[4]. Ce sont autant de réminiscences de l'origine égypto-éthiopienne d'une des branches principales de la religion de Bacchus.

Au reste, cette face humaine du mythe, que nous avons fait remarquer dans le culte populaire des Égyptiens, devint dominante en Grèce. De là le héros thébain Dionysus admis au séjour et à la félicité des dieux, après avoir répandu ses bienfaits sur le monde entier. Mais, dans la

---

[1] Diodor. III, 68 sqq.

[2] II, 146, *ibi* Bæhr.

[3] Hesych. I, p. 152 Alb. *Cf.* Anacr. reliq. ed. Bergk, 1834, fr. XCVI, p. 237.   (J. D. G.)

[4] Cr. Dionys., p. 248, 251. La tête de Bacchus et des symboles bachiques se remarquent fréquemment sur les médailles des îles et des cités grecques, surtout celles de Naxos. *V.* Pellerin, Recueil, III, *passim*, et les autres principaux ouvrages de numismatique ancienne. — *Cf.* nos planches CXVII, 430, 496, CXXIX, 497, etc.

doctrine secrète, Dionysus avait un rôle beaucoup plus élevé; il était même, selon l'un des systèmes orphiques que nous développerons en sa place, le dieu des dieux. Toutefois, comme ce système se fondait principalement sur le dogme égyptien, il est bon d'en dire ici quelques mots à l'avance. Dionysus, lisons-nous en propres termes dans Suidas[1], n'est pas seulement fils de Phthas; il est encore Phthas lui-même; il est, en conséquence, le grand, l'éternel arbitre de toutes choses, le maître de la destinée, son interprète et le premier des prophètes. A ce point de vue supérieur de la croyance disparaît tout anthropomorphisme, s'évanouissent ces générations divines qui font de Dionysus tantôt le fils de Phthas ou de Cronos, tantôt celui d'Ammon. L'être éternel est lui-même à lui-même père, époux, frère et fils. Il ne faudra donc pas nous étonner quand nous verrons Osiris-Dionysus, le dieu-soleil, d'ordinaire le frère et l'époux à la fois d'Isis ou de la lune, devenu, pour les Orphiques, le fils de celle-ci; quand nous verrons, chez les mêmes Orphiques, Dionysus son propre père et son propre fils tout ensemble; quand enfin, sous divers noms et avec différents attributs, nous trouverons ce dieu, un et multiple, placé à l'origine des différents âges du monde, et remplissant, dans le grand œuvre de la création, des rôles divers.

Or, les doctrines orphiques, ce sont, au fond, selon le témoignage du père de l'histoire, des doctrines égyptiennes. A ses yeux, dogmes orphiques, appelés encore bachiques; dogmes égyptiens et pythagoriques, c'est tout

---

[1] *V.* Ἀφθάς, coll. Jablonski Voc. Ægypt., p. 381.

CH. II. RELIGION DE BACCHUS. 97

un[1]. Ici donc est l'occasion naturelle d'exposer les rapports de la religion de Bacchus avec ce que nous avons nommé déjà plus d'une fois les systèmes orphiques, et d'éclairer en même temps le côté de cette religion qui tient à la Thrace et au nord de la Grèce. Mais il faut nous expliquer avant tout sur le degré de créance que peuvent mériter les dogmes quelconques qui nous ont été transmis sous le nom fameux d'Orphée.

IV. Haute antiquité des dogmes orphiques, prouvée par le témoignage des premiers historiens et par l'accord des plus anciens dogmes philosophiques; écoles orphiques successives, traditions qui semblent les indiquer; opposition du culte d'Apollon et de celui de Bacchus, de la lyre et de la flûte, symboles de ces cultes, et leur conciliation opérée peu à peu par les réformes introduites dans le dernier; rapports du pythagorisme avec les doctrines orphiques et bachiques réformées; représentations figurées qui ont trait à cet ordre de faits.

Hérodote, dans un passage célèbre du second livre de ses histoires[2], déclare Hésiode et Homère les inventeurs

[1] Herodot. II, 81, et i interpret., et surtout Bæhr et Creuzer, dans leur édition. — Le texte de ce passage, suivi par M. Creuzer, est solidement établi depuis Valckenaer, Larcher et autres; mais le sens littéral est susceptible de deux interprétations fort différentes, suivant le point de vue d'où l'on envisage la connexion historique, reconnue par Hérodote, des dogmes mentionnés ici. C'est le point capital de la grande controverse dont nous essaierons de rendre un compte fidèle dans la note 10 sur ce livre, fin du volume. (J. D. G.)

[2] Chap. 53. Cf. notre livre V, sect. I, ch. I et IV, art. II, p. 265, p. 371-580, tom. II. — On trouvera ce passage traduit en entier et commenté, selon nos idées propres, dans une dissertation inaugurale sur la théogonie d'Hésiode, Paris 1835, art. I, p. 7 sqq. (J. D. G.)

de la théogonie hellénique, et rejette formellement tous les poèmes que, de son temps, l'on donnait comme antérieurs à ceux d'Homère, les orphiques aussi bien que les autres. Mais il ne faudrait pas croire qu'il rejetât également tous les dogmes rapportés à des époques anté-homériques, notamment les dogmes secrets ; plusieurs endroits de son ouvrage établissent le contraire. Tandis qu'il met Hésiode et Homère quatre cents ans seulement avant lui-même, il parle d'une interprétation mystique du phallus d'Hermès, que les Pélasges avaient communiquée aux Athéniens, et qui s'était conservée dans les mystères de Samothrace[1]. Or, cette communication ne peut avoir eu lieu plus tard que le milieu du douzième siècle avant notre ère; car vers ce temps les Pélasges, expulsés de l'Attique, allèrent occuper l'île de Lemnos[2]. Un peu plus haut[3], Hérodote fait mention d'une instruction concernant les processions bachiques, que Mélampe aurait reçue, soit en Égypte, soit de Cadmus et des Phéniciens ses compagnons, et qui fut développée par les sages venus après lui. Voilà donc un fait relatif à un dogme même de la religion de Bacchus, au culte mystique de ce dieu, qui remonte ou au seizième siècle, ou, si l'on s'en tient à la

---

[1] Même livre, chap. 51.

[2] En 1162, selon Raoul-Rochette, Hist. des Colon. grecq. 1, p. 426 sqq.; — 85 ans après la prise de Troie (O Müller, *Orchomenos*, p. 476 coll. 439), dont la date ne saurait être fixée à un siècle près. *Cf.* notre note 1ère, § 1, sur le livre V, sect. I, dans les Éclaircissements du tome II. (J. D. G.)

[3] Chap. 49, *ibi* Bahr et Creuzer.

CH. II. RELIGION DE BACCHUS. 99

date de Mélampe, au quatorzième siècle avant J.-C.[1], et par conséquent aussi à la période anté-homérique. Sans parler de plusieurs autres passages dont on pourrait arguer dans le même sens, il est évident, par ceux qui viennent d'être cités, que le père de l'histoire connaissait des dogmes théologiques, bachiques en particulier, d'une époque antérieure à Homère. Si donc il se prononçait contre l'authenticité des poèmes qui portent le nom d'Orphée, il n'y reconnaissait pas moins, selon toute apparence, d'antiques dogmes orphiques; car qu'était-ce autre chose, cette tradition sacrée elle-même sur le phallus d'Hermès, attribuée aux Pélasges, si ce n'est un dogme orphique[2]?

Au reste, nous pourrions laisser là Orphée et tout ce qui le rappelle. Aristote, on le sait, allait jusqu'à nier son existence en tant que personne[3]; et cependant il n'en faisait pas moins remonter aux temps les plus reculés certaines maximes qui se rattachaient à la doctrine des mystères de Bacchus. Il est facile de s'en assurer en lisant un passage caractéristique de ce philosophe, que nous a conservé Plutarque dans sa Consolation à Apollonie[4]. Si l'on joint à son témoignage des allusions faites par d'anciens poètes, tels que Pindare et Simonide[5], aux mêmes

[1] 1549 ou 1350. — *Cf.* même note, fin du tome II.
[2] Herodot. II, 51, coll. Cic. de N. D. III, 22 et 23.
[3] C'est, sans aucun doute, le sens du fameux passage de Cicéron, de N. D. I, 38, *ibi* Creuzer, p. 175 sq.
[4] P. 115 C, p. 453 Wytt.
[5] Pind. fragm. p. 148 ed. Heyn., p. 632 sq. Bœckh.; Simonid. ap. Stob. CXXI, p. 413 Gaisf. (fragm. LIII, LIV, p. 76 sqq. ed. Schneidewin, Brunsvig. 1835).

maximes, on demeurera convaincu avec nous qu'elles se fondaient sur une tradition vraiment très antique.

Les fragments des ouvrages philosophiques antérieurs à Platon témoignent aussi pour l'existence en Grèce d'une ancienne théologie dogmatique, ou, ce qui est la même chose, d'une doctrine orphique primitive, Orphée, le traditionnel Orphée, ayant fini par devenir, aux yeux des philosophes des temps postérieurs, le théologien par excellence, comme saint Jean aux yeux des pères de l'Église[1]. Phérécyde de Syros vivait dans la LIX°, et Héraclite d'Éphèse dans la LXIX° olympiade : tous deux étaient par conséquent antérieurs à Hérodote. Or, en parcourant les fragments authentiques qui nous restent de ces anciens philosophes, l'on s'assure que les idées principales qu'ils renferment sont d'accord au fonds avec les dogmes tenus généralement pour orphiques. Cet accord, confirmé et expliqué par les récits des premiers historiens, qui reportent au-delà des temps homériques certains dogmes identiques à ceux dont nous parlons, ou qui, tels qu'Hérodote, rapprochent les doctrines pythagoriciennes des doctrines orphiques et bachiques, semble mettre hors de doute le fait de la préexistence et de la haute antiquité de celles-ci[2].

L'on peut, après cela, souscrire au jugement sévère

---

[1] Grotius ad Apocalyps. I, 1.

[2] Ce fait est contesté par Voss, Lobeck, et par toute une école critique, qui admet l'identité des dogmes orphiques et bachiques, leur analogie avec les doctrines des Pythagoriciens, mais qui nie leur priorité, aussi bien que celle des poèmes quelconques qui s'y rattachaient,

CH. II. RELIGION DE BACCHUS.

porté par les critiques sur les poèmes qui sont parvenus jusqu'à nous avec le nom d'Orphée. L'on peut admettre à la rigueur que les Argonautiques, les Hymnes, les fragments, pour la plupart, non-seulement ne sont point anté-homériques, mais ne remontent pas au-delà du temps de Platon; qu'ils appartiennent, en général, à l'époque littéraire d'Alexandrie et même en partie à l'époque romaine, aux siècles qui suivirent la propagation du christianisme. Il n'en faut pas moins reconnaître la priorité, relativement à l'âge d'Homère, d'une doctrine secrète que les Grecs appelaient orphique, peu importe pourquoi. Quant aux ouvrages qui portaient ou portent encore le même nom, il est bon aussi d'observer que, dès le temps d'Hérodote, par conséquent à une époque déjà ancienne, des poèmes existaient en Grèce qui passaient pour antérieurs à Homère, bien que le père de l'histoire s'inscrive en faux contre cette opinion[1]; qu'Hérodote, de plus, parle d'oracles de Musée, interpolés par Onomacrite, contemporain des Pisistratides[2]; que le musicien Terpandre, plus d'un siècle auparavant, avait, dit-on, imité les chants d'Orphée[3]; qu'enfin, longtemps avant Platon,

---

relativement aux temps et aux œuvres homériques. *Cf.* la note indiquée, dans les Éclaircissements. (J. D. G.)

[1] II, 53. — Ailleurs (II, 23), il reconnaît positivement des poètes plus anciens qu'Homère, et n'exclut par conséquent que les auteurs pseudonymes de ces ouvrages donnés comme antérieurs. Lobeck lui-même en convient, *Aglaophamus*, lib. II, p. 348. (J. D. G.)

[2] VII, 6. — *Cf.* Passow, *Musæos*, p. 36 sq. (J. D. G.)

[3] Plutarch. de Music., p. 632 Wytt. — *Cf.* Ulrici *Gesch. der hellen. Dichtkunst* I, p. 111; II, p. 79, 341 sqq. (J. D. G.)

avant ces *Orphéotélestes* dont il parle le premier avec Théophraste[1], avaient commencé les suppositions orphiques et autres de ce genre. Or, l'on ne peut guère taxer Onomacrite et les auteurs, quels qu'ils fussent, de ces suppositions, d'une ignorance assez grande, pour n'avoir pas fondu dans leurs productions apocryphes tous les dogmes, réellement antiques, antérieurs à Homère et consacrés de longue main par les religions mystérieuses; autrement ils se seraient exposés à voir leur fraude découverte et punie par le premier venu entre les Athéniens, presque tous initiés, et il n'était pas besoin pour cela d'un Lasus qui les prît sur le fait.

Nous sommes donc en droit de conclure que les œuvres orphiques du temps des Pisistratides devaient contenir ce qu'il y avait de plus essentiel dans la doctrine des mystères de Bacchus et de Cérès. Après Platon et dans les siècles qui suivirent, soit avant, soit depuis la naissance du Christ, quiconque entreprenait de composer des vers sous le nom d'Orphée devait s'attacher également à n'y présenter que des dogmes antiques, sanctionnés par les croyances héréditaires. En effet, les mystères subsistaient, et avec eux le contrôle permanent dont nous parlions tout à l'heure. Ceci doit nous rendre très circonspects, même dans l'appréciation de ce qui nous reste aujourd'hui en fait de poésies orphiques. Quelle force, d'ailleurs, nos raisonnements ne recevront-ils pas de l'accord que nous aurons à signaler entre une foule d'idées importantes,

---

[1] Theophr. Charact. cap. 16, coll. Plat. Republ. II p. 71 Bekker.

contenues dans les ouvrages que nous avons encore sous le nom d'Orphée, et les dogmes qui nous sont donnés comme orphiques ou bachiques par les historiens les plus dignes de foi, dogmes qui, d'une autre part, coïncident avec les axiomes authentiques des écoles philosophiques de l'Ionie et de l'Italie? Ajoutons que, dans nos orphiques même, tout n'est pas aussi récent qu'on a bien voulu le prétendre. Le grand critique Valckenaer, dans son dernier écrit, déclare les Hymnes beaucoup meilleurs et beaucoup plus anciens que les autres poèmes encore subsistants; et, quant aux fragments, il avoue que tels ou tels, en petit nombre à la vérité, lui paraissent d'une assez haute antiquité, et peuvent découler des premiers Pythagoriciens [1].

Tout dans les traditions et dans les indices historiques quelconques semble annoncer une succession de systèmes ou d'écoles orphiques. Eschyle, dans les Bassarides, avait mis en scène un Orphée, fils de Calliope, que déchiraient les Bacchantes, parce qu'il tenait le soleil, sous le nom d'Apollon, pour le plus grand des dieux, et qu'il refusait

---

[1] De Aristobulo Judæo, p. 84 sq.—Les écrivains de l'école critique, *hypercritique* même, dont nous avons parlé, envisagent sous un aspect complétement opposé, soit les rapports de dépendance des compositions orphiques et des religions mystérieuses, soit ces religions elles-mêmes, leur origine, leur histoire, leur caractère et leur portée dogmatique. On ne saurait disconvenir que leurs recherches, notamment celles de Lobeck, ont répandu une lumière nouvelle sur le côté littéraire de la question, qui est loin, à la vérité, d'en contenir la solution tout entière. *Cf.* la note indiquée, fin du volume, et celles qui y font suite. (J. D. G.)

d'honorer Dionysus[1]. D'après un autre récit que nous a conservé Hygin[2], Orphée, au contraire, avait été mis à mort par les Ménades pour avoir révélé les mystères de Bacchus. En effet, dans la tradition des Delphiens, il était question d'un Orphée qui, fier de sa science secrète, refusait à son tour d'entrer dans la lice des jeux pythiques pour le chant en l'honneur d'Apollon, et que son disciple Musée imitait en cela[3]. Nous lisons aussi qu'Orphée avait inventé les mystères de Dionysus[4]; sa statue accompagnait celle du dieu dans les temples de la Grèce[5]; et, nous l'avons déjà dit plus d'une fois, aux yeux d'Hérodote, orphique et bachique c'était absolument la même chose.

Voilà donc deux Orphées évidemment distincts l'un de l'autre. On en cite jusqu'à trois qui auraient également apparu en Thrace[6]. Cette multiplicité, cette succession d'Orphées marqués de caractères différents, n'est-elle pas un indice suffisant de ces écoles orphiques successives que nous sommes portés à admettre?

Reste à savoir quelle fut la plus ancienne de ces écoles, et à quels signes certains nous parviendrons à reconnaître,

---

[1] Eratosth. Cataster. cap. 24, p. 19 Schaubach.
[2] Poet. Astron. II, 7, p. 439 Staver.
[3] Pausan. X, Phocic., 9.
[4] Apollodor. I, 3, 2.
[5] Pausan. V, Eliac. (I), 26.
[6] Hermias Comment. in Plat. Phædr., p. 109 ed. Ast., coll. Orph. fragm. p. 505 Hermann. C'est, entre autres raisons du même genre, ce qui avait porté des anciens, par exemple le savant Hérodore (ap. Schol. Apollon. I, 23, p. 9), à distinguer plusieurs Orphées.

à classer entre elles les différentes périodes du développement d'une même doctrine orphique en Thrace. Nous laissons, pour le moment, les rapports de cette doctrine et de ses phases successives avec l'Égypte ou avec l'Inde, aussi bien que les étymologies étrangères qui ont été données du nom d'Orphée, personnage regardé par quelques-uns comme Égyptien, même dans l'antiquité, et par le plus grand nombre comme ayant seulement puisé sa science en Égypte[1]. Nous renfermant à dessein dans l'horizon de la Grèce, nous remarquons d'abord, avec Hérodote[2], qu'au rapport des Dodonéens, les Pélasges apprirent le nom de Dionysus beaucoup plus tard que ceux des autres dieux. Les Hellènes aussi, nous l'avons vu[3], connurent tard Dionysus, ainsi que Pan et Hercule. Tout conspire à faire croire que le culte de Bacchus était plus jeune en Grèce que celui d'Apollon. Voilà pourquoi Olen, le premier prophète de Phébus, Olen, en rapport direct ou indirect avec le pays des Hyperboréens, passait pour être antérieur à Orphée[4]. Mais il y avait un autre Orphée, lui-même prophète d'Apollon, contempteur de Bacchus et victime de ses prêtresses[5]. Cet Orphée, comme

[1] *V.* Harles. ad Fabric. B. G. tom. I, p. 142 not., p. 143 sq.; de Schmidt Opuscul. p. 108. — *Cf.* Bode, Orpheus poetarum græcor. antiquiss., Gotting. 1824, p. 10 sq. (J. D. G.)

[2] II, 52.

[3] Art. précéd., p. 89.

[4] Pausan. X, 5. *Cf.* liv. IV, ch. IV, p. 96 sq. tom. II.

[5] Quelques-uns rapportaient à ce fait mythique l'usage où étaient les Thraces d'imprimer des stigmates sur le corps de leurs femmes (Plutarch. de ser. num. vind. p. 52 et *ibi* Wytt., coll. Phanocl. ap. Stob.

Olen, devait être venu des régions scythiques, d'où arrivèrent en Grèce les différents prêtres d'Apollon, et où continua d'exister (nous nous en assurerons ailleurs) une vive opposition aux Orgies bachiques.

Tels sont nos motifs pour reconnaître la priorité de l'école orphique que nous appellerons Apollinique, en considérant l'objet de son culte et l'usage de la cithare ou de la lyre qui lui fut propre, mais qu'il faudrait nommer caucasique, si l'on voulait indiquer son berceau probable dans les contrées du nord-est où nous reportent les dénominations vagues d'Hyperboréens et de Scythes. Son origine nous semble en effet remonter jusqu'à l'antique culte de la lumière en honneur dans la Haute-Asie et dans l'Inde, et se rapporter à la pure religion de Vichnou, qui aurait pénétré en Grèce avant celle de Siva, plus ancienne pourtant. Mais ce n'est peut-être point la seule route par où vint aux Grecs cette première doctrine orphique dont il s'agit. La suite nous montrera que, de l'Égypte aussi, se répandit en Grèce un culte d'Apollon qui, au commencement, fut en guerre ouverte avec celui de Bacchus.

serm. CLXXXV, p. 624), usage qu'Hérodote (V, 6) donne comme général chez ce peuple et comme une marque de noblesse, tandis que d'autres (Clearch. ap. Athen. XII, p. 524, p. 448 Schweigh.) le restreignant également aux femmes, mais lui assignant une cause différente, en faisaient remonter l'origine aux Scythes. — M. Panofka (Annales de l'Institut archéologique, tom. I, p. 266 sqq.) a très bien expliqué par cet usage, qui était une sorte de tatouage, les marques qui se voient sur les bras d'une Bacchante attaquant Orphée, dans une peinture de vase que nous reproduisons, pl. CLXXII *bis*, 645 c.

(J. D. G.)

CH. II. RELIGION DE BACCHUS.

Cette école orphique primitive avait déjà tous les caractères que les Grecs rassemblaient sous l'expression de *vie orphique*[1] : la dignité sacerdotale, l'abstinence ou du moins l'usage restreint de nourriture et de vêtements empruntés aux animaux ; des offrandes aux dieux, simples et pures ; un équilibre constant de la vie[2], et la lyre, sa compagne journalière, expression de cette harmonie intérieure qu'elle seconde en réglant tous les mouvements de l'âme. C'est cette même lyre qui, selon la légende, opérait des miracles dans la main d'Orphée, adoucissait les mœurs sauvages des Thraces, et remuait jusqu'aux animaux, jusqu'aux êtres dépourvus de sentiment[3]. Il n'est guère douteux que déjà, dans cette première école, la lyre, ses cordes et ses sons, au moins pour les initiés, exprimaient des rapports sidériques et cosmiques[4]. Le chant vivait alors tout entier dans la bouche des prêtres, et il était l'organe unique de leurs leçons. Ces Orphiques tenaient les peuples encore peu civilisés sous une tutèle à la fois douce et forte. Les rois des tribus thraces leur étaient unis, ce semble, par des liens étroits ; quelques-uns même paraissent avoir été admis aux degrés supérieurs de leur ordre, ce qui rappelle la constitution politique de l'Égypte.

[1] Βίος ὀρφικός. — *Cf.* Lobeck *Aglophamus*, lib. II, p. 244 sqq.; Hœck, *Creta*, tom. III, p. 197, 224 sqq., l'un et l'autre renvoyant cette *vie orphique* et les Orphiques eux-mêmes à une époque de beaucoup postérieure. (J. D. G.)

[2] Βίος ἐπὶ στάθμῃ. Plat. de Leg. VI, p. 470 sq., Bekk., coll. Porphyr. vit. Pythag., 25, p. 66 Kiessling.

[3] *V.* pl. CLXXII, 645, avec l'explicat. (J. D. G.)

[4] *V.* liv. IV, ch. IV, p. 152 sqq., tom. II.

Il n'est pas jusqu'aux noms propres de ces rois qui ne fassent allusion au culte d'Apollon, par exemple celui de *Lycurgue*, de qui nous allons parler, comme nous en trouverons plus tard qui ont trait au culte de Bacchus. Telle fut l'antique loi, la primitive école orphique et le culte du feu pur dans son intégrité première.

Cependant il se préparait dans l'Asie-Mineure une révolution qui bientôt ébranla la Grèce entière. Sur les montagnes de Cybèle, en Phrygie, apparut l'image de la mère des dieux; Hyagnis inventa la flûte à Célènes, et chanta dans le mode phrygien des hymnes nouveaux en l'honneur de cette mère des dieux, de Dionysus et de Pan. Conformément à notre manière de voir et aux traditions, Hyagnis avait été précédé d'un antique Olympus, qui porta le premier aux Hellènes la lyre et les Dactyles Idéens; plus tard, après Marsyas, fils de Hyagnis, vint un second Olympus, voué comme eux à la flûte [1]. Ce sont bien deux périodes successives de la musique sacerdotale importée d'Asie-Mineure en Grèce, la lyre et puis la flûte; l'une qui devait calmer et adoucir les mouvements tumultueux, les penchants sauvages des hommes encore barbares; l'autre destinée, au contraire, à soulever dans les cœurs un pieux enthousiasme, à les passionner pour les mystères de la nature. Ce sont là les organes, ou, si l'on veut, les symboles de deux développements religieux analogues et

---

[1] Plutarch. de Music., p. 632 Wytt., d'après Alexandre, historien de la Phrygie; Appul. Florid. I, p. 341 Elmenh. *Cf.* Bœttiger, *über die Erfind. der Flœte*, dans le recueil *Attisch. Mus.* I, p. 290, 332 sq.

CH. II. RELIGION DE BACCHUS. 109

en opposition l'un avec l'autre, opposition que l'on retrouve dans la lutte d'Apollon et de Marsyas[1].

La révolution dont nous venons de parler se passait, suivant la chronologie reçue, à la fin du seizième siècle avant notre ère[2]. Un peu auparavant, Cadmus avait apporté, dit-on, de Phénicie ou d'Égypte en Béotie, Osiris, le dieu du phallus, et Dionysus prenait naissance dans sa famille[3]. Partout où le culte du nouveau dieu se propage, éclatent la discorde et la guerre. Un de ses proches parents, Penthée, fils d'Agavé, sœur de sa mère, paie d'une mort cruelle le mépris et l'impiété dont il s'était rendu coupable envers lui. Pareille mort est réservée au favori ou même au fils d'Apollon, à Orphée, et le mont Pangée en Thrace, aussi bien que le Cithéron de Béotie, est arrosé de sang par la main des Bacchantes[4]. Sur cette même terre de la Thrace, un roi des Édoniens, Lycurgue, dont le nom a rapport, soit au loup, animal sacré d'Apollon, soit à la lumière[5], son essence, veut opposer une digue à l'invasion de cette troupe frénétique. Il périt, lui aussi, ou du moins il perd la clarté du jour, et la puissance du nou-

---

[1] *V.* nos planches LXXXII, 299, LXXXIV, 300, LXXXIII, 301, et l'explicat. (J. D. G.)

[2] En 1506. Marm. Par. Epoch. X.

[3] *Cf.* art. I, p. 59 *ci-dessus*, et la note 6 sur ce livre, à la fin du vol. (J. D. G.)

[4] Apollodor. III, 5, 1.

[5] Λυκόοργος ou Λυκόεργος (Heyne ad Iliad. VI, 130; la première forme a été conservée par cet éditeur ainsi que par Wolf. Pareillement on l'a préférée, depuis Jacob Gronovius, dans l'oracle rapporté par Hérodote, I, 65, *ibi* Bæhr.). *Cf.* liv. IV, ch. IV, p. 108, tom. II.

veau culte triomphe ici encore. Et maintenant l'antique et pure religion de la lumière est près d'être étouffée par ce feu sauvage dont les progrès gagnent de plus en plus ; maintenant les cymbales et les flûtes de Phrygie et de Lydie menacent de couvrir entièrement par leur harmonie bruyante la douce mélodie de la cithare; la dévotion calme et recueillie du culte d'Apollon fait place aux transports retentissants de cet autre culte, dont Homère signale déjà le caractère, lorsqu'il parle des nourrices de Dionysus furieux [1].

La preuve que ce culte orgiastique ne vint point des contrées situées vers le nord-est se trouve peut-être dans un curieux récit d'Hérodote [2], qui témoigne en même temps de la durée de ces vieilles dissensions religieuses. Il s'agit d'un roi des Scythes, nommé Scylès, lequel, épris des mœurs grecques, se fit initier aux mystères de Bacchus dans la colonie hellénique de Borysthènes, sur le fleuve de même nom, aujourd'hui le Dniéper. Là il venait de temps en temps célébrer les Orgies avec les adorateurs de Dionysus. Mais les Scythes, qui ne goûtaient nullement les transports auxquels ce dieu livrait ses ser-

---

[1] *Cf.* pag. 57 *ci-dessus* et le passage du livre V auquel il est renvoyé là-même. — Le caractère différent de la cithare et de la flûte et leur diverse influence, tels que nous les avons marqués plus haut, sont développés par Proclus, dans son Commentaire sur le premier Alcibiade de Platon, p. 197 sq. ed. Creuzer (t. III, p. 40 sqq. Cous.), avec lequel il faut comparer Platon lui-même de Republ. III, p. 129-134, IV, p. 174, de Leg. II, 263-269, VII, 22-26, et Cicéron de Leg. II, 15, 38, p. 160 sqq. ed. Gœrenz (p. 274 sqq. ed. de Moser et Creuzer.)

[2] IV, 79.

viteurs, exclurent leur roi du trône, et il s'enfuit en Thrace, où depuis longtemps la religion nouvelle avait prévalu. Quand on voit, dans les détails de cette histoire, que ce néophyte du culte de Bacchus avait orné la cour de son palais de griffons et de sphinx, on est tenté de présumer aussi, par cette seule circonstance, que des éléments égyptiens s'étaient mêlés aux éléments asiatiques dans les mystères de la Thrace[1].

Des luttes toutes semblables entre l'ancien et le nouveau culte, entre Apollon et Bacchus, se reproduisirent dans le sud de la Grèce, à des époques non moins reculées. Les traditions de l'Argolide en font foi. Peu après le commencement du seizième siècle avant notre ère, Danaüs était venu de Chemmis en Égypte à Argos. Le loup passait dans le premier de ces deux pays pour l'animal sacré d'Horus, le dieu de la lumière, le libérateur d'Osiris et le vainqueur de Typhon. Aussi Danaüs s'empressa-t-il d'élever à Argos

---

[1] Zoëga (*Abhandl.* p. 30 ed. Welcker) a prouvé par de nombreux exemples, tirés des monuments, que le griffon était consacré à Bacchus aussi bien qu'à Apollon et à Minerve (liv. VI, ch. VIII, p. 727, tom. II. *Cf* notre pl. CXII, 485, avec l'explication). Il se voit sur les médailles d'Abdère en Thrace (Pellerin, Recueil, tom. I, pl. XXXIII, 3). Quant au sphinx, c'est le type habituel que l'on remarque au revers de celles de Chios, tantôt avec la lyre, tantôt avec l'amphore, tantôt enfin avec des flambeaux croisés (Beger Thes. Brandenb. I, p. 419; Eckhel Sylloge num. rar. tab. IV, 7; Pellerin, tom. III, pl. CXIV, 9, 10). Souvent Homère occupe la face (pl. CCXXI, 755), et les antiquaires ont cherché à expliquer le sphinx par ce rapprochement (Spanheim de usu et praest. num., tom. I, p. 247). Bœttiger (*Vasengemælde*, III, p. 98) le rapporte aux Orgies bachiques, de tout temps établies et célébrées à Chios.

un temple en l'honneur d'Apollon *Lycius* [1], et ses successeurs demeurèrent fidèles à ce culte. Mais au bout d'un siècle environ, il leur fallut combattre pour la foi de leurs pères contre les adorateurs de Bacchus. Les filles de Prœtus, dit une tradition célèbre, et les autres femmes d'Argos devinrent furieuses, parce qu'elles avaient méprisé le culte de Bacchus, et il ne fallut rien moins qu'un prophète de ce dieu, Mélampus, fils d'Amythaon, pour les guérir au moyen de certaines cérémonies et de l'ellébore noir, appelé *melampodium* [2]. Dans ce prophète *aux pieds noirs*, dont le nom rappelle l'Éthiopie et le noir Osiris, Dionysus se révèle comme un pouvoir prophétique et opérant des cures merveilleuses. Cependant Persée, ce héros de la pure lumière, issu d'une autre branche de la famille royale d'Argos, poursuivait le nouveau dieu et ses adhérents dans une lutte sanglante où, selon quelques-uns, Bacchus lui-même avait péri [3]. Après cette violente collision, on voit les deux cultes se réconcilier, et Bacchus aussi bien que ses prêtres admis en Argolide [4].

En effet, certaines traditions nous indiquent l'existence d'autres écoles orphiques, dans lesquelles Apollon s'unit

---

[1] *Cf.* le passage du livre IV, ch. IV, indiqué plus haut, et la note 6 sur le livre présent, fin du vol. (J. D. G.)

[2] Apollodor. I, 9, 11, II, 2, 1; Plin. H. N. XXV, 5 (21, 14 Bip.).

[3] Pausan. II, Corinth., 20 et 22 *init.*; Euseb. Chronic. ad ann. 713; Cyrill. ap. Julian. I, p. 11; Syncell. Chron. p. 162; ces derniers d'après le poète Dinarque. *Cf.* Raoul-Rochette, Hist. des Col. gr. t. I, p. 68; — et notre liv. IV, ch. V, art. I, p. 157 sqq., avec la note 11, § 1, sur le même livre, dans les Éclaircissements, tom. II. (J. D. G.)

[4] Pausan. II, 23 *fin.*

CH. II. RELIGION DE BACCHUS. 113

avec Bacchus, et la lyre avec la flûte. Le Mélampus, de qui nous avons dit qu'il exorcisa et guérit les filles de Prœtus, ne saurait être celui qui apprit de Cadmus lui-même le nom et les honneurs de Dionysus; car il était contemporain de Persée, près de deux siècles après Cadmus. Il faut donc reconnaître une succession de prophètes, tous portant le même nom caractéristique, et qui auraient fini par être confondus en un seul, d'autant plus que le célèbre fils d'Amythaon paraît avoir de bonne heure éclipsé tous les autres. Ce furent les plus jeunes d'entre ces sages antiques qui révélèrent avec plus de grandeur, comme dit Hérodote[1], et par là firent accepter aux Grecs ce culte qu'ils avaient d'abord repoussé de toutes leurs forces. Ce furent eux qui réconcilièrent Persée et Bacchus. Sans

[1] II, 49. — Dans ce chapitre important, qui offre plus d'une difficulté, Hérodote se figure Mélampus, fils d'Amythaon, comme contemporain et disciple de « Cadmus le Tyrien et de ceux qui étaient venus avec lui de Phénicie en Béotie »; et cependant, un peu plus haut, il dit que Mélampus avait appris « de l'Égypte », entre autres cérémonies qu'il introduisit en Grèce, celles du culte de Dionysus. Quant à la première assertion, Larcher, contre tous les mss. et sans nécessité aucune, change παρὰ Κάδμου en παρ' ἀπογόνων Κάδμου, afin de rétablir ce qu'il croit la chronologie certaine des générations (*V.* son Hérodote, t. II, p. 277 sq., et t. VII, p. 201 sq.). L'hypothèse de la multiplicité des Mélampes et de la confusion qu'Hérodote aurait faite du fils d'Amythaon et d'un autre plus ancien va-t-elle davantage au fond de la question, et le double rapport du culte de Bacchus avec l'Égypte et avec la Phénicie, le personnage de Mélampus, son rôle, son origine, sont-ils réellement expliqués? C'est ce que nous verrons dans la note 11 sur ce livre, fin du vol., où les traditions et les vues systématiques quelconques relatives à la venue de Dionysus en Grèce, à ses prêtres mythiques, Cadmus, Mélampus, Orphée, à ses luttes avec Apollon, avec Persée, etc., sont examinées de nouveau. (J. D. G.)

doute que cette interprétation nouvelle, ce sens supérieur du culte bachique s'étaient conservés dans les fêtes que l'on célébrait près de Lerne en Argolide, autour du lac Alcyonie. Là, disait-on, Dionysus était descendu aux enfers pour en retirer Sémélé, sa mère, et la transporter aux cieux[1]. C'est ainsi qu'en Égypte, à Saïs, près du temple de Neith et d'un lac circulaire, on solennisait la mort d'Osiris, dans des cérémonies dramatiques où paraissent avoir été représentées les grandes scènes du meurtre commis par Typhon, de la douleur d'Isis, de l'organe viril d'Osiris perdu et retrouvé[2]. A Lerne aussi se voyait sur les tombeaux le phallus de Dionysus, symbole de la vie inépuisable de la nature, auquel se rattachait, dans la doctrine secrète, le dogme de l'immortalité et des migrations de l'âme[3].

Il semble donc que les fêtes de Lerne aient été copiées sur les mystères d'Osiris. On en rapportait la fondation à Philammon de Delphes, fils d'Apollon, et qui, selon quelques-uns, avait accompagné les Argonautes au lieu d'Orphée[4]. Quelque douteuse que soit cette fondation, il n'en est pas moins remarquable de voir, dans la légende, une œuvre toute bachique attribuée à un fils d'Apollon. Ce qui l'est davantage, et ce qui prouve encore mieux la

[1] Pausan. II, Corinth., 37.
[2] *Cf.* l'art. précéd., p. 90, avec renvoi au liv. III.
[3] *Cf* Creuzer. Dionys., p. 236 sqq.
[4] Pausan. II, *ibid.*, rapportant les observations critiques, pleines de sagacité, d'un certain Arrhiphon, son contemporain, sur la première de ces traditions. *Cf.*, du reste, sur Philammon, Plutarch. de Mus., p. 629 Wytt.; Schol. Apollon. I, 24.

réalité des nouvelles écoles orphiques, c'est Orphée maintenant inventeur des mystères de Dionysus [1], le même Orphée qui, comme son dieu, descendit aux enfers. Maintenant aussi retentissent en Thrace ces maximes du néant de l'existence terrestre, de cette mesure si courte de la vie que l'homme doit passer dans son corps périssable, maximes d'un esprit tout égyptien, qui impliquent comme le phallus les dogmes de l'immortalité et de la métempsychose, et qui sont mises dans la bouche d'un génie tout bachique, du merveilleux Silène, dont nous parlerons bientôt plus au long. Si l'on se rappelle ce que nous avons dit ailleurs [2] de certains noms, tels que *Charon* et *Charops*, lesquels paraissent faire allusion à la joie que les Égyptiens mettaient dans la mort, on ne trouvera pas non plus indifférent de noter un *Charops* donné comme bisaïeul de l'un des Orphées [3]. Nous croyons entrevoir, dans la succession des Mélampes comme dans celle des Orphées, la migration successive de prêtres de Thèbes ou de Saïs, qui peu à peu seraient venus en Grèce développer et épurer les symboles et les rites dionysiaques, et y rattacher des idées élevées. Après eux vinrent peut-être aussi des Orphiques nouveaux, apportant d'Égypte le culte d'Horus, où s'était transfiguré celui d'Osiris [4]. Les anciens Orphiques, demeurés fidèles à Apollon, purent

[1] Apollodor. I, 3, 2.
[2] Liv. III, ch. VI, p. 464, tom. I.
[3] Diodor. III, 64, *ibi* Wesseling, p. 234.
[4] Ce sont eux que représente peut-être l'Orphée dont parle Diodore (I, 23), lequel fit alliance avec les descendants de Cadmus, longtemps après celui-ci, et importa d'Égypte les mystères d'Osiris.

à la fin les recevoir en frères, et l'alliance des deux divinités se trouva si bien scellée qu'à Delphes même Apollon accueillit Dionysus, lui prêta son trépied sacré[1], et que, dans l'un des bourgs de l'Attique, existait un autel d'*Apollon donné de Dionysus*[2].

Ainsi la paix est conclue entre les deux religions, paix qui eut pour résultat le mariage de leurs dogmes. Dans le sein de l'antique doctrine de la pure lumière furent reçus les mystères de Dionysus, qui s'y épurèrent et s'y agrandirent. Les fêtes de Bacchus eurent désormais un sens supérieur pour qui sut les comprendre. Le peuple ne renonça point aux danses solennelles, qui célébraient, à l'époque du printemps, le retour du taureau; mais un horizon nouveau put s'ouvrir à ses regards, et, par-delà les bornes sensibles de l'année et de ses bienfaits, poindre la région invisible qui commence après le tombeau. Dans les rites et les sacrifices s'opéra aussi une salutaire réforme, comme nous nous en convaincrons en traitant de la doctrine des mystères. Le culte épuré de Bacchus se rattacha à celui du *Zagreus* de la Crète, ou de l'ancien Dionysus, qui joue un rôle si important dans les systèmes orphi-

---

[1] D'après une légende, Apollon avait enseveli sur le Parnasse les membres de Zagreus mis à mort; les Bacchantes y célébraient la fête de leur dieu, et la secte bachique finit même par prétendre que ce dieu avait rendu des oracles à Delphes avant Apollon. *V.* Aristoph. Nub. 599; Plutarch. de Ei Delph. p. 591 sq. Wytt.; Nonn. Dionys. IX, 261; Pausan. X, Phocic., 32. *Cf.* Schwarz, l. c., p. 89 et 101 sq. — Il sera question plus loin de Bacchus portant la lyre, chantant et conduisant les Muses comme Apollon.

[2] Ἀπόλλωνος Διονυσοδότου (Pausan. I, 31). *Cf.* Creuzer, dans les *Heidelb. Jahrb.* 1817, n° 49, p. 780 sqq.

ques ¹. Il est dit, en effet, que le Dionysus crétois commença à être honoré des Argiens après la guerre de Persée contre les Bacchantes ². Un peu plus tard, on voit Hercule, descendant de Persée, abolir les sacrifices humains et accomplir ses travaux dans l'esprit d'une réforme toute morale. On le voit se faire initier aux mystères, et s'associer à l'expédition des Argonautes dirigée par Orphée. En combinant ces divers indices, nous sommes amenés à penser que, vers le milieu du quatorzième siècle avant notre ère, florissait cette école orphique, dans laquelle la doctrine réformée de Dionysus s'unit avec l'antique théorie de la lumière, originaire de la Haute-Asie, en un grand système théologique, où se trouvait recueillie toute la science sacerdotale parvenue en Grèce jusqu'à cette époque.

Voilà comment s'explique, selon nous, cette contradiction apparente d'un Orphée ennemi de la religion de Bacchus et victime de ses sanglants zélateurs, et d'un Orphée instituteur des mystères de cette religion. Toujours, il est vrai, l'ardeur sauvage et sensuelle à l'excès des Orgies bachiques fut en opposition avec le génie des écoles orphiques, anciennes et nouvelles ; mais celles-ci s'emparèrent du sens profond et riche des cérémonies dionysiaques pour le développer en le spiritualisant, si bien qu'elles concilièrent peu à peu ce culte fanatique de la nature avec la doctrine de paix et de lumière qui leur était propre ³.

---

¹ *Cf.* le chap. IV, art. II, *ci-après*.
² Pausan. II, Corinth., 23 *fin*.
³ Il est impossible de ne pas reconnaître tout ce qu'il y a de pro-

C'est selon l'esprit de ces nouvelles écoles que les Pythagoriciens furent eux-mêmes Orphiques. Pythagore est appelé fils d'Apollon, sans doute parce qu'il professait le culte de la pure lumière dont ce dieu était le symbole. On dit qu'il fut disciple du prêtre égyptien Œnuphis, à Héliopolis, la cité du soleil [1]. C'est lui, nous l'avons vu ailleurs [2], qui offrait à Délos des sacrifices non sanglants sur le plus ancien des autels qui s'y trouvaient, l'autel des pieux. Pour les Pythagoriciens la lyre, on le sait, était l'emblème de vérités astronomiques et cosmiques. Bien plus, d'après une de leurs traditions sacrées, écrite en dorien, le maître lui-même, le fils de Mnésarque, avait été initié à Libèthres en Thrace par Aglaophamus, et c'est des mystères orphiques qu'il aurait tiré son grand axiome de l'essence éternelle du nombre, principe de l'univers et racine de la vie des dieux [3]. Ainsi les disciples de Pythagore qui, dans leur pratique et dans leur vie tout entière, suivaient la règle sévère du sacerdoce des temps antiques, la règle orphique, en un mot, s'attachaient aussi à représenter les théories et les découvertes dont ils enrichissaient les sciences mathématiques et physiques, comme un héri-

fondeur et de vérité relative dans ces vues sur la succession des écoles orphiques et sur les rapports des deux religions d'Apollon et de Bacchus, alors même qu'on ne saurait en admettre les résultats comme rigoureusement historiques, au moins pour l'époque reculée à laquelle l'auteur les applique. *Cf.* la note qui vient d'être indiquée, dans les Éclaircissements sur ce livre. (J. D. G.)

[1] Plutarch. de Isid. p. 454 Wytt.
[2] Liv. IV, ch. IV, p. 111 sq., tom. II.
[3] Iamblich. Vit. Pythag. § 146, p. 123 Kust., coll. Procl. in Plat. Theolog. I, cap. 5.

CH. II. RELIGION DE BACCHUS. 119

tage intellectuel de cet âge primitif d'Orphée. Et cela était naturel ; car, d'une part, le but de tous leurs travaux était de revenir à ce sentiment profondément moral et religieux qui caractérisait l'esprit des premières institutions sacerdotales de la Grèce, filles de celles de l'Orient, et, d'autre part, les antiques symboles théologiques contenaient les germes des vérités scientifiques et philosophiques qu'ils découvrirent dans toute leur étendue[1].

Dans quel sens les Orphiques Pythagoriciens conçurent-ils le culte de Bacchus ? Assurément ce ne fut point dans le sens des grossières Orgies de son premier âge. Une Pythagoricienne, la célèbre Arignoté, avait composé un livre sur ce culte[2]. Or, on sait qu'un chœur de femmes aux mœurs sévères, à la haute décence, à la pure maternité, faisait le plus bel ornement de la société pythagorique. Dans un fragment attribué à Phintys, autre Pythagoricienne, se lit une défense formelle pour les femmes de prendre part aux Orgies domestiques de Dionysus et de la Mère des dieux[3]. L'Ionien Héraclite, qui est aussi désigné comme Orphique, proscrit également les transports furieux et les processions phalliques des Bacchantes[4]. L'on

---

[1] Les rapports historiques ou autres des Pythagoriciens et du pythagorisme avec les Orphiques et leurs doctrines, qu'un scepticisme peu éclairé en a présenté comme une dépendance exclusive, ont été scrutés à fond, dans ces derniers temps, par O. Müller, Lobeck, Hœck, Brandis, etc. Notre note 12 sur ce livre, fin du vol., donnera un aperçu des importants résultats de leurs recherches. (J. D. G.)

[2] Βακχικά. *Cf.* Fabric. B. Gr. I, p. 881 ed. Harles.

[3] Ap. Stob. Sermon. LXXII, p. 443-445 Bas.

[4] Clem. Alex. Strom. VI, p. 752, et Protrept. p. 29 sqq. ed. Potter ; Plutarch. de Isid. p. 483 Wytt.

comprend actuellement qu'Hérodote ait pu dire, en notant un précepte austère de la discipline sacerdotale, dans le fameux passage sur lequel nous avons déjà tant insisté[1]: La règle égyptienne s'accorde avec la règle orphique et bachique, et celle-ci est à la fois égyptienne et pythagoricienne. Si à ces quatre éléments identifiés ensemble malgré leur apparente diversité, l'on ajoute l'élément indien, impliqué par le nom même de Dionysus, il faudra dire davantage encore et conclure ainsi : Dans le nouveau système orphique, d'un côté la doctrine de Phthas, de Kneph et de Jupiter-Ammon se concilia avec le culte héroïque d'Osiris, par le moyen d'une interprétation transcendante du dogme bachique; d'un autre côté, la loi pure de Vichnou, la pure lumière Apollinique venue du Caucase, sut dompter le feu sauvage et le culte sanglant de Siva. Cette fusion d'éléments si divers était tout-à-fait analogue au caractère de la nation grecque; elle prépara cette vie toujours riante et cette sérénité sans nuages qui demeurèrent les traits dominants de la religion des Hellènes.

Il nous faut maintenant énumérer quelques ouvrages d'art qui rentrent dans le cercle d'idées ou de faits que nous venons de parcourir. Orphée fut un objet de prédilection des représentations de l'art. Suivant Philostrate[2], on le figurait la tête ceinte d'une bandelette, à la manière des Thraces. Pourtant Polygnote, dans le Lesché de Del-

---

[1] II, 81. *Cf.* p. 96 sq., *ci-dessus*.

[2] Icon. VI, 11; — p. 119 coll. p. 130, et Callistrat., p. 153 ed. Jacobs et Welcker.

phes, l'avait peint entièrement vêtu à la grecque[1]. Ainsi le voit-on sur un bas-relief de la Villa Pamfili, auprès de deux Danaïdes, selon l'explication de Winckelmann, assis sur un rocher, la lyre à la main et un animal à côté de lui[2]. Du reste, on trouve Orphée avec la lyre, environné d'animaux, et sur les médailles impériales de l'Égypte, et sur d'autres monuments[3]. Sur les bas-reliefs, et par exemple sur celui de la Villa Albani, que Zoëga a si habilement expliqué, paraît Orphée retrouvant son épouse Eurydice, que lui amène Hermès Psychopompe[4]. Une pierre gravée nous le montre aussi à l'entrée des enfers, d'où, grâce aux accords de sa lyre, il espère retirer sa chère Eurydice[5]. Un fragment de marbre, conservé dans le musée de Turin, représente Orphée déchiré par les Bacchantes[6]. Enfin, jusque sur les monuments chrétiens se voit le vieux Théologien de la Grèce, à qui les Pères, trompés par les prétendus vers orphiques, attri-

[1] Pausan. X, Phocic., 30.
[2] Winckelm. *Monum. ined.*, n° 50.
[3] Zoëga, Numi Ægypt. Imper. p. 181. — *Cf.* la mosaïque représentée dans notre planche CLXXII, 645. — On veut que cet ordre de représentations ait été emprunté à l'Égypte, Horus ou Harpocrate s'y voyant également entouré d'animaux (Recueil d'Antiq. Égypt. Étrusq., etc., tom. III, pl. X, n° 2).
[4] Zoëga, *Bassiril.*, tab. XLII et p. 195 sqq. Cette explication se trouve confirmée par l'inscription grecque d'un monument tout semblable, faisant partie de la collection du duc de Caraffa Noja à Naples.
[5] *V.* notre pl. CLXXII *bis*, 645 *b*, avec l'explicat.
[6] Marm. Taurin. tab. IX. *Cf. ibid.* Constantini Lascaris Προλεγόμενα τοῦ σοφοῦ Ὀρφέως, d'après un manuscrit de Turin, p. 93-104, et animadv. p. 105-118. — *V.* la peinture de vase déjà citée p. 106 ci-dessus, dans notre pl. CLXXII *bis*, 645 *c*. (J. D. G.)

buaient une sorte de christianisme, et dont la lyre merveilleuse leur paraissait un emblème de la force entraînante de l'Évangile[1].

Quant à l'union des deux cultes d'Apollon et de Bacchus, l'on en découvre des traces sur un grand nombre de monuments figurés, appartenant à l'antiquité grecque, notamment sur les bas-reliefs et les vases peints. Souvent ceux-ci nous offrent des personnages bachiques, par exemple des Satyres, avec des instruments à cordes, lyres ou autres, dans les mains[2]. Philostrate avait vu, dans un tableau, ce trait significatif de Bacchus, portant lui-même la lyre et la soutenant avec son thyrse[3]. D'autres attributs apolliniques, tels que le laurier, se remarquent dans des représentations de scènes relatives au culte de Bacchus[4].

Mais la discorde et la lutte avaient précédé l'alliance des deux religions; on en trouve aussi des preuves dans les œuvres de l'art. Il n'est pas rare de voir, sur les vases,

---

[1] *Cf.* Arringhi Roma subterranea, tom. II, p. 296 sqq.; — Münter, *Sinnbilder der alten Christen*, I, Altona, 1825, p. 89 et tab. III, fig. 64, reproduite dans notre pl. CLXXII *bis*, 645 *a*.   (J. D. G.)

[2] *V.* le vase d'Hamilton, dans notre pl. CXLII, 472, coll. CXXI, 454, CXXIV, 479, CXXV, 486. — *Cf.* Passeri, tom. II, n° 162; Millin, Peint. de Vas. ant. I, 30.

[3] C'est d'une statue de la main de Praxitèle, décrite par Callistrate, qu'il s'agit (c. 8, p. 155 Jacobs, avec sa note, p. 711, où il propose de changer λύραν en λαιάν). Sur un vase remarquable de la collection de feu M. Durand, Bacchus-Orphée, comme l'appelle M. Ch. Lenormant (Descript. du cabinet, etc., par J. de Witte, p. 39 sq.), pince de la lyre, au milieu d'une scène probablement cosmique ou cosmogonique, à laquelle semblent présider Vénus et Adonis.   (J. D. G.)

[4] Bacchus lui-même et ses principaux compagnons sont ceints de guirlandes de laurier, par exemple, pl. CXXVII, 481, où figure, d'un autre côté, Silène avec la lyre.   (J. D. G.)

Dionysus portant avec son thyrse le dernier coup à un guerrier qu'il a terrassé, et qui doit être ou Penthée ou Lycurgue, ou tout autre roi ennemi du dieu[1]. Ailleurs Penthée apparaît, déchiré, comme Orphée lui-même, par les Bacchantes en fureur[2]. Mais l'une des plus remarquables entre toutes les représentations de ce genre est ce bas-relief d'un sarcophage du palais Borghèse, qui a été savamment interprété par Zoëga, dans une des dissertations publiées après sa mort par M. Welcker[3]. On y voit, conformément au mythe antique et célèbre, que personne n'avait encore illustré par les monuments[4], Lycurgue, roi de Thrace, combattant contre Bacchus et vaincu par les Ménades. Dans cette scène figurent les trois Muses, d'après la tradition la plus ancienne, et beaucoup d'autres personnages accessoires, parmi lesquels se distinguent Silène et Pan. Ceci nous conduit à traiter en peu de mots du cortége habituel de Dionysus, dont il est nécessaire que nous ayons une idée préalable, pour étudier ensuite avec fruit les mystères et les dogmes bachiques, où se rencontreront

---

[1] *V.* notre pl. CXLVIII, 447. — *Cf.* Millingen, *Ancient uned. mon.*, pl. XXXV, et la Descript. du cabinet Durand, n° 121, p. 42 sq., avec la judicieuse remarque de M. de Witte. (J. D. G.)

[2] Pl. CX, 445, avec l'explicat. (J. D. G.)

[3] Zoëga's *Abhandlungen*, p. 1-32, avec les additions de l'éditeur, p. 353 sqq., et la planche y relative. — *Cf.* notre planche CIX, 444 et l'explicat.

[4] Les sources de cette fable, l'une des plus anciennes du cycle dionysiaque, et que les poètes ont développée à l'envi depuis Homère jusqu'à Nonnus, sont indiquées par Muncker et Staveren ad Hygin. fab. 132; Burmann ad Propert. III, 15, 23; Heyne ad Apollodor. p. 232, et ad Homer. tom. V, p. 206 sq.

encore quelques êtres mystiques qui compléteront cette revue.

V. Cortége de Bacchus; Bacchantes ou Ménades; Lenæ; Naïades et Nymphes; Thyades; Mimallones; Tityres; Silènes; Satyres et Faunes.

Le cortége de Bacchus s'appelait en grec *Thiasos*, nom dont on donnait différentes étymologies[1], et qui désignait la réunion des personnages ou des serviteurs dont se composait la suite des dieux en général, et spécialement celle de Dionysus. Quant aux membres de ce cortége, sur les dénominations et les fonctions desquels les opinions sont fort partagées, nous avons plusieurs moyens d'information. Le premier, et l'un des plus importants, c'est la description de la grande procession bachique qui eut lieu à Alexandrie, sous le règne de Ptolémée Philadelphe, l'an 284 avant notre ère, avec une magnificence toute royale. Nous devons cette description à Athénée, qui l'avait empruntée de Callixène[2]. Il faut y joindre quelques passages des anciens, tels que Strabon, Artémidore, Cornutus[3]. Celui du dixième livre de Strabon mérite surtout qu'on s'y attache, le but de cet auteur étant de donner une idée précise de la composition du cortége de

---

[1] *V.* Moser ad Nonn. p. 248; Lennep Etymol. p. 256; Palmer. et Alb. ad Hesych. I, p. 1686, 1717; Zonaræ Lex. *s. v.* — Θίασος, de θεός, θεῖος, θειάζω, θιάζω.

[2] Athen. V, 7, p. 261 sqq. Schweigh.

[3] Strab. X, p. 468 Cas.; Artemid. Oneirocrit. II, 37, p. 216 Reiff.; Cornut. de N. D. cap. 30.

Bacchus. Il cite comme en faisant partie les Silènes, les Satyres, les Bacchantes, les Lenæ, les Thyades, les Mimallones, les Naïades, les Nymphes et ceux qu'on appelle les Tityres. Déjà les anciens, dans cette foule mélangée des deux sexes, virent quelque chose de caractéristique, et y rapportèrent l'épithète de dieu *aux formes féminines*[1] imposée à Bacchus, épithète qui avait encore d'autres raisons.

Pour commencer par les *Bacchantes*, la tragédie d'Euripide, qui porte ce titre, nous offre un certain nombre de traits caractéristiques, au moyen desquels on peut se former une idée assez nette de ces femmes inspirées du dieu, surtout si l'on y joint l'inspection des monuments de l'art. Elles sont identiquement semblables aux *Ménades*[2]. Le trait dominant de leur être, c'est cette mélancolie taciturne qui s'empare de l'âme, lorsque abandonnée à elle-même elle se perd dans l'abîme des sentiments et des pressentiments religieux. Mais bientôt cette âme, oppressée sous le poids des sombres pensées qui l'accablent, fait explosion, et au calme trompeur succèdent ces furieux et solennels transports dans lesquels la Ménade se livre aux actes les plus désordonnés[3]. C'est l'état dépeint par les poètes, et que reproduisent les chefs-d'œuvre des

---

[1] Θηλύμορφος. *Cf.* Philochor. Fragm. p. 21 ed. Lenz et Siebelis; Schwarz, Miscell., p. 98.

[2] Βάκχαι, Μαινάδες.

[3] De là les locutions proverbiales Βάκχης τρόπον, ᾅδου βάκχος ou βάκχα, appliquées aux mélancoliques et aux excès où ils se portent, jusqu'à se donner la mort.

artistes, quand ils nous font voir les Bacchantes écheve-
lées, la tête rejetée en arrière, les yeux hagards, des serpents ou un glaive dans les mains, prenant, aux sons
d'une musique retentissante, les attitudes les plus pas-
sionnées ou s'emportant à des mouvements violents et
rapides, invoquant avec des cris sauvages le nom de Bacchus, enfin, égorgeant, parmi leurs danses furieuses, ces
jeunes faons dont la dépouille les couvre d'ordinaire[1], des
chevreuils, d'autres animaux, et allant jusqu'à goûter
leurs chairs palpitantes. Le don de prophétie et la lasciveté
sont encore attribués aux Bacchantes.

En fait de représentations figurées, les plus admirées
de l'antiquité furent la fameuse Bacchante de Scopas qui,
dans le paroxisme de la fureur religieuse, déchirait un
faon de chevreuil[2], et les Bacchantes de Praxitèle avec
leurs têtes idéales et à l'état de repos. Suivant Lessing[3],
la Bacchante qui nous reste de Solon, sur une pâte antique, donne du talent de ce dactylioglyphe une idée plus
avantageuse que tous ses autres ouvrages. Les bas-reliefs
et les pierres gravées nous offrent des copies de ces chefs-
d'œuvre et de plusieurs autres, par exemple la Bacchante courant avec un poignard, dans la collection de
Townley[4]. Pour la plus ancienne manière de représenter

---

[1] La *Nébride* (νεβρίς). *Cf.* Euripid. Bacch. 494 sq., 156, 139, 225;
Schol. Eurip. Hecub. 123; Eudoc. Viol. 87, 118; Schwarz, *l. c.*,
p. 84 sqq., 104 sqq.

[2] Plin. H. N. XXXVI, 4, 7.

[3] *Antiquar. Briefe*, XI Th. der sœmtl. *Werke*, p. 145.

[4] Aujourd'hui dans le Musée Britannique. *V.* Gode's *England*,
IV, p. 54. *Cf.* Eckhel, choix de p. grav., n° 25.

CH. II. RELIGION DE BACCHUS.

les Bacchantes, il faut consulter les peintures de vases[1].

Les *Lenæ* empruntaient leur nom du pressoir[2]. Souvent on les confondait avec les Bacchantes, comme en fait foi le titre de la vingt-sixième idylle de Théocrite. Mais quand il s'agissait de processions solennelles, de représentations scéniques ou d'œuvres de l'art, ces différentes classes de femmes, également vouées au culte de Bacchus, et partageant les mêmes transports orgiastiques, se distinguaient par des attributs particuliers. Par les *Lenæ* il faut probablement entendre des personnages de femmes occupées à pressurer la vendange et à faire le vin, des espèces de Nymphes présidant à cette liqueur nouvelle, si douce et si décevante, mais qui souvent aussi fermente et bouillonne, et à ses effets sur l'âme et sur le corps. Quand donc sur les monuments, notamment sur les vases, nous voyons des femmes verser le vin ou le présenter, il y a lieu de reconnaître en elles des *Lenæ*. Il faut aussi les considérer comme subordonnées aux Naïades qui, selon la légende bachique, inventèrent l'art salutaire de mêler le vin avec l'eau.

Les *Naïades* et les *Nymphes*, désignées par Strabon

---

[1] *V.* Lanzi *Dissertat. tre de' Vasi ant. dipinti*, II, p. 128. *Cf.*, en général, Recueil de fragm. de sculpt. ant. en terre cuite, p. 84 sqq., et pl. X; Mus. Pio-Clem. IV, tab. 20, 21, 22, 24, V, tab. 7, avec les remarques de Zoëga, dans Welker's *Zeitschrift*, I, 3, p. 379 sqq., 383, 384 sqq., 409; Marm. Taurin. tom. I, tab. IV-IX, et les explications p. 29-118. — Et nos pl. CIX, 444, CX, 445, CXV, 451, CXXII, 455, CXXIV, 479, CXXVII, 481, CXX, 482, CXIII, 484, CXXIII, 480, CXCIV, 685, etc., avec l'explic.   (J. D. G.)

[2] Ἀῆναι de ὁ ἡ ληνός.

comme faisant partie du cortége de Bacchus, lui sont associées en un sens beaucoup plus élevé encore. C'est à elles, on l'a vu, qu'avaient été confiées la nourriture et l'éducation du dieu; elles furent ses premières adoratrices, les fondatrices de ses fêtes, et par conséquent les modèles de tous les autres êtres femelles de sa suite. Leur nombre et leurs noms sont indiqués fort diversement. L'on en compte jusqu'à cinquante ou même cent; et tantôt l'on nous montre Bacchus entre les Néréides, tantôt ce sont les Nymphes et les Naïades qui l'entourent. L'on nous parle aussi, positivement, des Nymphes *Nyséides*, surtout à propos de l'éducation de Dionysus, et parmi elles figurent en première ligne les noms de *Nysa*, *Hippa* et *Baccha*. Phérécyde, avons-nous dit plus haut[1], citait comme ayant élevé Bacchus les Nymphes de Dodone; la fable populaire nous les montre brillant parmi les étoiles en qualité de Hyades et de Pléiades. Enfin, le chœur des Nymphes, quelles qu'elles soient, occupe entre les compagnes du dieu un rang élevé, et tout annonce qu'elles durent être également distinguées par les artistes. Lanzi[2] remarque avec beaucoup de sens que, tout comme les *Lenæ* sont représentées servant les Naïades, de même les Nymphes se reconnaissent sur les vases à leur vêtement étoilé; quelquefois encore à la férule, symbole de la présidence des Orgies; ou bien à la colombe qui rappelle les

---

[1] Art. I, p. 68. *Add.* sur *Nysa*, etc., Wesseling ad Diodor. Sic. III, 69; Schweighæuser ad Athen. V, 28, p. 238 animadvers.; Servius ad Virgil. Eclog. V, 16.

[2] *Vasi antichi*, p. 131, 133.

CH. II. RELIGION DE BACCHUS.   129

Péliades de Dodone, et à l'intimité plus grande où on les trouve avec Bacchus. Telles on les voit, entre autres, sur l'une des peintures de vases publiées par Millin [1].

Les *Thyades*, ainsi que paraît le faire entendre leur nom [2], désignent d'ordinaire les Bacchantes célébrant les Orgies. Elles se confondent donc en un sens général avec les Ménades [3]. Mais un sens plus particulier de ce nom nous est indiqué par Pausanias, et autorise peut-être une étymologie différente. D'après cet auteur, les Thyades seraient des femmes de l'Attique qui, chaque année, se rendaient sur le Parnasse et célébraient les Orgies de Bacchus avec les femmes de Delphes [4]. C'était une députation solennelle, allant sacrifier au dieu. En effet, Hésychius et Nonnus nous disent que les femmes choisies pour ce saint pèlerinage s'appelaient expressément *Théorides* [5]. Plus loin, Pausanias [6], en rapportant l'origine de leur nom à une certaine *Thyia* de Delphes, qui la première,

---

[1] Peintur. de Vas. antiq. II, n° 49, coll. Tischbein, II, pl. 33. — *V.* notre pl. CXVII, 443, avec l'explicat., coll. CXV, 439, où doivent se reconnaître les Naïades, ces Néréides de la terre, comme on pourrait les appeler; et CXI, 433, CIX, 436, CXIII, 437, CXIV, 438, où figurent telles et telles des Nymphes à titre de nourrices de Bacchus. *Cf.* l'explicat. des pl., n°s cités, et notre note 7 sur ce livre, fin du vol.   (J. D. G.)

[2] Θυάδες, chez Strabon Θυῖαι, de θύω, au sens d'impétuosité, de fureur qui se précipite.

[3] C'est ainsi que les présentent Virgile et Stace, et Tzetzes sur Lycophron (v. 143) explique θυάς par βάκχα.

[4] Pausan. X, Phocic., 4.

[5] Hesych. *v.* Θεωρίδες, coll. Nonn. Dionys. IX, 261.

[6] X, 6.

comme prêtresse de Bacchus, aurait solennisé ses Orgies, confirme le caractère sacré et tout sacerdotal de ces femmes. Il faudrait donc faire dériver le nom des Thyades du verbe grec qui signifie primitivement *encenser*, puis *sacrifier* eu général[1], et voir en elles des *sacrificatrices*, des prêtresses immédiatement subordonnées aux Nymphes, déesses d'un ordre inférieur. Il faudrait, sur les monuments figurés du culte de Bacchus, reconnaître les Thyades dans ces personnages de femmes que l'on voit remplissant les principales fonctions dans l'œuvre du sacrifice, ou qui, sur les vases bachiques par exemple, sont occupées autour de la ciste mystique et des symboles qu'elle renferme[2].

Les *Mimallones*, s'il faut rapporter l'origine de leur nom à l'hébreu *Mamal*, pressoir, s'identifieraient avec les *Lenœ*, desquelles pourtant Strabon les distingue. Chez Nonnus se montre à plusieurs reprises une certaine *Mimallon*, comme auteur de l'épouvante et du fracas, une fois avec l'épithète de *Bacchias*. Elle apparaît, les cheveux épars, dans l'armée de Bacchus, lors de sa seconde expédition dans l'Inde[3]. Un mythe raconté par Polyen, dans ses Stratagèmes[4], et où figurent des jeunes filles armées de thyrses, qui sont prises pour des guerriers, achève de nous mettre sur la voie. Ces jeunes filles

[1] Θύω, radicalement différent de celui qui précède. *Cf.* Schneider s. v.

[2] Lanzi, ouvr. cit., p. 129.—*Cf.* nos pl. CXI, 467, 468, CXX, 452, CXXI, 454 coll. 453, etc., avec l'explication. (J. D. G.)

[3] Nonni Dionys. XVII, 29, XXI, 184.

[4] IV, 1.

en rapport avec Bacchus, qui s'étaient appelées jusque-là *Clodones*, reçurent le nom de *Mimallones*, à cause de cette imitation[1]. Quelle que puisse être la véritable raison de ce nom, il n'en est pas moins aisé de dégager les idées qui y ont été rattachées. Les Mimallones sont évidemment des Amazones bachiques, qui se distinguent dans l'armée de Dionysus par leur humeur guerrière et par leur amour pour le bruit des armes. Leur autre nom même s'explique dans ce sens, que ce soit *Cladones*, signifiant le bois de la lance, ou *Clodones*, le cri de guerre[2]. Enfin, elles s'appellent aussi *Lydiennes*[3], et Bacchus, chez Euripide[4], tire du Tmolus de Lydie une troupe auxiliaire de femmes belliqueuses. Tout nous ramène donc aux Amazones de l'Asie antérieure, et c'est ce qui donne quelque probabilité à l'opinion de Bochart[5], qui, cherchant au mot *Mimallones* une étymologie asiatique, l'interprète par le chaldéen *Memallenin* (*garrulæ, loquaces*), et y retrouve à peu près l'idée du grec *Clodones*. Il semble que les représentations de l'art viennent elles-mêmes à l'appui de notre opinion sur les Mimallones, en les revêtant d'un léger costume de guerre. Du moins est-il permis de soupçonner un être de cette espèce dans cette Bacchante court-vêtue, à la manière de

---

[1] Μιμαλλόγες de μιμεῖσθαι, étymologie adoptée par les grammairiens grecs.

[2] Κλάδωνες (Suid. v. Μιμαλλ.) de κλάδων, ou Κλώδωνες (Plutarch. in Alex. c. 2 *fin.*), de κλώζειν.

[3] Λυδαί. Eudoc. Violar. 87, 118.

[4] Bacch. v. 55.

[5] Canaan I, 18, p. 445.

Diane, qui passe, terrible, devant Lycurgue, sur un monument dont il a déjà été question [1].

Les *Tityres* sont pris ordinairement comme synonymes des *Satyres* [2], et cependant Strabon les distingue aussi de ces derniers. Selon Servius [3], *tityros* signifiait, dans la langue des Lacédémoniens, un bélier; c'était aussi un nom du bouc et d'une espèce de singe [4]; qui plus est, de la flûte à un seul tuyau, dont Osiris passait pour l'inventeur [5]. Enfin, quand on voit chez Théocrite et chez Virgile, *Tityre* employé comme un nom de berger, et quand le scholiaste du premier nous dit qu'on appelait encore ainsi les serviteurs des dieux, il devient probable que les Tityres étaient des paysans voués au culte de Bacchus, et qui célébraient les fêtes du dieu du vin, dans des processions rurales, avec des masques et des peaux de bouc. C'est où nous conduit l'étymologie la plus vraisemblable du mot. Il vient de *sisyra* ou plutôt *sisyros* [6], signifiant une peau de chèvre, vêtement ordinaire des laboureurs grecs. Les Doriens, soit dans la Grèce propre, soit en Italie et en Sicile, prononçaient *tityros*, et durent appliquer ce nom aux gens de la campagne, en considérant leur singulier costume. Or, c'est précisément chez les Doriens, et en particulier chez ceux de l'Italie,

---

[1] *V.* pl. CIX, 444. *Cf.* p. 109 *ci-dessus*, et l'explication des pl.

[2] Ælian. V. H. III, 40; Hesych. *v.* Τίτυροι.

[3] Ad Virgil. Eclog. V.

[4] Schol. Theocrit. Id. III, *init.*

[5] Eustath. ad Iliad. XVIII, p. 1214 Bas. *Cf.* liv. III, ch. VII, p. 478, tom. I. Cette flûte se nommait encore τιτύρινος (Hesych. *s. v.*)

[6] Hesych. II, p. 1195; Tim. Lexic. Plat., p. 231, *ibi* Ruhnk.

qu'au dire des grammairiens les *Satyres* se nommaient *Tityres*[1]. Ce serait, au premier abord, une raison pour les identifier les uns avec les autres. Mais, dit encore le scholiaste de Théocrite, les Tityres sont des hommes de loisir. Il s'agit du loisir des fêtes, et nous sommes ramenés à cette idée, que les Tityres étaient des adorateurs humains de Bacchus, lesquels, selon le mythe, se réunirent à la procession dionysiaque, formée de dieux inférieurs, pour augmenter l'armée du bienfaisant dieu du vin. Ce furent surtout les paysans des contrées montagneuses, telles que la Lydie (nous trouvons les Tityres nommés positivement Lydiens[2]), l'Attique, la Sicile et autres. Plus tard, la commémoration de cette marche de Bacchus à travers les montagnes fut célébrée dans ses fêtes, en Grèce et en Italie, par des représentations scéniques, où figuraient les paysans couverts de peaux de moutons et de chèvres, formant des danses joyeuses avec le fifre bachique et le masque des Satyres. Ainsi les Tityres seraient, pour ainsi dire, le dernier rang du cortége de Dionysus, et ce n'est pas sans motif que le savant Strabon les cite par deux fois en dernier lieu[3].

En se fondant sur les faits que nous venons de rappeler, on a pu avancer que les *Satyresques* étaient une procession rustique. Mais il y aurait de la témérité à induire de là, d'après les assertions de quelques auteurs d'époques récentes[4], que le cortége d'êtres mâles groupés autour

---

[1] Eustath. et Schol. Theocrit. *ubi supra.*
[2] Perizon. ad Ælian. *l. l.*
[3] Pag. 468 et 470 Cas.
[4] Par exemple Lucian. Deor. Concil. § 4, tome IX, p. 181 Bip.

de Bacchus, tels que Pan, Silène, les Satyres, les Phrygiens, les Lydiens, se compose uniquement de caricatures de paysans, et qu'aucun de ces êtres n'ait ni un autre sens, ni une origine différente. Sans doute les Grecs, fidèles à leur propre génie, ont introduit dans le culte de Bacchus, comme dans tous les autres, un élément humain; sans doute ils ont pris, dans le monde réel qui les environnait, des images pour le peindre aux yeux, des traits sensibles pour le caractériser. Ces pâtres des montagnes de Laconie et de Sicile, avec leur épaisse et lourde structure, avec leurs peaux de brebis ou de chèvres, avec leur langage rustique et grossier, leur prononciation rude et traînante, leurs manières et leurs mœurs si rapprochées de la bête, durent leur paraître de vivants portraits des Satyres, des Pans et des autres compagnons de Bacchus. Les poètes et les artistes, organes naturels du peuple, s'emparèrent de cette assimilation toute populaire, et dans leurs ouvrages aussi bien que dans les processions et les drames bachiques, les Pans, les Satyres et autres furent représentés sous des couleurs empruntées en grande partie à la réalité extérieure. Mais il ne faudrait pas croire que par là soit expliquée tout entière l'idée symbolique qui réside au fond des êtres dont il s'agit. Leur origine et celle de leur forme bizarre doivent être cherchées dans les conceptions et personnifications religieuses du monde oriental, particulièrement de l'Égypte[1]. Déjà nous trou-

---

[1] De l'Inde, avant tout, sommes-nous tentés d'ajouter, en considérant les analogies frappantes, quoique éloignées, d'idées et de caractères encore plus que de formes, qui se remarquent entre les princi-

vons un indice à l'appui dans ce fifre ou cette flûte à un seul tuyau, qui passait pour une invention d'Osiris, et à qui les Doriens de l'Italie imposèrent les premiers le nom de *tityrinos*. Pareillement les Pans et les Satyres reçurent des noms divers, selon les diverses contrées où se localisèrent ces figures symboliques et générales des religions primitives; et les derniers, en particulier, s'appelèrent *Tityres*, d'après les rudes paysans de Laconie ou de Sicile, qui les représentaient dans les solennités rustiques.

Il y aurait beaucoup à dire sur les *Silènes* et les *Satyres*, que Strabon associe les uns aux autres, et qu'il nomme également au pluriel; mais comme nous en avons traité ailleurs avec étendue[1], nous pouvons nous borner ici aux points fondamentaux déjà établis, en y joignant quelques remarques nouvelles. Bien que le scholiaste de Nicandre[2] dise expressément qu'autrefois on appelait *Silènes* les mêmes êtres qui, de son temps, portaient le nom de Satyres, plus tard on fit une distinction, et l'on nomma Silènes les *vieux Satyres*[3]. A en juger d'après

paux personnages du cortége de Bacchus et de ceux de Siva ou de Rama, aussi bien qu'entre ces dieux eux-mêmes. *Cf.* liv. I, ch. II, III et IV, surtout p. 167, 202, 204 sq., 249, 260 sq., tom. I.   (J. D. G.)

[1] Dans le recueil intitulé *Studien*, publié par Daub et Creuzer, t. II, p. 231 sqq. On trouvera des extraits de ce morceau, avec quelques observations nouvelles sur le cortége de Bacchus, dans la note 13 sur ce livre, fin du vol.   (J. D. G.)

[2] Alexipharm. 30.

[3] Etym. M., Σειληνοί; Serv. in Virgil. Ecl. VI, 14. Souvent, chez les anciens, les deux noms de Σειληνός et Σάτυρος sont confondus l'un avec l'autre. Ainsi Xénophon (Anab. I, 2, 13) appelle *Satyre* le Silène pris

Nonnus, les Silènes apparaissaient, dans les antiques Dionysiades, comme des êtres tout pleins d'années et de lumières. Chez ce poète compilateur, ils sont en petit nombre et dits pères des Satyres[1]. Ceux-ci sont les compagnons de Bacchus, ceux-là ses nourriciers[2]; quant à la figure, les uns et les autres se ressemblent. Ils ont également des oreilles pointues et des queues. Ainsi les trouve-t-on déjà indiqués dans des écrivains anciens antérieurs à Pindare[3]. Il est vrai que, chez d'autres anciens et sur les monuments, se rencontrent des Silènes ou tout au moins un Silène, dépourvu de tout accessoire animal, et figuré sous les traits d'un petit vieillard trapu, au nez épaté et au front chauve[4]. Toutefois, dans les représentations de l'art les plus anciennes, par exemple dans certaines peintures de vases, on remarque des Silènes barbus avec des traits empruntés aux animaux et même avec une longue queue[5]. Du reste, la distinction caractéristique de l'âge est constamment observée entre eux et les Satyres, et ceux-ci leur sont évidemment subordonnés[6]. Les Silènes portaient

par Midas. *Cf.* Perizon. ad Ælian. V. H. *l. c.;* Davies ad Max. Tyr. Dissert. XI, 1.

[1] Dionys. XIV, 101 sqq., XXXIV, 140 sqq.

[2] Casaub. de Satyr. poesi, p. 40 coll. p. 25 et 31; Julian. Cæsar. p. 308 C.

[3] Dionys. Miles. ap. Diodor. Sic. III, 71. *Cf. Stud.* II, p. 310.

[4] Lucian. Bacch., cap. 2; Deor. Concil., cap. 4. — *Cf.* nos planches CXVI, 494, CXII, 495, coll. CVIII, 428 a, CXCIV, 685, etc., avec l'explication. (J. D. G.)

[5] Lanzi, *Vasi*, etc., tab. I. — *Cf.* nos pl. CVIII, 428, CXVII, 496, CXXV, 496 a, etc. (J. D. G.)

[6] Lanzi, *ibid.;* — et nos pl. CXV, 439, CXXII, 478 et 455, etc. (J. D. G.)

CH. II. RELIGION DE BACCHUS.

des manteaux rouges en laine, tandis que les Satyres étaient ordinairement couverts de peaux de chèvres ou de faons, ou bien encore de vêtements tachetés comme des peaux de panthères[1]. Quelquefois les Satyres apparaissent avec des pieds de chèvre et des cornes, plus rarement avec des pieds de bœuf[2]. Mais souvent aussi, de même que les Silènes, à part la queue et les oreilles en pointe, ils conservent la forme humaine; ils sont même chaussés et représentés chevauchant, tandis que les Pans, pour constater sur-le-champ cette différence, ont toujours les pieds de chèvre et les cornes[3].

C'est ici le lieu de dire un mot des *Faunes*. On sait quelle confusion les poètes latins, et plus encore le langage de l'art des derniers temps, ont portée dans l'application de ce nom. Heyne et Voss, entre autres, ont tâché de débrouiller cette confusion, en distinguant soigneusement à cet égard l'usage des Grecs et des Romains, selon les différentes époques[4]. Faunus, l'on s'en souvient, fut une

---

[1] Athen. V, p. 262 sqq. Schweigh.; Pollux, Onomast. IV, 18, 118, p. 419 sq. Hemsterh. — *Cf.*, entre autres, nos planches CXII, 495, CXXVII, 481, coll. CXIII, 483, CXXIII, 480, 442. (J. D. G.)

[2] Αἰγίποδες et κεράσται. *V.* Schwarz, Miscell., p. 73 sq. *Cf.* Antiq. de la gr. Grèce, grav. par Piranesi, I, pl. XV, XVI; — et nos planches CXXI, 453, 454, CXXIV, 474, avec l'explication. (J. D. G.)

[3] Festus *v. grallatores*, p. 165 Dac.; Nonius II, 161. *Cf.* Lanzi, *Vasi*, p. 98; Schwarz, p. 103 sq.; — et nos planches déjà citées, coll. CX *bis*, 446, CXII, 485, CXXIII, 470, etc. Quant aux Pans, l'on peut, au préalable, parcourir les pl. CVIII *bis*, 458 *b*, CIX, 444, CXX, 452, CXXV, 475, CXLIX, 476, CXCIV, 685, etc. (J. D. G.)

[4] Heyne, *Antiq. Aufsætz.*, II, p. 53 sqq.; Voss. *Mythol. Brief.*, II, 30, p. 244.

vieille divinité rustique du Latium, douée du pouvoir prophétique[1], et qui, après l'établissement des colonies arcadiennes en Italie, fut identifiée avec Pan. Sous le rapport de la forme, Voss pense que les Faunes romains se rapprochent des Pans, les Sylvains des Satyres. Plus récemment des savants étrangers, tels que Visconti et Lanzi[2], ont essayé aussi de porter la lumière dans ce chaos de noms et de figures à l'aide des monuments. Selon ce dernier, le Faune et le Satyre se ressemblent sous la forme humaine; quant aux parties animales, le premier tient plutôt du bouc, le second du cheval. La physionomie du Satyre est plus variée et moins déterminée; celle du Faune plus uniforme et caractérisée par cette simplesse joyeuse, propre aux jeunes paysans. Sans parler d'autres traits caractéristiques et distinctifs du Faune et du Satyre, Lanzi cite comme idéal du premier, la statue de la Villa d'Adrien, qui se trouve au musée Pio-Clémentin[3]; du second, la belle statue de Satyre qui se voit dans ce même musée[4]. Le rapprochement de ces deux morceaux fait ressortir de la manière la plus frappante les différences que nous venons de signaler. On pense que le second est une copie du Satyre de Praxitèle, si fameux dans l'antiquité, et sur lequel il faut lire Pausanias[5]. Dans la peinture, le Satyre se reposant, de Protogène, n'était

[1] Cf. liv. V, sect. II, ch. III et V, p. 455 et 503, tom. II.
[2] Le premier, Mus. Pio-Clem., tom. III, p. 54 sq.; le second, Vasi, p. 98 sqq.
[3] Tom. Ier, tab. 47. — Cf. notre planche CX bis, 484 a.
[4] II, tab. 30. — Cf. même planche, 485 a.
[5] Le περιβόητος. Pausan., Att., 20.

CH. II. RELIGION DE BACCHUS.

guère moins célèbre[1]. Quant aux Silènes, le caractère déjà indiqué de ces êtres merveilleux fait pressentir quelle riche matière ils offraient aux artistes pour les représentations les plus variées. Parmi les statues de Silène, on admire surtout celle qui fait partie de la collection de Townley en Angleterre[2]. On vante encore le Silène avec des oreilles humaines, un visage qui exprime la dignité dans l'ivresse, la tête chauve et couronnée de lierre, au musée Pio-Clémentin[3]. Les têtes de Silène étaient souvent employées pour des lampes funéraires ou des coupes à boire, dont un grand nombre nous sont parvenues[4]. Souvent aussi le vieux Silène se montre sur les bas-reliefs en compagnie de Bacchus, comme l'on peut s'en assurer en parcourant l'ouvrage de Zoëga[5]. Un morceau remarquable de ce genre, sur lequel nous reviendrons ailleurs, appartient au comte de Pembroke, dans Wilton-House. Silène y paraît monté sur un âne, avec d'autres personnages non moins significatifs[6]. Sur un fragment d'autel à

---

[1] Le ἀναπαυόμενος. Plin. H. N. XXXV, 36, 20.

[2] Actuellement au musée britannique. *V.* Gœde's *England,* IV, p. 52, coll. Visconti, Mus. Pio-Clem., tom. I*er*, pag. 13; Bekker, Augusteum, tab. 71 et 84; — et notre planche CXVI, 441, 494, avec l'explication. (J. D. G.)

[3] Tom. IV, tab. 28; — et dans notre pl. CXII, 495. (J. D. G.)

[4] Sur les têtes de Silène, connues généralement comme des têtes de Socrate, et supposées provenir de Lysippe, il faut voir Bœttiger, *Andeut.,* p. 188, coll. Mus. Pio-Clem., tom. VI, tab. 28, 2.

[5] Et quelques-unes de nos planches indiquées plus haut.
(J. D. G.)

[6] Gœde's *England,* V, p. 140. Sur une médaille de Nacona en Sicile, ville que tous les auteurs modernes passent sous silence (excepté

Chiusi, on voit Silène barbu et avec une queue de cheval, absolument comme sur les vases les plus anciens[1].

VI. Silène prophète et son âne, d'origine probablement orientale ; Silène-Acratus ou Chalis, symbole de l'ivresse prophétique, et identique à Bacchus; conception supérieure de Silène; Méthé, Maron, Ampélos, etc., autres personnifications bachiques.

Ce Silène que nous venons de voir se distinguant de tous les autres êtres du même nom, *le Silène* par excellence ou simplement *Silène*[2], tel que le font connaître les anciens auteurs aussi bien que les monuments, il s'agit de développer l'idée fondamentale qui le constitue. Il est dépeint comme un être d'un rang supérieur, nourricier de Bacchus, conseiller et maître d'une haute sagesse ; et pourtant, dans sa personne ainsi que dans ses actions,

Parthey, *Sic. ant. tab. emend.*, Berol. 1834), mais que mentionne Étienne de Byzance (p. 579 sq. Berkel., *ibi* Philist.), se voit également Silène chevauchant sur un âne et accompagné de symboles divers, entre lesquels est le scarabée. *Cf.* Sestini, *Lett. e Dissertaz. numism.*, tab. VII. On le voit de même, avec des attributs bachiques, sur les médailles de Macédoine; — par exemple dans notre planche CXXIX, 497. (J. D. G.)

[1] Micali, *l'Italia av. il dom. d. Rom.*, tav. XVI, coll. Lanzi déjà cité, tab. I; — et la médaille de Naxos dans notre pl. CXVII, 496. — On trouvera dans la note 13 sur ce livre, fin du vol., quelques éclaircissements nouveaux avec de nouvelles et plus précises indications, tant sur le cortége de Bacchus, considéré sous ses divers points de vue, que sur les principaux personnages qui en font partie, notamment sur les Silènes et les Satyres, les Pans et les Faunes. Les recherches récentes de MM. Welcker, Gehrard, Panofka, O. Müller, etc., sans parler des travaux plus anciens de Saumaise, Scaliger, Casaubon, Schwarz, Gesner et autres, cités ou non par M. Creuzer, y sont mises à contribution. (J. D. G.)

[2] Ὁ Σίληνος, Σειληνος.

perce toujours quelque chose de comique, en sorte que l'opposition du plaisant et du sérieux, du haut et du bas, et pour ainsi dire le *contraste* lui-même, avec l'*ironie*, son expression naturelle, semblent représentés dans Silène. Des traits de son histoire mythique se rencontrent déjà chez quelques-uns des plus vieux poètes et prosateurs de la Grèce[1]. Mais ces traits fragmentaires, épars, peu arrêtés, ressemblent, jusqu'à un certain point, à sa figure et à ces masques suspendus dans les temples, qui faisaient deviner cet être merveilleux plus qu'ils ne le dépeignaient. Les Grecs avaient même oublié le sens primitif de son nom, comme le prouvent les étymologies aussi multipliées que bizarres qu'ils en donnaient[2]. Ils n'étaient guère plus sûrs de sa naissance, le faisant tantôt fils d'une Nymphe et tantôt de la Terre, qui l'aurait engendré d'elle-même ou du sang d'Uranus mutilé; tantôt fils de Pan; ou bien encore voyant en lui un Démon et Bacchus en personne[3]. Cette branche de religion tout entière étant, sans nul doute, d'origine orientale, le récit de Pausanias[4] mérite par cela même attention, quand il nous rapporte que, chez les habitants de Pergame et chez les

[1] Les sources en sont indiquées dans les *Studien*, II, p. 292 sqq. principalement Athen. II, 6; Herodot. V, 26; Ælian. V. H. III, 18; Conon. narrat. I; Pindar. fragm., p. 73 ed. Heyn.

[2] *Cf.* Moser ad Nonn., p. 239. — La seule qui mérite attention est celle qui le fait venir de σιλὸς ou σιλλὸς, le même que σιμὸς, en latin *silus, silo*, et *simus*, d'où *Simo*, à cause du nez écrasé et retroussé (camus) propre à la figure des Silènes et des Satyres. Lucrèce dit (IV, 1162 Bip.) d'une camarde : *Simula*, σειληνὴ, *ac Satyr' est*. (J.D.G.)

[3] *Cf. Studien*, II, p. 234, 308.

[4] VI, Eliac. (II), 24.

Hébreux, on montrait des tombeaux de Silène. Suivons cette indication, et rappelons-nous d'abord ces Théraphim de la Genèse, ces dieux domestiques des anciens Patriarches, dont il a été question ailleurs [1], et où le savant Michaëlis soupçonnait des Silènes. Bochart [2], de son côté, sans songer à la notice des tombeaux de Silène, avait depuis longtemps rapproché ce personnage du fameux *Siloh* ou *Schilo*, dans la bénédiction de Jacob sur ses fils, et fait remarquer l'analogie singulière du mythe qui nous représente, monté sur un âne, le compagnon du dieu du vin, avec ces paroles immédiatement subséquentes du patriarche : « Il attachera son âne à la vigne, et le fils de son ânesse à son cep ; il lavera ses vêtements dans le vin, et son manteau dans le sang des raisins [3]. » L'on n'a pas oublié non plus, dans ces rapprochements, l'âne parlant de Balaam, d'autant plus que le mythe de Bacchus fait mention d'un âne semblable, placé par le dieu au rang des astres, et que nous avons identifié ailleurs avec le héros lacédémonien Astrabacus [4]. De même furent consacrés parmi les astres ces ânes sur lesquels Bacchus, Vulcain et les Satyres étaient venus au combat des Géants,

---

[1] Liv. V, sect. I, ch. II, p. 308, tom. II.

[2] Canaan, I, 18.

[3] Genes. XLIX, 10 sq., coll. Is. LXIII, 2. — Sur ce verset aussi bien que sur celui qui précède et où se trouve le mot unique *Schiloh*, שילה, qui a donné lieu à tant de commentaires, il faut consulter maintenant l'ouvrage de M. de Bohlen sur la Genèse (*die Genesis*, etc., Kœnigsberg, 1835), p. 460-468, où sont rappelées toutes les opinions antérieures. (J. D. G.)

[4] *V.* Hygin. Poet. Astron. II, 23, p. 473 Stav. *Cf.* Creuzer. Commentat. Herodot. I, p. 258 sqq., 273 sqq.; et ch. I, p. 15, *ci-dessus*.

CH. II. RELIGION DE BACCHUS. 143

et dont le cri contribua à sauver les dieux [1]. Par son cri également, l'âne de Silène, comme nous l'avons vu plus haut [2], sauva des atteintes de Priape la pudeur de Vesta, d'où vient le rôle que cet animal jouait aux fêtes de la Déesse. Le nom de Silène, son caractère de sagesse prophétique, et celui de l'âne, sa monture habituelle, semblent donc retentir depuis la Palestine jusqu'en Grèce et en Italie. L'âne parlant se retrouve dans le mythe de Bacchus, dieu prophète de nom et d'idée. Cette idée de prophétie était si intimement unie à l'âne qu'Apollon aussi, le dieu prophète par excellence, avait, chez les Hyperboréens, ses sacrifices de l'âne [3]. Mais, indépendamment de ce lien symbolique qui les rapproche, Silène et Apollon sont mis en rapport immédiat l'un avec l'autre. Dans un récit à la vérité fort énigmatique de Porphyre [4], Silène est dit père d'Apollon, qui aurait été tué par Python. Cet Apollon mortel, fils de Silène, fut le législateur des Arcadiens, et pour cette raison surnommé *Nomios*, si toutefois cette épithète, qui peut encore impliquer le don du chant, ne s'applique pas plutôt et plus anciennement à un dieu pasteur [5]. Dans tous les cas, il y a ici une inversion remarquable de rôles entre ces personnages my-

---

[1] Eratosth. Cataster., cap. 11; Arat. Διοσημ. 160, v. 892 Bubl.; Schol. Pind. Ol. XIII, 198.

[2] Liv. VI, ch. VII, p. 701 sq., tom. II.

[3] Ὀνοσφαγίαι. Spanheim ad Callim. Dian. 280, 283.

[4] Vit. Pythag., p. 18 sqq. Kust., coll. Cic. de N. D. III, 23, p. 616 Creuz.

[5] Νόμιος, de νόμος, *loi* et *chant*, ou de νομός, pâturage. *Cf.* Comment. Herodot. I, p. 262.

thiques, le grand dieu Apollon devenant un Démon sujet à la mort, et Silène, génie assez peu relevé d'ailleurs, père de ce dieu.

Mais, comme nous l'avons déjà dit, Silène s'identifiait avec Bacchus et se produisait sous ce nom. Cette seule circonstance suffirait pour nous rappeler que nous sommes ici dans le domaine des religions orientales, où la puissance émanée est conçue dans les rapports les plus divers vis-à-vis de la source dont elle émane. Mais constatons avant tout les résultats que nous venons d'obtenir. C'est d'abord que, dans la branche du culte bachique qui paraît s'être propagée de la Phénicie et de l'Asie-Mineure, le symbole de l'âne avec la notion d'inspiration et de prophétie, rattachée aux divinités de la nature qui donnent le vin, ne ressort pas avec moins d'éclat que celui du taureau. C'est ensuite que, sous les figures de l'âne et de Silène, le dieu de l'âne, le culte d'Apollon et celui de Bacchus forment une sorte d'alliance, et échangent, pour ainsi dire, le pouvoir prophétique qui leur est commun. Non-seulement Silène est présenté comme père d'Apollon ; non-seulement les prêtres de ce dieu-prophète et les Bacchantes inspirées de Dionysus, se donnent rendez-vous à Delphes, ainsi qu'il a été dit plus haut [1] ; mais jusque sur les deniers de la famille Marcia à Rome, de cette famille dont l'auteur, Numa, força jadis le devin Picus et son fils Faunus à lui prédire l'avenir, comme fit Midas à Silène, Silène et Apollon sont rapprochés [2]. Silène est donc lui-même un

---

[1] *Cf.* art. IV, p. 116 *ci-dessus*.
[2] Valer. Antias ap. Arnob. adv. Gent., lib. V. *Cf.* Excurs. V Heyn.

CH. II. RELIGION DE BACCHUS.

devin, un prophète, et cela dans les mythes de l'époque la plus reculée. Déjà Hérodote et les logographes, ses prédécesseurs, nous parlent des jardins de roses du roi Midas et de la source Inna, mêlée de vin, près de laquelle Silène se vit forcé de faire à Midas d'importantes révélations. Il lui parla d'un autre monde, d'un pays merveilleux appelé Méropis, avec des hommes, des animaux et des plantes différents des nôtres; il chanta devant lui l'origine de toutes choses, la naissance des dieux et la primitive histoire de cette terre; il confondit l'orgueilleux questionneur en lui rappelant les misères de l'humanité, en lui déclarant que la mort est préférable à cette vie si triste et si courte[1]. Silène apparaît dans ces récits sous les traits d'un Démon ou Génie animé d'une douce ivresse, exempt de soucis, se plaisant au séjour des champs et au calme des forêts, chérissant sa liberté et ménageant celle des autres, aimant à partager les jeux des enfants, tour à tour le boute-en-train et le but de leurs innocentes railleries. Aussi le voit-on porter dans ses bras, avec sollicitude, le tendre et enjoué Bacchus[2]. Les petits enfants

---

ad Virgil. Æn. VII; Creuzer, dans les *Studien*, p. 275 sqq.; et la médaille dans Havercamp, Thes. Morell., tom. I, n° 7, — reproduite dans notre planche CXLVIII, 492 a. (J. D. G)

[1] *Cf. Studien*, II, p. 233-260, p. 292 sqq., *ibi* cit. Herodot. VII, 138, Theopomp. ap. Ælian. V. H. III, 18, et alii.

[2] Pl. CXVI, 441, avec l'explicat. C'est Silène πάππος (Pollux, Onomast., p. 207 ed. Seber. coll. Lycophr. ap. Athen. X, p. 35 Schweigh.), ou encore παππίδιον (Julian. Cæsar., *ibi* Spanheim, p. 44, et preuves des remarques, p. 28), tel qu'il se représente lui-même dans le Cyclope d'Euripide, v. 142. *Cf.* p. 156, n. 2, *ci-après*. (J. D. G.)

le charment encore pour cette tranquille gaîté qui se suffit à elle-même et qui n'a pas besoin de la parole. Le silence, mais un silence expressif, éloquent, qui se trahit seulement par une danse mimique et symbolique, fait partie de son caractère. On pourrait même croire qu'à certains égards la grave et calme pensée de la mort se personnifie dans Silène.

Tels sont les traits dont l'anthropomorphisme poétique des Grecs sut revêtir l'idée orientale primitive. Et cependant il n'est point parvenu à déguiser entièrement l'origine symbolique de Silène. A Athènes, par exemple, on voyait dans la chapelle de Bacchus *Melpomenos* ou *Chantant*, c'est-à-dire *guide des Muses*, comme nous apprendrons bientôt à le connaître, les statues de Minerve Pæonienne, de Jupiter, de Mnémosyne, des Muses et d'Apollon ; et à côté, incrustée dans le mur, la tête du démon *Acratus*, compagnon de Bacchus [1]. Les mêmes Athéniens honoraient, dans le canton de Munychie, un héros *Acratopotes* ou *buveur de vin pur*, d'après le récit de Polémon chez Athénée [2]. On devine sans peine ce que peut être ce héros, quand on lit, dans Pausanias [3], qu'à Phigalie, en Arcadie, Dionysus portait lui-même le surnom d'*Acratophoros* (celui qui donne ou qui offre le vin pur). Il est évident que le Héros et le Démon qui viennent de nous apparaître sous des noms si peu différents, ne sont autres que des émanations où le dieu se repro-

---

[1] Pausan. I, Attic., 2, coll. 31 *fin*.
[2] II, 2, p. 149 Schweigh.
[3] VIII, Arcad., 39 *fin*.

duit et qui rentrent dans son essence, quoiqu'ils aient aussi une existence distincte.

Zoëga[1], avec sa sagacité ordinaire, a vu qu'*Acratus* était simplement le nom attique de Silène, que nous avons trouvé, de son côté, identique à Bacchus. Silène et Acratus, en effet, ne sont qu'un seul et même Génie, dont le rapport d'identité avec Bacchus est peut-être plus complétement exprimé par une autre appellation également attique, que Pausanias ne nous a point fait connaître. *Chalis*, dit le scholiaste d'Apollonius, signifiait, chez les Athéniens, le vin non mélangé, le vin pur, *acratos*[2]; et il est hors de doute que le Génie qui avait ce dernier nom portait aussi le premier. Ce qui le prouve, c'est qu'ici encore, nous retrouvons Dionysus identifié avec le vin qu'il donne, Eustathe nous apprenant que ce dieu s'appelait *Chalis*[3]. Chalis, c'était Bacchus dispensateur du vin pur, de cette potion merveilleuse qui prive de la raison ceux qui en boivent ; c'était le *bon Génie*[4], qui lui-même recevait pour offrande des libations de vin pur[5], celles de vin trempé se faisant en l'honneur de Jupiter Sauveur. Le nom de *Chalis*, au reste, ne signifie pas autre chose dans le fond que celui de *Lyæus*, le dieu qui délie ou dé-

---

[1] *Bassirilievi*, I, p. 32 sq., coll. de Obelisc. IV, 2, 3, p. 487, 495, not. 81-83, et *Abhandl*. ed. Welcker, p. 26 sq. not.

[2] Schol. Paris. I, v. 473. Χάλις, ἄκρατος.

[3] Ad Odyss. III, p. 132, 14 Bas.

[4] Ἀγαθὸς δαίμων, Athen. XV, 5, p. 459 Schweigh. ; Diodor. IV, 3, *ibi* Wessel.

[5] Σπονδαὶ χαλίκρητοι, comme les nommait Eschyle (Eustath. *ibid*.).

livre[1], le libérateur au physique et au moral, qui délivre l'esprit et le corps et délie les liens de la langue. Le premier de ces noms est en rapport avec un verbe grec (χαλᾷν) d'un sens extrêmement riche, que les philosophes emploient, par exemple, lorsqu'ils parlent de l'âme délivrée des liens du corps et montant aux sphères supérieures[2]. Mais ce verbe exprime aussi la licence et la dissolution, suites ordinaires de l'ivresse; d'où vient qu'une femme livrée aux transports des Orgies, une Bacchante furieuse, était appelée *Chalimas* ou *Chalimia*[3]. Ainsi se réunissent, sous la dénomination de *Chalis*, Bacchus, Silène, les Bacchantes, et l'ivresse personnifiée, *Méthé*, dont il sera question tout à l'heure; ou plutôt, comme nous l'avons déjà fait entendre, dans ce nom si compréhensif viennent en quelque sorte se confondre le dieu, ses serviteurs de l'un et de l'autre sexe, et le vin lui-même, ce présent divin qui les transporte.

[1] Λυαῖος. *V.* Casaub. ad Athen. I, p. 85. *Cf.* art. I, p. 73 sq. *ci-dessus*. On trouvera d'autres explications de cette épithète dans Eustath. ad Odyss. XXI, 293 sqq., p. 760 sq., coll. Athenæi Epitom. lib. II, p. 38 E, tom. I, p. 147 Schweigh.

[2] Wyttenb. ad Plutarch. de ser. num. vind., p. 119. — Bacchus était encore regardé comme l'auteur de l'amitié et de la mutuelle bienveillance que fait naître la jouissance de ses dons (Plutarch. sept. Sap. Conv., p. 616 Wytt.). Quelques-uns le donnaient pour fils de *Léthé* ou de l'Oubli (le même, Symposiac. VII, 5, p. 903 Wytt.).

[3] Χαλιμάς, χαλιμία, ce dernier chez Eschyle, où cependant les mss. portent χαλίδας (Etymol. M. et Hesych. I, p. 207, II, p. 587 Alb., *ibi interpret.*). Sur le mot χάλις et sur ses dérivés et composés, il faut voir encore Apollon. Lex. Hom., p. 705 ed. Tollii, et Philem. Lex., p. 116 ed. Burney. — Même variante entre les scholies anciennes et nouvelles d'Apollonius de Rhodes, *l. c.*, pag. 37 et 373 ed. Lips. (J. D. G.)

CH. II. RELIGION DE BACCHUS.

Examinons d'un peu plus près le Génie Acratus ou Chalis. Dans la chapelle de Bacchus à Athènes, avons-nous dit d'après Pausanias, on voyait simplement la face de ce Génie incrustée dans le mur. Le même auteur parle aussi d'une face de Dionysus, que les Méthymnéens adoraient à Lesbos[1]. Elle était de bois d'olivier, et elle avait quelque chose de divin, mais en même temps de fort étrange et qui ne ressemblait en rien aux images des dieux de la Grèce[2]. Les chapelles des Nymphes à Athènes étaient également ornées des masques de Jupiter-Silène, qui présidait à l'élément humide, et de Pan, qui faisait croître les forêts[3]. Le masque de Silène se rencontre encore sur une foule de monuments bachiques, où il est en rapport avec Dionysus, dieu de la tragédie, et avec les

---

[1] X, Phocic., 19. Πρόσωπον... Διόνυσος Κεφαλλήν. — Lobeck (Aglaopham. lib. sec., p. 1086 sq.) a montré, avec beaucoup de vraisemblance, par le rapprochement d'un passage d'Eusèbe où se trouve cité un oracle relatif à ce Dionysus de Méthymne (Præp. Ev. V, 36, 233, Φαλλῆνος, p. φαλληνὸν, Διωνύσοιο κάρηνον, qualifié par Eusèbe même ἐλαΐνος κορμός, ἐξ ἄκρου κεφαλοειδῆς κορμός), qu'il faut lire dans Pausanias, Φαλλῆνα, de Φαλλήν, le même que Φάλης, et venant également de φαλλός, le phallus ayant été sans aucun doute un des caractères de l'idole dont il s'agit. Cf. Welcker, Nachtrag z. Æschyl. Trilog., p. 189; O. Müller, Archæolog., p. 44 et 511; et notre planche CVIII, 427, avec l'explication. (J. D. G.)

[2] Athénée (III, p. 78, p. 308 Schweigh.) fait mention d'un πρόσωπον de Dionysus Bacchus, dieu du vin, en bois de vigne, et d'un autre de Dionysus Meilichios, dieu des figues (μείλιχα), en bois de figuier, chez les Naxiens. Cf. O. Müller, ibid. (J. D. G.)

[3] C'est ce qu'on voit par trois bas-reliefs d'Athènes, deux dans le musée Nani à Venise, et l'autre dans le Museum Worsleyanum. — Cf. notre planche CXXXIX, 501, avec l'explication. (J. D. G.)

représentations scéniques, ce qui nous rappelle Bacchus chantant, accompagné d'Apollon et des Muses¹. Voilà le côté grec de la chose, tandis que la tête bizarre du Dionysus de Méthymne nous offre le côté étranger. Si l'on réfléchit à l'usage que les Égyptiens faisaient des masques, tellement qu'il n'était pas rare chez eux de voir le père des dieux lui-même représenté comme un simple masque², on sera tenté de reconnaître ici, et non moins pour ce qui concerne Athènes, l'influence de l'Égypte; on pensera à l'origine égyptienne de Dionysus, identique à Silène. Et quant au Jupiter-Silène des Athéniens, il sera facile d'y retrouver l'Amoun-Osiris de Thèbes, le bon dieu ou le bon génie (*Agathodémon*), nom que Dionysus portait aussi en Grèce³.

De même que Jupiter-Silène en rapport avec les Nymphes, nourrices de Bacchus, présidait à l'élément humide, considéré d'une manière générale, de même, avons-nous vu ailleurs, Amoun-Osiris ou l'Agathodémon d'Égypte se confondait avec le Nil, principe des eaux nourricières⁴. Des eaux, en effet, proviennent toutes les choses terrestres. L'humidité qui fermente et la puissance impulsive de la terre sont unies dans la sphère inférieure, et l'emblème naturel de cette union c'est le vase qui ren-

---

1. *V.*, par exemple, nos planches CXXV, 475, CXXVII, 481, CXX, 452, 482, avec l'explication. (J. D. G.)

2. Zoëga, de Obelisc., p. 487, 459, coll. *Bassiril.*, I, p. 32. — Cette assertion et les rapprochements qui en résultent sont au moins très hasardés. (J. D. G.)

3. Athénée et Diodore cités plus haut, p. 147, n. 4.

4. *Cf.* liv. III, ch. II, p. 408, tom. I⁰ʳ.

ferme le don précieux de l'eau. Aussi le bon dieu, le père de la terre, comme pouvoir à la fois terrestre et aquatique, était-il représenté sous la forme d'un vase. Ce dieu-vase, nous le savons, c'est Canobus ou l'antique Sérapis[1]. C'est aussi le Dionysus terrestre. Dans les profondeurs des eaux habitent les esprits prophétiques, Protée, Glaucus et autres. Des vapeurs qui fermentent dans le sein de la terre s'échappent, à travers les gouffres sacrés, l'inspiration et la puissance divinatoire. C'est pourquoi Sérapis prédit l'avenir à Canope, comme Bacchus rend des oracles en Thrace et près du gouffre à Delphes. A Dodone aussi, vers l'oracle retentissant de Jupiter, Dionysus furieux et traversant les eaux sur son âne parlant vient redemander la raison qu'il a perdue[2]. Ainsi, vertu prophétique de la terre, oracles par les eaux, forces créatrices qui agissent du fond des abîmes, dieux-vases et vases qui annoncent l'avenir, toutes idées qui se lient étroitement entre elles et que nous retrouvons unies dans Silène. Silène est dit tantôt fils d'une Nymphe, tantôt époux d'une Naïade, tantôt enfant de la Terre, tantôt rejeton du sang d'Uranus, ou bien encore père d'Apollon. Il est prophète et prophétise auprès des eaux, dieu caché sous la forme de l'âne qu'il inspire et qui conduit Bacchus à l'oracle de Jupiter. Toujours donc Dionysus, Silène et Jupiter rapprochés ou identifiés. Mais tandis que l'Égypte préféra pour Sérapis-Canobus la figure du vase ou du Canope,

---

[1] Même tome, p. 415, 515, avec les Éclaircissements, p. 819, 825, et notre dissertation complémentaire sur Sérapis, p. 22 sqq. (J. D. G.)

[2] *Cf.* Hygin. cité p. 142, n. 4 *ci-dessus.*

figure qui, au reste, ne fut point étrangère à la Grèce[1], celle-ci vit plutôt son Silène dans le dieu-nain ventru, également d'origine égyptienne. D'Égypte aussi vint le railleur Gigon, génie à forme de nain, qui, parmi ses noms divers, porte celui de Dionysus[2]. Nous avons reconnu en lui un dieu de la table, un dieu danseur, deux notions qui le rapprochent de Silène Chalis et de Silène Chorage ou guide des chœurs[3]. Il nous a paru encore être un génie aphrodisiaque, identique à l'Hermès ithyphallique; et les rapports de Silène avec Hermès, dont il est donné comme fils, ne sont pas moins évidents. Même sous la forme de l'âne, Silène trahit ces rapports avec le dieu du phallus, soit lorsqu'il est tué par Priape[4], soit lorsqu'il délivre Vesta de ses atteintes. Enfin, nous avons découvert dans Gigon, assistant à l'enfantement d'Harmonie, le sourire personnifié du créateur en présence de son œuvre; et c'est ici précisément que Silène se révèle à nous sous son aspect le plus élevé.

Nul doute, en effet, que le personnage de Silène, les symboles et les mythes qui le concernent, n'aient aussi leur sens cosmogonique. C'est en ce sens que Porphyre[5] expliquait Silène tout entier. C'était pour lui le symbole du mouvement qui part de l'âme du monde et qui concourt nécessairement à le produire. Il concevait cet antique dieu de la nature tout-à-fait dans l'esprit des doc-

[1] Livre V, sect. I, chap. II, p. 308, 311, t. II.
[2] Même livre et même tome, p. 296 sqq.
[3] Cf. *Studien*, II, p. 255.
[4] Hygin. *l. c.*
[5] Ap. Euseb. Præp. Ev. III. Cf. *Studien*, p. 256 sqq.

trines orphiques, qui représentaient cette nature comme un tout corporel. D'après cette idée que nous croyons juste en général, et qui seule, à notre avis, peut rendre compte de la bizarre figure de Silène, il nous semble qu'on serait fondé à voir en lui l'âme du monde à demi corporifiée, l'absence de forme s'efforçant de passer à la forme; ou bien, dans un sens physique, le souffle humide qui, selon le dogme égyptien identique à celui de l'ancienne école d'Ionie, nourrit les astres et les conserve, comme Silène, dans la légende que nous rappelions tout à l'heure, sauve le feu terrestre, c'est-à-dire Vesta. On pourrait donc le nommer la *préformation de Bacchus*, la matière et le travail d'où résulte le monde diversifié de Dionysus. Voilà pourquoi fréquemment un simple masque est son image, et il y a tout lieu de croire que, parmi les représentations scéniques de la cosmogonie, qui se donnaient dans les temples antiques, le masque de Silène jouait son rôle. Voilà pourquoi encore Silène est appelé tantôt le père nourricier de Bacchus, tantôt Bacchus lui-même. Enfin, il n'est presque pas un trait du caractère mythique de Silène, qui ne s'explique sans difficulté de ce point de vue, depuis le prophète auguste et d'un sens profond, jusqu'au buveur nonchalant et burlesque à plaisir.

Lanzi croit reconnaître, dans une peinture de vase, Silène prophète chargé de liens[1]. Plus souvent les monuments de l'art nous montrent en lui le bienveillant et enjoué compagnon de Bacchus, et le présentent dans les

---

[1] *Vasi dip.*, p. 144, coll. Passeri Pict. Etrusc., tab. 248.

situations les plus variées, tantôt caressant son divin élève, tantôt porté sur un char, tantôt chevauchant à son aise sur un âne et même sur un lion ou une panthère, tantôt endormi et appuyé sur un jeune Satyre[1]. Quelquefois il est armé d'un bouclier, par exemple sur ce bas-relief de la Villa Borghèse où on le voit tomber d'un éléphant[2]. Au reste, son arme la plus ordinaire, son véritable bouclier, c'est la large coupe à boire, et c'est à lui surtout que s'applique, entre les compagnons de Bacchus, cette locution quasi proverbiale chez les Grecs : Ce qu'est le bouclier pour Mars, la coupe l'est pour Dionysus[3]. Mais, à côté du soldat burlesque, semble idéalisé dans Silène le soldat fanfaron, du moins à en juger par le langage qu'Euripide met dans sa bouche[4]. Il se vante, entre autres services qu'il rendit à Bacchus, dans le combat des Géants, d'avoir de sa propre main percé de part en part Encelade. Il serait donc possible à la rigueur que l'artiste, auteur de la Minerve de Dresde, l'eût ainsi représenté sur le péplus de la déesse.

Silène, en qualité de Chalis-Acratus, et Bacchus avec lequel il est identique originairement, ont pour com-

[1] *V.* nos planches, déjà indiquées pour la plupart, CXVI, 441, coll. CXV, 439, CXVIII, 448 *a*, CXIX, 451 *a*, CXXIX, 497, CXII, 495, CXXII, 455, CXXIV, 479, CXLIV, 685, etc. (J. D. G.)

[2] Winckelmann, *Mon. ined.*, p. 51, coll. Zoëga *Bassiril.*, I, 7 ; — reproduit dans notre planche CXVIII, 448 *a*.

[3] Aristot. Poet. XXI, 12, p. 55, coll. 166 ed. Hermann ; Wyttenb. ad Select. Histor. græcor., p. 375 ; Aristid. Διονυσ., p. 29 Jebb ; Nonn. IX, 125. — *V.*, entre autres, notre planche CXVI, 494, coll. CXVII, 496.

[4] Cyclop., v. 6.

pagne *Méthé*, l'ivresse personnifiée. C'est la conséquence qui suit le principe. Aussi, dit Nonnus[1], appelle-t-elle Dionysus tout à la fois son père, son époux et son fils ; et dans un temple à Élis on la voyait présentant à Silène une coupe pleine de vin[2]. Le grand Praxitèle l'avait associée en un même groupe avec Bacchus et avec son célèbre Satyre[3]. Pausias l'avait peinte buvant et de telle sorte qu'on apercevait son visage à travers la coupe de verre transparente[4]. On la retrouve encore sur divers monuments, par exemple sur un grand vase de marbre d'une bonne époque, avec beaucoup d'autres compagnons de Bacchus[5]. On l'y reconnaît à la bandelette caractéristique, à laquelle on attribuait la vertu de préserver du mal de tête produit par le vin. Un autre préservatif auquel croyait encore Albert-le-Grand, était l'améthyste, pierre précieuse dont les anciens expliquaient le nom en ce sens[6].

On distinguait aussi, dans le nombreux cortége de Bacchus, un certain *Maron*, toujours placé à ses côtés[7]. Déjà Homère le dit fils d'Euanthès, ce qui le ferait petit-fils

[1] XIX, 27.
[2] Pausan. VI, Eliac. (II), 24.
[3] Plin. XXXIV, 19, 10. *Cf.* l'article précédent, p. 138.
[4] Pausan. II, Corinth., 27.
[5] Zoëga, *Bassiril.*, nos 71, 72. — *Cf.* pl. CVIII, 428 *a*, coll. CXVIII, 449, CXXIV, 474, CXXV, 475, CXCIV, 685, avec l'expl. (J. D. G.)
[6] Ἀμέθυσος, de α privatif, et μέθη, ivresse. *V.* Heliodor. Æthiop. V, 13, *ibi* Coray, p. 178; Plin. H. N. XXXVII, 40, *ibi* Harduin. On sait que la même propriété était attribuée à diverses plantes (Athen. I, p. 129 sqq. Schweigh.; Plutarch. Symposiac. III, 4, p. 632 Wytt.).
[7] Μάρων. *V.* Nonn. Dionysiac. XIX, 157, 196, 293, XVIII, 110, 49, XXI, 280, XXIII, 208, XLIII, 74, 335, etc.

de Dionysus par Ariadne[1]. Hésiode le nomme fils d'Œnopion, Nonnus fils de Silène[2]. Quant à Œnopion, fils lui-même de Dionysus, il avait, dit-on, le premier, enseigné aux habitants de Chios, île renommée pour ses vins, ainsi que Naxos, et comme elle l'un des principaux foyers de la religion de Bacchus, la culture de la vigne[3]. En Égypte, le nom de Maron aurait été immortalisé par le vin fameux de Maréotis, selon les Grecs du moins[4]. Maronée en Thrace tirait aussi son nom de lui, à cause de la force de ses vins[5]. Diodore le cite parmi les compagnons d'Osiris[6].

Il n'est pas jusqu'au cep fleurissant de la vigne qui, dans cette mythologie de Bacchus où tout respire et prend un corps, ne soit devenu une personne. C'était *Ampélus*, l'un des plus jeunes compagnons du dieu, dont le nom se rencontre aujourd'hui dans le seul poème de Nonnus[7].

[1] Odyss. IX, 197.

[2] Hesiod. ap. Schol. Harl. Odyss.; Nonn. XIV, 99. Euripide, dans le Cyclope (v. 141-143), le donne comme propre fils de Bacchus, et ferait dire à Silène qu'il l'avait élevé dans ses bras (au lieu du dieu lui-même), s'il fallait entendre ce passage comme l'entend M. Welcker (*Nachtrag*, p. 216, n. 106), ce qui autoriserait une explication nouvelle du groupe représenté dans notre pl. CXVI, 441. *Cf.* l'explication des planches. (J. D. G.)

[3] Eustath. ad Odyss. II, 340, p. 101 Bas., et surtout IX, 197, p. 347.

[4] Athen. I, p. 33, p. 126 Schweigh.

[5] Eustath., sur le second passage cité de l'Odyssée.

[6] I, 18 sqq., *ibi* Wesseling. — *Cf.*, sur *Maron*, que M. Welcker appelle « le Silène de Maronée ou Ismaros, » comme Hérodote (VII, 26) nomme Marsyas le Silène de Célènes, notre note 13 sur ce livre, fin du volume. (J. D. G.)

[7] Ἄμπελος. Dionys. X, 178, 198, 208, 307, XI, 186 sq., etc. *Cf.* Mo-

Il y figure comme un jeune Satyre avec une petite queue. Winckelmann est le premier qui l'ait signalé sur les monuments [1]. Zoëga aussi croit l'avoir reconnu et prétend que son nom s'est trouvé sur un sarcophage [2].

VII. Pan, les Pans et les Panisques. Origine orientale et spécialement égyptienne de Pan; son caractère astronomique ou astrothéologique, soit en Égypte soit en Grèce; ses diverses généalogies; ses rapports avec Hermès, avec Silène et Bacchus, avec Protée. Pan dans la croyance populaire des Grecs et sur les monuments.

Les *Pans*, dont il nous reste à parler, sont proprement les guerriers de Bacchus, mais ses guerriers sérieux, comme on le voit par le caractère des scènes où ils figurent [3]. Aussi étaient-ils omis d'ordinaire dans les processions solennelles en l'honneur du dieu, ainsi qu'ils le furent dans celle que Ptolémée fit célébrer à Alexandrie et dans celle de Rome décrite au septième livre de Denys d'Halicarnasse. Quant à *Pan* lui-même, le père des Pans, c'était un personnage considérable du système religieux dont il s'agit, un membre essentiel des Orgies et des fêtes

ser ad Nonn., p. 242-244; Creuzer, *Homer. Brief.*, p. 218. — Déjà Ovide (Fast. III, 49) connaît *Ampelos intonsus*, enfant des Satyres et de la Nymphe, aimé de Bacchus, et qui donna son nom à la vigne, dont il est, chez Nonnus, une personnification plus expresse et plus développée à la fois. (J. D. G.)

[1] Nouvelle édition allemande de ses Œuvres, VII, p. 437.

[2] *Bassiril.* I, p. 32 sqq. — L'on est fondé à reconnaître *Ampélos* dans ce jeune Satyre aux formes élégantes, sur lequel Dionysus aime à s'appuyer et qui joue auprès de lui le rôle d'échanson. *V.* nos planches CVIII *bis*, 458 *a*, CXVIII, 448 *a*, CXIX, 451 *a*, CXXI, 454, CXXII, 455, etc. (J. D. G.)

[3] Par exemple, planche CIX, 444, coll. CVIII, 458 *b*, avec l'expl.

qui s'y rattachaient¹. Il avait sa place dans les chapelles consacrées aux Nymphes à Athènes; il est diversement associé à Dionysus sur les monuments, et souvent son masque correspond à celui de Silène d'une manière significative ².

La confraternité guerrière de Pan et de Bacchus va nous introduire à une étude plus approfondie du premier de ces dieux et de ses enfants. Le nom de *soldat de Bacchus* est expressément donné à Pan, et Bacchus lui-même portait un des surnoms de Mars, celui d'*Enyalios*³. Déjà, si l'on en croit Diodore⁴, Pan avait été le frère d'armes d'Osiris. Au moins Dionysus ne pouvait-il se passer de ses services⁵; et nous le trouvons, chez Nonnus⁶, faisant partie de l'armée de ce dieu, dans l'expédition de l'Inde, quelque rarement d'ailleurs que le poète de Panopolis parle de Pán. Dans la partie mythique des histoires militaires de Polyen, Pan figure comme le général des troupes de Bacchus : ce fut lui qui sauva l'armée d'un danger imminent au moyen de son cri sauvage, multiplié par les échos des bois et des rochers; d'où vient que les soudaines terreurs, qui, sans cause connue, mettent les armées en déroute pendant la nuit, s'appellent encore *pa-*

---

¹ Βακχευτής, Orph. hymn. XI (10), 5; Aristid. orat. in Nept., p. 58.
² *V*. pl. CXIII, 502, CXX, 452, CXXI, 453, CXXV, 475, CXXVII, 481, CXLIX, 476, etc.
³ Macrob. Saturn. I, 19. *Cf*. Mazocchi ad Tab. Heracl. I, p. 138.
⁴ I, 18.
⁵ C'est ce qu'il dit lui-même chez Lucien, Dial. Deor. XXII, § 3, tom. II, p. 77 Bip.
⁶ XXXII, 277.

niques[1]. Le fond de ce mythe est ancien, à en juger par les épithètes données à Pan dans l'hymne homérique qui lui est adressé[2]. On peut même, toute étymologie à part[3], induire son origine orientale et celle du dieu lui-même, des légendes astronomiques dans lesquelles nous allons le voir jouer son rôle.

Pan fut élevé avec Jupiter sur le mont Ida. Il assista son frère de lait dans la guerre contre les Titans, qu'il mit en fuite, soit par le bruit des conques dont il se servit en guise de trompettes, soit par la terreur panique qu'il jeta au milieu d'eux[4]. Jupiter, en récompense de ses services, le mit, ainsi que la Chèvre, sa mère, au nombre des constellations, parmi lesquelles il brille sous le nom de Capricorne. Et comme il avait trouvé dans la mer la conque dont il avait fait une trompette, il reçut une queue de poisson en mémoire de cette découverte. Nous sommes évidemment ici sur le terrain de l'astronomie. Apollodore et Hygin nous renvoient positivement à la sphère égyptienne. Selon le premier[5], Ægipan secourut Jupiter contre Typhon. D'après le second[6], dans la guerre des Titans, Pan avait lapidé les ennemis avec des coquillages

---

[1] Πανιχοὶ φόβοι. Polyæn. I, 2; Auctor de incredibil. XI, p. 89, in Opusc. Myth. ed. Gal.; Hygin. Poet. Astron. II, 28, *ibi* interpret. p. 480 Staver.

[2] XIX, ed. Hermann.

[3] Bochart (Can. I, 18, p. 444) dérive le nom de Pan de l'hébreu פן, qui s'applique à un homme *frappé d'épouvante*.

[4] Epimenid. ap. Eratosth. Cataster., cap. 27.

[5] I, 6.

[6] Poet. Astron. II, 28.

de mer; puis, quand les dieux fuyaient en Égypte devant Typhon, il se précipita dans le Nil, et, moitié bouc, moitié poisson, il échappa au monstre. Telle était la tradition des prêtres Égyptiens, qui rapportaient aussi à ce fait mythique l'élévation de Pan au rang des étoiles. Il est hors de doute que déjà ces prêtres donnaient à la constellation du Capricorne une queue de poisson[1]; et, dans leur théologie symbolique comme dans celles de tout l'Orient, les dieux, qui sont souvent les astres, se cachent sans cesse sous ces figures ou ces masques d'animaux dont les légendes grecques elles-mêmes ont gardé maint souvenir.

Nous avons dit, dans notre troisième livre[2], que Pan faisait partie, chez les Égyptiens, du premier ordre des dieux, composé de huit. Trois villes lui étaient consacrées en Égypte, parmi lesquelles Thmuis ou Mendès, dont le culte brutalement sensuel paraît s'être propagé dans les pays voisins, du moins à en juger par les traces que l'on en découvre chez les Samaritains[3]. Quant au nom de *Mendès*, originairement celui du dieu, on a cru le retrouver jusque dans l'Inde, appliqué à une divinité aux formes de bouc sur les monuments d'Ellora[4]. Dans la moyenne Égypte, la ville dédiée au dieu-bouc était Hermopolis ou la cité d'Hermès, que les Itinéraires mentionnent sous le nom de *Schmoun secunda*, la seconde ville

---

[1] Schaubach ad Eratosthen. *l. l.* — *Cf.* nos planches XLVIII, XLIX, L, 191-193, et l'explication.   (J. D. G.)

[2] Tom. Ier, p. 409, 495 sq., avec les Éclaircissements, p. 830, 832, 856.

[3] Selden de Diis Syris, Prolegom., p. 54.

[4] Anquetil, Zendavesta, I, 249.

CH. II. RELIGION DE BACCHUS.

de *Schmoun*, et qui aujourd'hui encore s'appelle *Achmounaïn*. Mais la cité proprement dite de Pan, qui portait son nom en grec comme en égyptien, c'était Panopolis ou Chemmis dans la Thébaïde, actuellement *Achmin*[1]. *Chemmis* ou *Chemmo, Schmin* ou *Ichmin*, comme le nomment les Arabes, qui le font fils de Mizraïm et lui attribuent la fondation de sa ville éponyme[2], n'était pas autre que le huitième des grands dieux, des Cabires, l'*Esmoun* de la théogonie phénicienne[3]. A Chemmis, Pan se confondait entièrement avec l'Hermès ithyphallique, et il était représenté sous les mêmes traits que ce dieu antique des Pélasges[4]. Symbole du soleil fécondateur, il portait dans sa main droite un fouet, signe de commandement, qu'il dirigeait contre la lune. Avait-il aussi la figure du bouc à Chemmis comme à Mendès? c'est ce dont on ne peut juger que par une seule médaille de la première de ces villes, où il paraît en effet avec cette figure[5]. Mais ce qu'il y a de sûr, c'est qu'indépendamment de Pan, d'Hermès, et sans doute d'Isis et d'Osiris, comme on le voit par la légende de la mort de ce dernier[6], Persée jouissait à Chemmis d'un culte spécial, au rapport d'Hé-

---

[1] *Cf.* tom. Ier, Éclaircissements, p. 760 sq.

[2] Leo African., p. 724, p. 549, d'après la traduction de Lorsbach.

[3] *Cf.* tom. II, p. 336, avec les renvois indiqués en note.

[4] Steph. Byz. *v.* Πανὸς πόλις.

[5] Vaillant Ægypt. num., p. 212; Zoëga Num. Ægypt., p. 215. — *Cf.* notre note sur la page 495 sq. du tome Ier, avec les planches indiquées. (J. D. G.)

[6] Tome Ier, page 390.

rodote¹. Ce culte y devait être étroitement lié à celui de Pan, et, si nous réfléchissons sur le caractère astronomique que nous avons déjà vu prendre à ce dieu, nous tiendrons pour certain que l'explication suivante, donnée par Dupuis, renferme au moins une partie de la vérité. Pan et Persée sont unis à Chemmis, parce que tous deux sont également rapprochés du ciel. Tous deux ils appartiennent à l'équinoxe du printemps, et ils gardent dans la sphère les frontières de son domaine. De plus, Isis est associée à Pan et aux Pans, parce que cette divinité lunaire correspond dans des périodes déterminées aux constellations de Persée et du Cocher, à savoir quand la lune se trouve pleine dans le Taureau et que le soleil est dans le Scorpion, époque astronomique de la mort d'Osiris². On voit par là combien est naturelle l'alliance de Pan et d'Osiris-Dionysus, et pourquoi c'est précisément à Chemmis que les Pans sont chargés d'annoncer le trépas du dieu du soleil. Peut-être encore faut-il expliquer dans ce sens une singulière tradition des Patréens de l'Achaïe, selon laquelle les Pans auraient, un jour, dressé des embûches à Bacchus et l'auraient mis dans un grand péril, eux ses défenseurs ordinaires³. C'est qu'Osiris, à l'heure de sa mort, se trouve astronomiquement éloigné d'Isis réunie au Cocher.

Ces rapports astronomiques jettent un grand jour sur

---

[1] Herodot, II, 91. — Cf. tom. II, p. 164 sq., et la note II, § 1, sur le livre IV, dans les Éclaircissements de ce tome.   (J. D. G.)
[2] Dupuis, Orig. des Cultes, tom. I, p. 401, 404 éd. in-4°.
[3] Pausan. VII, Achaïc., 18.

le rôle véritable que Pan ou *Ægipan* (car c'est tout un[1]) jouait dans la théologie égyptienne. Le mythe tout entier de ce dieu-bouc gravite, en quelque sorte, autour de deux constellations, le Capricorne dans la sphère méridionale, et le Cocher dans la sphère septentrionale. Par là s'explique, de la manière la plus naturelle, sa double alliance avec Jupiter-Ammon et avec Osiris-Bacchus. Pan et Jupiter sont deux frères de lait, comme nous l'a dit Ératosthène. Que la Chèvre portée par le premier soit Amalthée ou non, cette chèvre nourricière et celui qui la porte n'en existent pas moins dans le signe du printemps, dans lequel Amoun ouvre l'année égyptienne. Pour Osiris, c'est dans le signe du Taureau que Pan s'unit à lui; car Osiris-Dionysus est le dieu-taureau, et, dans la liste des rois d'Égypte, donnée par Diodore[2], se trouve un Mendès appelé encore *Maron*, nom sous lequel nous connaissons déjà le cocher de Bacchus. Du reste, Pan n'est pas seulement le compagnon de Bacchus; il est encore quelquefois, aussi bien que Silène, un seul et même être avec lui[3]. C'est le soleil qui sert de lien commun à tous ces dieux, et Pan n'était autre que le soleil[4]; les trois dieux solaires Ammon, Osiris et Pan se réunissent dans les signes printaniers du Bélier, du Taureau et du Cocher; en d'autres termes, au point de vue purement astronomique, Jupiter-Ammon était le soleil dans le signe

---

[1] Salmas. Exercitat. Plin. I, p. 413, coll. Heyn. ad Eratosthen. l. l.
[2] I, 61.
[3] Diodor. ap. Euseb. Præp. Ev. II, 1.
[4] Macrob. Sat. I, 21.

du Bélier, Osiris-Bacchus le soleil dans le signe du Taureau, Pan le soleil dans le Cocher[1].

Ainsi les Égyptiens voyaient dans leur Mendès-Esmoun ou leur Pan le principe actif et fécondant de la nature, qui se révèle à l'équinoxe du printemps, c'est-à-dire à l'époque de l'année où le soleil, le grand Démiurge, l'âme du monde éternellement agissante, se trouvait réuni dans le signe du Taureau avec la constellation de la Chèvre et des Chevreaux, qui viennent immédiatement après lui. Alors se renouvelle le feu vivifiant du ciel, alors il s'unit à la terre pour la féconder; alors la corne bienfaisante d'Amalthée verse ses dons précieux. Aussi Pan est-il encore le *bon dieu* et porte-t-il ce nom, de même que Silène-Dionysus. Cette conception fondamentale rend compte de la double fonction de Pan, opérant sur la terre et dominant aux cieux. Au-dessus de la sphère de la lune, il est le principe de tout mouvement; de lui procède le cours de toutes les planètes, en lui l'harmonie des sept sphères a son centre[2]. Au-dessous de la lune, il est le fécondateur, qui d'en-haut verse aux forêts l'humidité vivifiante et donne aux animaux leur nourriture. Voilà pourquoi il est appelé *celui qui produit beaucoup*[3], et pourquoi, dans les chapelles des Nymphes, il avait sa place à côté de Silène, le souffle ou l'esprit qui vivifie la terre. Sous l'un et l'autre point de vue, il est justement consi-

---

[1] *Cf.* Dupuis, Orig. I, *ibid.*, et II, p. 136 sqq.

[2] Cornut. de N. D., cap. 27. — *Cf.* notre planche LI, 194, avec l'explication. (J. D. G.)

[3] Πολύσπορος. Anthol. gr. II, p. 515, p. 215 Jacobs.

déré comme le fils d'Hermès[1], étant à la fois la source de la vie des corps et l'auteur ou le régulateur des lois de l'univers.

Voyons maintenant comment le mythe de Pan s'introduisit en Grèce et de quelle manière il s'y modifia. Ici encore notre guide sera Hérodote, qui deux fois parle de ce dieu dans son livre de l'Égypte. Les Grecs, dit-il, font de Pan le plus jeune de leurs dieux, c'est-à-dire qu'ils l'ont reçu des Égyptiens le dernier ; ils le donnent pour fils d'Hermès et de Pénélope, et assignent par conséquent à sa naissance une époque postérieure à celle de la guerre de Troie[2]. Ainsi, tandis qu'aux yeux des Égyptiens Pan est un des huit grands dieux du premier ordre, aux yeux des Grecs c'est à peine un dieu, ou, pour mieux dire, ce n'est qu'un demi-dieu et le plus récent de tous. Mais, quelque jeune qu'il soit, il ne l'est pourtant pas autant qu'on l'a prétendu de nos jours, lorsqu'on a voulu faire de lui exclusivement un dieu rustique de l'Arcadie, dont les autres peuples de la Grèce n'auraient eu connaissance qu'après le temps d'Hésiode[3]. Il n'est pas du tout démon-

---

[1] *V.*, au préalable, Cic. de N. D. III, 22, *ibi* Davis. et Creuzer. *Cf.* liv. VI, ch. VI, p. 675 sq., tom. II.

[2] Hérodot. II, 46, 145 sq. — 1260 avant J.-C., suivant le calcul de Larcher, Chronol., p. 359.

[3] Tiedemann, sur le dieu Pan, dans les mémoires de la Soc. des Antiq. de Cassel, tom. I, p. 165 sq., et Voss dans les *Mythol. Brief.* I, p. 78 sqq., regardant, du reste, le point de vue supérieur et primitivement égyptien de Pan, tel qu'il vient d'être présenté, comme une superfétation postérieure, d'origine pythagorique et platonique. — *Cf.*, sur cette question, les développements de notre note 14 sur ce livre, fin du volume. (J. D. G.)

tré qu'Épiménide de Crète le leur ait enseigné le premier[1]; ni que les Athéniens, parce qu'ils ne lui rendaient pas d'honneurs, aient ignoré son existence avant la bataille de Marathon[2]. Au reste, la question des témoignages et des dates est ici secondaire; il suffit d'examiner avec quelque profondeur les légendes en elles-mêmes, pour saisir le fil secret qui rattache en quelque sorte par tous les points le Pan de la Grèce à celui de l'Égypte, et pour retrouver celui-ci dans l'autre, malgré tous les travestissements qu'il a eu à subir.

Hérodote, lorsqu'il fait Pan fils d'Hermès et de Pénélope, ne nous donne apparemment que la généalogie dominante; il en était d'autres, plus anciennes en partie, et qu'il ne pouvait ignorer. Remarquons d'abord que, suivant un mythe rapporté par Lucien[3], Hermès ne parvint à se rendre maître de Pénélope qu'au moyen d'artifices magiques et après s'être transformé en bouc. Le mythe ajoute, d'une manière significative, qu'alors Pénélope vivait encore en Arcadie et n'était point devenue l'épouse d'Ulysse. Au lieu de cette mère équivoque[4], l'hymne homérique en l'honneur de Pan[5] unit à Hermès, pour lui donner le jour, une nymphe fille de Dryops. Épimé-

---

[1] Comme on l'induit d'Ératosthène, Cataster. 27, et du Schol. de Théocrite, I, 3.

[2] Herodot. VI, 105, *ibi* Larcher, p. 447.

[3] Dial. Deor. XXII, tome II, page 76 Bip., *ibi* Hemsterh., p. 319.

[4] *Cf.* nos rapprochements et nos remarques, liv. VI, ch. VI, p. 676, tom. II. (J. D. G.)

[5] XIX, v. 34 Hermann.

nide¹ le faisait fils de Jupiter et de la nymphe Callisto, de telle sorte qu'Arcas et lui auraient été jumeaux. Chez Apollodore², Jupiter aussi est son père; mais une autre nymphe, Hybris ou plutôt Thýmbris, est sa mère. D'après Aristippe dans son Arcadicus, cité par le scholiaste de Théocrite³, la nymphe de qui Jupiter eut Pan s'appellerait Œnéis; mais plus loin nous lisons qu'Œnéis ou Néréis serait mère, et l'Éther père, de notre dieu. Enfin, une dernière généalogie le fait naître du Ciel et de la Terre.

Quand vint au jour le dieu aux pieds de chèvre, portant des cornes sur le front, sa nourrice épouvantée s'enfuit, dit l'hymne homérique, à l'aspect du monstre. Mais Hermès l'enveloppa dans une peau et le porta joyeux dans l'Olympe, où tous les autres dieux se réjouirent aussi de sa naissance, surtout Bacchus. Cette allégresse universelle lui valut le nom de *Pan*⁴. Quelque récente que paraisse cette étymologie, et quoique dans l'hymne tout entier Pan ne figure que comme dieu des bergers, le récit qui vient d'être rapporté n'en fait pas moins allusion à des idées d'un ordre supérieur. Après les Homérides, Pindare avait composé sur Pan des chants plus significatifs encore. Nous savons qu'il le faisait *parèdre* ou assesseur de Rhéa, et qu'il lui avait dédié une chapelle en commun avec la Mère des dieux⁵. Non-seulement il l'exalte dans

---

¹ Ap. Schol. Theocrit. I, v. 3.
² I, 4, 1, *ibi* Heyne, p. 20.
³ I, v. 3, puis 123.
⁴ V. 47. Πᾶνα... ὅτι φρένα πᾶσιν ἔτερψεν.
⁵ Schol. Pindar. Pyth. III, 139.

la troisième Pythique, mais dans un fameux scolie, qui lui est attribué[1], il le célèbre comme danseur. Pindare, dit Aristide[2], nomme Pan le danseur par excellence et le plus accompli des dieux[3], ce qui est conforme à la doctrine des prêtres égyptiens. Le même poète, dans un passage cité par Aristote[4], s'exprime ainsi au sujet de son dieu favori : « Les Olympiens appellent Pan le chien aux formes changeantes[5] de la grande déesse. » Pan, assure-t-on, se montra reconnaissant de ces hommages réitérés du grand lyrique, soit en lui dictant une de ses odes, soit en dansant au chant d'une autre[6]. Cette dernière, suivant un interprète ancien[7], aurait été la première Olympique, et spécialement la partie de cette ode où le poète donne au

---

[1] Athénée XV, p. 694, p. 537 Schweigh., le donne sans nom d'auteur. *Cf.* Brunck, Anal. I, p. 156 ; Jacobs, Anthol. I, p. 89. Schneider rapporte ce fragment, ainsi que les autres mentionnés ici, aux *Parthenia* de Pindare, d'après l'autorité du scholiaste qui vient d'être cité (Pindar. Carm. III, p. 28 sqq. ed. Heyn.). Bœckh (II, 2, p. 592 sq.) pense que c'est réellement un scolie, mais un scolie attique, composé à l'imitation de Pindare, en l'honneur de Pan, à cause du secours prêté par ce dieu aux Athéniens à la bataille de Marathon. (J. D. G.)

[2] Orat., tom. I, p. 29 Jebb. — Pag. 49 Dindorf.

[3] Χορευτὴν τελεώτατον θεῶν, littéralement : « Celui qui parmi les dieux excelle à former les chœurs de danse, » au sens de Θεῶν χοροποι' ἄναξ, appliqué également à Pan, dans Sophocle, Ajax, v. 702.
(J. D. G.)

[4] Rhetor. II, 24.

[5] Κύνα παντοδαπόν. *Cf.* sur le sens de ce dernier mot, Damm. Lex. Hom. et Pindar., p. 1905.

[6] Pindar. fragm., p. 50 Heyn.

[7] Schol. ined. Aristid. Miltiad. II, p. 172 Jebb. ; — edit., tom. III, p. 564 Dindorf.

récit mythique du démembrement de Pélops un tour si original et si élevé.

La même alliance qui se montre ici entre la *danse* et la *parole* du poète, unit aussi, dans ce vieux système théologique, Hermès, la parole primitive, et Pan, le dieu danseur. Platon, dans le Cratyle[1], fait une allusion pleine de sens à cette union, lorsqu'il parle de la double essence du langage et qu'il nomme Pan le fils à la double figure d'Hermès. Dans le Phèdre[2], il est également question de Pan comme fils d'Hermès, et il y est nommé l'habile dans l'art de la parole. La double figure de Pan, fils d'Hermès, nous rappelle le chien aux formes changeantes de la grande déesse. Sans doute ce titre de *chien* se prend souvent dans le sens général de *serviteur*. Mais quand il s'agit du fils d'Hermès et d'un dieu originairement égyptien, il est difficile de ne pas songer à son père, Anubis-Hermès à la tête de chien, au génie de l'étoile caniculaire, guide et précurseur des dieux bienfaisants[3]. La fonction du père étant fréquemment exercée par le fils, Pan se trouve ainsi transporté au ciel des étoiles fixes, et, en qualité de Sirius, il prescrit leur cours aux autres sphères, il écrit en caractères de feu le grand livre des cieux, il ordonne la marche de l'année, ou, ce qui est la même chose, danseur sublime, il conduit les chœurs des planètes. C'est comme tel qu'il accompagne Rhéa, la grande déesse, la Mère des dieux.

[1] Pag. 408 Steph., p. 55 Bekker.
[2] Pap. 263 Steph., p. 74 sq. Bekk.
[3] *Cf.* les observations essentielles de notre note 10 sur le livre III, ch. IV, dans les Éclaircissements du tome 1er, p. 851 sqq. (J. D. G.)

Voilà pourquoi encore il est dit fils du Ciel et de la Terre, pourquoi l'Éther est cité au nombre de ses pères, pourquoi il est appelé le frère de lait de Jupiter. Par là aussi s'expliquent en un sens cosmologique divers mythes qui concernent Pan, entre autres celui de ses amours avec la nymphe *Syrinx*, laquelle, métamorphosée en roseau, devint, sous la main artiste du dieu, une flûte pastorale, formée de sept tuyaux d'inégale longueur[1]. Cette flûte de Pan, prototype de la lyre d'Apollon, est une image naturelle de la grande harmonie dont le soleil est l'âme. Les sept tuyaux répondent aux sept planètes, le plus court à la lune, le plus long à Saturne. Un même souffle parti du feu de l'Éther et du soleil, qui se confondent chez Pan, circule à travers les sept planètes et opère l'accord des sept sphères concentriques. C'est là cette gamme sacrée des sept sons, que les prêtres-savants de l'Égypte personnifièrent dans leurs sept puissances primordiales[2]. De la réunion des sept sphères avec le ciel des étoiles fixes, des sept grands dieux avec un huitième, résulte l'octonaire complet, et Pan est ce huitième dieu qui vient le compléter. De là son nom d'*Eschmoun* ou *Schmoun*, qui veut dire le *huitième*. Pan est le grand dieu de Chemmis, l'artiste de la danse parlante, tel que l'entendait le système sacerdotal, tandis que la croyance populaire s'en tint généralement au dieu-bouc, apparaissant au printemps dans le signe de la Chèvre. C'est sous son aspect cosmologique supérieur que le onzième hymne orphique pré-

---

[1] *Cf.* Moser ad Nonn., p. 246, et Hygin. interpret., p. 389 Stav.
[2] *Cf.* liv. III. ch. VII et VIII, p. 477, 487, 492 sq., t. Ier.

sente le dieu Pan. Il y est appelé le ciel et la terre, le feu inextinguible, le danseur de rondes, l'assesseur des Heures, le fécondateur, celui qui donne la lumière[1], enfin Jupiter lui-même; et il est dit de lui que, dans ses chants aimables, il prélude à l'harmonie du monde. Il est aussi nommé, dans cet hymne, l'amant d'*Écho*, comme ailleurs l'époux de cette nymphe[2], personnification du son et du son répercuté. D'autres allusions à l'essence la plus intime de Pan se rencontrent dans ces mythes qui le font époux de *Pitho*, la Persuasion (l'une des suivantes de la grande déesse, comme Pan est appelé son chien); d'*Euphémé*, de qui il eut *Crotos*, lequel brille parmi les constellations en qualité de Sagittaire. Il est dit encore, dans un sens analogue, le frère de lait des Muses[3], et, chez Pindare, le doux souci des Grâces[4]. Enfin, l'on fait naître de lui et de Pitho ou bien d'Écho, *Iynx*, le charme de l'amour[5].

Fils d'Hermès, le dieu aux mille talents, aux mille artifices, on voit donc que Pan ne le cède point à son père. C'est le précurseur de Protée, le devin à la forme changeante, tantôt animal, tantôt arbre, tantôt feu scintillant, et qui habite dans les profondeurs de la mer. De là Pan

---

[1] Le nom même de Pan (Πάν) est souvent dérivé de φαίνειν, *montrer, faire paraître*, πανός se disant aussi pour φανός, *flambleau* (Pollux X, 117, *ibi* Hemsterh.; Hesych. II, p. 483; Photius, etc.).

[2] Anthol. gr. III, p. 215 Jacobs.

[3] Hygin. fab. 224, p. 345 Stav.

[4] Schol. Pind. Pyth. III, 139.

[5] Schol. Lycophr. 309, coll. Hemsterh. ad Lucian. Deor. Dial. XXII, t. II, p. 322 Bip.

mis en rapport avec la mer comme avec le feu[1]; de là son image gravée sur la pierre magique qu'Hélène, dit-on, avait trouvée dans un poisson de mer de la figure et du nom de Pan, pierre qui passait pour un philtre puissant[2]. Hélène aussi, sous un de ses aspects, se présente comme une magicienne, accueillie par Protée, roi d'Égypte, et par Polydamna, son épouse, qui l'instruisent dans l'art redoutable des charmes[3]. Ce que cette femme merveilleuse du monde primitif, appelée encore *Écho*, à cause de son talent pour contrefaire les voix, est, à la guerre de Troie, parmi les héroïnes, Ulysse l'est parmi les héros. C'est une sorte d'Hermès humain, un habile artisan de la parole, aux ressources, aux ruses infinies. Faut-il donc nous étonner de trouver une généalogie qui fait ce navigateur tant éprouvé sur les mers, ballotté par tant de traverses, père de Pan, le dieu aux mille formes, le dieu battu par la mer ou autour duquel ses ondes retentissent, comme Sophocle l'appelle[4]. De même que cette généalogie donne Pan pour fils d'Ulysse et de Pénélope[5], de même un autre mythe raconte que Pénélope l'avait eu de *tous* ses amants[6]. Et ce n'est pas ici, non plus que dans l'hymne homérique, un simple jeu de mots sur le nom de *Pan*; c'est aussi une obscure réminiscence de ce dieu égyptien

---

[1] Hymn. Orph. XI (10), v. 2 sq., 14 sq.
[2] Ptolem. Hephæst. ap. Phot. Cod. 190, coll. pag. 318, 339 ed. Gale.
[3] Hom. Odyss. IV, 221, 228 sq., *ibi* Clarke et Ernesti, coll. Herodot. II, 113 sqq.
[4] Ἁλίπλαγκτος (Ajax, v. 704, *ibi* Schol.).
[5] Schol. Theocrit. I, 123.
[6] Duris Sam. ap. Tzetz. ad Lycophr. v. 772.

CH. II. RELIGION DE BACCHUS.

du ciel, qui recueille et comprend en soi la lumière de toutes les planètes et les sons de toutes les sphères.

Pan à son tour est recueilli dans une unité supérieure, de laquelle il procède. L'on pourrait voir cette unité dans *Œnéis*, l'une de ses nombreuses mères, en dérivant ce nom de Οἴνη ou Οἰνή, *l'unité*, dans le vieux dialecte ionien[1], mot du reste analogue au latin *œnus*, d'où *unus*, comme de *pœna*, *punio*. Ce serait là cette *Unio* ou cette *Monade*, personnifiée chez les Pythagoriciens, et qui portait le nom d'un dieu, *Hyperionides*, comme s'appelait le soleil intelligible reconnu par cette secte[2]. Mais quelques rapprochements qu'il y eût à faire en faveur de l'étymologie qui précède[3], il n'est pas nécessaire d'y recourir. L'unité se retrouvera toujours dans Jupiter ou l'Éther, donné pour père à Pan, quand même *Œnéis* resterait ce qu'elle paraît être, la nymphe du vin[4]. Il suit de là que Pan, son fils, doit être propice au vin, à la culture de la vigne, qu'il est naturellement l'auxiliaire de Dionysus. En effet, Pan ou Hermopan, comme on disait encore[5], n'est-il pas le chien céleste, Sirius, qui amène le vin, qui donne les années vineuses, de même qu'Anubis en Égypte, au lever de cet astre, déterminait la mesure des récoltes de froment? En Grèce, une légende remarquable faisait naître le premier plant de vigne du chien

---

[1] Phot. Lex. *v.* οἰνίζει; Hesych. οἴνη, ibi interpret., p. 730 Alb.
[2] J. Lyd. de Mens., p. 15 Schow., p. 42 sq. Rœther.
[3] *Cf.* la note indiquée plus haut, fin du volume.   (J. D. G.)
[4] Οἰνηίς, de οἶνος, vin, ou οἴνη, cep de vigne.
[5] *Cf.* Creuzer. Dionysus, p. 34.

d'Oresthée, roi d'Étolie, descendant de Deucalion, qui, l'ayant mis en terre, en fit sortir le premier cep; d'où vient que son fils reçut le nom de *Phytius*, le planteur, et son petit-fils celui d'*Œnée*, l'homme du vin, père d'Étolus[1]. Mais si, sous l'emblème du chien, Pan était favorable à la vigne, sous celui du bouc ou de la chèvre il pouvait lui devenir funeste. Aussi les Phliasiens du Péloponèse rendaient-ils un culte plein de ferveur à une chèvre d'airain doré, érigée sur la place publique de leur ville, parce que la constellation de la Chèvre, à son lever, nuisait à la vigne[2]. Ainsi, dans d'autres pays de la Grèce, on sacrifiait des boucs à Bacchus, soit pour la même raison, soit parce que cet animal a l'habitude de ronger les ceps. Les Mendésiens de l'Égypte, au contraire, se gardaient d'immoler les boucs, images terrestres du dieu-soleil se révélant au ciel dans le signe de la Chèvre et prodiguant tous les biens de l'année[3]. Tandis qu'en Égypte comme en Grèce le peuple, selon la différence des lieux et des temps, donnait à son culte de la nature et des astres différentes applications, le système astrothéologique des prêtres embrassait dans une doctrine supérieure toutes ces vues partielles.

Que Pan soit maintenant le fils d'Œnéis ou bien de Néréis et de l'Éther, nous n'en avons pas moins ici une série d'idées cosmiques, qui retentissent jusqu'à l'Égypte et qui peut-être même ont leur reflet dans son histoire, telle

[1] Hecat. Miles. ap. Creuzer. fragm. histor., p. 64.
[2] Pausan. II, Corinth., 13.
[3] Herodot. II, 42.

qu'elle fut digérée et en partie idéalisée sous l'influence de la religion. Pan est le ciel dans son union avec la terre céleste et humide. Au-dessus de lui se trouvent placés, selon le système égyptien, l'humidité primitive et le premier souffle Phthas; les ténèbres primitives, Athyr, et Kneph, la primitive lumière. Sous ce point de vue Pan est le troisième générateur, le troisième dieu phallique, ayant au-dessous de lui, pour compléter les huit grands dieux, un quatrième couple formé du Soleil et de la Lune; lui-même, on peut l'appeler justement le soleil des soleils[1]. Si, d'un autre côté, en Grèce, Pan est donné comme le père de Silène[2], ce rapport établi entre eux n'est pas moins significatif. Nous avons reconnu dans Silène l'âme du monde tendant à se corporifier, spécialement l'âme de la terre, et une sorte de préformation de Bacchus. Or Bacchus est fort voisin de Protée, ou, pour mieux dire, il est Protée lui-même; comme celui qui change sans cesse, qui règne sur le domaine ondoyant et divers des sens, qui couvre la terre de l'éclat diversifié des fleurs. Pan aussi n'est autre que Protée, celui qui tient la clef du royaume des eaux, dit un Orphique[3], le gardien des troupeaux marins de Nérée, le génie qui rend des oracles du sein des abîmes et qui prend toutes les formes. Dans Protée se révèle à qui sait voir, un dogme cosmologique, enseignant que toutes choses sont sorties des eaux; et Pan, nous l'a-

---

[1] *Cf.* la note 6 dans les Éclaircissements du tome III, surtout page 826 sqq., t. I.
[2] Serv. ad Virgil. Ecl. 6.
[3] Hymn. Orph. XXV (24), 1.

vons montré, ne réside pas seulement dans les sphères supérieures, il les traverse toutes et habite jusque dans les profondeurs de la mer. Les navigateurs implorent son secours ainsi que celui de Protée[1]; la tortue lui est consacrée aussi bien que la pierre astérités, où se reflète son image[2]; et la conque de Pan répond, en quelque sorte, du fond de l'humide empire, au cri de l'âne de Silène sur la terre. Pan, Silène et Bacchus, tous trois se retrouvant à certains égards en Protée, qui, dans l'histoire fabuleuse de l'Égypte, est précédé de Mendès et donne l'hospitalité à Dionysus[3], se lient donc intimement entre eux, se pénètrent réciproquement, et se résolvent, pour ainsi dire, l'un dans l'autre. Ce que l'un de ces trois êtres est en puissance, l'autre l'est en acte, pourrait-on dire dans un langage métaphysique. Mais la mythologie, en revêtant d'une couleur de plus en plus humaine les vieux symboles, a aussi imprimé à chacun de ces dieux un caractère de plus en plus déterminé et personnel. Voilà comment, dans le cortége du Héros divin Dionysus, Silène devient le paisible et bienveillant Génie qui se distingue seulement par sa danse silencieuse de ses bruyants compagnons. Pan lui-même n'est plus qu'un Génie, et, comme Silène, un prophète[4]; la différence, c'est qu'il est loin d'être toujours

---

[1] Schol. Sophocl. Aj., v. 707.

[2] Pausan. VIII, Arcadic., 54 *fin.*; Ptolem. Hephæst., *ubi supra.*

[3] Maneth. ap. Syncell., p. 54, coll. Diodor. I, 61, Apollodor. III, 5, 1.

[4] Euseb. Præp. Ev. III, 14. Le manteau de philosophe est également affecté aux deux Démons sur les monuments (Winckelm. Descript. des p. grav. de Stosch., p. 237).

un génie pacifique et bienfaisant. Souvent c'est un redoutable Démon, dont l'apparition est si funeste que les bergers n'ont garde de jouer de la flûte à l'heure de midi, à l'heure sacrée du sommeil de Pan[1]. Sans doute les bruits nocturnes qui se faisaient tout d'un coup au sein des forêts, les météores et d'autres menaçants phénomènes ; toutes ces terreurs de la nature, redoublées par les voix invisibles d'Écho, donnèrent lieu à bien des traditions de ce genre. Mais Pan n'en plane pas moins au-dessus de ces causes secondaires, comme le dominateur des sphères, comme celui qui préside aux influences souvent malignes et si soudainement mortelles des planètes, à toute cette magie des étoiles, objet de la foi du monde ancien, enfin à toutes les subites révolutions des choses naturelles ou humaines.

Quand on voit quels riches et divers points de vue embrasse ce grand symbole de Pan, on ne peut plus s'étonner que les mythes populaires et les théories des savants l'aient divisé, en multipliant les êtres de ce nom. Ainsi l'on distingue deux Pans principaux : l'un, dieu d'un ordre élevé, dieu prophète, qu'Hermès eut de l'Oréade Sosa ; l'autre, dieu rustique et chasseur, qu'il eut de Pénélope[2]. L'on parle aussi d'un Pan, père de douze autres Pans dont se composerait sa famille. Cicéron[3], à côté des Satyres, nomme les *Panisques* ou les petits Pans, comme

---

[1] Theocrit. I, 15 sqq., coll. Oracul. ap. Porphyr. in Euseb. Præp. Ev. III, 6.

[2] *V.* les indications de la note 1, page 165 *ci-dessus*.

[3] De N. D. III, 17, *ibi* Creuzer, p. 558.

on en remarque sur les monuments de l'art. Le même auteur[1] qualifie le Pan, né de Pénélope, de fils du troisième Hermès, fils du troisième Jupiter. Ce sont là, en partie, des explications scientifiques du rang que Pan tenait dans la théologie égyptienne; des fonctions et des attributs, supérieurs ou inférieurs, que lui reconnaissait la mythologie vulgaire, fondée sur une antique tradition. Il faut ranger dans la même catégorie le théorème suivant, qui considère le dieu sous son aspect le plus élevé : « Pan est fils de Cronos et de Rhéa, c'est-à-dire que le Tout, l'Univers, procède de l'intelligence et de la matière infinie, qui est dans un écoulement perpétuel[2]; » et cette autre interprétation où Pan, symbole du monde, est envisagé comme un tout corporel : « Ses cornes sont les rayons du soleil et les pointes du croissant de la lune; sa face est rouge comme le feu céleste; la nébride qui couvre ses épaules est le firmament parsemé d'étoiles; ses membres inférieurs, qui tiennent de l'animal, désignent les arbres, les broussailles et les bêtes sauvages dont les forêts sont remplies[3]. » Assurément, dans ces définitions philosophiques de Pan et dans d'autres que nous avons déjà vues ou que nous nous contenterons d'indiquer [4], le choix et l'arrangement des images peuvent être plus ou

---

[1] *Ibid.*, cap. 22, coll. Plutarch. de Oracul. def., p. 715 sq. Wytt.
[2] J. Lyd. de Mens., p. 118 Schow., p. 274 Rœther.
[3] Schol. Theocrit. I, 3; Serv. ad Virgil. Ecl. II, 31, X, 27; Sil. Ital. XIII, 332; Macrob. Sat. I, 22.
[4] Par exemple, chez Porphyr. ap. Euseb. Præp. Ev. VI, p. 114; Albric. philos., cap. 9, p. 914 Mythogr. lat. ed. Stav.; Cornut., c. 27; Isidor. Orig. VIII, 20.

moins arbitraires; mais qui douterait qu'elles ne reposent sur un fond symbolique réellement ancien?

Même dans la foi et le culte populaires des Grecs, comme nous en avons déjà trouvé plus d'un exemple, le sens profond de l'antique doctrine sacerdotale ne s'effaça point entièrement. Pour nous en convaincre, jetons en finissant un coup d'œil sur le Pan de la Grèce, principalement en Arcadie, contrée où le dieu était indigène de nom et de fait[1]. Les nombreuses montagnes de ce pays, le Lycée, le Ménale, le Parrhasius, le Parthénius, étaient pour lui autant de demeures, desquelles il recevait autant d'épithètes particulières, outre son surnom général d'*Arcadien*. Les médailles de l'Arcadie, chose singulière, nous présentent son image sous des traits presque complétement humains. Elles nous offrent la tête de Jupiter, et au revers la figure de Pan avec deux petites cornes sur le front, mais sans pieds de chèvre et sans barbe; tout près est le pedum ou bien la flûte à sept tuyaux[2]. Tel nous le montre encore, avec une petite corne au front seulement, une médaille sicilienne de Messana[3]. Sur les autres monuments, Pan apparaît d'ordinaire tel qu'Hérodote le connaissait déjà en Grèce, avec la tête et les pieds du bouc[4].

Il est évident que les tribus pastorales de la Grèce con-

[1] Ἐπιχώριος.
[2] Pellerin, Recueil, t. I, pl. 21. — *Cf.* notre planche CXVII, 498.
(J. D. G.)
[3] *V.* planche CXXIX, 498 *a*, avec l'explication.
[4] *V.*, par exemple, Museum Florentin., tom. I, tab. 86; — nos planches indiquées dans la note 3, p. 137 *ci-dessus;* et, de plus, plan-

nurent Pan avant tout comme le dieu pasteur, comme le protecteur patriarcal de la famille et des troupeaux[1]. L'Arcadie surtout, bassin de montagnes, coupé d'une multitude de cours d'eau sans issue, rempli de grottes, d'un climat humide, d'un sol riche en pâturages, rend compte du caractère local qui fut donné à ce dieu et à son culte public. C'est là qu'il avait son siége de prédilection à côté de Jupiter *Lycœus*[2]; là qu'il avait été élevé par les Nymphes des lacs et des sources[3]; là qu'il était honoré ou maltraité par ses grossiers adorateurs, selon le succès de leur chasse[4]; là qu'il avait reçu l'épithète de *Nomios* ou dieu des pâturages; là qu'il trouva sur ses pipeaux rustiques les premières chansons pastorales; là qu'il les faisait entendre quelquefois[5]. En Attique aussi l'on montrait la grotte de Pan, où se voyaient des pierres ressemblant à un troupeau de chèvres[6]. Il semble que sous ces fables locales, sous ce travestissement populaire, se soit

ches CLXIII, 623, CLXXXI, 665, CLXXXIII, 451, coll. CXIII, 502, CXVII, 499. (J. D. G.)

[1] Ces idées sont réunies dans le nom de πάων (*pastor*), venant de πάω (*pasco*). *V.* Lennep. Etym. l. gr., p. 544 coll. 552.

[2] *Cf.* liv. VI, ch. I, art. I, surtout p. 534, t. II.

[3] Entre autres par *Sinoé*, sa nourrice (Pausan. VIII, Arcad., 30).

[4] Schol. Theocrit. VII, 106.

[5] Pausan. VIII, 38 et 36.

[6] Près de Marathon (Paus. I, Attic., 32 *fin.*). — Il y avait, en outre, à Athènes, un peu au-dessous des propylées de la citadelle, une grotte sacrée de Pan (Pausan. I, 28), que l'on voit représentée avec Pan au-dessus, tenant la syrinx et un rhyton, et au-devant Cécrops et ses filles recevant un sacrifice, sur un bas-relief du museum Worsleyanum, I, 9. *Cf.* le bas-relief analogue dans Stuart, Antiq. d'Ath. IV, 6, 5, et O. Müller, *Archæol.*, p. 521. (J. D. G.)

entièrement effacé le chef sublime de l'armée des cieux, qui, de son souffle puissant, anime et meut les sphères, dont il conduit les chœurs; qui, les yeux fixés sur Sirius ou Hermès-Anubis, son père, dirige les évolutions annuelles des planètes. Il semble que soit tout-à-fait oublié le grand Esmoun, le feu central, qui, des profondeurs du ciel et de la terre, s'était de tout temps révélé aux Égyptiens et aux Phéniciens.

Et pourtant il n'est ni oublié ni effacé; les Arcadiens reconnaissaient encore, à leur manière, dans le dieu Pan, le feu éternel de l'éther[1]. Dans un temple de leur pays, ce dieu était adoré comme le plus puissant de tous, comme celui qui comble les vœux des mortels et punit les méchants d'après leurs mérites. Auprès de sa statue brûlait un feu éternel. On disait qu'aux temps anciens il avait rendu des oracles, et qu'il avait eu pour prêtresse la nymphe Érato, mariée à Arcas, fils de Callisto, de cette déesse de l'Ourse dont la constellation fixée au pôle nord ne disparaît jamais aux regards[2]. A Olympie également se voyait, à l'entrée du Prytanée, siége ordinaire de Vesta, l'autel de Pan, sur lequel le feu brûlait nuit et jour[3]. Et ici la source étrangère est constatée; car il s'agit d'un culte des Éléens, lesquels, selon le témoignage de Pausa-

[1] *V.* le récit de Pausanias, VIII, Arcadic., 37.
[2] Iliad. XVIII, 487 sqq. — L'on a vu plus haut qu'Épiménide de Crète faisait Pan lui-même fils de Jupiter et de Callisto.
[3] Pausan. V, Eliac. (I), cap. 15. *Cf.* liv. VI, ch. VII, 697, t. II. — Suivant le texte de Pausanias, l'autel de Pan était dans le Prytanée même, à droite de l'entrée; mais ce n'est point sur cet autel, c'est sur le foyer sacré (ἑστία) que brûlait incessamment le feu. (J. D. G.)

nias[1], n'adoraient pas seulement les dieux grecs, mais rendaient encore des honneurs aux dieux de la Libye, à Junon *Ammonia* (épouse d'Ammon) et à Hermès appelé *Parammon*. C'est de cet Hermès de la Libye ou de la Thébaïde que Pan était fils, et c'est en cette qualité qu'il avait pour symbole le feu éternel, et qu'il prenait place auprès de Vesta, déesse elle-même de ce feu éternel. Comme Vesta, pour nous servir de l'expression de Platon, Pan reste dans la demeure des dieux, au point culminant du ciel et au point central de la terre; il appartient à la région supérieure et à l'inférieure, à l'un et à l'autre hémisphère.

Les Athéniens aussi connaissaient Pan comme le dieu du feu et comme une flamme salutaire qui leur était apparue à l'heure du besoin. On sait quels services il leur rendit à la bataille de Marathon, et comment ils reconnurent ces services. Ils lui consacrèrent un sanctuaire, et ils instituèrent en son honneur des sacrifices annuels et une course au flambeau[2]. Cette fête du flambeau était commune à Pan et à Prométhée, qui tous deux apportent le feu céleste sur la terre[3]. Ce rapprochement suffirait à montrer que la cérémonie dont il s'agit faisait allusion à la vie et à la mort, et à cette sublime étincelle qui brûle dans l'homme[4]. De là encore le *Lucidus Pan*, ainsi nommé dans les inscriptions[5]; et, sur les médailles, le

[1] Même chapitre, un peu plus loin.
[2] Herodot. VI, 105.
[3] Phot. Lexic. *v.* λαμπάς.
[4] Lucret. II, 78, *ibi* Creech.
[5] Reines. Syntagm., p. 173.

flambeau qu'il tient lui-même[1]. Il est hors de doute que le ciel étoilé et le dieu du soleil sont ici en jeu, ainsi que le démontre encore un bronze antique du cabinet de Stosch. On y voit Pan devant un autel sur lequel brûle le feu, et jouant de sa flûte champêtre. Au-dessus de l'autel brille une étoile. Un bouc appuie ses pieds de devant sur cet autel. Le tout est environné des douze signes du zodiaque[2].

Pan, comme on le pense bien, dut être mis en rapport avec les mystères. Indépendamment de son épithète de *Kerastes*[3], qui, par l'une ou l'autre de ses significations, indique le démiurge; sur les médailles, à côté de la tête cornue du dieu, se remarque la ciste mystique[4]. On la voit également, ainsi que le serpent non moins expressif, sur un bas-relief en marbre pentélique, qui montre le masque de Pan en face de celui de Jupiter-Ammon, tous deux avec la bandelette sacrée; à côté un Hermès ithyphallique ou un Priape, et un Panisque chargé de liens; en bas, Jupiter allaité par la chèvre Amalthée[5]. Les bonnets des Dioscures, qui paraissent sur certaines médailles à côté de la tête de Pan[6],

[1] *Cf.* Larcher sur Herodot. *l. l.*, t. IV, p. 450.
[2] Winckelmann, Pierres gravées de Stosch, p. 204, n° 1232. — *Cf.* notre planche LI, 194, et l'explication.
[3] Κεράστης, de κέρας, corne, ou κεραστής, de κεράω, κεράννυμι, mêler, mélanger. Orph. Hymn. XI (10), v. 12, coll. fragm. XXVIII, 13, *ibi* Gesner, p. 487 ed. Hermann.
[4] Pellerin, Recueil, t. I, p. 134.
[5] Musée Napoléon, t. II, n° 29.
[6] Pellerin, Recueil, tom. I, pl. 37.

prouvent encore, aussi bien que les représentations des vases[1], que jamais en Grèce l'on ne cessa tout-à-fait de rendre hommage au grand dieu égyptien de la nature, et de reconnaître en lui le souverain de la sphère supérieure comme de l'inférieure, le maître de la vie et de la mort.

Pan, même après la bataille de Marathon, continua de jouer un rôle dans l'histoire. Quand les farouches Gaulois firent invasion dans la Macédoine, sous Antigone Ier Gonatas, le dieu ne refusa point son appui aux Macédoniens qui, dès longtemps, avaient foi en lui, à en juger par certaines légendes[2]. Les ennemis furent dissipés par une terreur panique[3]. Ce culte antique rendu à Pan explique les cornes de bouc que les rois de Macédoine portaient sur leurs casques, et qu'il ne faut pas confondre avec les cornes d'Ammon, dont leurs tempes sont ornées.

VIII. Origine du culte des Muses, et leurs rapports primitifs avec les religions orphiques et bachiques de la Thrace, avec Dionysus, Pan, Hermès et Maïa; idée fondamentale, double source, terrestre et sidérique, du mythe des Muses, et ses développements divers aux différentes époques et dans les différents pays de la Grèce.

Les Muses appartiennent, en général, au cycle des religions orphiques et bachiques, et leur culte, originaire de

---

[1] Pan y joue son rôle dans des sujets mystiques et s'y trouve rapproché de la ciste sacrée, de même que, sur les bas-reliefs des Bacchanales, il la découvre d'un coup de son pied de chèvre, ce que font aussi quelquefois les Satyres. *V.*, par exemple, nos planches CXXIV, 474, CXXV, 475. (J. D. G.)

[2] *Cf.* l'Introduction, page 59, tome Ier.

[3] Pausan. X, Phocic., 23.

CH. II. RELIGION DE BACCHUS. 185

la Thrace et de la Macédoine, semble être sorti du sein des antiques écoles sacerdotales d'Apollon et de Bacchus, qui fleurirent dans ces contrées. Nous avons vu plus haut un Dionysus *Chantant*, rapproché d'Apollon, et, comme lui, en rapport avec les Muses[1]. Pan, d'un autre côté, eut d'Euphémé, la nourrice des Muses, ce fils chasseur nommé *Crotos*, c'est-à-dire *son* ou *claquement*, qui imagina de soutenir le chant des déesses en battant la mesure, et fut, dit-on, pour ce service rendu à la musique, placé au rang des astres, en qualité de Sagittaire[2]. Quelque récente que puisse être cette interprétation de la constellation ainsi appelée, elle ne s'en rattache pas moins, par l'esprit qui la dicta, à la théorie ancienne qui donnait les faits musicaux pour expression aux faits astronomiques, et mettait les grands dieux du ciel étoilé, Pan, Jupiter et d'autres, en relation avec les inventions musicales.

Un phénomène historique remarquable, c'est encore le culte commun qui rapprochait, en Arcadie même, Hermès d'Apollon et des Muses. Pausanias vit à Mégalopolis les ruines d'un temple qui leur était dédié collecti-

---

[1] *Cf.* l'art. VI, p. 146, *ci-dessus*. Bacchus avait, aussi bien qu'Apollon, l'épithète de *Musagète* (Μουσαγέτης) ou *guide des Muses*, et on le voit, sur les monuments, en compagnie de ces déesses. *Cf.* Diodor. I, 18, IV, 4 ; Eustath. ad Odyss. XVII, p. 1816 ; Ovid. Fast. V, 79 ; Moser ad Nonn., p. 212 ; — et nos planches CIX, 444, CXXV, 475, avec l'explication.

[2] Sositheus ap. Eratosth. Caster. 28, coll. Hygin. Poet. Astron. II, 27, p. 479 Stav., et Caesii coelum astronomico-poet., p. 84-89. Le Sagittaire est ordinairement regardé comme un Centaure.

vement[1], et l'on veut retrouver, sur des monuments subsistants, les traces de l'alliance d'Hermès et des Muses[2]. Mais il est une autre voie par laquelle nous découvrirons plus sûrement le secret de cette alliance et l'idée fondamentale de nos déesses. La mère d'Hermès est, comme l'on sait[3], Maïa, fille d'Atlas, qui porte les colonnes du ciel, et de Pléioné, fille de l'Océan; elle-même elle est la plus ancienne des sept Pléiades, et elle tient, on le voit, par sa généalogie, d'une part à la région des astres, de l'autre à celle des eaux, de même qu'Hermès, son fils, tient tout ensemble à l'empyrée et aux profondeurs de la terre. Or, le nom de *Maïa*, si nous consultons l'étymologie, veut dire la *mère*, l'*accoucheuse*, la *chercheuse*, venant de la racine $\mu\acute{\alpha}\omega$, *je cherche* ou *recherche*, identique à $\mu\alpha\acute{\iota}\omega$, d'où $M\alpha\tilde{\iota}\alpha$. Ces deux verbes, de même que $\mu\acute{o}\omega$, expriment l'idée de la méditation, de la recherche calme et profonde, puis l'idée parallèle de l'opération, de la formation silencieuse, dans le sein de la mère comme dans le secret de la pensée. Maïa, la mère d'Hermès, c'est celle qui cherche et celle qui trouve à la fois, et ce qu'elle trouve, c'est sa création, c'est Hermès, son fils[4]. Le nom de *Muse* n'a pas d'autre sens ni d'autre origine que celui de *Maïa*, et déjà les anciens les ont rapprochés comme ayant la même étymologie et exprimant les mêmes

[1] VIII, Arcadic., 32.
[2] Museum Florentin., tom. I, p. 143.
[3] *V.* Hesiod. Theog. 938 sqq., 517, coll. Hom. Odyss. I, 52 sq.; Apollodor. III, 10, 1.
[4] *V.* Eustath. ad Odyss. XIV, 435 et 482, p. 552. *Cf.* nos livres V et VI, p. 444 et 678, tom. II.

idées [1]. Μοῦσα, en effet, suivant l'assertion de Platon dans le Cratyle [2], vient de μῶσθαι, *chercher*, et les Doriens et les Éoliens, qui prononçaient μῶσα, avaient fidèlement conservé la trace de cette dérivation. Aussi Maïa elle-même peut-elle être appelée Muse. Issue par son père de l'Éther [3], par sa mère de l'Océan, menant à sa suite le chœur des Pléiades, et, du sein des nuages, annonçant la pluie avec elles, avec elles donnant des présages aux navigateurs, Maïa, qui, de concert encore avec ses sœurs, nourrit et éleva Dionysus, le taureau solaire et le dieu taureau de l'humide abîme, est une Nymphe, et ses sœurs aussi; et toutes les Nymphes, comme les sept Pléiades, sont primitivement des Muses. Non-seulement chez les Lydiens, mais même chez les anciens Grecs [4], les Nymphes portaient encore le nom de Muses, spécialement comme gardiennes des sources prophétiques et inspiratrices [5]. De là ces fameuses sources des Muses, où l'on venait chercher l'inspiration de la poésie et du chant, Hippocrène, Aganippé et d'autres. De là, par une concep-

---

[1] Etymol. M., p. 534 ed. Lips. Ils y rapportent aussi le nom de μήτηρ, *mère*. Eustath. ad Odyss. XIX, 482, p. 708.

[2] Pag. 406 Steph., p. 50 Bekker. *Cf.* Hemsterh. in Lennep. Etym. l. gr., p. 421, 434; Cornut. de N. D., cap. 14; interpret. ad Xenoph. Memorab. II, 1, 20, ex Epicharm.; Wesseling. ad Diodor. IV, 7; Toup. in Suid. II, p. 303 ed. Lips.; Procl. ad Cratyl., p. 109 Boissonad.

[3] *Cf.* Serv. ad Virgil. Æn. IV, 247.

[4] *V.* Creuzer. fragm. Historic. Græcor. antiquiss., pag. 156; Schol. Theocrit. V, 49, VII, 92; Hesych. et Suid. *v.* Νύμφαι.

[5] Voss *zu Virg. Eclog.* VII, p. 21 sqq., et les passages qui y sont cités ou traduits. *Cf.* ce qui a été dit ailleurs (liv. III, ch. VIII, p. 492 sq., tom. I) des sept Muses d'Épicharme, en rapport avec les eaux.

tion analogue de la mythologie italique, Anna Perenna habitant le fleuve Numicius, prodiguant au peuple romain son assistance et ses conseils [1], et la nymphe Égérie donnant les siens au roi Numa. Il est même question du commerce de Numa avec les Muses, notamment avec l'une d'elles, appelée *Tacita*, la silencieuse [2]. Mais les Romains avaient aussi leur Maïa. Quoiqu'elle fût pour eux la terre-mère, et qu'en cette qualité ils célébrassent le 1er mai sa fête annuelle [3], ils ne s'en formaient pas moins d'elle des idées analogues, attribuant à la terre aussi bien qu'aux eaux des forces intelligentes et une vertu prophétique. C'est là la notion fondamentale des Muses et ce qui faisait d'elles des êtres tout-à-fait généraux dans l'antique religion de la nature. Elles appartenaient à la fois au ciel et à la terre, et chaque contrée de la Grèce qui avait ses astrologues et ses devins, ses grottes et ses sources mystérieuses, avait aussi par cela même ses Muses, c'est-à-dire ses Nymphes inspirées et douées de la puissance du chant. L'Arcadie surtout, pays de montagnes et d'eaux, où Pan, le dieu ami des grottes, le dieu prophète, et l'Hermès terrestre, son père, étaient indigènes, se considérait justement comme la patrie des Muses et de leur nourrice.

Nous allons voir maintenant ces dieux arcadiens former avec les Muses une nouvelle alliance par le moyen de la lyre à sept cordes, dont Hermès fut, dit-on, l'inven-

---

[1] *Cf.* liv. V, sect. II, ch. V, p. 501 sq., tom. II.
[2] Plutarch. Numa, cap. 13, et tom. II, p. 445.
[3] J. Lydus de Mens., p. 104 Schow., p. 244 Rœther, coll. tom. II, p. 504, n. 6.

CH. II. RELIGION DE BACCHUS. 189

teur[1], comme Pan celui de la flûte à sept tuyaux, son prototype. Cette lyre fut faite de l'écaille d'une tortue, sur laquelle le dieu industrieux tendit les nerfs des bœufs qu'il avait volés à Apollon[2]. L'Arcadie était renommée pour ses tortues, et l'on en voyait d'une grandeur extraordinaire dans ses forêts, sur ses montagnes[3]. Mais déjà en Égypte, assure-t-on, Hermès avait inventé la lyre, et l'avait formée également d'une écaille de tortue qu'il avait trouvée sur les bords du Nil[4]. Quoi qu'il en soit, le dieu donna à cet instrument sept cordes, d'après le nombre des planètes[5], et il en fit par conséquent, comme Pan de sa flûte pastorale, un symbole planétaire ou l'emblème des sept sphères. Suivant Ératosthène et Hygin[6], dans les sept cordes il aurait eu en vue les sept Pléiades, dont la plus ancienne était Maïa, sa mère. Du reste, on sait comment Apollon reçut d'Hermès la lyre, et comment il en gratifia Orphée, le fils de Calliope. Celui-ci lui donna neuf cordes, d'après le nombre des Muses, et après sa mort tragique elle fut mise au rang des constellations sur

[1] C'est ce qu'atteste déjà l'hymne homérique à Mercure, v. 51. *Cf.* Euripid. Alcest., v. 446.
[2] Eratosthen. Cataster., cap. 24.
[3] Notamment sur le Chélydoréa (χέλυς, tortue) et sur le Parthénion. *V.* Pausan. VIII, Arcad., 17, 23 et 54 *fin*.
[4] Euseb. Præpar. Evang. II, p. 29. — Mêmes récits, mêmes conceptions dans l'Inde, où Naréda, si semblable à Hermès, forme aussi avec la tortue le premier vina, où ce vina est aussi le symbole de l'harmonie des sphères. *Voy.* tom. Ier, p. 261, 263, coll. 245, 225, et les rapprochements qui y sont indiqués. (J. D. G.)
[5] Schol. Arati Phænom. 296, p. 70 Buhle.
[6] Le premier, *ibid.*; le second, Poet. Astron. II, 7, p. 439.

leur prière[1]. Ce nombre de neuf cordes, quelques variantes qu'offrent les traditions relatives à la lyre d'Orphée[2], nous reporte aux écoles orphiques et à la Thrace; car c'est de là que viennent primitivement les neuf Muses. C'est à Libèthres en Thrace qu'elles ensevelirent Orphée; c'est là aussi que Pythagore fut initié, dit-on, à ses mystères, Pythagore qui, dans sa langue mystérieuse, appelait la Pléiade ou les Pléiades la *lyre des Muses*, par une allusion manifeste aux Muses arcadiennes et à la lyre d'Hermès[3]. Ce philosophe nommait encore les deux Ourses polaires les *chiens de Rhéa*, ce qui nous rappelle l'épithète de *chien de Rhéa*, donnée à Pan, qu'Épiménide, d'un autre côté, faisait fils de Callisto, la grande Ourse d'Arcadie[4]. Ainsi les sept Muses elles-mêmes, avec le Pan arcadien, avec Dionysus, leur chef et le nourrisson des Pléiades ou des Nymphes, identiques à ces Muses[5], paraissent avoir trouvé place dans les écoles

---

[1] Eratosthen. et Hygin.. *ubi supra*.

[2] On sait que cette lyre, d'après d'imposants témoignages, ne comptait que quatre cordes, lesquelles auraient été portées à sept par Terpandre seulement, plus tard à neuf et davantage. *V*. sur ce sujet et sur les rapports cosmiques de la lyre, soit tétrachorde, soit heptachorde, sur l'époque et la valeur de ces rapports, diversement jugées, Spanheim sur les Césars de Julien, pag. 117; Hemsterhuis ad Lucian. II, p. 271 Bip.; et principalement Bode, *Orpheus*, p. 15; Ulrici, *hellen. Dichtkunst*, II, p. 344, 605; Lobeck, *Aglaophamus*, p. 941 sqq.

(C—n et J. D. G.)

[3] *Cf*. art. IV de ce chap., pag. 118 *ci-dessus*; et liv. III, ch. VIII, p. 492, tom. Ier.

[4] Porphyr. Vit. Pythag., p. 42 Kust., coll. art. précéd., p. 167.

[5] *Voy*. notre planche CXXVII, 463, avec l'explication. (J. D. G.)

orphiques, où s'opéra la fusion des cultes d'Apollon et de Bacchus. Toutefois, dans le système religieux dominant, le nombre de neuf Muses l'emporta sur celui de sept, soit en Thrace, soit en Béotie, contrée qui devint pour les Muses une seconde patrie, comme Apollon devint par excellence le dieu *Musagète*, c'est-à-dire chef ou guide des Muses[1]. Suivant Plutarque[2], ce nombre ne prévalut qu'à l'époque relativement récente d'Hésiode. Selon Pausanias[3], ce fut Piérus qui transporta les neuf Muses de Macédoine à Thespies en Béotie.

Dans les considérations qui précèdent, nous croyons avoir expliqué d'une manière satisfaisante les causes naturelles, et, pour ainsi dire, les racines du mythe des Muses. Il en résulte que la source de ce mythe fut cette religion de la nature qui porta les Grecs, peuple d'une imagination si active, à attribuer à l'eau et aux sources chargées des vapeurs de la terre une vertu inspiratrice. Bientôt, à cette notion première furent rattachées par eux certaines connaissances astronomiques sur les planètes, les Pléiades et quelques étoiles de première grandeur, telles que la Lyre, connaissances que la tradition symbolique de l'Orient avait de bonne heure présentées sous des emblèmes musicaux[4]. De là vient que chaque

[1] Μουσηγέτης. *Cf.* Wesseling ad Diodor. I, 18.
[2] Sympos. IX, 14, § 3, p. 1077 Wyttenb.
[3] IX, Bœot., 29 sq.
[4] Divers points de la théorie de notre auteur sur les Muses, et particulièrement ce dernier, ont donné lieu à des difficultés ou à des objections qui seront rapportées et examinées dans la note 15 sur ce livre, fin du volume. (J. D. G.)

province de la Grèce eut ses Muses, en nombre différent et d'une différente origine. Mais la Thrace en particulier avec ses astrologues et ses prêtres, Delphes avec ses exhalaisons terrestres et son oracle d'Apollon, l'Hélicon avec ses forêts, ses grottes et ses sources, durent être et furent les foyers principaux du culte des Muses, surtout cette dernière contrée, où, du reste, paraît s'être établie très anciennement une colonie de chantres orphiques, originaires de la Thrace.

Pausanias, dans un passage capital de sa description de la Béotie [1], donne le culte des Muses en ce pays comme datant d'une époque très reculée. Les Aloïdes, Otus et Éphialtès, de l'antique cité d'Orchomène [2], auraient bâti la ville d'Ascra, et les premiers sacrifié aux Muses sur l'Hélicon, Muses primitives, au nombre de trois, appelées *Mélété*, *Mnémé* et *Aœdé* (l'Étude ou l'Exercice, la Mémoire et le Chant [3]). D'autres traditions parlent de deux, de quatre, de sept et de huit Muses [4]. Cicéron en nomme

---

[1] Celui qui vient d'être cité, chap. 29.

[2] Sur ces géants du monde primitif de la Grèce, voy. liv. V, sect. II, ch. III, p. 332 sq., tom. II.

[3] Μελέτη, Μνήμη, Ἀοιδή. Suivant toute apparence, elles sont distinctes des Muses d'Eumélus de Corinthe, également au nombre de trois, filles d'Apollon (ce qui déjà peut les faire considérer comme plus récentes), et portant les noms de *Cephiso*, *Apollonis* et *Borysthenis*, noms qui se rapprochent naturellement de ceux de trois ou quatre des sept Muses d'Épicharme, *Nilo*, *Tritoé*, *Asopo*, *Acheloïs*, comme ayant trait aux eaux.

[4] Sur les nombres divers des Muses, leurs noms, etc., et sur les différents points touchés ici, il faut voir les témoignages dans Tzetzes ad Hesiod. Op. et D., p. 24 sqq. ed. Gaisf. Lips., coll. Cic. de N. D. III,

CH. II. RELIGION DE BACCHUS. 193

quatre, *Thelxinoé*, *Aœdé*, *Arché* et *Mélété*, qu'il présente aussi comme les premières Muses et les filles du deuxième Jupiter[1]. Viennent ensuite, selon lui, les secondes Muses, filles du troisième Jupiter et de Mnémosyne; puis les troisièmes, en même nombre et de mêmes noms, filles de Piérus et d'Antiopa[2]. Parmi les différentes généalogies des Muses, les plus remarquables sont celles que rapportent les poètes Alcman et Mimnerme. Le premier[3] disait les Muses filles d'Uranus et de Gæa, c'est-à-dire du Ciel et de la Terre; le second[4] donnait aux Muses les plus anciennes la même généalogie, mais faisait naître les plus jeunes de Jupiter. En effet, les neuf Muses du culte populaire sont généralement connues comme filles de Jupiter et de Mnémosyne[5], appelée encore *Mnémé*

---

ibi interpret. p. 591 sqq. Creuzer., et interpret. ad Hygin. p. 13 Staver.; et les développements de la note 15 sur ce livre, à la fin du vol., où sont extraites deux dissertations remarquables de Petersen et de Hermann.   (C-n et J. D. G.)

[1] Passage cité, avec la note de Creuzer. — Dans ce passage, que l'on a des raisons de croire altéré, M. Creuzer soupçonne qu'il faut rétablir le nom de *Néda*, Nymphe de l'Arcadie ou de la Messénie et de la rivière de même nom, à la fois nourrice de Jupiter (Pausan. IV, 33, coll. VIII, 47, et Callimach. in Jov., v. 33) et mère de ces premières Muses. D'autres, à sa place, donnent *Plusia*, qui est toujours une Nymphe, conformément à l'idée fondamentale des Muses. *Cf.* la note citée, fin du vol.   (J. D. G.)

[2] Selon Épicharme (ap. Tzetz. *l. l.*), Piérus aurait eu de la nymphe Pimpléis les sept Muses dont il a été question plus haut. *Cf.* not. ad Cic. de N. D., p. 593 ed. Creuz.   (J. D. G.)

[3] Ap. Diodor. IV, 7. *Cf.* Welcker, Alcm. fragm., p. 24.

[4] Ap. Pausan. IX, 29, coll. Schol. Apollon. III, 3.

[5] Hesiod. Theogon., v. 53 sqq. — Sur les Muses d'Homère et d'Hé-

(d'où les Muses *Mnémonides*, filles de Mémoire) et *Monéta*, ce qui veut dire la même chose[1]. Quant aux noms de ces Muses, qui prévalurent sur les autres, ce sont, comme on sait, *Clio, Euterpe, Thalie, Melpomène, Terpsichore, Érato, Polymnie, Uranie* et *Calliope*[2].

Les neuf Muses avaient pour demeures les monts célèbres d'Olympe et de Pimpla en Macédoine; du Pinde en Macédoine, en Thessalie, en Épire; du Parnasse en Phocide avec la fontaine Castalie et l'autre Corycien; de l'Hélicon en Béotie, avec les autres sources inspiratrices Hippocrène et Aganippé. En Béotie également se retrouvaient et la fontaine non moins merveilleuse de Libèthre ou Libèthres, et les Nymphes-Muses *Libéthrides*. On peut voir, dans la description de cette contrée par Pausanias[3], toutes les autres merveilles qu'offraient l'Hélicon et le bois sacré des Muses. Ces déesses étaient considérées comme vierges, quoique la plupart d'entre elles eussent été mères[4]. Ainsi Orphée passait pour fils de Calliope; Linus, de la même Muse ou bien d'Uranie; Hyacinthe, de Clio; Rhésus, de Terpsichore; les Sirènes pour

siode, *voy.* Heyne, Opusc. acad. II, pag. 310, et la note indiquée, fin du vol.

[1] *Cf.* sur *Monéta*, la même encore que *Juno-Fluonia*, liv. VI, ch. II, p. 623, coll. 610, 615, tom. II.

[2] *V.*, sur la valeur et la signification de ces noms, Muncker et Staveren ad Fulgent. cap. 14, p. 641 sqq.

[3] IX, 29 sqq.

[4] Λειπαρθένοι. *Cf.* Hemsterh. ad Lucian. Dial. Deor. XIX, 2, tom. II, p. 300 Bip.; et pour ce qui suit, Apollodor. I, 3, 2, *ibi* Heyn., p. 13; Valcken. ad Callim. Eleg. fragm., p. 183; Hesiod. fragm., pag. 430 Lœsner, p. 174 Gaisf.

filles d'Érato. Quant aux attributions des Muses, il faut distinguer celles que leur donnent Homère et les plus anciens poètes de celles qu'elles ont chez les poètes d'un temps postérieur. Dans l'Iliade elles habitent sur l'Olympe, en compagnie des Grâces et d'Himéros, et elles égaient de leur chant le banquet des dieux, sous la conduite d'Apollon[1]. Dans l'Odyssée[2], elles chantent des lamentations sur la mort d'Achille. Plus tard on les voit prendre des attributions plus déterminées, et finir par se partager le domaine entier des sciences et des arts[3]. Quelques traits de leur histoire mythique, outre ceux que nous avons pu citer déjà, sont : leur lutte avec le chantre Thamyris, qu'elles privèrent de la vue[4], et cette autre lutte avec les Sirènes qu'elles vainquirent au combat du chant. Les Sirènes, au nom desquelles se rattache l'idée d'entraînement, de séduction, étaient filles de Phorcus ou bien de la Terre[5]. On connaît la description que fait Homère de ces êtres merveilleux[6]; et quant aux idées orientales, orphiques et platoniques sur les Sirènes, on peut

[1] Il. I, 603, coll. Hesiod. Theog., 64, et la description du coffre de Cypsélus, dans Pausan. V, 18.

[2] XXIV, 60.

[3] Anthol. gr., tom. III, p. 214, 220 sq. Jacobs.; Auson. Idyll. XX.

[4] Iliad. II, 594 sqq.; Euripid. Rhes., 915 sqq., coll. Apollodor. II, 3, 3, Pausan. IV, 33.

[5] Sophocl. ap. Plutarch. Sympos. IX, 14, 6, p. 1082 Wytt.; Euripid. Helen., 167. Les Sirènes que l'on voyait sur la main d'une ancienne statue de Junon passaient pour filles de l'Achéloüs, selon Pausan. IX, 34.

[6] Odyss. XII, 37 sqq., *ibi* Eustath. et Schol. *Cf*. liv. V, sect. II, p. 443, tom. II.

consulter nos Commentaires sur Hérodote[1]. Les Muses aussi furent l'objet de diverses spéculations mystiques ou philosophiques, à commencer par celles des sectateurs d'Orphée[2]. Leur nombre de neuf surtout y donna lieu, étant considéré comme le plus parfait des nombres, en tant que produit de la triade, ou bien à cause des huit sphères célestes et d'une neuvième, la plus grande, composée de toutes les autres[3]. De très anciens philosophes, tels qu'Anaximandre, Xénophane et autres, envisageant les Muses qui, avec Apollon à leur tête, forment le nombre dix, sous un point de vue physiologique, y retrouvèrent les dix organes qui concourent à la voix humaine[4]. Enfin, comme nous l'avons déjà indiqué, les neuf Muses finirent par constituer une sorte d'encyclopédie[5].

[1] I, p. 347 sqq. *Cf.* liv. III, ch. VIII, p. 489, tom. Ier. *Voy.* encore Apollon. IV, 891; Heyne ad Apollodor., p. 15, 47, 85. Sur la naissance des Sirènes, Winckelmann, *Monum. ined.*, p. 41, sur le n° 46; Spanheim. de usu et praest. num. V, 3. Sur leur nombre, leurs noms et leur querelle avec les Muses, Pausan. *l. c.*; Hygin. Fab., p. 13, *ibi* interpret.; Antonin. Liberal. fab. 9, *ibi* Verheyk. Quant à leur signification symbolique sur les tombeaux, Diodor. Sic. XVII, 115, avec les éclaircissements de Sainte-Croix, Exam. crit. des hist. d'Alex., p. 468-472. — Pour les représentations figurées, rapprochez nos pl. LXXXII, 298, CXXXVIII, 527, CXLII, 528, CCXXXIX, 850, avec l'explication, qui donnera au texte un nouveau complément. (J. D. G.)

[2] *V.* Hymn. Orph. LXXVI (75).

[3] Plutarch. Sympos. IX, 14, p. 1077 et 1082 Wytt.; Varro ap. Augustin. de Civ. D. II, 17; Cornut. de N. D., cap. 14; Macrob. in Somn. Scip. II, 3, *init.*

[4] Ap. Fulgent. Mythol., cap. 14. p. 640 Staver.

[5] Fulgent. *ibid. Cf.* Tzetzes ad Hesiod., p. 26 sqq. Gaisf.; Hermias ad Plat. Phaedr., p. 201 ed. Ast.

CH. II. RELIGION DE BACCHUS. 197

Un mot maintenant sur les représentations figurées des Muses. On les voit ailées, mais non pas toujours [1], et avec des plumes sur la tête [2], en mémoire de leur triomphe sur les Sirènes, qu'elles plumèrent, ou bien à cause de l'élévation de leurs pensées [3]. De même, le cheval ailé des Muses, Pégase, exprimait le sublime essor de l'esprit vers les régions célestes [4]. Les Muses étaient couronnées de feuilles de palmier, et jamais elles ne furent représentées la poitrine découverte [5]. Souvent on les trouve avec des attributs bachiques, compagnes fidèles qu'elles sont de Dionysus [6]. On vantait surtout dans l'antiquité les trois Muses de trois des plus anciens artistes grecs, Canachus, Aristoclès et Agéladas [7]. Parmi les monuments qui sont

---

[1] Winckelm. *Monum.* I, 2 sq., 1; Voss, *Mythol. Brief.* II, p. 38.

[2] Winckelm. *ibid.*, coll. Mus. Florentin., t. I, p. 143; — et nos planches LXXXIII, 301, CC, 759, avec l'explication. (J. D. G.)

[3] Steph. Byz. v. Ἄπτερα; Eustath. ad Iliad. I, 201.

[4] Sur le Pégase, il faut voir Hesiod. Theog., v. 281; Apollodor. II, 3, 2; et consulter Thorlacii Dissert. de Pegasi, equi cœlestis, mytho græco, etc., Havniæ, 1819; — de plus, les représentations figurées, planches CLXXI, 614, CLXII, 615, 616, CLVII 617, CLXX, 618, CLXII, 619, CCLVI, 896, avec l'explication. (J. D. G.) — Sur le char des Muses, Hermsterh. ad Lucian. Somn., 15.

[5] Winckelm. *Monum.* I, 15, 41. — Elles sont le plus ordinairement couronnées de laurier, comme dans nos pl. LXXVII-LXXIX, 287, 290-295. (J. D. G.)

[6] Zoëga, *Abhandl.*, p. 14, n. 36; — et nos planches LXXVII, 288, 289, CXXV, 475, avec l'explication.

[7] Suivant une épigramme d'Antipater (Anthol. Palat., tom. II, p. 692), elles portaient la flûte, la lyre et le barbiton. Elles rappellent les trois *Charites* ou Grâces portées sur la main d'Apollon à Délos, et dont l'une tenait la lyre, l'autre la flûte, la troisième la syrinx

parvenus jusqu'à nous, se distinguent les figures des Muses faisant partie du musée Pio-Clémentin, sur lesquelles, aussi bien que sur le caractère artistique des déesses, en général, il faut lire les savantes remarques d'Enn. Quir. Visconti, dans la description de ce musée[1], en y joignant celles de Zoëga[2]. A côté se place le tableau d'Herculanum représentant les neuf Muses, dont chacune est désignée par son nom[3]. Voici, du reste, en peu de mots, comment elles sont caractérisées dans cette peinture célèbre. Clio tient un rouleau ou volume à demi ouvert; Melpomène voilée tient le masque tragique et appuie sa main droite sur une massue[4]; Thalie porte le pedum et le masque comique; Calliope saisit de ses deux mains un parchemin roulé[5]; Euterpe, sur d'autres monuments, tient une ou deux flûtes[6], mais sur le tableau d'Herculanum

(Plutarch. de Mus., p. 1136 A); comme celles-ci se rapprochent naturellement des trois Muses, filles d'Apollon, selon Eumélus, dont il a été question plus haut. *Cf.* notre planche CCXXXI, 753, avec l'explication. (J. D. G.)

[1] Tom. I, *tav.* 17-28, et tom. IV, *tav.* 14, 15.

[2] Dans Welcker, *Zeitschrift f. alte Kunst*, I, 2, p. 315 sqq., 339, 369, etc.

[3] *Pitture d'Ercolano*, tom. II, tav. 2-9; — reproduites dans nos planches LXXVII-LXXIX, 287, 288, 290-295, avec l'explication. Euterpe seule manque. (J. D. G.)

[4] Il faut rapprocher la statue colossale du Musée royal de Paris, donnée dans notre planche LXXVII, 289, coll. Mus. Pio-Clem. I, 26; et avant tout la pierre gravée, pl. LXXXVI, 290 a. (J. D. G.)

[5] Elle tient ordinairement les tablettes et le *graphium* ou stylet, planche LXXX, 296, *a*, coll. LXXXI, 297, *f*. (J. D. G.)

[6] Mêmes planches, mêmes n°s, lettres *e* et *i*, coll. pl. CCXXXI, 753. (J. D. G.)

la figure de cette Muse est presque entièrement effacée ; Terpsichore pince une lyre à sept cordes ; Uranie a dans sa main gauche un globe, dans sa droite une baguette avec laquelle elle démontre ce globe ; Érato touche avec le plectrum une lyre à neuf cordes ; Polymnie tient le doigt indicateur appliqué sur ses lèvres dans une attitude méditative. On peut comparer avec ces belles peintures les figures sculptées des Muses, sur le bas-relief qui représente l'apothéose d'Homère [1]. D'autres monuments, sur lesquels paraissent les déesses de Mémoire, sont : les monnaies de la famille Pomponia [2] ; le bas-relief du Capitole, maintenant au Musée royal [3], et d'autres bas-reliefs ; le sarcophage de la villa Mattei dans la collection Townley [4] ; la mosaïque d'Italica ; les Muses sur l'agathe de Pyrrhus d'Épire ; les génies des Muses, dans le Musée Pio-Clémentin [5]. Nous insisterons, en finissant, sur le personnage remarquable de Polymnie. Un mythe lui attribuait l'invention de la lyre [6], d'où vient sans doute la tortue que l'on voit sur des médailles à côté d'elle. On lui faisait également honneur d'avoir inventé l'harmonie : de là son pied en position de battre la mesure sur d'autres médailles [7]. Suivant une généalogie, elle avait été la

---

[1] *V.* planche CCXX, 760, avec l'explication.

[2] *Cf.* planche CLXXIII, 689, et l'explication.

[3] N° 307 ; Musée Bouillon, I, 77.   (J. D. G.)

[4] *V.* notre planche LXXX, 296, avec l'explication.

[5] Reproduits dans notre planche LXXXI, 297. *Cf.*, pour les autres représentations, O. Müller, *Archæolog.*, § 393.   (J. D. G.)

[6] Schol. Apollon. Argon. III, 1.

[7] Havercamp. Thes. Morell. I, p. 348.

mère d'Orphée et l'épouse d'Œagre [1]. Quelquefois elle est couronnée de roses ; d'autres fois elle porte un diadème ; et souvent, à cause de sa couronne, on a pris ses statues pour celles de Flore. Celle du musée Pio-Clémentin est d'une grande expression [2]. Elle représente la déesse avec une couronne sur la tête, mais sans autres attributs, dans l'attitude d'une méditation profonde. Ses mains sont enveloppées dans son péplus. On peut, avec le savant Visconti, voir en elle la Muse de la mémoire se repliant en elle-même et réunissant toutes ses forces [3]. En effet, elle a bien des chants à faire entendre, bien des mythes à raconter, comme l'exprime son nom et comme dit l'inscription qui accompagne sa figure dans le tableau d'Herculanum [4]. Cette figure est aussi sans attributs, mais, comme nous l'avons déjà remarqué, elle porte sur ses lèvres l'index de sa main droite. C'est la Polymnie dont parle Ausone, dans ce vers bien connu :

Signat cuncta manu, loquitur Polyhymnia gestu.

C'est encore le silence éloquent que lui attribue une épigramme de l'anthologie grecque [5] ; ou cette taciturnité

---

[1] Schol. Apollon. Argon. I, 3.
[2] Tom. I, *tav.* 24, *ibi* Visconti, p. 46. — Il faut comparer celle du Musée royal, n° 306, et Musée Bouillon, III, 12, 5, ainsi que nos planches LXXX, 296, *i*, CCXXXI, 753, CCXX, 760, *k*. (J. D. G.)
[3] La déesse de la mémoire est proprement Mnémosyne, mère des Muses, dont la figure offre en effet de grands rapports avec celle de Polymnie, planche LXXVII, 286. (J. D. G.)
[4] Même planche, 294.
[5] III, 21, *ibi* Jacobs.

pleine de sens que Nonnus[1] vante en elle; ou enfin, comme s'exprime Cassiodore[2] au sujet de représentations analogues, ce sont ces mains qui parlent et ces doigts qui semblent doués d'une langue.

[1] Dionys. V, 106.
[2] Var. I, ep. 20.

CHAPITRE III.

COSMOGONIES ORPHIQUES ET AGES DU MONDE.

Différentes Cosmogonies attribuées à Orphée; l'être primitif et ses noms divers; figure sous laquelle il était représenté; âges successifs du monde et dynasties divines correspondantes.

Parmi les Cosmogonies qui nous ont été transmises sous le nom d'Orphée, avec plus ou moins de développement, il en est qui méritent une attention particulière, soit à raison des autorités sur lesquelles ces Cosmogonies se fondent, soit à cause de leurs frappants rapports avec les systèmes de l'Égypte et de l'Asie ancienne. Nous insisterons quelque peu sur ces dernières, et nous en commencerons la revue par celle que Damascius nous a conservée dans son traité sur les Principes, et qu'il appelle la Cosmogonie vulgaire[1] des Orphiques. Voici quels en sont les points principaux.

---

[1] Ἡ συνήθης Ὀρφικὴ θεολογία. Damasc. περὶ ἀρχῶν, in J. Chr. Wolfii Anecdot. gr. III, p. 252 sqq.; — maintenant, Dam. Quæstion. de prim. princip. ed. Jos. Kopp, Francof. ad M. 1826, pag. 380 sq. Lobeck (Aglaopham., p. 465 sqq., coll. p. 367) a montré que cette cosmogonie, dont nous n'avons chez Damascius qu'une analyse, mêlée encore d'interprétations néo-platoniciennes, faisait partie d'un grand poème orphique, intitulé *Théogonie*, et indiqué par Damascius lui-même sous le nom de *Rhapsodies*. Ce savant critique en a rapproché les fragments originaux, ou supposés tels, avec beaucoup de soin. *Cf.* notre note 16 sur ce livre, à la fin du vol.   (J. D. G.)

CH. III. COSMOGONIES ORPHIQUES, ETC. 203

Au commencement fut le Temps qui ne vieillit point, sous la figure d'un dragon. Il engendra le Chaos sans limites, avec l'Éther humide et le ténébreux Érèbe, et il y produisit un œuf enveloppé dans un nuage ou un voile, qui plus tard se déchira[1]. De l'œuf sortit alors *Phanès*, c'est-à-dire *Ericapœus*, avec des ailes d'or, une tête de taureau sur ses épaules et sur sa tête un serpent. Il était mâle et femelle à la fois, et il s'appelle encore *Protogonos* ou le premier-né, Jupiter et Pan.

Ce *Phanès* n'est autre que l'Éros ou l'Amour orphique, lequel, d'après l'hymne sixième, plane au sein de l'éther, crée d'abord la lumière et par là révèle le spectacle du ciel et de la terre[2]. Conformément à cette idée, ou encore dans un sens passif, à cause de l'apparition soudaine de cet être suprême, on a fait dériver son nom du grec[3]; mais, selon toute vraisemblance, il n'appartient point à cette langue originairement, et, en le rapprochant de *Phanaces*, épithète d'Osiris[4], plusieurs savants ont été conduits à le tirer du copte *Pheneh*, l'Éternel,

---

[1] Ῥαγέντα (p. ἀργῆτα) χιτῶνα, d'après la correction de Bentley, Opusc. p. 454 Lips.

[2] *Cf.* Procl. in Plat. Tim. II, 132 et 93, V, 335; Hermias in Plat. Phædr., p. 141 Ast.; Lobeck, p. 480 sqq., 496 sqq. (J. D. G.)

[3] Φάνης, de φαίνειν. Orph. Argon., v. 16 : πρῶτος γὰρ ἐφάνθη. *V.* p. 9 sq. et p. 465 Orphicor. ed. Hermann. Nous avons trouvé plus haut (ch. II, p. 73) un *Phanès*, prêtre de Bacchus. — Le Phanès orphique est encore appelé Φαέθων, qui emporte la même idée, sans parler du nom distinct de Μῆτις qu'on lui donne aussi. *V.* Lactant. Inst. I, 5; Procl. in Plat. Cratyl., p. 36 Boisson. *Cf.* Lobeck, p. 480 sqq., 478.
(J. D. G.)

[4] Auson. Epigr. 28 sq.

et par conséquent à lui donner une étymologie égyptienne[1]. Cet Éternel, en effet, cet Æon, comme le nomment les Grecs, se retrouve dans toutes les cosmogonies de l'antiquité, en Phénicie[2], en Égypte, où il paraît avoir été identifié avec Osiris, appelé positivement Æon par Damascius[3]. Nonnus le connaît, et, de même que la cosmogonie orphique, lui donne le surnom de Protogonos[4]. Mais l'être éternel, d'après cette cosmogonie, portait encore un autre nom caractéristique, celui d'*Ericapœus*, que nous venons de voir, et que Proclus applique aussi à ce grand dieu des Orphiques[5]. Ce nom, qui semble encore moins grec que le précédent, a présenté aux interprètes des difficultés beaucoup plus graves. Parmi les différentes étymologies qui en ont été proposées[6], au-

---

[1] Jablonski Voc. Ægypt., p. 372; Münter, *Antiquar. Abhandl.*, p. 227 sq.; Rossi Etymol. Ægypt., p. 230, et append., p. 6. *Cf.* Silv. de Sacy sur Sainte-Croix, Myst. du Pagan. II, p. 59, 66, 67; et Zoëga, *Abhandl.*, p. 190, 257-259.

[2] *Cf.* liv. IV, ch. II, p. 13, tom. II.

[3] Ap. Phot., p. 558 ed. Hœschel. — *Cf.* même livre, ch. III, p. 72, n. 1, tom. II, et la fig. indiquée du dieu Æon. (J. D. G.)

[4] Dionys. XII, 34. Sur les autres épithètes grecques de Phanès et sur l'idée essentielle de ce dieu, auteur immédiat du monde visible, il faut lire les judicieuses remarques de Zoëga, ouvr. cit., p. 223 sqq., 252, 260.

[5] In Plat. Tim. II, p. 102. Ἠρικαπαῖος, ou encore Ἠρικεπαῖος.

[6] Gesner (ad Orph. hymn. VI, p. 260 sq. Hermann.), malgré l'opinion de Bentley (Opusc., p. 454, 528), cherche à l'expliquer par le grec (Ἠρικηπαῖος, comme il lit, *le dieu printanier des jardins*), ce que d'autres ont essayé encore après lui (Wakefield Sylv. crit. II, p. 111; Visconti, Mus. Pio-Clem., tom. VI, 23, ce dernier le dérivant de ἐρι et κάπτειν, parce qu'il dévore les dieux, à titre d'Æon). Zoega (*Abhandl.*,

cune ne nous paraît avoir en soi autant de probabilité que celle que Rossi[1] a trouvée également dans la langue copte. Selon lui, *Erkepa*, dans cette langue, veut dire le Verbe, celui qui donne la vie, qui fait vivre, au sens de l'auteur d'une vie nouvelle, d'une seconde vie. Ce qu'il y a de certain, c'est que, dans la chronique de Malelas, le même *Ericapœus* ou *Erikepœus* est appelé Ζωοδοτήρ, celui qui donne la vie[2].

C'est ici le lieu d'appliquer une règle que nous avons posée ci-dessus, à savoir que les axiomes des plus anciens philosophes sont la pierre de touche des doctrines données comme orphiques. En effet, le système de Phérécyde de Syros s'accorde en grande partie avec la Cosmogonie qui vient d'être rapportée. Trois principes y figuraient en première ligne, Zeus ou Jupiter, Chthonia et Chronos, c'est-à-dire l'Éther, le Chaos ou la masse inerte et confuse qu'il meut et vivifie, et le Temps ou la durée infinie, qui n'a point ici, comme chez Orphée, le pas sur les deux autres puissances[3]. A ces trois principes Phéré-

---

p. 261 sqq.) et Münter (*ubi sup.*) le tirent de l'égyptien ou du copte (Εριχηϐ, *Er-keb*, *celui qui multiplie*, ce qui rapprocherait le dieu orphique de Pan ou Priape, à qui déjà songeait Gesner); Schelling (*Samothr. Gotth.*, p. 89) et Sickler (*Myth. d. Æsculap.*, p. 83) de l'hébreu. (G—R et J. D. G.)

[1] Etymol. Ægypt., p. 53.

[2] Io. Malel. Chron. IV, p. 31. Μῆτιν, Φάνητα, Ἠρικεπαῖον, ὅπερ ἑρμηνεύεται βουλή, φῶς, ζωοδοτήρ, ces trois noms formant ainsi une Trinité. (J. D. G.)

[3] Diogen. Laert. I, 119; Cic. de N. D. I, 14, II, 45. Il était aussi question, dans le système de Phérécyde, d'un voile (πέπλος, φάρος, ce qui revient au χιτών des Orphiques), que Jupiter avait tissu et où il avait

cyde subordonnait les éléments, l'eau, le feu, la terre et l'air; et s'il est vrai, ainsi que tout semble l'annoncer[1], que, dans son système, l'eau était l'élément principal, ce serait un rapport nouveau et plus frappant encore avec une seconde Cosmogonie Orphique que nous allons bientôt analyser. Cet accord, du reste, ne fait que confirmer l'origine égyptienne, reconnue par les anciens eux-mêmes, d'une partie au moins des doctrines de Phérécyde[2]. Quant au dieu-serpent Ophionée, qui, chez lui, fait la guerre à Cronos et s'oppose à l'ordre du monde, c'est plutôt une idée persane et la fidèle copie du serpent ennemi et malfaisant Ahriman[3].

La seconde Cosmogonie Orphique se trouve chez Clément Romain[4]. Selon elle, le principe de toutes choses est le Chaos éternel, sans commencement et sans bornes. Ce Chaos n'est ni lumineux, ni humide, ni ténébreux, ni chaud; il renferme tout dans son sein, mais il est sans

---

dessiné la terre et Ogenos ou l'Océan (Maxim. Tyr. X, 4; Clem. Alex. Strom. VI, p. 741).

[1] *Cf.* Sturz, Pherecyd. fragm. ed. alt., p. 51 sq.

[2] *V.* Joseph. contra Apion. I, p. 1034. *Cf.* Sturz, Pherecyd., p. 9 et 53 sq.

[3] *Cf.* liv. II, ch. III, p. 341 sq., coll. ch. II, *passim*, tom. Ier. — L'ouvrage aussi exact que savant de Brandis (*Handbuch der Gesch. der gr.-rœm. Philos.*, I, p. 78 sqq.) donnera de plus amples développements sur les doctrines de Phérécyde et sur leurs rapports avec les dogmes orphiques. (J. D. G.)

[4] Recognit. ad Gentil., 17, 27, p. 145 Colon.; Homil. VI, 3 sq. *Cf.* Zoëga, ouvr. cit., p. 241 sqq.; — et Lobeck, Aglaoph., p. 554 sqq., qui n'attache à cette Cosmogonie, si tant est qu'elle soit distincte de la précédente, qu'une importance fort secondaire. (J. D. G.)

CH. III. COSMOGONIES ORPHIQUES. 207

figure, jusqu'à ce que, dans le cours des temps, il prenne la forme d'un œuf. De cet œuf sort un être mâle et femelle, père de tous les autres êtres et fait de matière subtile. C'est lui qui opère la séparation des éléments, qui de deux d'entre eux compose le ciel et des deux autres la terre. Dans cette cosmogonie, le Chaos est la matière confuse et sans forme, comme chez Phérécyde et chez les autres philosophes de la première école d'Ionie. Apollonius aussi, dans ses Argonautiques[1], introduit Orphée chantant le Chaos, substance première et implicite de toutes choses. D'après le scholiaste de ce poète, Zénon expliquait le Chaos d'Hésiode comme étant l'eau; Anaximène, Archélaüs et Euripide le prenaient pour l'air[2]. L'idée commune était celle d'un élément capable de tout embrasser, idée conforme à l'étymologie[3], et qui plus tard se généralisa naturellement au sens du *Tout*, conçu comme limite extrême des choses[4], plus tard encore fut élevée jusqu'à celle de l'*Univers*, de la totalité dans le sens intellectuel. Le Chaos finit par devenir, pour les partisans du système atomistique, la négation même de l'existence corporelle, le vide[5].

---

[1] I, 495 sqq.

[2] *Cf.* Huschke Analect. crit., p. 107 sq.

[3] Χάος, de χάω, χαίνω. *Cf.* liv. V, sect. I, p. 357, t. II; —notre dissertation complémentaire sur la théogonie d'Hésiode, p. 23; et Brandis, *Handb.*, p. 71 sq. (J. D. G.)

[4] Aristot. de Cœlo, I, 9.

[5] Lucret. V, 417. — *Cf.* sur le Chaos selon les Orphiques, sur l'œuf dont il prend la forme, etc., Lobeck, p. 472 sqq., et notre note 16 sur ce livre, fin du vol. (J. D. G.)

Une troisième Cosmogonie Orphique[1] rétablit l'Éther au rang du premier principe et se retrouve ainsi en accord avec celle de Phérécyde. Des deux côtés de l'Éther, la Nuit couvrait tout ce qui était au-dessous, jusqu'à ce que la Lumière vint à percer et illumina l'univers. Cette Lumière est l'être suprême, et elle se partage en trois rayons, la Sagesse, la Lumière et la Vie[2], et ces trois ne font qu'un, le dieu invisible et inconnu, qui a créé tout ce qui existe et le genre humain lui-même. On a cru découvrir dans cette Cosmogonie la main d'un auteur chrétien[3], et des traces évidentes l'attestent en effet, quelle que puisse être la haute antiquité de certaines idées fondamentales qui s'y trouvent.

Le péripatéticien Eudémus avait exposé une quatrième Cosmogonie Orphique, probablement dans son histoire de l'astrologie. Damascius, qui nous l'a transmise[4], ajoute qu'elle passait sous silence toute la portion *intelligible* (transcendante), comme obscure et incompréhensible, soit dans le fond, soit dans la forme, et qu'elle partait de la Nuit comme du premier principe[5]. La Nuit, d'ailleurs,

---

[1] Apud Cedren. Hist. comp., p. 46 Basil., et Malel. Chronogr. IV, p. 29 Venet., tous deux se référant à Timothée. *Cf.* Suid. *v.* Ὀρφεύς.

[2] Μῆτις, Φῶς, Ζωή.

[3] Kanne, Anal. philol., p. 58, coll. Zoëga, *Abhandl.*, p. 227 sqq.— Lobeck (Aglaoph., p. 473 sq. et 479 sq.) montre fort bien que cette Cosmogonie n'est pas, au fond, distincte de la première, quoiqu'elle soit plus manifestement encore altérée dans la forme. (J. D. G.)

[4] In Wolf. Anecdot., p. 256; — Quæst., p. 382 Kopp., coll. Lobeck, p. 487 sq. (J. D. G.)

[5] Damascius, se fondant sur le vers de l'Iliade (XIV, 261), où Jupiter est présenté révérant la Nuit, prétend qu'Homère lui-même la re-

CH. III. COSMOGONIES ORPHIQUES.

est mentionnée fréquemment, chez les anciens, à titre de principe orphique. Aristophane y fait allusion dans les Oiseaux [1], et Proclus introduit le Démiurge orphique, s'entretenant avec la Nuit, appelée encore Maïa dans ce passage remarquable [2], au sujet de la création du monde. Enfin Jean le Lydien supplée quelque peu à ce qu'offre d'incomplet le récit de Damascius, lorsqu'il dit, d'après des autorités anciennes sans nul doute, que les Orphiques admettent trois principes, la Nuit, la Terre et le Ciel [3].

Mais la plus importante des Cosmogonies Orphiques est la cinquième, qui nous est donnée à la fois par Athénagoras [4] et par Damascius [5]. Suivant le premier, Orphée plaçait l'eau à l'origine de toutes choses. Le limon déposé au fond de l'eau devint terre, et de ces deux principes naquit un serpent avec une tête de lion [6]. Au mi-

connaissait en qualité de premier principe, et non pas l'Océan et Téthys, comme le voulait Eudémus. — De savoir qui Aristote (Metaph. XII, 246) entend par les θεολόγοι οἱ ἐκ νυκτὸς γεννῶντες, si ce sont les Orphiques, d'après les Cosmogonies dont il s'agit ici, ou Hésiode, ou d'autres, c'est une question sur laquelle il faut consulter Lobeck, Aglaoph., p. 488; Brandis, *Handbuch*, p. 65; et notre note 16 sur ce livre, fin du vol. (J. D. G.)

[1] V. 692 sqq.

[2] In Plat. Tim., p. 63 et 96. Il rappelle tout-à-fait la doctrine indienne (liv. I, ch. V, p. 268 sq., tom. Ier).

[3] De Mens., p. 19 Schow, p. 52 Rœther. — *Cf.* Lobeck, p. 494.

[4] Legat. pro Christ., p. 18 sq. ed. Colon. 1686.

[5] In Wolf. Anecd., p. 253; — p. 381 Kopp.

[6] Et une autre de taureau, καὶ ἄλλην ταύρου, faut-il ajouter d'après Damascius et ce qui suit, διὰ μέσον αὐτῶν, ainsi que le remarque Zoëga (ouvr. cit., p. 239), approuvé par Lobeck, p. 487. (J. D. G.)

lieu, il avait la figure d'un Dieu. Son nom était *Héraklès* ou *Chronos*. Il produisit un œuf monstrueux, tout rempli de la puissance de son auteur. Cet œuf se brisa en deux parties, et la moitié supérieure devint le ciel, la moitié inférieure la terre. Ce ciel-dieu s'unissant à cette terre-déesse engendra les Parques, les Hécatonchires et les Cyclopes; puis, lorsqu'il eut enchaîné ses fils premiers-nés dans le Tartare, la terre leur suscita des vengeurs, les Titans. Suit l'histoire de la mutilation d'Uranus par Kronos, de la cruauté de celui-ci envers ses enfants qu'il dévorait, de sa défaite, du combat de Jupiter contre les Titans. Bientôt Jupiter poursuit sa mère Rhéa ou Déméter[1], qui échappe à ses embrassements en prenant la forme d'un serpent. Alors le Dieu revêt la même figure, et l'étreint avec le nœud appelé nœud d'Hercule, dont le caducée d'Hermès offre l'image visible, et il a d'elle Perséphone ou Proserpine. Celle-ci, outre les deux yeux naturels, en avait deux autres sur le front, et derrière la nuque un visage d'animal, avec des cornes sur la tête. Effrayée de sa difformité, Rhéa s'enfuit, sans lui présenter la mamelle, d'où vient que, dans la langue mystique, sa fille se nomme *Athela*, celle qui n'a point été allaitée, étant appelée, dans le langage vulgaire, Koré ou Perséphone. Derechef Jupiter, son père, s'unit à elle sous la forme d'un serpent, et de leur union naquit Dionysus.

Voici maintenant la version de Damascius, empruntée,

---

[1] Ces deux déesses n'en formant qu'une seule pour les Orphiques. — *Cf.* Procl. in Plat. Cratyl., p. 96, coll. p. 85 Boisson., avec les judicieuses observations de Lobeck, Aglaoph., p. 537 sq. (J. D. G.)

comme il le dit lui-même, à Hiéronymus ou à Hellanicus, car c'est tout un, suivant lui[1]. Au commencement fut l'eau, et le limon[2], qui, en s'épaississant, devint terre. De ces deux principes, l'eau et la terre, celui-ci tend à se dissoudre par sa propre nature, celui-là le relie et le maintient. Ces deux êtres, donnés par Hellanicus comme les premiers principes, n'en supposent pas moins une cause unique et antérieure du monde, qu'il passe sous silence, observe Damascius, parce qu'elle lui paraît ineffable. Un troisième principe fut engendré des deux précédents; c'était un serpent, portant une tête de taureau et une tête de lion, et au milieu la face d'un dieu. Il avait des ailes sur les épaules, et son nom était *le temps qui ne vieillit point* et à la fois *Héraklès*. Avec lui s'unit Ananké (la Nécessité) ou la Nature[3]. C'est aussi l'incorporelle

---

[1] « Si toutefois ce n'est pas le même, » dit le texte, interprété au sens que Hiéronymus aurait puisé chez Hellanicus, par l'auteur de la Biblioth. crit. II, 2, p. 88. Nous y reviendrons plus loin.

[2] ἰλύς pour ὕλη, d'après la correction proposée par M. Creuzer, et à laquelle Lobeck, p. 484, semble favorable. Ce dogme de l'eau, premier principe des choses, paraît aussi avoir été proposé chez les Orphiques comme une génération ou un hymen de l'Océan, témoin ce vers rapporté par Athénagoras (*ubi sup.*): Ὠκεανὸς, ὅσπερ γένεσις πάντεσσι τέτυκται, qu'il rapproche lui-même du vers fameux d'Homère: Ὠκεανόν τε θεῶν γένεσιν καὶ μητέρα Τηθύν (Iliad. XIV, 201 et 302), et dont il faut rapprocher encore les vers cités par Platon dans le Cratyle (p. 402 Steph., p. 42 Bekk.), sous le nom d'Orphée, et le vers 2 de l'hymne orphique LXXXIII (82). Cf. la note 16, fin du vol. (G-R et J. D. G.)

[3] Τὴν ἀνάγκην, φύσιν οὖσαν, τὴν αὐτὴν καὶ Ἀδράστειαν, comme porte encore le texte édité par Kopp. Lobeck lit, avec une ponctuation différente: Τὴν Ἀνάγκην, φύσιν οὖσαν τ. α. κ. Ἀ., c'est-à-dire, si nous ne nous

212 LIVRE SEPTIÈME.

Adrastée, qui s'étend dans le monde entier et touche à ses extrémités les plus éloignées.

En revenant sur cette Cosmogonie, qui mérite toute notre attention, il est manifeste que, des deux versions que nous en avons, la dernière est la plus pure. La première a souffert évidemment des interpolations hésiodiques, comme l'on s'en assure par le passage de Clément Romain [1], qui distingue des dogmes d'Orphée et met sur le compte d'Hésiode ce qui concerne les Titans et maint autre accessoire [2]. Cette Ananké, d'ailleurs, dont parlait Hellanicus, est bien une conception antique et orphique. Les Pythagoriciens aussi connaissaient cette Nécessité qui embrasse le monde; et l'auteur des Argonautiques, attribuées à Orphée, célèbre la toute-puissante Nécessité compagne du vieux Chaos [3]. Proclus, dans la Théologie Platonique [4], mentionne Adrastée à côté du Démiurge; dans le commentaire sur le Timée [5], il donne comme orphiques les idées suivantes : le Démiurge est élevé par Adrastée, il s'unit avec Ananké (la Nécessité), et il en-

---

trompons sur sa pensée : « Ananké, de sa nature la même qu'Adrastée. » Plus vraisemblablement encore dans la forme, mais au fond dans le même sens, pourrait-on corriger : Τὴν Ἀνάγκην φησὶν οὖσαν τ. α. κ. Ἀ., ce φησὶν étant le redoublement naturel de celui du début : Ὕδωρ ἦν, φησὶν, κ. τ. λ.   (J. D. G.)

[1] Recognit. p. 145.
[2] *Cf.* notre note 16 sur ce livre, fin du vol.   (J. D. G.)
[3] V. 12, *ibi* interpret. Ἀμέγαρτος ἀνάγκη.
[4] IV, 16, p. 206.
[5] V, pag. 323. — *Cf.* Hermias in Phædr., pag. 148, et ap. Lobeck, p. 514.   (J. D. G.

gendre Heimarméné (la Destinée). C'est un complément précieux de la Cosmogonie rapportée d'après Hellanicus.

Malgré l'antiquité et l'autorité d'un pareil témoin, que l'on cherche, il est vrai, à éluder[1], on a prétendu, de nos jours, que cette Cosmogonie était d'une date récente et probablement empruntée aux mystères de Mithras. Quoique nous regardions l'Égypte comme la vraie patrie des doctrines orphiques, nous ne voulons pas nier non plus les points de ressemblance que ces doctrines, et surtout les expressions figurées qui les représentent, peuvent offrir avec les symboles persiques du culte mithriaque. Mais ces ressemblances, nous les expliquons par les rapports primitifs, déjà bien des fois signalés, des religions de l'Égypte et de la Perse; et puis, les Orphiques et les adorateurs de Mithras peuvent avoir puisé leurs symboles respectifs à une source commune, sans qu'il soit nécessaire de supposer la nouveauté ni des uns ni des autres. Quel que soit le Hiéronymus auquel se réfère Damascius, l'on ne saurait admettre qu'il ait pris le masque du vieil Hellanicus pour faire passer comme Orphique la Cosmogonie compilée par lui-même; la manière dont s'exprime le philosophe alexandrin montre que Hiéronymus la devait bien réellement à l'historien de Lesbos, prédécesseur et contemporain d'Hérodote, et qu'elle reposait en définitive sur son témoignage [2].

[1] Kanne, Anal. philol., p. 39, et *Mythol. der Griechen*, p. 43 sq.
[2] *Cf.* p. 211, n. 1, *ci-dessus*. Hiéronymus peut avoir été le péripatéticien de ce nom sous Ptolémée Philadelphe. — C'est ce qu'incline à croire Lobeck, p. 340, et ce que Brandis admet positivement, p. 54.

Si maintenant nous considérons la figure sous laquelle était représenté l'être primitif des Orphiques, *Héraklès-Chronos*, il est évident que tous les éléments dont se compose cette figure sont d'origine égyptienne et non point mithriaque[1]. En rapprochant le grand dieu orphique de Sem, l'Hercule égyptien, divinité solaire, sa tête de lion s'explique d'elle-même. Le lion en Égypte était, comme nous l'avons vu ailleurs[2], dans une étroite connexion avec le soleil; le signe qui lui était propre dans le zodiaque se nommait « la demeure du soleil[3]. » Aussi les lions étaient-ils consacrés à cet astre, et quand le soleil se trouvait au signe du lion, les clefs des temples portaient des têtes de lion[4]. La tête de taureau est également l'attribut égyptien, bien connu, du soleil à l'équinoxe du printemps. Quant au corps de serpent, qui était celui de l'Hercule orphique, l'interprétation n'en est pas moins aisée. Les Égyptiens avaient fait du serpent l'emblème de la toute-puissance

Quant à Hellanicus, le premier se renferme dans un doute prudent; le second, p. 66, penche pour l'opinion adoptée par l'auteur de la Bibliothèque critique, Wyttenbach, et par M. Creuzer d'après lui. Sur cette question d'histoire littéraire et sur l'époque probable de la Cosmogonie dont il s'agit, considérée en elle-même, on peut consulter la note déjà indiquée, fin du vol. (J. D. G.)

[1] *V.*, au préalable, liv. III, ch. IX, p. 508 sq., avec les planches indiquées, surtout XXXIX, 163, et les Éclaircissements, pag. 952 sq., tom. Ier.

[2] *Cf.* même livre et même tome, pag. 398, 813, etc.; et les planches XXXII, 141, LII, 141 *a*, avec l'explication.

[3] Ælian. H. A. XII, 7; Macrob. Sat. I, 21.

[4] Ælian. H. A. V, 39; Horapoll. I, 17; Schol. Arat., p. 22 Oxon. *Cf.* Cuper. Harpocrat., pag. 48 sq.; et Jomard, dans la Descript. de l'Eg. I, Antiq., ch. VIII, § 3, p. 7 sq.

de la nature, et en particulier de la puissance solaire [1]. Or, dans la Cosmogonie que nous devons à Athénagore, il est dit que l'œuf du monde était rempli de la puissance d'Héraklès qui l'avait produit. La figure divine que le serpent orphique portait au milieu de ses têtes d'animaux, rappelle ces bas-reliefs et ces médailles de l'Égypte, sur lesquels on voit fréquemment des serpents à tête humaine, nommés Agathodémons [2]. Et si l'on objectait qu'en général ces représentations sont récentes, nous répondrions que l'union d'un corps de serpent avec une tête d'homme ou de femme est tout-à-fait dans l'esprit de combinaisons analogues qui remontent à la haute antiquité. Rien de pareil sur les bas-reliefs mithriaques, qui montrent seulement un jeune homme autour duquel s'entortille un serpent [3].

Du reste, Sem-Héraklès n'est pas seulement le soleil, l'année, le temps solaire, chez les Égyptiens; c'est encore le Temps d'une manière générale, et voilà pourquoi, sur la table isiaque, il est rapproché du Phénix, l'oiseau merveilleux, symbole des grandes périodes de temps [4]. On voit donc combien il était naturel que les

---

[1] *Cf.* liv. III, pag. 507 sqq., et la note correspondante, dans les Éclaircissements du tome Ier.

[2] Zoëga Num. Ægypt. Imp., tab. XII. — *Cf.* notre pl. XLIII, 180, coll. LIII, 180 *a*, LII, 180 *b*, avec les renvois indiqués dans l'explic. des planches, surtout p. 507 sq., n. 2, tom. Ier.   (J. D. G.)

[3] *Cf.* Zoëga, *Abhandl.*, p. 195; — et notre planche LVIII, 239, avec l'explication.   (J. D. G.)

[4] Jablonski Opusc. II, pag. 287. — *Cf.* liv. III, ch. VII, p. 471, 472 sqq., tom. Ier; et liv. IV, ch. V, p. 170 sq., tom. II.

Cosmogonies Orphiques prissent Héraklès au sens du Temps, lui qui ne vieillit point, disent-elles[1], lui qui, même dans la mythologie vulgaire, trahit la conception égyptienne par son hymen avec Hébé, l'éternelle jeunesse[2]. Si, d'un autre côté, chez les Orphiques, Héraklès figure comme Démiurge, comme artisan du monde, l'Égypte nous donne encore la clef de ce nouveau point de vue. Suivant Chérémon et d'autres auteurs[3], les Égyptiens attribuaient spécialement au soleil le rôle de Démiurge; dans leur religion, d'ailleurs, l'idée d'Hercule avait été tellement exaltée que, pour nous servir des expressions d'un ancien, ils adoraient en lui, avec le plus saint respect, le dieu sans commencement[4].

Un trait commun qui se retrouve, diversement modifié, dans toutes les Cosmogonies Orphiques, et qu'il nous reste à expliquer, est l'œuf du monde produit par Héraklès-Chronos. Cet œuf est aussi, selon toute apparence, d'origine égyptienne. Kneph, le premier formateur du monde, exhala, disaient les Égyptiens, un œuf renfermant le monde, et duquel sortit Phtha, son second formateur, qui l'ordonna avec un art infini[5]. Nous avons rencontré ce même œuf dans les Cosmogonies de l'Inde,

---

[1] Χρόνος ἀγήρατος, ou, comme veut Lobeck, ἀγήραος. — *Cf.* Zoëga, *Abhandl.*, p. 235 sqq.

[2] Liv. IV, ch. V, p. 204, tom. II.

[3] Ap. Euseb. Præp. Ev. III, 4, p. 32.

[4] « Sacratissima religione Herculem Ægyptii venerantur... ut *carentem initio* colunt. » Macrob. Sat. I, 20.

[5] Euseb., lib. c., III, 11, p. 115. — *Cf.* les Éclaircissements du livre III, note 6, p. 825, 828, tom. Ier.

et il est possible à la rigueur qu'il soit venu primitivement de cette contrée, d'où il aurait passé en Égypte et de là en Grèce. Dans tous les cas, on ne saurait méconnaître une frappante ressemblance entre la manière dont s'exprime la Cosmogonie rapportée par Athénagoras, au sujet de l'œuf du monde, et ce qui en est dit dans cette espèce de Genèse qui ouvre le Code des lois de Manou :

« A la fin, par sa seule pensée, il (Brahmâ) le divisa en deux parties égales ; de ces deux moitiés il forma le ciel et la terre, etc.[1] »

Quelques-uns des plus célèbres poètes de la Comédie grecque firent allusion, dans la suite, à cet œuf cosmique ainsi partagé. Aristophane, par exemple, dans un passage de la pièce des Oiseaux, où il travestit manifestement la cosmogonie des Orphiques, représente Éros, le même que Phanès, engendré de l'œuf du monde [2]. En effet, nous savons que, chez les Orphiques, le dieu primitif figurait aussi comme né du sein de l'œuf, ainsi que Brahmâ, et portait un surnom qui rappelle cette naissance[3]. Nous savons encore qu'à raison de ce dogme les Orphiques et les Pythagoriciens eux-mêmes, à ce qu'il paraît, s'abstenaient des œufs, dont les Cyniques, au contraire, n'étaient que plus avides[4]. L'œuf, suivant une

---

[1] Cf. liv. I, ch. III, p. 178 sq., et la note 6 dans les Éclaircissements de ce même livre, p. 606 sqq., tom. Ier.

[2] Aristoph. Av., v. 694 sqq., et in Plat. Conv., p. 190 Steph., p. 404 Bekker., coll. Alex. ap. Athen. II, p. 230 Schweigh.

[3] ᾠογενής, Cf. p. 203, 207 ci-dessus.

[4] Plutarch. Sympos. II, 3, 1, p. 577 Wytt.; et notre liv. IV, ch. IV, p. 102, tom. II.

remarque déjà indiquée par les anciens, acquit cette haute importance dans les conceptions et les représentations symboliques parce qu'il était un emblème naturel de l'être qui embrasse et contient en soi toutes choses [1]. A ce titre nous allons bientôt le retrouver dans les mystères de Bacchus.

Aux Cosmogonies Orphiques se rattache un autre dogme, celui des Ages du monde, sur lequel nous pouvons passer rapidement. Parmi les différents récits qui nous ont été transmis à ce sujet, voici, d'après l'autorité de savants philosophes, celui qui paraît être le plus original. Il y a six âges du monde, et autant de monarques divins qui le régissent successivement : Phanès, la Nuit, Uranus, Kronos, Zeus et Dionysus. Cette série de monarques commence avec les dieux intelligibles et intellectuels, qui sont au-dessus du monde, Phanès, la Nuit, Uranus; puis elle descend, avec les dieux intermédiaires, dans le monde visible, pour gouverner jusqu'aux êtres individuels qui le composent. A Kronos commencent les dieux cosmiques; car lui-même et les autres Titans se distribuent dans la création soumise à Dionysus [2].

D'autres auteurs, il est vrai, ne reconnaissaient que quatre règnes du monde, selon Orphée, ceux d'Uranus, de Kronos, de Zeus et de Dionysus [3]. Nigidius donne aussi

---

[1] Plutarch. *ibid.*, coll. Macrob. Sat. VII, 16, et Heraclid. Tar. ap. Athen. II, 65, p. 246 Schweigh.; Zoëga *Abhandl.*, p. 226, 230 sqq.; — Lobeck, Aglaoph., p. 476 sq.; et notre note 16 sur ce livre, fin du vol.

(J. D. G.)

[2] Proclus in Plat. Tim. V, p. 291, coll. in Cratyl., p. 59.

[3] Olympiodor. in Plat. Phædon. ap. Wyttenb. ad Phæd., p. 134,

comme orphiques les périodes cosmiques successives de Saturne, Jupiter, et enfin Pluton, ou, d'après les Mages, Apollon¹. On construisait encore un duodénaire de principes pythagorico-orphiques, duodénaire résultant de la combinaison de la triade parfaite avec la tétrade qui opère la génération. Les principes de la triade et de la tétrade sont la dyade et la monade. La monade est l'Éther, la dyade le Chaos, la triade l'Œuf, et la tétrade Phanès. Quant à Dionysus, il occupe la treizième place, parce qu'il ne vient qu'après les douze dieux ².

Ces âges successifs du monde, suivant les Orphiques, font songer involontairement aux Yougas de la religion de l'Inde³. Ici, pareillement, le règne de Siva, qui est Dionysus, tombe dans le Cali-Youga. Siva, le destructeur, est en même temps le régénérateur, comme Dionysus se confond avec Pluton. La destruction et le renouvellement du monde ont lieu, selon les Hindous, par le moyen d'un embrasement général : or, cet embrasement de l'univers passait encore pour un dogme orphique, ainsi qu'en témoignent de nombreux auteurs⁴. C'était

et Fragm. Orphic., p. 509, Herm. — *Cf.* l'analyse de ce Commentaire inédit d'Olympiodore, par M. Cousin, dans le Journal des Sav., 1834, juin-août, surtout p. 429 sq.   (J. D. G.)

¹ Ap. Serv. ad Virgil. Ecl. IV, 10, p. 45. — Lobeck, dans son Aglaophamus, p. 576 sqq. et 791, a rassemblé les principales variantes sur le nombre des dieux et des âges du monde. — *Cf.* notre note 16 sur ce livre, fin du vol.   (J. D. G.)

² Hermias ad Plat. Phædr., p. 135 Ast.

³ *Cf.* liv. I, ch. III, p. 180-191, et les notes 6 et 9 dans les Éclaircissements sur ce même livre, tom. Iᵉʳ.

⁴ *V.* Plutarch. de Oracul. def., p. 702 Wytt.; Procl. in Plat. Tim. II,

aussi un des dogmes d'Héraclite, dans les fragments de qui l'on retrouve jusqu'au vent de feu qui réduit le monde en cendres[1]. Les Stoïciens avaient, dans leur système, cette même croyance de la destruction du monde par le feu. D'après eux, Jupiter, comme Bhavani dans l'Inde, subsistait seul, au milieu de cette grande catastrophe, et recueillait, pour les conserver, dans sa propre essence, les germes de tous les êtres[2]. Si, comme il est plus que probable, les écoles orphiques puisèrent à des sources orientales, elles durent enseigner également la permanence de la substance du monde, dans l'embrasement des êtres particuliers qui le composent. Ce qui vient à l'appui de cette conjecture, c'est que Proclus qualifie d'orphique l'idée de l'absorption universelle des choses dans le sein de la divinité[3].

Tous ces dogmes, au reste, comme nous l'avons établi plus haut[4], hindous dans leur racine, ne parvinrent aux Orphiques que par l'intermédiaire de l'Égypte, qui les professait aussi bien que l'Inde. Parmi les monarques successifs de l'univers, celui auquel la Grèce prodigua surtout ses hommages, ce fut le dernier, Dionysus. Son culte, après une lutte prolongée, était demeuré partout victorieux, et ses mystères sacrés s'étaient établis à Athènes

p. 99; Clem. Alex. Strom. V, p. 549. — *Cf.* les doutes ou les restrictions de Lobeck, p. 791 sqq., et notre note 16 sur ce livre. (J. D. G.)

[1] *Cf.* t. Ier, p. 190, n. 1; — et Brandis, *Handb.*, p. 179. (J. D. G.)
[2] *V.* Marc. Antonin. III, 3, *ibi* Gatacker.
[3] In Plat. Tim., *l. c.*
[4] *Cf.* le chap. précéd., p. 81, 96, 106, et les notes 9 et 10 dans les Éclaircissements sur ce livre, fin du vol. (J. D. G.)

et en Argolide, en Crète, en Asie-Mineure et dans les colonies helléniques de l'Italie et de la Sicile. C'est de ces mystères que nous avons maintenant à traiter avec quelque détail, et nous commencerons par Athènes la revue que nous allons faire de ces institutions remarquables, dont nous avons déjà signalé quelques-unes, telles que les Triétérides de Thèbes et les Lernées de l'Argolide.

CHAPITRE IV.

MYSTÈRES DE BACCHUS.

1. Mystères de Bacchus à Athènes ; époque, lieu, formes de leur célébration ; personnages, cérémonies, symboles principaux qui s'y rapportaient.

Athènes avait trois sortes de *Dionysies*, ou fêtes de Bacchus, qu'il faut se garder de confondre. Ce sont les Dionysies des champs, qui se célébraient au mois Posidéon ; les Dionysies de la ville ou les grandes Dionysies, au mois Élaphébolion ; enfin, celles qu'on nommait aussi les *Anthestéries* ou les *Lénées*, lesquelles avaient lieu au mois Anthestérion, appelé encore Lénéon. Telle est du moins l'opinion assez généralement adoptée depuis Selden et Ruhnken [1], quoique d'autres savants, d'après Meursius, croient devoir distinguer les Anthestéries des Lénées, et reconnaissent par conséquent quatre sortes de Dionysies au lieu de trois [2]. C'est aux Lénées, en admettant leur

---

[1] Elle se fonde principalement sur le passage altéré d'Hésychius, au mot Διονύσια, passage sur lequel il faut voir les anciens commentateurs, tom. I, p. 1000 sq., éd. d'Alberti, mais surtout Ruhnken dans l'Auctarium emendationum ad Hesych., à la fin du tom. II de cette édition. Cf. les remarques de Wyttenbach, dans la Biblioth. crit., P. VII, p. 51 sqq., et XII, p. 59.

[2] *Voy*. surtout Bœckh dans les Mémoires de l'Académie roy. des Sc. de Berlin, 1816-1817, p. 47 sqq. : *Sur la distinction des Lénées,*

identité avec les Anthestéries, que se rattachaient les Mystères de Dionysus. On les célébrait avant le printemps, au mois Anthestérion, qui répond à peu près à notre mois de février, dans le plus ancien temple de Bacchus, situé à Limnæ, lequel ne s'ouvrait qu'une fois l'an, le douze du mois susdit, et seulement pour l'objet de la fête [1]. A en juger par un passage des Grenouilles d'Aristophane [2], cette solennité avait lieu près d'un lac à Athènes, comme à Saïs celle de la mort d'Osiris autour du lac circulaire, et comme les Lernées de l'Argolide auprès de l'Alcyonie [3]. Le nom même du lieu où se célébrait, dans la cité d'Athènes, la fête antique et mystérieuse dont il s'agit, semble déposer en faveur de cette circonstance traditionnelle, aussi bien que le surnom de *Limnœus* appliqué au dieu que l'on révérait à *Limnœ* [4].

des Anthestéries et des Dionysies champêtres de l'Attique (en allem.), celles-ci, d'un autre côté, étant identifiées avec les Lénées par Scaliger et quelques savants. *Cf.* les opinions différentes ou analogues de Fréret, dans les Mém. de l'Ac. des Inscr. et Belles-Lettres, t. XXIII; de Barthélemy, même recueil, t. XXXIX; de Sainte-Croix, dans ses Rech. sur les myst. du pagan. II, p. 75, avec les judicieuses observations de M. Silvestre de Sacy; de Gail fils, Mém. cour. sur le culte de Bacchus; de Spalding, de Kanngiesser, de Hermann, de Buttmann, etc., confrontées entre elles et avec les précédentes dans les Éclaircissements sur ce livre, note 17, à la fin du vol. (C—n et J. D. G.)

[1] Thucyd. II, 15; Demosth. adv. Neær., p. 591, p. 1371 Reisk.; coll. Pausan. I, Attic., 20; Hesych. v. Λιμναγενές. Τὰ ἀρχαιότερα Διονύσια... ἐν τῷ ἀρχαιοτάτῳ ἱερῷ τοῦ Διονύσου... ἐν Λίμναις... ὅπου τὰ Λήναια ἤγετο.
(J. D. G.)

[2] V. 209 sqq.

[3] *Cf.* chap. II, p. 114 *ci-dessus.*

[4] Λιμναῖος, Λιμνήτης, Λιμναγενής, de Λίμναι, venant lui-même de λίμνη,

L'inspection sur les Mystères de Bacchus appartenait à l'Archonte-roi assisté de ses surveillants. C'est lui qui désignait les prêtresses de ce culte secret, au nombre de quatorze, correspondant à celui des autels du temple. Elles se nommaient les *Vénérables*[1], et elles célébraient les rites sacrés en s'adjoignant une autre prêtresse [2]. Elles devaient prêter entre les mains de l'épouse de l'Archonte-roi, qui offrait en son particulier un sacrifice mystérieux pour la ville, et qui paraît leur avoir été préposée, un serment dont la formule nous a été conservée par Démosthène [3]. Toutefois, elles étaient soumises à la haute surveillance du grand-prêtre de Dionysus, lequel avait aussi la présidence des jeux qui se rattachaient à la fête [4]. Telle était l'importance des Dionysies dans l'ancienne Athènes que jadis, au rapport de Suidas, on comptait les années d'après cette solennité. Parmi ses principaux acteurs il est encore question d'un Hiérocéryx ou héraut sacré, et d'un Dadouque ou porte-flambeau [5], qui se retrouvent dans les Éleusinies, sans que l'on sache précisément si c'étaient les mêmes personnes.

---

lac ou marais, selon toute apparence. *Cf.* Phanodem. ap. Athen. XI, p. 465 Cas., p. 204 Schweigh. *Limnæ* se trouvait dans une vaste enceinte appelée *Lenæum* (Λήναιον), au sud de la citadelle, et renfermant, entre autres édifices, le théâtre voisin du vieux temple de Bacchus. *Voy.* Bœckh, **Mém.** cit., p. 69 sqq.

[1] Γεραῖραι ou Γεραραί.
[2] Pollux, VIII, 9, p. 929, *ibi* Hemsterh.
[3] *Ubi supra*, coll. Poll. *ibid.*, Hesych. et Etymol. m. v. Γεραιρ.
[4] Schol. Aristoph. Ran. v. 297.
[5] *Id.* ad v. 479.

CH. IV. MYSTÈRES DE BACCHUS.

L'initiation à ces mystères, comme à tous les autres, imposait différentes épreuves et des purifications multipliées. Ces purifications se faisaient par l'eau, par le feu et par l'air. Indépendamment du témoignage général de Servius, qui comprend ces trois modes réunis[1], des témoignages particuliers établissent le fait avec un degré suffisant de vraisemblance, en ce qui concerne les initiations bachiques. Ainsi nous voyons dans Pausanias[2] les femmes de Tanagre, qui furent les premières initiées aux Orgies dionysiaques, descendre à la mer pour s'y purifier[3]. Quant à la purification par le feu, on peut en induire l'existence du rôle essentiel que jouaient les flambeaux ou les torches dans les cérémonies nocturnes du culte mystique dont il s'agit. Ces cérémonies, pour cette raison même, se nommaient les *torches de Bacchius* (Bacchus) ou *des Mystères*[4]. L'usage de purifier par des flambeaux ou par le soufre paraît s'être perpétué jusqu'à ces Bacchanales de Rome que vint frapper un sénatus-

---

[1] Serv. ad Virgil. Æneid. VI, 740, et surtout ad Georg. II, 388. On pourrait, avec Sainte-Croix (tom. II, p. 80), conclure du premier passage que la purification par l'air était seule admise dans les mystères de Bacchus; mais le rapprochement du second passage fait bien voir le contraire : .... *Dicunt sacra Liberi patris ad purgationem animæ pertinere. Omnis autem purgatio aut per aquas, aut per ignem fit, aut per aerem, sicut in sexto Æneidos ait : Aliæ panduntur inanes*, etc.

[2] IX, Bœot., 20.

[3] On trouve déjà dans Homère (Iliad. I, 314), aussi bien que dans d'autres poètes moins anciens (*Cf.* Euripid. Iphig. Taur. 1193), des exemples de purification par l'eau.

[4] Φαναὶ Βακχίου ου μυστηρίων (Euripid. Ion. 550; Rhesus, 943).

consulte bien connu [1]. Un passage de Iamblique, dans son traité sur les Mystères égyptiens, fait allusion à ce mode de purification, et l'on y rapportait même l'action d'Hercule se brûlant sur l'Œta [2]. La présence du Dadouque dans les Lénées athéniennes pourrait encore être alléguée à l'appui. Mais ce qui semble plus concluant, c'est que Iacchus lui-même, le Iacchus de l'Attique, était représenté une torche à la main, et cela dans le temple de la mystérieuse déesse Déméter, à côté d'elle et de sa fille [3].

Pour la purification par l'air, le témoignage de Servius est formel, s'appliquant ici d'une manière spéciale aux rites du culte secret de Bacchus [4]. Un symbole de ce genre de purification était la balançoire, jeu dont une légende toute athénienne et toute bachique faisait une commémoration de la mort tragique d'Érigone, qui se pendit après avoir donné le vin aux habitants de l'Attique, et

[1] Livius, XXXIX, 13. *Cf.* Matth. Ægypt. (Egizio) in Poleni Suppl. ad Thesaur. Antiquit., tom. I, p. 777.

[2] Iamblich. de Myst. Ægypt. V, 12, pag. 382 Gal., coll. Procl. in Plat. Polit., p. 382.

[3] Pausan. I, Attic., 2. Winckelmann (Allegor., p. 557, nouv. édit. allem.) observe que la purification de l'âme par le feu était figurée par l'Amour tenant un papillon au-dessus d'un flambeau qui brûle (*Cf.* notre pl. CV *bis,* 409 *a,* et l'explicat.). Il n'est pas moins certain que cette représentation symbolique, qui se rattachait originairement à tout un ordre d'idées mystérieuses dont nous réservons le développement au chapitre VI de ce livre, fut convertie dans la suite en un pur tableau poétique des tourments de l'amour. (Anthol. gr., tom. I, p. 19, n° 58.)

[4] Voici le texte du premier passage cité : ... In sacris omnibus tres sunt istæ purgationes. Nam aut tæda purgantur et sulphure, aut aqua abluuntur, aut *aere ventilantur : quod erat in sacris Liberi*.

du sort pareil des jeunes filles du pays [1]. Ce jeu avait également sa place dans les Dionysies, où il paraît s'être modifié de différentes manières, conformément aux prescriptions orphiques, et avoir reçu ce sens élevé que lui attribue Servius [2]. On expliquait dans le même sens, suivant cet auteur, un autre symbole connu sous le nom de Van mystique de Iacchus [3]. L'homme, disait-on, était purifié par les mystères comme le froment par le van. Ce symbole avait aussi son emploi dans l'histoire de la naissance de Dionysus. Le demi-dieu y fut porté comme dans un berceau; car ce van était de forme allongée, et il faut le distinguer de la corbeille ou ciste mystique, qui est ronde. La corbeille allongée ou le van se nommait *Licnon*, et l'on appelait *Licnophore* la prêtresse qui le portait dans les processions [4]. De là encore l'épithète de

[1] Hygin. Fab. 130, *ibi* interpret. — Ce jeu et la fête dont il faisait partie se nommaient Ἀιώρα ou encore Ἀλῆτις. Hesych. *s. v.*, tom. I, p. 180, 228 Alb., coll. Lobeck, *Aglaoph.*, p. 585. (J. D. G.)

[2] Second passage cité : ... *Inventum est ut formas vel personas facerent et pro se moverent, unde et Oscilla dicta sunt. Alii dicunt Oscilla membra esse virilia de floribus facta, quæ suspendebantur per intercolumnia, ita ut in ea homines acceptis clausis personis impingerent et ea ore cillerent, ad risum populo commovendum : et hoc in Orpheo lectum est. Prudentioribus tamen aliud placet, qui dicunt...* La suite ci-dessus.—Ainsi les *Oscilla* (Ἀιώραι) devinrent tantôt des phallus, tantôt des masques suspendus et balancés en l'air, tels qu'on en voit encore sur les monuments. (Millin, Peintures de vases antiques, t. II, pl. 17.)

[3] *Mystica vannus Iacchi.* Virgil. Georg. I, 166, *ibi* Serv.

[4] Λίκνον, λικνοφόρος. *V.* Procl. in Plat. Tim. II, p. 124, coll. Demosth. pro Coron. 29, p. 313 Reisk. Winckelmann (*Monum.* I, p. 46) a établi, et Zoëga (*Bassiril.* III, 49, IV, not. 126) confirmé, d'après les monu-

Licnitès donnée à Bacchus, sur laquelle nous reviendrons plus loin.

La fête mystérieuse de Dionysus se célébrait de nuit, comme déjà l'on a pu conclure d'une de nos remarques précédentes[1]. C'était une solennité des plus révérées, et nous savons que les étrangers étaient à jamais exclus du temple de Limnæ[2]. Le Dadouque, un flambeau à la main, invitait les assistants à entonner un hymne dont nous possédons encore le début[3]. Les initiés avaient pour costume de fête la peau de faon ou nébride, appelée expressément le Vêtement sacré[4]. Quelquefois ils revêtaient en place la peau de panthère ou pardalide. Au lierre, qui jouait le premier rôle dans les Dionysies exotériques, était ici substitué le myrte[5], cette parure de Cérès et de son héros Triptolème, de Cérès dont les mystères avaient une connexion si étroite avec ceux de Bacchus en Attique[6]. Entre autres offrandes destinées au dieu, des figues sont

---

ments, la distinction du van et de la ciste. — *Cf.* nos pl. CXXIII, 442, CXXI, 453, CXX, 482, avec l'explication; et les remarques critiques de Lobeck (*Aglaopham.*, p. 581 sqq.), soit sur le passage de Proclus, soit sur le sens du van mystique. (J. D. G.)

[1] Pag. 225, coll. Euripid. Bacch. 485 sqq.
[2] Schol. Aristoph. Acharn., 503.
[3] Schol. Aristoph. Ran., 479.
[4] Dionys. de Sit. orb., 702, coll. Euripid. Bacch. v. 137. — Ce passage d'Euripide et d'autres auxquels se réfère Sainte-Croix (Rech. II, p. 82, avec la note de M. de Sacy) sont loin d'être aussi positivement applicables à la fête dont il s'agit. C'est ce que M. Creuzer reconnaît lui-même avec le savant annotateur qui vient d'être cité. (J. D. G.)
[5] Aristoph. Ran. 329 sq., *ibi* Schol.
[6] *Cf.*, au préalable, Meursii Eleusinia, cap. 7, et E. Q. Visconti *Vaso di Poniatowski*, p. 10.

CH. IV. MYSTÈRES DE BACCHUS.   229

citées, que portaient dans des corbeilles d'or des vierges nubiles, nommées pour cette raison *Canéphores* [1]. Elles-mêmes elles avaient autour du cou des colliers de figues sèches [2]. Ces figues se rapportaient sans aucun doute aux idées de la fécondité et de la propagation [3], aussi bien que le phallus fait de bois de figuier, qui se trouvait dans la ciste sacrée [4], ce phallus dionysiaque auquel les Lernées de l'Argolide donnaient un sens si élevé [5], et qui plus que tout autre symbole décèle leur origine égyptienne.

Cette même origine semble révélée, pour les mystères de Bacchus en général, par le sacrifice d'un porc, s'il est vrai que cet animal y ait remplacé le bouc, qui était, comme l'on sait, la victime des Dionysies vulgaires [6]. La

---

[1] Demarat. in certam. Dionys., cité par Natalis Com. Mythol. lib. V, 13, p. 491, coll. Plutarch. de Cupid. divit., p. 124 Wytt.; Aristoph. Acharn. 239, *ibi* Schol.; — et nos pl. CXV, 451, CXXIV, 474, avec l'explication.   (J. D. G.)

[2] Aristoph. Lysistr., 647.

[3] Plutarch. de Isid., p. 496 Wytt. *Cf.* sur le symbole des figues, qui jouaient un rôle jusque dans le sacre des rois de Perse, liv. V, sect. II, ch. III, p. 451, tom. II, coll. liv. II, ch. IV, p. 346 sq., tom. I.

[4] Theodoret. Serm. VII, p. 383. *Cf.* Silv. de Sacy sur Sainte-Croix, tom. II, p. 87 sq., 89.

[5] *Cf.* ch. II, art. IV, p. 114 *ci-dessus*.

[6] On peut à la rigueur l'induire du passage contesté d'Hérodote, II, 48, si l'on garde la leçon πλὴν χορῶν, au lieu de χοίρων approuvé par Wesseling et suivi par Larcher. L'objection de M. de Sacy sur Sainte-Croix, II, p. 85, que, même avec χορῶν, le sens reste le même, et exclut le sacrifice des porcs quant aux Dionysies grecques, n'est pas nécessairement fondée, τὴν ἄλλην se rapportant à ce qui suit, non à ce qui précède, et étant en liaison soit avec χορῶν, soit avec χοίρων, selon la leçon que l'on adopte. (J. D. G.) — Les Grecs, comme les Égyptiens, sacri-

coutume de Ténédos, où l'on sacrifiait à Dionysus une vache pleine [1], n'était pas moins égyptienne, ainsi que celle de Chios, où le sphinx figurait comme gardien du temple de ce dieu [2]. Dans l'une et l'autre île, aux temps anciens, l'on avait immolé et mis en pièces un homme en l'honneur de Bacchus, qui tenait de cette affreuse cérémonie un surnom trop caractéristique [3]. Lorsqu'à la victime humaine eut succédé un animal, les Bacchantes continuèrent d'en manger crus les membres qu'elles se partageaient, et la dénomination du sacrifice perpétua le souvenir de cet usage [4], où il faut voir une allusion au démembrement de Dionysus par les Titans, dont nous aurons bientôt à parler. Nous ne saurions dire positivement, faute de témoignages, si le porc était immolé dans les mystères dionysiaques d'Athènes. Mais ce qu'il y a de sûr, c'est que les Athéniens aussi connurent les sacrifices humains à Bacchus. Thémistocle lui-même, un jour, à l'instigation d'un devin, immola trois jeunes gens en l'honneur de Dionysus *mangeur de chair crue* [5]. Toutefois ce n'était

fiaient des pourceaux à la lune (Odyss. XX, 158 sqq., *ibi* Eustath., p. 727 Basil., coll. Herodot. II, 47), et cet animal n'est pas rare dans les peintures des vases de la Grande-Grèce qui ont trait au culte de Bacchus.

[1] Ælian. H. A. XII, 34.
[2] *Cf.* chap. II, p. 111 *ci-dessus*, note.
[3] Celui de ὠμάδιος, qu'il faut expliquer au sens de ὠμηστής cité plus bas. *V.* Porphyr. de abstin. II, 55, *ibi* Rhœr., p. 200, coll. Creuzer. Dionys., p. 268.
[4] Ὠμοφαγία. *V.* Euripid. Bacch. 139, coll. Clem. Alex. Protrept., p. 9, et Epiphan. adv. Hæres. III, p. 1092.
[5] Ὠμηστῇ Διονύσῳ. *V.* Plutarch. Vit. Themist. cap. 13, Pelopid.

là qu'une exception ; car les Athéniens, d'ordinaire, s'abstenaient de cette coutume des temps barbares, ainsi que les Égyptiens, leurs maîtres, au moins depuis le règne d'Amasis.

II. Iacchus, le Dionysus des Mystères en Attique ; Zagreus, autre Dionysus mystique, le même au fond que Iacchus ; légende de la naissance et de la mort de ce dieu, d'origine immédiatement crétoise, médiatement égyptienne.

Le Dionysus des Mystères en Attique, particulièrement des Lénées, se nommait *Iacchus*, fait attesté par le début de l'hymne antique dont il a été question plus haut [1]. Ce nom, auquel on a cherché une étymologie orientale [2], venait, d'après les Grecs, du chant mystique des Athéniens, appelé également *Iacchos* [3], en sorte que le dieu et le cantique qui le célébrait auraient eu une seule et même dénomination, ce dont nous avons déjà trouvé

---

cap. 21, Aristid. cap. 8, Anton. cap. 24, où, à l'épithète ὠμηστής, se trouve jointe celle de ἀγριώνιος, non moins significative, tandis que leur sont opposés les surnoms de χαριδότης et μειλίχιος, qui étaient également appliqués à Bacchus.

[1] Pag. 228. « Fils de Sémélé, Iacchus, qui donnes la richesse. »

[2] Dans le Syriaque *Iacco*, d'où Ἴακχος, qui signifierait un enfant à la mamelle (Bochart, Canaan, pag. 442). On va voir tout à l'heure le passage de Suidas qui semble venir à l'appui de cette étymologie, que M. de Sacy (sur Sainte-Croix, I, p. 198) juge ingénieuse, mais un peu hardie.

[3] Arrian. exped. Alex. II, 16, coll. Herodot. VIII, 65, *ibi* interpret. — Ἴακχος, de ἰαχή, ἰαχεῖν, et primitivement de l'exclamation ἰά. V. Etymol. M. *s. v.*; Moser ad Nonnum, p. 209; et Schneider v. ἰαχέω. *Cf.* p. 235, n. 1, *ci-après*. (J. D. G.)

plus d'un exemple. Nous en trouvons un nouveau dans un autre nom que Dionysus paraît avoir porté aussi dans les Lénées, celui de *Iobacchos*, lequel appartenait en même temps à un autre hymne en son honneur [1]. Ce qu'il y a de sûr, c'est que chacun de ces deux noms avait son application spéciale.

Le *Iacchus* des Mystères dionysiaques de l'Attique, que nous retrouverons dans les Éleusinies avec un chant solennel de même nom, est appelé expressément dans Suidas « le Dionysus à la mamelle [2] ». Il est naturel de se demander quelle est la mère au sein de qui le dieu était ainsi suspendu. Sur la foi de l'hymne des Lénées, on pourrait croire qu'il s'agit de Sémélé, d'autant plus que, dans la patrie de cette fille de Cadmus, à Thèbes, Dionysus se nommait aussi Iacchus, comme nous l'apprend le scholiaste de Pindare [3]. Mais Pindare lui-même appelle Iacchus « l'assesseur de Déméter », et nous voyons, à n'en pas douter, par Aristophane [4], que, dans la règle, on distinguait le dieu mystique du fils de Sémélé. Tout concourt à établir que le Dionysus d'Athènes, le divin nourrisson, était regardé comme fils de Déméter, qui, en effet, chez Sophocle, le tient sur son sein [5]. Diodore fait

---

[1] Ἰόβαχχος. Hesych. s. v., coll. Spanh. ad Callim. Jov. *init*.
[2] Ἴακχος, Διόνυσος ἐπὶ τῷ μαστῷ.
[3] Ad Isthm. VII, 3.
[4] Ran. v. 326, 401 sqq., *ibi* Schol.
[5] Antigon. v. 1108 sqq. *Cf.* Silv. de Sacy sur Sainte-Croix, I, p. 200.
— M. de Sacy, dans cette note, rectifie judicieusement le sens donné par son auteur à un vers de Lucrèce (IV, 1161 : *At gemina et mammosa, Ceres est ipsa ab Iaccho*), lequel n'en a pas moins trait à l'al-

CH. IV. MYSTÈRES DE BACCHUS. 233

mention expresse[1] d'unDionysus fils de Jupiter et de Déméter, par où l'on pourrait expliquer l'épithète de *Démétrios* donnée à Iacchus, s'il ne suffisait pour en rendre compte du lien étroit qui, dans les mystères d'Éleusis, rattachait ce dieu à Cérès. Il y était, aussi bien qu'à Thèbes, l'assesseur de cette déesse, et Strabon nous dit d'une manière formelle : « Ils (la plupart des Hellènes) donnent à Dionysus les noms de Iacchus, et de chef des mystères, et de Démon (Génie) de Déméter[2]. » En effet, dans la fête des Éleusinies, Iacchus jouait tout-à-fait le rôle de fils de Déméter. Le sixième jour de cette fête, on le portait, sous la figure d'un jeune garçon couronné de myrte, dans le temple de la déesse à Éleusis, et l'on y célébrait ses honneurs la nuit suivante. Nonnus aussi[3] connaît le jeune Iacchus des Éleusinies, et il le dis-

laitement du jeune Iacchus par Déméter. Mais il aurait pu remarquer que, pour le passage de Sophocle, Sainte-Croix a entraîné M. Creuzer dans une erreur beaucoup plus grave ; car il est impossible d'y rien voir de pareil. Μέδεις δὲ παγκοίνοις Ἐλευσινίας Δηοῦς ἐν κόλποις, comme on s'en assure par le contexte, doit être appliqué à la position géographique d'Eleusis, située près du golfe Saronique (*Saronicus sinus*), et où Iacchus était honoré conjointement avec Cérès. Dans ce passage, au reste, Iacchus est confondu par Sophocle lui-même avec le fils de Sémélé, le Bacchus thébain. (J. D. G.)

[1] III, 62.

[2] Ce passage de Strabon (X, p. 468 Cas., et la traduction française, tom. IV, p. 93, avec la note de Du Theil) paraît devoir être traduit : « Ils donnent le nom d'Iacchus tant à Dionysus qu'au chef des mystères, génie de Déméter, » τῆς Δήμητρος δαίμονα, d'où résulte la distinction de ce dernier et du Dionysus vulgaire. (J. D. G.)

[3] Dionysiac. XLVIII, 959, coll. XXXI, 66 sqq., et Sainte-Croix, I, p. 202, coll. 199, *ibi* de Sacy.

tingue, non-seulement du Dionysus de la religion populaire, mais encore d'un autre Dionysus mystique appelé *Zagreus*. Pourtant Arrien, dans un passage déjà cité, où il distingue également ce Dionysus, fils de Jupiter et de Proserpine, adoré à Athènes, du Dionysus Thébain, fait chanter en l'honneur du premier, c'est-à-dire de Zagreus, l'hymne nommé Iacchos. Diodore rapporte, au sujet du fils de Cérès, les mêmes faits mystiques que l'on met ordinairement sur le compte de ce Zagreus, le fils de Proserpine; et le scholiaste de Pindare[1] dit positivement que Zagreus était à Thèbes l'assesseur de Cérès, et que quelques-uns l'appelaient encore Iacchus. Qu'en faut-il conclure, si ce n'est que Iacchus et Zagreus sont au fond le même dieu, et que ses deux mères, Cérès et Proserpine, échangent leurs rôles ici comme en tant d'autres points? Du reste, il n'est pas douteux qu'Athènes aussi révérait le fils de Proserpine. Non-seulement Arrien en témoigne de la manière la plus formelle, comme nous venons de le voir, mais Icarius, à ce qu'on rapporte, avait accueilli en Attique un ancien Bacchus, qui paraît être le même[2], et c'est

---

[1] Cité plus haut, aussi bien que Diodore. *Add.* Schol. Euripid. Orest. 952 : καλλίπαις θεὰ Περσέφασσα, ἡ γεννήσασα τὸν Ἴακχον. (J.D.G.)

[2] Pausan. I, Attic., 2, coll. Nonn. Dionys. XLVII, 65, où il est positivement appelé Ζαγρεύς, comme ailleurs celui-ci πρότερος Διόνυσος, X, 294; παλαιγενὴς Δ., VI, 64, etc. On connaît l'histoire d'Icarius ou Icarus, qui parcourut l'Attique avec sa fille Érigone et avec son chien *Mœra*, pour y répandre le présent du vin qu'il avait reçu de Bacchus. Ce chien, dont le nom signifie *brillant* (Μαίρα, ap. Hesych., *ibi* interpret.), et qui nous rappelle celui d'Oresthée, également en rapport

CH. IV. MYSTÈRES DE BACCHUS. 235

vraisemblablement celui qu'avait célébré, dans ses *Bacchica*, l'un des Eumolpes, de ces prêtres de l'antique école des chantres orphiques de la Thrace, établis à Éleusis[1].

Quoi qu'il en soit, le fils de Proserpine est bien *Zagreus*. On explique ce nom *fort chasseur*, étymologie qui peut être admise, pourvu que l'on ne veuille pas, avec Bochart[2], voir dans ce fort chasseur le Nemrod de l'Écriture. En effet, Zagreus n'est pas autre, au fond,

avec le vin (chap. II, p. 173 sq. *ci-dessus*), brilla, dans la suite, à la voûte céleste, en qualité de Sirius ou de l'étoile caniculaire, comme Icarius du Bouvier, et Érigone de la Vierge. *Cf.* Hygin. fab. 130, et Poet. Astron. II, 4, p. 425 sqq. Staver.; Apollodor. III, 14, 7, *ibi* Heyn., p. 330 sq. Notre planche CXI, 443 *b*, représente l'accueil fait à Bacchus par Icarius. (C—n et J. D. G.)

[1] *Cf.* liv. VIII, sect. II, ch. I, *ci-après*.—C'est ici le lieu de citer le jugement de Lobeck (*Aglaoph.*, p. 821 sq.) sur cette question si difficile des rapports de Dionysus, d'Iacchus et de Zagreus entre eux. Après avoir fait observer que Iacchus est donné par les anciens tantôt comme fils de Cérès, tantôt comme fils de Proserpine, ou comme fils de Dionysus, ou comme Dionysus lui-même, ce savant critique conclut ainsi : « Neque unquam futurum arbitror ut Dionysi Phrygii (le même, suivant lui, que le Dionysus orphique ou Zagreus : p. 655 sq.) et Thebani discrimina accurate cognoscantur; adeo pauca sunt testimonia, adeo incertus eorum usus, quia non constat quid poetæ turbaverint, quid historici opinati sint, quid a singulis testibus cogitate scriptum vel ex tempore effutitum sit. Quæ res me retinuit ne in ea disputatione, quæ de Zagreo instituta est, Iacchi mentionem inferrem, *quum præsertim fieri possit ut cantilenæ Eleusiniæ nomen ortum dederit deo Iaccho eadem ratione qua Hymenæus, Ialemus, Crotus, Linus et alii nati sunt.* » On a vu plus haut (chap. II, p. 93) que Cicéron distingue jusqu'à cinq Dionysus différents, dont le premier est le fils de Jupiter et de Proserpine. (J. D. G.)

[2] Canaan, p. 1.

que *Dis* ou Pluton, le riche, l'avide, qui dresse incessamment des embûches à tout ce qui respire, et qui fait sa proie de tous les êtres vivants. Hésychius l'appelle expressément le *Dionysus souterrain*[1]. Sa mère Proserpine aurait été, d'après une généalogie, la fille de Jupiter et de Styx[2]. Ne retrouve-t-on pas ici l'Osiris de l'Égypte, descendu au tombeau, ce chasseur infernal de l'Amenthès, armé de son fouet ou fléau, dont il rassemble les troupeaux des morts, et dans lequel Hérodote reconnaît Dionysus gouvernant le sombre empire de concert avec Déméter[3]? Mais ses rapports immédiats sont avec l'île de Crète. Tout nous annonce que c'est là qu'il faut chercher avant tout l'origine de la légende mystique de la naissance et de la mort de Zagreus, légende d'une haute importance, sur laquelle se fonde en grande partie la doctrine des mystères de Bacchus.

Cette légende, nous ne la connaissons que d'une manière en quelque sorte fragmentaire, parce que les sources primitives en sont depuis longtemps perdues. Mais nous n'en possédons pas moins, pour nous en tenir lieu,

---

[1] Διόνυσος χθόνιος, tom. I, p. 1573 Alb., coll. Etymol. M., p. 213. — Etymol. Gudian., p. 227 : Ζαγρεὺς ὁ μεγάλως ἀγρεύων... τινὲς δὲ τὸν Ζαγρέα υἱὸν Ἄιδου φασιν... Lobeck (*Aglaoph.*, pag. 621 sq.) montre fort bien que le nom de *Zagreus* s'applique à la fois à Pluton et au fils de Pluton, lequel n'est pas pour cela différent du dieu orphique. Un autre nom de ce dieu, que nous verrons plus loin, est expliqué dans le même sens par cette glose remarquable : Ἰσοδαίτης θεός, ὁ ἥλιος ὁ τὸν ἴσον ἑκάστῳ θάνατον διανέμων (Anecdot. Bekker., p. 267).   (J. D. G.)

[2] Apollodor. I, 5, 3.

[3] *Cf.* liv. III, ch. VI, p. 457 sq., 463 sq., tom. Ier.

une série de témoignages, remontant indirectement jusqu'à Terpandre, c'est-à-dire jusqu'au septième siècle avant notre ère, et descendant jusqu'à Nonnus et jusqu'aux derniers chronographes byzantins [1]. Voici, d'après ces autorités plus ou moins graves, les traits essentiels de ce mythe fameux.

A peine Proserpine avait-elle vu le jour que tous les dieux ambitionnèrent sa main. Déméter ou Cérès, craignant qu'une sanglante querelle ne vînt à s'élever parmi les prétendants, prit le parti de cacher sa fille dans une caverne dont elle confia la garde aux serpents qui traînent son char. Cependant Jupiter lui-même se change en un serpent et a commerce avec Proserpine. De cette union provint Zagreus, né avec une tête de taureau. Il fut le favori de son père, qui lui assigna une place auprès de son trône, et lui accorda même le pouvoir de lancer la foudre. Ces priviléges excitèrent l'envie des dieux. Mais les Curètes entourèrent l'enfant merveilleux,

---

[1] Ces témoignages ont été indiqués avec soin par Zoëga, *Bassiril.* XIV, p. 170 sq., et Lobeck, *de morte Bacchi* (Viteberg. 1810, in-4°). — Ils se trouvent réunis d'une manière complète dans l'*Aglaophamus* de ce dernier, pag. 547-576, 586 sqq., 615 sqq., 699 sqq., et ils y sont l'objet d'une discussion fort étendue, dont les résultats diffèrent beaucoup des idées de notre auteur. M. Lobeck, en opposition non-seulement avec M. Creuzer, mais avec M. K. O. Müller et avec d'autres, rapporte à la fois à Onomacrite, contemporain des Pisistratides, et l'invention des mystères de Bacchus, au moins de ceux dont il s'agit ici, et celle de la légende de la naissance et de la mort du dieu, qu'il aurait mise également sur le compte d'Orphée, dans le poème de la *Théogonie*, lequel en serait ainsi la première et véritable source. *Cf.* les développements de notre note 18 sur ce livre, fin du vol. (J. D. G.)

et le protégèrent de leurs danses armées. Toutefois la jalouse Junon réussit enfin à le faire périr, en soulevant contre lui les Titans. Ceux-ci donc, un jour que les Curètes étaient occupés à leurs danses, apparaissent déguisés, se glissent avec des paroles flatteuses dans la chambre de Zagreus, le distraient par des jeux de son âge, se précipitent sur lui et le mettent en pièces. Tandis que les Titans jettent dans un chaudron ses membres déchirés, puis les rôtissent à des broches, Pallas leur dérobe son cœur encore palpitant, et le porte à Jupiter, son père. Celui-ci, vengeur terrible, saisit son tonnerre, foudroie les Titans, et commande à Apollon d'ensevelir sur le Parnasse les débris rassemblés du corps de Zagreus[1].

Un mythe qui fut traité par un si grand nombre de poètes, par Terpandre, par Callimaque, par Euphorion et par tant d'autres, ne pouvait manquer de s'enrichir de variantes multipliées et considérables. Nonnus, qui puisait à des sources anciennes, ici comme presque partout, nous fournit çà et là des détails caractéristiques qui rappellent et les âges du monde et les cosmogonies selon les Orphiques. Il nomme Zagreus le premier Dionysus, le Dionysus né au commencement des temps[2]. Zagreus, selon lui, n'endura la mort qu'après avoir, pour ainsi dire, fatigué ses meurtriers par les métamorphoses les plus miraculeuses dans tous les éléments et dans tous les corps de la nature. Il se défendit courageusement avec

[1] Clem. Alex. Protrept., p. 15 Potter.; Nonn. Dionysiac. VI, 174 sqq., etc.
[2] V, 564, X, 294, VI, 64, XLIV, 255, XLVII, 29, etc.

ses cornes de taureau, jusqu'à ce qu'enfin il fut terrassé par la voix formidable de Junon [1]. Il y a ici, comme on le voit, tout à la fois du Pan et du Protée [2]. Maint trait, on le pense bien, fut aussi transporté du prototype à la copie, de Zagreus au Dionysus thébain. Non-seulement celui-ci dut être formé à l'image du premier, et même fait de son cœur porté à Jupiter par Pallas [3]; mais ce cœur qu'elle porta aurait été celui du jeune Dionysus, sauvé seul de l'embrasement de Sémélé, sa mère [4]. A Athènes, Icarius, dont il a été question plus haut, entonne à la louange de Dionysus l'hymne de Zagreus [5]. Cette ville, en effet, comme il a été dit, connut Zagreus aussi bien que Thèbes. Ce qui le prouve surtout, c'est le culte des *trois Pères*, des *Tritopatores*, ou encore *Anaces*, c'est-à-dire chefs, appelés *Zagreus*, *Eubuleus* et *Dionysus*, culte ancien, dont nous avons traité ailleurs [6], et dont la source doit être cherchée, selon toute apparence, dans la doctrine orphico-crétoise des dynasties divines du monde. De même en Argolide, où l'on parlait d'un Dionysus descendu aux enfers, où l'on célébrait en son honneur des cérémonies funèbres, le dieu était adoré avec le surnom de Crétois [7]. Mais c'est principalement le culte de

---

[1] VI, surtout v. 200 sqq.
[2] *Cf.* chap. II, art. VII, p. 171 sqq. *ci-dessus*.
[3] Nonn. XLVIII, 96, XXIV, 48; Procl. Hymn. in Minerv. v. 11 sqq., p. 157 Boissonad. *Cf.* liv. VI, ch. VIII, p. 721 sq., tom. II.
[4] Interpret. gr. ad Iliad. I, 200; Etymol. M. *v.* Παλλάς.
[5] Nonn. XLVII, 65.
[6] Liv. V, sect. I, ch. II, art. IV, p. 304 sqq., tom. II.
[7] Pausan. II, Corinth., 23, coll. 37, et p. 114 *ci-dessus*.

Bacchus à Delphes qui se rattachait par une intime connexion aux idées fondamentales du Zagreus de Crète. Nous avons vu plus haut les membres de Zagreus ensevelis par Apollon sur le Parnasse. Il y avait à Delphes des sacrifices et rites secrets, accomplis par les cinq prêtres appelés *Hosii*, et auxquels prenaient part les Thyades. Or, ces cérémonies se rapportaient à la mort de Zagreus [1], et elles avaient été, sans aucun doute, importées de l'île de Crète. Il ne faut donc pas s'étonner de voir la notion du Bacchus crétois coïncider entièrement avec celle du Bacchus de Delphes. Zagreus était fils de Perséphone et petit-fils de Styx; c'était un dieu tellurique. C'était, de plus, un dieu magicien, se métamorphosant sous mille figures différentes, comme les dieux prophètes, Protée et Pan qui rend des oracles. C'était, sous ce point de vue, un Dionysus-Silène. Pareillement, à Delphes, Bacchus se présentait comme un pouvoir tellurique, comme un prophète divin, inspiré par les émanations souterraines du gouffre sacré, et rendant des oracles à côté d'Apollon [2].

De tout ce qui précède on peut conclure que la religion crétoise de Zagreus fut une des formes les plus anciennes du culte de Bacchus parmi les Hellènes, et la source d'où émanèrent plusieurs institutions locales de ce culte dans différentes parties de la Grèce, d'où provint tout au moins une partie importante de la doctrine secrète qui s'y rat-

---

[1] Plutarch. de Isid., p. 495 Wyttenb.
[2] *V.* Creuzer. Dionys., p. 304 sq., coll. Zoëga, *ubi sup.*, p. 172; — et notre note 18 sur ce livre, fin du volume.   (J. D. G.)

tachait. Que si l'on demande à quelle source antérieure et plus haute les Crétois avaient eux-mêmes puisé, c'est ce qui se devine facilement, quand on sait le commerce étroit qui, dès longtemps, liait la Crète et l'Égypte, et qu'on voit les plus éclairés des anciens retrouver trait pour trait le démembrement d'Osiris dans celui de Zagreus. Cependant on a prétendu de nos jours, en se fondant sur un récit de Pausanias auquel on croit pouvoir donner cette interprétation, que l'histoire entière de la mort de Zagreus dérivait du siècle des Pisistratides. Homère, est-il dit dans ce passage, avait le premier introduit les Titans dans la poésie; Onomacrite, lui ayant emprunté le nom de ces Titans, composa les Orgies de Dionysus, où il les représente comme les artisans de la passion de ce dieu [1]. Mais, peut-on répondre aux inductions forcées qui ont été tirées de ce récit, déjà Terpandre, poète qui vivait plus de cent ans avant Onomacrite, connaissait Dionysus, le fils de Jupiter et de Proserpine, et même, selon toute apparence, sa mort tragique [2]. Or, Terpandre, ce fut, dit-on d'une manière significative, l'héritier de la lyre d'Orphée, qui, selon quelques-uns, aurait donné cette lyre comme sienne, qui avait imité les rhythmes orphiques [3]. Ce fut donc lui-même un personnage orphique, et qui certes dut connaître un des

[1] Pausan. VIII, Arcadic., 37.
[2] Ap. J. Lyd. de Mens., p. 82 Schow., p. 198 Rœther.
[3] Philostrat. Heroic., p. 154 Boissonad., coll. Phanocl. fragm., p. 196 sq. Bach.; Nicomach. de Mus. II, p. 129 Meibom.; Plutarch. de Mus., p. 632 Wytt. — *Cf.* sur Terpandre, Ulrici cité plus haut, p. 101, et Bernhardy *Grundriss der gr. Litterat.* I, p. 244, 250 sq. (J.D.G.)

dogmes essentiels d'Orphée. Mais, en supposant qu'il ne l'ait point connu, Eschyle et Euripide le connaissaient assurément, ces poètes dont le premier, dans sa tragédie bachique de Lycurgue, attribuait à Bacchus le glaive et le miroir[1] que nous retrouverons entre les symboles du culte mystérieux dont il s'agit; dont le second, dans sa pièce des Crétois, avait caractérisé Zagreus de la manière la plus exacte[2]. Auraient-ils donc, l'un et l'autre, osé produire sur la scène une fable si nouvelle, une fable en quelque sorte d'hier? Onomacrite, Orphique relativement récent, en y introduisant les Titans d'Homère, ne voulut, ne fit (tel est le vrai sens du récit de Pausanias) que populariser une légende mystique bien antérieure à lui; que la modifier dans la forme, pour en accroître le crédit, sans rien changer au dogme qui en faisait le fond[3].

Tout, en effet, nous montre que le dogme originairement égyptien persista, malgré les modifications successives et diverses qu'eut à subir le mythe de la mort d'Osiris en se répandant chez les Grecs. Si la légende de la mort de Zagreus remplace par les Titans les soixante-douze conjurés, et par la maligne Junon la méchante reine d'Éthiopie[4], une autre légende donnait les Telchines, ces magiciens de Rhodes et des îles voisines, pour les

---

[1] Aristophan. Thesmoph. 140.
[2] Ap. Porphyr. de Abstin. IV, p. 366 Rhœr.
[3] *Cf.* la note déjà indiquée, fin du vol., où cette question capitale est examinée de nouveau. (J. D. G.)
[4] *Cf.* liv. III, ch. II, p. 389 sq., tom. Ier.

meurtriers d'Apis[1], c'est-à-dire du taureau sacré d'Osiris, représentant le dieu-taureau; et une variante remarquable de la première des deux légendes associait les Telchines aux Titans[2]. A Patræ en Achaïe, au contraire, les Pans figuraient, ainsi que nous l'avons dit ailleurs[3], comme les persécuteurs de Dionysus, tandis qu'en Égypte ils sont simplement les premiers messagers du trépas d'Osiris. Enfin, l'on sait qu'à Argos, non-seulement Persée opposant la force à la force avait repoussé l'armée de Bacchus, mais même, suivant une tradition, passait pour avoir tué le dieu[4]. Ce sont là autant de variantes d'un mythe fondamental et unique, variantes telles que l'Égypte en connut peut-être déjà, à en juger par ce qu'on nous raconte d'Horus démembré au lieu d'Osiris, d'Isis mère de ce dernier, au lieu de son épouse[5], et ainsi de suite. Ce n'en est pas moins d'un seul et même dieu de la nature qu'il s'agit, le dieu-taureau du printemps, qui périt sous les eaux, qui est évoqué du sein de la mer; le taureau solaire, qui apporte la pluie et l'abondance; le dieu igné qui fait sa demeure tout près de la sphère ignée, et qui va jusqu'à lancer la foudre. Mais c'est en même temps, nous nous en convaincrons bientôt, le maître de la terre et du ciel, de la vie et de la mort, et le principe de ce monde sensible.

[1] Apollodor. I, 7, 6, II, 1, 6, *ibi* Heyn. *Cf.* liv. V, sect. I, chap. II, p. 279 sq., tom. II.
[2] Ap. Himer. Orat. IX, p. 500 Wernsdorf.
[3] Chap. II, art. VII, p. 162 *ci-dessus*.
[4] Même chap., art. III, p. 112.
[5] Plutarch. de Isid., p. 498 sq. Wytt.

Un bas-relief de la villa Albani, publié pour la première fois par Zoëga, et unique en son genre, met sous nos yeux la scène mystérieuse de la mort de Zagreus, scène qui, à ce titre même, fut rarement touchée par la poésie populaire et conséquemment par la main des artistes [1].

III. **Le culte de Bacchus chez les Phrygiens et chez les peuples voisins : Sabus, Sabazius et les Sabazies ; Bassareus, Briseus et leurs fêtes. Identité de ces dieux, et caractère généralement orgiastique de ces fêtes.**

Dans un de nos livres précédents nous avons signalé Dionysus parmi les Cabires de Samothrace [2]. Nul doute que ce Dionysus n'ait eu de grands rapports avec le Zagreus de la Crète, de qui nous venons de nous occuper. Aussi, après le fils de Jupiter et de Proserpine, après le fils du Nil ou le Dionysus égyptien, Cicéron mentionne-t-il un troisième Bacchus, qu'il appelle le roi de l'Asie et le fils de Cabirus, en l'honneur duquel auraient été institués les mystères cabiriques [3]. De ces mystères n'étaient pas moins rapprochés, et le culte phrygien de Sabazius, et le culte lydien et thrace à la fois de Bassareus.

Sabus et *Sabazius* étaient les noms du Bacchus de Phrygie, et probablement aussi de celui de la Thrace.

---

[1] *V.* notre planche CXLVIII, 554 *b*, avec l'explication.
[2] Liv. V, sect. I, ch. II, art. IV, p. 302, t. II.
[3] De N. D. III, 23, p. 618, 620 ed. Creuzer., en substituant, d'après Jean-le-Lydien, *Cabiria* à *Sabazia* du texte vulgaire.

Ses prêtres s'appelaient de même *Sabi*[1]. On fait venir ces noms, comme celui de Iacchus, des chants d'allégresse qui retentissaient à la louange du dieu[2], mais avec encore moins de vraisemblance. Sans aucun doute ils sont d'origine orientale, que l'on adopte ou non l'étymologie proposée par Bochart[3], et qui leur donnerait pour racine le mot *saba*, s'enivrer. Non-seulement le cantique solennel, mais un des mois de l'année, était dénommé d'après le dieu aussi bien que ses prêtres[4]. Ce dieu, en effet, figurait à certains égards, dans les religions dont il s'agit, comme lune et cycle lunaire, comme *Lunus* et *Men*; c'est pourquoi il était appelé le dominateur de la lune, *Menotyrannus*, nom qui désignait aussi le soleil[5]. Nous retrouvons donc ici les anciennes idées persiques sur les relations du soleil et de la lune, qui nous ont fait signaler ailleurs par avance l'étroite connexion du culte de Mithras avec les Sabazies phrygiennes[6].

Que la Thrace, au reste, ait eu part à ce dernier culte, c'est ce qui demeure également probable, de quelque manière que l'on conçoive les rapports antiques de cette contrée avec la Phrygie, et l'échange qui se fit, plus d'une fois peut-être, entre leurs populations, par suite entre

---

[1] Σάβοι. Mnaseas ap. Suid. s. v.
[2] Σαβάζειν, εὐάζειν, βαχχεύειν. Hesych., coll. Etymol. M. s. v. et al. ap. Davis. ad Cic. l. c., p. 618.
[3] Canaan, p. 441.
[4] Procl. in Plat. Tim., p. 251.
[5] Reines. Inscript., p. 64.
[6] Liv. II, ch. IV, p. 365, et surtout la note 9 dans les Éclaircissements sur ce livre, p. 742 sqq., t. Ier.

leurs religions et leurs idiomes[1]. Aussi ne faut-il pas plus s'étonner d'entendre Cicéron appeler le Dionysus cabirique roi de l'Asie, que de voir le scholiaste d'Aristophane[2] donner comme thrace le nom de Sabazius. Pareillement un autre nom de Dionysus, celui de *Bassareus*, était commun à la Thrace et à la Lydie, deux pays qui n'étaient pas moins rapprochés et par la langue et par le culte[3]. Bochart[4] tire ce nom de l'hébreu *bassar*, et l'explique « le précurseur de la vendange, » ce qui revient exactement à l'un des surnoms grecs de Bacchus[5]. Les grammairiens grecs, de leur côté, dérivent le mot *Bassareus* de celui de *bassara* ou *bassaris*, qui désigna primitivement la peau de renard dont se couvrirent d'abord les habitants de ces contrées montagneuses, et qui fut appliqué par analogie, dans la suite, au vêtement long et bigarré qui en prit la place et que portaient en commun le dieu asiatique et ses prêtres[6]. D'autres, il est vrai, faisaient venir et le nom du dieu et celui de sa robe du

---

[1] *V.*, par exemple, sur l'émigration des Briges de Thrace en Phrygie, Creuzer. Histor. græcor. antiquiss. fragm., p. 170.

[2] Vesp., v. 9.

[3] *V.* Jablonski de ling. Lycaonica, dans ses Opuscul., t. III, p. 63 ed. Te Water.

[4] Canaan, *ibid.*

[5] Προτρύγης. Les Grecs avaient aussi une fête des Προτρύγεια, commune à Poseidon et à Dionysus. De plus, il est question d'un inventeur du vin, προτρυγητήρ, placé parmi les étoiles à côté du signe de la Vierge. *V.* Ælian. V. H. III, 41, *ibi* Perizon., et Cæsii Cœl. astronom. poet., p. 74.

[6] Βασσάρα ou βασσαρίς. Hesych. s. v. et interpret.

nom des *Bessi*, ces prophètes de Bacchus en Thrace[1]. Quoi qu'il en soit de ces étymologies, dans les mots comme dans les choses les religions de l'Asie-Mineure se lient évidemment avec celles de la Thrace voisine en Europe; et pour l'une pas plus que pour l'autre, il ne s'agit désormais du jeune et beau Dionysus, du héros thébain. Il s'agit d'un Bacchus plus ancien, d'un dieu barbu et plein d'années, qui tantôt par la peau de panthère bigarrée, tantôt par la longue robe flottante dont il se revêt, atteste son origine orientale; qui des cultes de l'Asie antérieure passa dans les mystères de la Thrace, et qui, jusque sur les vases peints de la Grande-Grèce, se distingue par sa bassaride[2].

Combien répandu fut le culte de Bacchus dans les îles qui couvrent les côtes de l'Asie-Mineure, à Lesbos, Naxos, Chios et autres, c'est ce que nous avons déjà indiqué[3]. A Lesbos, le dieu portait un nom caractéristique qu'il faut rapprocher des précédents, celui de *Briseus* ou *Brisæus*. Il semble, au premier abord, que ce soit une épithète purement locale et venant du promontoire de *Brisa*, sur le-

---

[1] Βησσοί. Herodot. VII, 111. *Cf.* Silvestre de Sacy sur Sainte-Croix, II, pag. 94; — et Lobeck, *Aglaoph.*, lib. II, cap. I, § 6, p. 289, 293, 296 sq., rapportant à la Thrace l'origine des noms de *Bassareus* et *Sabazius*, aussi bien que du culte de Dionysus en général, y compris son prophète Orphée, et Silène et Midas, *qui ab Orpheo initiatus Phrygiam religionibus implevit* (Justin. XI, 7). *Cf.* sur le Bacchus de la Thrace, de la Phrygie et de la Lydie, notre note 19 sur ce livre, fin du vol. (J. D. G.)

[2] *V.* notre planche CVIII, 428, 428 *a*, coll. CXII, 429, avec l'explication. (J. D. G.

[3] Chap. II, p. 95, n. 4, *ci-dessus.*

quel Bacchus avait un temple¹. Mais déjà les anciens cherchaient la racine du nom de *Briseus* dans le mot βλίσσειν, βλίττειν, qui signifie presser le miel, et ils parlent d'une Nymphe *Brisa*, qui aurait enseigné cet art au dieu, son nourrisson². D'autres mentionnent plusieurs Nymphes de ce nom, à Céos, par exemple, où, en qualité de Mélisses, elles apprirent ce même art au merveilleux Aristée³. Ici elles sont en rapport avec Dionysus, lui-même singulièrement rapproché d'Aristée, de ce Jupiter aux abeilles, comme l'appelait une légende de Céos, qui prodigua tous les biens de la nature à son île favorite⁴. Dionysus, en effet, serait bien, lui aussi, sous son nom de *Briseus*, le dieu des abeilles, le dieu du miel, s'il est vrai que *bris* signifie doux⁵, sens qui, pour le dire en passant, donnerait, dans la nymphe bachique *Brisa*, un pendant à *Brito* ou *Britomartis*, à la douce vierge de l'île de Crète, soit Artémis, soit l'une de ses Nymphes⁶. Bo-

¹ Steph. Byz. *v.* Βρίσα.
² Ruhnken. ad Tim. Lex. Plat., p. 63 sq., coll. Etym. M. et Hesych. *s. v.;* Cornut. ad Pers. Sat. I, 76.
³ Heraclid. Pont. de Polit., p. 9; Schol. ad Hesiod. Theog., p. 308 Heinsii. *Cf.* Scaliger. ad Manil. Sphær. barb., p. 366.
⁴ Virgil. Georg. I, 14, IV, 282, *ibi* interpret.; Nonn. Dionys. V, 215 sqq., 265 sqq. *Voy.* sur Aristée, les Mélisses et les abeilles, qui jouent un rôle si élevé dans les mystères de Cérès et de Proserpine, les développements du livre suivant, sect. II, ch. I.
⁵ Cornut. ad Pers., *ubi supra.*
⁶ *Voy.* liv. IV, ch. IV, art. III, p. 119, tom. II. *Briseus,* qui plus est, se présenterait lui-même à certains égards sous l'aspect d'une vierge, si l'on en juge par le passage d'Aristide (Orat. in Bacch., t. I, p. 29 Jebb., p. 49 Dindorf.) relatif au sexe équivoque du Bacchus imberbe. *Cf.* ch. II, p. 125 *ci-dessus.*

chart[1], plus positivement encore, dans le mot *bris*, trouve le miel, et, selon lui, *briz dubba* veut dire la mer de miel, comme, en italien, *bresca*, rayon de miel. Nous aurions donc ici un Dionysus près de la mer de miel, ainsi qu'en Thrace nous avons vu un vieux Bacchus-Silène couché près de la source de vin Inna[2]. Mais d'autres, dans Briseus même, voient un dieu du vin, et conséquemment, dans les Nymphes Briséennes, des Nymphes du vin, parce que, dans l'ancienne langue italique, la grappe pressée, le marc de raisins, se nommait *brisa*[3].

Toutes ces étymologies, qu'elles soient en elles-mêmes vraies ou fausses, n'en ont pas moins leur importance, en ce qu'elles nous découvrent les divers points de vue d'un grand symbole, dont elles éclairent successivement toutes les faces. Aussi aborderons-nous sans balancer celle qui, mieux que toute autre peut-être, exprime le caractère général du culte qui s'y rattacha. Le nom des nymphes Briséennes ou *Brisœ*[4], celui de *Brisœus* ou *Briseus*, nous paraissent dériver du verbe grec βρίζω, βρίθω, βρύω, qui, sous ces formes différentes d'un même radical, désigne la fécondité de la nature physique et morale dans ses développements variés, et entre autres les épanchements de la joie sans mesure qu'enfante, au sein des fêtes, la pleine jouissance des biens naturels. De là, peut-être, le nom de la ville de Laconie *Brysœa*, où Bacchus était

---

[1] Canann, p. 442.
[2] Même ch., p. 145 *ci-dessus*.
[3] Columell. XII, 39.
[4] Βρίσαι. Heraclid. *l. c.*; Etymol. M. et Hesych. I, p. 768 Alb.

l'objet d'un culte spécial[1]. De là, plus sûrement, celui d'une devineresse par les songes, *Brizo*, que les femmes honoraient dans l'île de Délos, à qui elles offraient toute espèce de comestibles, sauf des poissons, et de qui elles imploraient toute sorte de grâces, notamment la conservation de leurs vaisseaux[2]. Si l'on observe que βρίζειν signifiait encore dormir, et s'appliquait proprement au sommeil de la méridienne, surtout à celui du nourrisson qui s'endort rassasié sur le sein de sa mère[3], l'on sera porté à voir avec nous dans *Brizo* ou *Brizomantis*, autre nom qu'on lui donne[4], la même que *Brisa*, prodiguant les mêmes biens que ses divins nourrissons Bacchus et Aristée, comme eux annonçant l'avenir, comme eux commandant aux vents et à la tempête. De là enfin toute une famille de mots qui font allusion aux voluptueux transports, aux cris d'allégresse, aux danses solennelles des fêtes bachiques, et s'appliquent à leurs principaux acteurs[5]. D'un autre côté, il est difficile de ne pas se rappeler ici, à propos du nom que Bacchus portait à Lesbos, et conformément à l'idée que paraît impliquer ce nom, l'idole, très probablement phallique, pêchée dans

---

[1] Pausan. III, Laconic., 20, déjà cité p. 70 *ci-dessus*.
[2] Athen. VIII, p. 235 Schweigh.
[3] Spanheim ad Callim. Del. 316.
[4] Hesych., t. I, p. 766 Alb.
[5] Βρίαχχος, à une Bacchante jubilant; Βρυάκτης, à Pan comme danseur; Βρυάλλιχα, Βρυαλλίγης et Βρυαλλιχίς, les danses elles-mêmes, le danseur et la danseuse. *V*. Hesych. I, p. 776, coll. 771-775, sous les mots analogues Βρυλλιχισταί et Βροδαλίχα; Orpheus ap. Stob. Ecl. phys., p. 68. — *Cf.* Lobeck, *Aglaoph.*, p. 1087 sq., fol. 20. (J. D. G.)

CH. IV. MYSTÈRES DE BACCHUS.

la mer sur les côtes de l'île, idole dont nous avons parlé ailleurs[1]. Tout concourt donc, et les mots et les choses, à signaler le caractère orgiastique et dissolu du culte dont il s'agit. Ce caractère commun à presque toutes les branches de la religion de Bacchus, nous allons le voir pleinement confirmé par ce que les anciens nous racontent de la fête des Sabazies et des excès des Bassarides.

Outre Brisa, la nourrice de Briseus, et Nysa, qui était celle de Sabazius aussi bien que de Dionysus[2], le dieu en avait une troisième, selon les Orphiques, *Hippa*, qui l'avait élevé sur le Tmolus[3], cette montagne d'où Euripide, dans ses Bacchantes, fait venir le cortége de Bacchus. C'est cette même contrée, ce sont ces mêmes cultes, communs à la Phrygie et à la Lydie, que Strabon a en vue lorsqu'il dit, dans son dixième livre, après avoir parlé des Corybantes, de Rhéa-Cybèle et Dindyméné : « Sabazius aussi appartient aux religions phrygiennes, et c'est, en quelque sorte, l'enfant de la grande Mère, confié en même temps aux personnages du cortége de Dionysus[4]. » L'on entrevoit ici le rapport de Sabazius soit avec

---

[1] Ch. II, p. 149 *ci-dessus*, surtout la note 1.   (J. D. G.)
[2] Terpander ap. J. Lyd. *ubi supra*.
[3] Orphic. hymn. XLIX (48).
[4] Pag. 470 Cas. — Tel nous paraît être le véritable sens de ce dernier membre de phrase : Παραδιδόμενος τοῖς Διονύσου καὶ αὐτός, et non pas : « Lui aussi associé aux personnages dionysiaques, » comme entend M. Creuzer; encore moins avec Du Theil : « De ces religions il a passé aussi dans celle où l'on célèbre Dionysus (tom. IV, p. 100 de la trad. franç.). Lobeck (*Aglaoph.*, p. 1049), après Coray et autres, supposant le texte altéré, propose de lire : Παραδίδοται ou παραδιδόμενος ὁμοίως τῷ

le Zagreus de la Crète, soit avec les autres Bacchus. Nous savons, en effet, quel lien étroit rattachait ensemble les mystères des Curètes et ceux des Corybantes, et comment s'identifièrent l'une avec l'autre la Rhéa de l'île de Crète et la Cybèle de Phrygie et de Lydie[1]. Or, ce qu'était Rhéa vis-à-vis de Zagreus, Cybèle l'était vis-à-vis de Sabazius. Sabazius et Zagreus se confondent complètement et par leur naissance et par la passion qui leur est commune[2]. Chacun d'eux forme, avec la grande déesse qui lui sert de mère, une véritable dualité. C'est celle que nous avons déjà remarquée dans Déméter et Iacchus, dans Proserpine et Zagreus, quant aux mystères; qui se retrouve, quant au culte populaire, dans Sémélé et Dionysus; celle que représentait, en Phrygie et en Lydie, avec Sabazius ou Sabus, non-seulement Cybèle, mais Hippa. Car cette Hippa, donnée comme la nourrice de Sabazius, à voir la manière dont les Orphiques parlent d'elle, les titres qu'ils lui confèrent[3], il est évident qu'elle tenait près du dieu la place de Proserpine et qu'elle était la même que Cybèle[4].

Cette alliance de Cybèle avec Sabazius, le nom seul de

Διονύσῳ καὶ αὐτός, c'est-à-dire : » Sabazius, aussi bien que Dionysus, est donné comme l'enfant chéri (alumnus et filiolus, τὸ παιδίον, quia Dionysus non filius Rheæ, sed ejus assecula et in deliciis erat) de la grande Mère. »   (J. D. G.)

[1] *Cf.* liv. IV, ch. III, art. III, p. 60 et 70 sqq., tom. II.

[2] Diodor. IV, 4 ; J. Lydus, *ubi supra.*

[3] « Mère tellurique, reine. » Hymn. Orph. XLIX (48), v. 4.

[4] *Hippa*, comme le remarque Lobeck (*aglaoph.*, p. 582 sq.), est de la famille des Nymphes phrygiennes *Ma* et *Misa* ou *Mise* (ἄῤῥητος ἄνασσα,

la nourrice divine comme celui de son divin nourrisson, suffiraient à faire pressentir le caractère orgiastique des Sabazies. Aussi ne faut-il pas nous étonner d'y rencontrer et Pan, le bruyant danseur, sous un autre nom caractéristique[1], et Marsyas, le joueur de flûte, qui suit à Nysa Cybèle se rendant auprès de Dionysus[2], et les crotales et les cymbales, et toute la musique retentissante de Phrygie. Nous y rencontrons également des femmes transportées, les *Bassaræ* ou *Bassarides*, bacchantes de l'Asie antérieure, qui, vêtues de peaux de renard ou de panthère, ou encore de manteaux bigarrés, se livraient à tous les emportements de la fureur religieuse, inspirées qu'elles étaient de Bassareus, lui-même qualifié de furieux dans l'un des hymnes orphiques[3]. Ces femmes, aux sons de la musique phrygienne, exécutaient une danse propre au pays et appelée Sikinnis[4]. A ces fêtes se rattachaient des mystères nocturnes avec divers symboles et divers dogmes. D'après le récit développé de Clément d'Alexandrie[5], des serpents étaient glissés dans le sein des initiés, ce qui faisait allusion à Jupiter se glissant lui-même au

---

Hymn. Orph. XLII, 3), tantôt confondues avec Cybèle, et tantôt se distinguant de cette déesse. (J. D. G.)

[1] Pag. 250, n. 5, *ci-dessus*.

[2] Liv. IV, ch. III, art. III, p. 64, tom. II.

[3] XLV (44), v. 2-4. *Cf.* Lycophron. Cassandr. 781, *ibi* Tzetz.

[4] Σίκιννις, du nom d'une des nymphes de Cybèle. *Cf.* Casaubon. de Satyr. poes., p. 110 ed. Rambach; Lobeck, *Aglaoph.*, p. 1126.

(C—n et J. D. G.)

[5] Protrept., p. 14 Potter., coll. Jul. Firmic., cap. 28, et Sainte-Croix, *Recherches*, etc., II, p. 95 sq.

sein de sa fille Proserpine sous la forme d'un serpent, tel qu'il figurait, au reste, dans les représentations dramatiques de la légende sacrée. On y rapportait la formule : « Le taureau a engendré le dragon, et le dragon le taureau; » et cette autre : « L'aiguillon du bouvier est caché dans la montagne, » aiguillon par lequel il faudrait entendre la férule[1], signe, comme on sait, de la consécration à Bacchus. Cette interprétation est d'accord avec celle que Bochart a donnée, d'après l'hébreu, d'une troisième formule par laquelle se terminait la cérémonie de l'initiation : *Evoi Saboi Hyes Attes*[2], c'est-à-dire, quant aux deux derniers mots : « Il est le feu, tu es le feu[3]. » Que si, conformément aux explications des anciens Grecs, on veut voir plutôt dans *Hyes* une épithète de Dionysus, en rapport avec le nom des *Hyades*, ses nourrices, et analogue à celui de *Hysiris*, le même qu'Osiris[4], le dieu

---

[1] D'après la leçon du texte de Clément suivie par Sainte-Croix, II, p. 96, *ibi* de Sacy. — *Cf.* Lobeck, *Aglaoph.*, p. 588.

[2] Demosth. pro Corona, cap. 79, p. 313 Reisk. Εὐοῖ Σαβοῖ, Ὕης Ἄττης, Ἄττης Ὕης.

[3] Canaan, p. 441. Fréret (Acad. des Inscript., tom. XXIII, Hist., p. 46) croit pouvoir traduire la formule entière, qu'il regarde comme originairement grecque : *Quod faustum sit mystis, Sabazie pater, pater Sabazie,* traduction adoptée par Sainte-Croix, mais à laquelle M. de Sacy préfère encore, au moins à titre d'ingénieusement heureuse, l'explication de Bochart.

[4] *V.* Suidas, *v.* Ὕης et Ἄττις, coll. Anecdot. Bekkeri, p. 202, 257, 461. Hésychius explique Ὕης comme Ζεὺς ὄμβριος ou ὑέτιος. *Cf.* Plutarch. de Isid., p. 493 Wytt.; Euphor. ap. Schol. ad Arat. Phænom. 173 (Ὕῃ ταυροκέρωτι Διονύσῳ κοτέσασσα), *ibi* Schol.; et *ci-dessus*, chap. II, p. 85, avec les citat., n. 4. — *Add.* Lobeck, *Aglaoph.*, Epimetr. XII,

phrygien sera, comme le dieu grec, comme le dieu égyptien, le souverain de l'élément humide, celui qui donne les pluies, qui fait croître les eaux, le dieu-taureau indiqué par l'une des formules précédentes, et qui n'est autre que le soleil du printemps, parvenu au signe du taureau, et menant à sa suite les Hyades, constellations des pluies équinoxiales[1].

Il faut citer encore, à l'appui de ces idées, une quatrième formule sacrée des Sabazies : « J'ai porté le Kernos[2]. » Ce Kernos était un vase en usage dans les cérémonies du culte de Rhéa et de Cybèle, un cratère ou vase de mixtion, uni à une lampe, par où l'on avait voulu exprimer d'une manière symbolique les deux éléments du feu et de l'eau, la chaleur solaire et l'humidité, sans le concours desquelles la vie physique ne saurait exister[3]. En portant ce vase, emblème naïf du monde, on exécutait une espèce de danse qui en tirait son nom[4]. D'après les témoignages antiques recueillis dans nos articles de Cybèle, des Cabires et de Pan, il n'y a pas de doute que cette danse, aussi bien que celles dont il y est question, était une représentation mi-

---

p. 1041 sqq., coll. p. 647 : « Nomina Attes, Hyes, Sabus, quæ Græci modo Jovi modo Libero Patri tribuunt, earum religionum propria fuere, quæ Phrygiam, Lydiam totumque illum terrarum tractum pervagata et in Deæ Magnæ et Paredrorum cultu versata sunt. » *Cf.* note 19 sur ce livre, fin du vol.   (J. D. G.)

[1] *Cf.* notre planche CXXVII, 463, avec l'explicat.   (J. D. G.)

[2] Ἐκερνοφόρησα. Clem. Alex. *ibid.*

[3] *V.* Creuzer. Dionys., p. 223. — *Cf.* Lobeck, *Aglaoph.*, p. 26 sq., *ibi* citat. Κέρνος, μυστικὸς κρατήρ.   (J. D. G.)

[4] Κερνοφόρον ὄρχημα.

mique du mouvement du soleil, de la lune et des planètes. Une dernière formule, dont il est plus difficile de rendre compte, est la suivante : « J'ai mangé du tambour et bu de la cymbale, » se rapportant, selon toute apparence, à un banquet nocturne qui faisait partie de la fête[1].

A ces rites, à ces emblèmes et à ces formules, les corporations orphiques rattachèrent à leur tour des dogmes cosmogoniques et autres. Par exemple, dans l'un des hymnes qui portent le nom d'Orphée, Sabazius tient la place de Jupiter, il est fils de Kronos, et, quand il a mûri dans sa cuisse le fruit de ses amours, Dionysus-Bacchus, il l'envoie à Hippa sur le Tmolus pour l'élever; ailleurs Hippa l'assiste dans l'œuvre de son miraculeux enfantement, et elle reçoit Dionysus dans le van qu'elle a posé sur sa tête, à titre de première licnophore, après l'avoir couronné du serpent[2]. Or, ce mythe est interprété comme ayant trait à l'âme du monde dans son double rapport avec l'Éther et avec l'Intelligence, cette âme du monde étant ici figurée par Hippa, comme elle l'est d'autres fois par Dionysus lui-même[3]. De tels dogmes, sans doute, n'étaient point à la portée de tous, et ils devaient être réservés aux degrés supérieurs des mystères Sabaziens. Nous

---

[1] Clem. *ibid.* Schwarz (Miscell. polit. humanit., p. 117) croit voir une allusion à cette formule dans les paroles de l'apôtre saint Paul, I, Corinth., X, 20.

[2] Hymn. Orphic. XLVIII (47), coll. Orph. ap. Procl. in Plat. Tim. II, p. 124 sq.

[3] Procl. *ibid.* et III, p. 200, coll. J. Lyd. de Mens., p. 83 Schow., p. 202 Rœther. — *V.* aussi Lobeck, *Aglaoph.*, pag. 581 sqq.

(J.D.G.)

conjecturons que cette haute initiation se liait à Rhéa, à ses relations avec Sabus, les considérant tous deux comme puissances cosmogoniques. Quant aux degrés inférieurs, ils paraissent avoir consisté en un culte de la nature tout orgiastique et passablement sauvage. On conçoit, du reste, qu'un pareil culte, célébré de nuit par les sensuels habitants d'un climat méridional, ait donné lieu à bien des désordres. C'est ce qui explique le mépris dans lequel les Sabazies tombèrent de bonne heure, à tel point qu'on ne pouvait y participer sans déshonneur du temps de Démosthène[1]. Plus tard, le mal ne fit que s'accroître, comme le prouve l'opposition que mit à l'introduction de ces rites, dans l'année 514 de Rome, le préteur des étrangers C. Cornelius Hispallus[2]. Ce qui le prouve mieux encore, ce sont les plaintes des Pères de l'Église, tels que Clément d'Alexandrie. Toutefois le culte de Sabazius parvint à se naturaliser en divers lieux de la Grèce[3]. Du moins rencontre-t-on, sur les monuments de l'art, des traces sensibles du mélange des mythes du Bacchus grec avec l'histoire des divinités phrygiennes. Ainsi, sur un bas-relief de la villa Borghèse, nous voyons Dionysus et Cybèle assistant au supplice de Marsyas; et, sur un vase grec de la

---

[1] Pro Corona, *ibid.*

[2] Valer. Maxim. I, 3, 2.

[3] *Cf.* sur l'époque et les effets de l'introduction des Sabazies en Grèce, sur le caractère qu'elles y prirent, sur leurs rapports avec les mystères orphiques, et sur les divers autres points touchés ici, les recherches approfondies de Lobeck, *Aglaoph.*, p. 646 sqq., 659-698, résumées dans notre note 19 sur ce livre, fin du vol. (J. D. G.)

Campanie, sont rapprochés Cybèle, Bacchus et Proserpine[1].

IV. Koros et Kora, Liber et Libéra en Italie, et le Dionysus de la Grande-Grèce. Liaison étroite de ces religions avec les cultes correspondants de la Grèce, particulièrement de Samothrace et d'Athènes, et leurs rapports avec ceux de l'Égypte et de l'Asie antérieure. Hébon, le même que Bacchus; Libéra, la même que Proserpine, dans les mystères italiques.

Si le culte de Bacchus dans l'Asie-Mineure eut ses points de contact avec le même culte en Italie, c'est surtout dans les religions primitives de la Grèce, dans celles de Samothrace, puis d'Athènes, qu'il faut chercher la racine de celui-ci. Deux Cabires, nous l'avons vu[2], portèrent de Samothrace en Tyrrhénie l'organe viril de leur frère mis à mort. Ce fut le Dionysus-Camillus de l'Étrurie, et bientôt de l'Italie entière. Partout, dans cette contrée, les fêtes de Liber et l'adoration du phallus devinrent inséparables, et le Sabin sauvage n'eut pas d'autre manière d'honorer son Bacchus *Lœbesius*[3]. Indépendamment de ces rapports généraux, des traits plus précis, dans les reli-

---

[1] Winckelmann, *Monum.*, n° 42; Millin, Peint. de vases antiq., tom. I, pl. 50.—*Cf.* nos planches LXXXIII, 301, CXI, 433, CXLIII, 471, CXLII, 472, CXLV, 473, avec l'explication. — La scène représentée planche CXLV, 476 *a*, n'est peut-être pas sans rapport avec les religions de la Phrygie; et, sur la médaille lydienne, planche CXLIX, 488 *a*, coll. CXV, 488, il semble voir une allusion à la formule : *Taurus serpentem genuit*. *Cf.* l'explicat. des pl.   (C—n et J. D. G.)

[2] Pag. 91 *ci-dessus*, avec le renvoi indiqué au tome II.

[3] Clem. Alex. Protrept., p. 33.

gions bachiques de l'Italie, nous renvoient à Athènes, en Argolide et jusqu'en Égypte. Ainsi le phallus qui figurait dans la grande procession de Lavinium était de bois de figuier[1], et dans les fêtes des Étrusques on retrouve les nébrides[2]. Sans doute ce peuple, civilisé comme il l'était, dut attacher à ces fêtes et à leurs rites, dans les temps de son indépendance, un sens plus élevé que ne le fait supposer le fameux sénatus-consulte sur les Bacchanales, rendu l'an 568 de Rome, 186 ans avant J.-C., par conséquent un siècle après la soumission de l'Étrurie par les Romains[3]. Toutefois le culte de Bacchus ne paraît pas avoir jamais reçu chez les Étrusques, non plus que chez les peuples latins, le degré de perfectionnement auquel il parvint dans la Grande-Grèce, et dont témoignent les peintures si riches de formes et de sens à la fois des vases grecs de la Campanie.

Qu'était donc ce *Liber*, célébré dans les Bacchanales de l'Italie, et quelle idée faut-il se faire de cette *Libera* qui y jouait un rôle si important? Pour résoudre cette question, retournons à Athènes, aux fêtes mystérieuses de Bacchus ou aux Lénées, et rapprochons-les des fêtes de Cérès ou des Éleusinies. Là Déméter ou *Déo* était mère, et elle avait deux enfants, Iacchus et Perséphone. Cette mère, c'était la Terre-Mère, ainsi qu'Eschyle l'appelle[4],

---

[1] Dionys. Hal. I, 40; Macrob. Sat. III, 6; Fest. s. v. Lucem facere. Cf. p. 229 ci-dessus.

[2] Appian., p. 58 Steph.; Dionys. Hal. VII, 72.

[3] Cf. Heyne Monum. Etrusc. art., dans les Nov. Comm. Soc. Gotting., t. V, p. 49; et p. 225 sq. ci-dessus.

[4] Μᾶ γᾶ, Suppl. 897.

la mère des beaux enfants[1], peut-être même la Mère par excellence[2], comme Iacchus était le fils, le garçon, *Koros* ou *Kouros*[3], et Perséphone la fille, la vierge, *Koré* ou *Kouré*, nom sous lequel on adorait le plus généralement cette déesse. Iacchus et Perséphone étaient donc frère et sœur; mais ils étaient en même temps époux et épouse, d'après l'usage de la haute antiquité consacré dans ses religions, par exemple en Égypte, où nous avons vu Osiris et Isis, le frère et la sœur, s'unir ensemble dès le sein de leur mère[4]. A Athènes, le lit nuptial dressé le troisième jour des Éleusinies se rapportait à l'union conjugale de Proserpine et d'Adès, lequel Adès ou Pluton n'était autre pour les initiés que Dionysus *Chthonius*, c'est-à-dire le souterrain[5]. Et en effet, dans l'hymne orphique cinquante-troisième se rencontre une allusion claire à l'hymen mystique de ce Dionysus et de Perséphone[6]. Quant au sens de ces

---

[1] Καλλιγένεια.

[2] Si l'on doit lire τῇ Μητρὶ καὶ τῇ Κούρῃ, dans le texte d'Hérodote VIII, 65, *ibi* var. lect. et Valcken., tom. IV, part. II, p. 31, et tom. VI, p. II, p. 137 Schweigh.

[3] Ce nom lui est donné, mais rarement. *V.* Casaubon. ad Athen. V, p. 213 D. *Cf.* p. 233 *ci-dessus,* et le passage cité de Nonnus.

[4] Liv. III, ch. II, p. 389, tom. Ier.

[5] Clem. Alex. Protrept., p. 18, *ibi* interpret., coll. Plutarch. de Isid., p. 483 Wytt.

[6] V. 1-3. Sur le célèbre vase de Brunswick, vulgairement appelé l'Onyx, Iacchus et Proserpine enfants se voient l'un à côté de l'autre au-devant d'une grotte. *V.* Bœttiger, *Archæol. Mus.* I, p. 21, coll. Welcker, *Zeitschrift f. alt. Kunst.,* 1, 1, p. 103 sqq.—Iacchus paraît entre les deux déesses (τὼ Θεώ), la Mère et la Fille, rapprochées l'une de l'autre, ou bien encore sur le sein de Déméter, dans nos pl. CXLVII, 490 *a*, CXLIV, 490 *b*.   (J. D. G.)

rapports divins, à leur fondement dans la réalité des choses; c'est aux conceptions générales de ces cultes de la nature qu'il faut le demander. Dionysus, nous l'avons reconnu, est tantôt le fils, tantôt l'époux, tantôt le frère de Proserpine; tantôt il repose sur le sein maternel de Déméter, tantôt il juge les morts avec elle ou bien avec sa fille. Toutes ces diverses relations ne peuvent s'expliquer qu'autant que l'on admet, avec Hérodote et Plutarque[1], que Dionysus est Osiris et Déméter Isis, comme ces deux grandes divinités de l'Égypte se retrouvent, plus ou moins modifiées dans la forme, identiques au fond, dans la plupart des religions de l'Asie antérieure, principalement dans les cultes d'Adonis et Astarté, de Cybèle et Attis. La déesse, quelque nom qu'on lui donne, est tantôt la terre-mère, que cette terre soit conçue dans sa surface et comme nourrice des êtres, ou dans ses profondeurs comme les produisant de son sein et les y recueillant tour à tour; tantôt la lune envisagée également sous ses aspects divers. Le dieu, c'est le soleil puissant ou impuissant, fécondant la lune et par elle la terre, ou en rapport direct avec celle-ci; tantôt habitant l'hémisphère supérieur, répandant la chaleur et la vie, tantôt descendu aux sombres demeures et y retrouvant sa divine épouse, ou la laissant stérile et désolée au séjour de la lumière. C'est encore, ainsi qu'en Égypte, un fleuve bienfaisant qui descend du ciel et agit sur la terre comme principe de l'humidité; ou bien un pouvoir tellurique, régnant et opé-

[1] De Isid., p. 494 Wytt.

rant à la fois dans les régions infernales, et reproduisant la vie au sein même de la mort. Au-dessus de ces différents points de vue plane, en quelque sorte, la conception d'un hymen sacré, dont les périodes de la révolution apparente du soleil et les vicissitudes correspondantes de la nature, spécialement celles de la végétation, forment les joies et les douleurs. De là ces autres conceptions de la mutilation de l'époux divin, comme dans Osiris, de son double sexe, comme dans Adonis, et cette déesse, Isis ou Astarté, Cybèle ou Cérès, qui pleure et qui cherche, là son époux, ici son fils ou sa fille. En Égypte même, nous l'avons vu, Osiris était quelquefois considéré comme le fils d'Isis, c'est-à-dire qu'il était le prototype du jeune Iacchus de l'Attique, suspendu au sein maternel de Déméter, et ayant pour sœur la jeune Perséphone, représentant l'un et l'autre les germes précieux, soit du blé, soit des plantes, qui disparaissent sous la terre et s'en élèvent tour à tour. Iacchus ou Dionysus enfant et sa sœur Perséphone s'unissent entre eux tantôt à ce titre et comme forces végétantes de la nature, tantôt comme principes de ces forces, comme soleil et lune, chaleur et humidité, et ainsi de suite[1]. Mais pour Perséphone comme pour Déméter, Dionysus peut devenir un fils au lieu d'un époux, sous le double point de vue tellurique et si-

[1] *Quam* (Proserpinam) *frugum semen esse volunt absconditamque a matre quæri fingunt* (Cic. de N. D. II, 26, p. 311 ed. Creuzer, coll. Porphyr. ap. Euseb. P. E. III, p. 109, etc.). Proserpine est aussi la lune (Euseb. *ibid.*, p. 115). Quant à Dionysus, il est positivement appelé φυτευτικῶν δύναμις (Euseb. *ibid.*, p. 110), et nous savons qu'il était adoré comme le soleil (ch. II, p. 58, ci-dessus).

dérique, la lune, dans les idées de la haute antiquité, étant la mère et la nourrice du règne végétal, et la terre reproduisant incessamment de ses profondeurs, enfantant de nouveau à la lumière les germes qu'elle a conçus d'en haut. Aussi Proserpine, cette terre en quelque sorte souterraine, est-elle fille de Styx, et Jupiter, sous la forme du serpent, de ce reptile toujours jeune qui se glisse au sein de la terre, a-t-il engendré avec elle le dieu-taureau. Voilà comment, au sens physique, et aussi bien au sens cosmogonique supérieur, Dionysus-Zagreus ou le Dionysus souterrain devient fils de Perséphone, naguère sa sœur et son épouse. Voilà comment tout cet ensemble, si compliqué au premier aspect, de rapports généalogiques, se fonde sur l'unité, sur la réalité féconde d'une vue de la nature, dont les racines se cachent au sein des religions de l'Égypte et de l'Asie antérieure[1].

Et maintenant se résout d'elle-même la question que nous avons posée plus haut, de savoir qui étaient ce *Liber* et cette *Libera* tant célébrés en Italie. Quand Cicéron déclare[2] que l'on appelait de ces noms les enfants de Cérès au même sens que les enfants des humains se nommaient *Liberi*, il a raison sans aucun doute, à parler d'une manière générale. *Liber* et *Libera* ne sont pas autres que *Koros* et *Kora*, enfants de Déméter[3]. Toute-

---

[1] Ces idées seront développées et poussées à leurs plus hautes conséquences, surtout en ce qui concerne Cérès et Proserpine, dans le livre suivant.

[2] De N. D. II, 24, p. 300 ed. Creuzer.

[3] Les Romains, au lieu de *Libera*, ont quelquefois gardé le nom

fois et les anciens et les modernes se sont accordés à chercher au nom de *Liber* une étymologie plus précise et plus caractéristique. De toutes celles qui ont été imaginées[1], nulle ne mérite autant d'attention, ne réunit à un aussi haut degré les conditions philologiques et mythiques nécessaires, que celle qui nous est enseignée par Plutarque[2] et qui nous transporte à la fois dans le domaine du plus vieil idiome grec et dans celui des anciennes religions de Samothrace, source immédiate du culte de Bacchus en Italie. D'après cette étymologie, la racine de *Liber* et en même temps de *Lœbesius*, ce nom de Bacchus chez les Sabins, serait le mot d'où vient *libation*, mot qui se retrouve dans le grec et dans le latin, et qui a des analogues jusque dans l'allemand[3]. *Liber* serait ainsi *celui qui verse, qui répand*, notion tout-à-fait assortie à celles du taureau printanier sortant du sein des eaux, du nourrisson des Hyades, du dieu qui donne la pluie aussi bien que son père (Jupiter *Pluvius*), et qui naquit parmi les tonnerres et les éclairs[4]. Mais en supposant même cette étymologie aussi fausse que les autres, l'idée fonda-

---

de *Cora*, comme en témoignent les inscriptions. *V.* Gruter. I, p. 309, n° 3, et Meursius in Gronov. Thes. Antiq. Græc., tom. VII, p. 818.

[1] *V.* G. Vossius, Etymol. ling. lat., p. 287, *v. Liber*, coll. Bochart, Can., p. 443; Lennep. Etymol., p. 922.

[2] Quæst. Rom. CIV, p. 181 Wytt.

[3] Ὅτι τὴν λοιβὴν παρέσχεν. Λοιβή de λείβω, *libo*, dont Voss (*zu Virgils Ectog. VII*, p. 372) rapproche justement *lieben, loben, leben*, aimer, louer, vivre.

[4] *Cf.* chap. II de ce livre, p. 57 sq., 60, 63 sq., 68 sq. *ci-dessus*; et liv. VI, ch. I, p. 582, tom. II.

mentale du *Liber* de l'Italie n'en resterait pas moins identique avec celle du Dionysus de la Grèce et de Bacchus en général. Nous en avons la preuve certaine dans ce taureau à face humaine, ce *Hébon* des peuples italiques, lequel n'est autre que Bacchus et nous apparaît sur les plus anciennes médailles de la Grande-Grèce et de la Sicile[1].

Quant à *Libera*, d'après ce qui vient d'être dit, il ne saurait non plus, ce semble, y avoir de doute sur la véritable application de ce nom. Et pourtant des opinions diverses ont trouvé cours dans la science à cet égard, parce qu'en effet Libéra se présente sous divers points de vue. Il a paru qu'elle pouvait être *Cérès*, ce qui reviendrait à la conception antique et primitivement égyptienne de Dionysus et Déméter régnant sur l'empire des morts[2]. D'ailleurs, ne voyons-nous pas encore, chez Virgile[3], Cérès et Liber conduisant de concert la course de l'année dans les cieux? Cérès s'unit donc à Liber et comme puissance céleste et comme pouvoir tellurique, mais principalement à ce dernier titre; et la nourrice divine de Dionysus le suit aux sombres demeures où elle partage son trône infernal, devenue *Chthonia* comme lui *Chthonios*. C'est *Prosymna* prenant place à côté de *Prosymnos*, le

[1] *V.* nos pl. CXXVI, 464 (le revers, que l'on y reconnaisse Cérès ou Proserpine, n'en a pas moins trait à la naissance de Dionysus-Zagreus, et, rapproché de la face, nous ramènerait encore une fois à la formule des Sabazies : *Taurus draconem genuit et taurum draco*), 465, CXXVII, 465 *a*, avec l'explication.   (J. D. G.)

[2] Herodot. II, 123.

[3] Georgic. I, 7, *ibi* Heyne.

dieu du sommeil et de la mort[1]; c'est la déesse *qui donne la richesse,* associée au dieu qu'on invoquait avec le même surnom dans les Lénées[2]. Sous tous ces aspects Cérès peut être Libéra.

Mais Libéra peut être aussi *Sémélé,* et celle-ci, de mère de Dionysus, d'Iacchus même[3], peut à son tour devenir son épouse. De bonne heure le rôle infernal de Dionysus, en qualité de pouvoir tellurique, fut mis en rapport avec sa descente dans l'Hadès, lorsqu'il entreprit d'en retirer Sémélé, sa mère[4]. C'est pourquoi Sémélé était qualifiée de *Libera;* nous en avons des témoignages formels[5]. Qui plus est, elle était la même que la terre, par conséquent elle se confondait avec Déméter ou Cérès; l'on interprétait son nom dans ce sens[6]; et, sous son autre nom de *Thyoné,* expliqué de même[7], elle était remontée avec son fils des enfers au céleste séjour[8].

Vénus aussi pourrait être considérée comme Libéra. Bacchus, en effet, suivant quelques-uns, était fils d'A-

---

[1] Pausan. II, Corinth., 37. *Prosymnos* et *Prosypnos, Polymnos* (*ibid. fin.*) et *Polypnos* sont un seul et même personnage. *Cf.* liv. VI, ch. II, p. 607, tom. II.

[2] Πλουτοδότειρα, πλουτοδότης, le même que Πλούτων. *V.* Spanheim. ad Callimach. Cer. 71. *Cf.* p. 231, 236, *ci-dessus.*

[3] Pag. 231 sq., *ci-dessus.*

[4] Pausan. *ibid.* et 31, coll. Hygin. Poet. Astron. II, 5, p. 435 Staver.

[5] *V.* Muncker ad Hygin., p. 344, *ibi* Cyrillus.

[6] J. Lyd. de Mens. p. 82 Schow., p. 198 Rœther.

[7] Pag. 64, *ci-dessus.*

[8] Pag. 37 et 72. *ci-dessus,* coll. pl. CXXVIII, 443 *a,* avec l'explication. (J. D. G.)

phrodite[1]. Selon d'autres, il s'était uni avec elle et en avait eu un fils[2]. Enfin Varron[3] associe formellement Vénus à Liber, en qualité de *Libera*, tous deux présidant ensemble au mariage.

Nous sommes également fondés à voir dans *Ariadne* une dernière Libéra. A titre d'épouse de Dionysus, cette fille royale de la Crète devait partager ses honneurs, et, comme Sémélé, sa mère, être ravie dans cet état de gloire où le héros divin, transfiguré par les mystères, apparaissait dieu. Non-seulement sa couronne, mais elle-même en personne elle avait été mise au rang des astres[4]; et, chez Ovide[5], Dionysus dit à Ariadne, ainsi transfigurée avec lui, qu'elle sera sa *Libera* et qu'elle partagera son nom.

Parmi toutes ces Libéra, qui sont, on le voit, différentes déesses ou héroïnes qualifiées de ce nom dans leur association avec Dionysus, en est-il une à qui ce nom appartienne plus spécialement? en d'autres termes, quelle était la *Libera* des mystères italiques, l'épouse mystique de *Liber*, celle par exemple qui figure dans les peintures des vases de la Grande-Grèce? Les uns y reconnaissent Cérès[6]; les autres soutiennent que l'unique épouse de Dionysus c'est Ariadne, d'après le mythe antique de Naxos, et que Libéra, dans cette qualité, ne saurait être différente, que c'est encore Ariadne transfigurée, comme nous

[1] Valckenaer Diatrib. Euripid., cap. 15, p. 154 sqq.
[2] *Cf.* liv. IV, ch. III, p. 55, tom. II.
[3] Ap. Augustin. de Civ. Dei, VI, 9.
[4] Muncker ad Hygin. fab. 224.
[5] Fast. III, 512, coll. Hygin. *l. l.*
[6] Bœttiger, *Vasengemælde*, 1, p. 154.

le disions, après son union avec Liber[1]. Quant à nous, nous pensons, avec un savant archéologue[2], qui d'abord avait professé la première opinion, que la Libéra des mystères n'est pas autre que Proserpine. D'après ce que nous avons dit plus haut de l'union du frère et de la sœur, dans les antiques religions de la nature, ce serait une inconséquence que Perséphone, sœur de Dionysus, ne fût pas en même temps son épouse. En effet, nous les avons vus tous deux, nous avons vu Iacchus enfant et la jeune Perséphone former un couple divin, tandis que Pluton-Bacchus et Proserpine en forment un autre correspondant. Sans invoquer à l'appui de notre sentiment les interprétations théoriques de l'antiquité, sur lesquelles nous reviendrons ailleurs[3], nous citerons le témoignage décisif d'un savant historien. Théopompe[4] nous dit positivement que les habitants des pays de l'Ouest, par conséquent de l'Italie, se représentent le printemps sous le nom de Proserpine. Et non-seulement l'allusion significative d'un des hymnes orphiques[5] prouve, à nos yeux

---

[1] Millin, Peint. de vases antiq. I, p. 74 sq.

[2] Le même Bœttiger, *Archæol. Mus.* I, p. 21.

[3] Dans le livre suivant, sect. I, ch. V et VI. *V.*, en attendant, J. Lydus de Mens., p. 124 Schow., p. 284, 286 Rœther., où Pluton est expliqué par le soleil de l'hémisphère inférieur, qui enlève Proserpine, c'est-à-dire la puissance qui produit ou contient les germes (suivant Cicéron, de N. D. II, 26, la semence même du blé; selon d'autres, la lune); et Plutarch. de Isid., pag. 505 Wytt., où Dionysus est l'esprit générateur et nourricier, Cérès l'esprit de la terre, et Proserpine l'esprit qui vit dans les fruits. *Cf.* p. 262, n. 1, *ci-dessus*.

[4] Ap. Plutarch. de Isid., p. 549 Wytt.

[5] XXIX (28), v. 13.

du moins, en faveur de cette idée; mais l'hymne homérique à Cérès[1], dont on ne saurait contester l'antiquité, en renferme une semblable. Telle est donc cette Libéra, qui monte et qui descend tour à tour avec le souverain monarque de la terre, avec le maître de l'année et des saisons, le soleil; qui partage, en qualité de lune, sa céleste royauté; qui, du haut des cieux, répand ses dons ici-bas avec les pluies bienfaisantes du printemps; qui se replonge avec son divin époux au sein de la terre, pour y coopérer à son action; qui enfin s'en va prendre place à ses côtés dans les sombres demeures de l'enfer[2]. Tel est aussi ce Liber, identique à Bacchus-Hébon, le taureau printanier, auquel, en Italie, en Sicile, à Rome même, des temples furent dédiés en commun avec Cérès et Proserpine, cette dernière déesse désignée indifféremment dans les auteurs par les noms de *Libera* et de *Cora*, comme le dieu par ceux de *Dionysus* et de *Liber*[3]. Et que cet échange de dénominations ne trompe point sur le vrai caractère des divinités et des cultes dont il s'agit. Il faut ici oublier presque entièrement les fables profanes, quoique de loin en loin elles laissent percer la trace des conceptions primitives. Cicéron nous en fait la recomman-

---

[1] V. 401 sqq.

[2] *V.* et *compar.* nos planches CXLIV *bis*, 551, CV, 552, CXLVII, 553, CIV, 554, CIII, 421, avec l'explication. (J. D. G.)

[3] *V.* Livius, III, 55, coll. XXXIII, 25, XLI, 28; Cicer. in Verr. IV, 48 et 53. *Compar.* surtout Dionys. Halic. Antiq. VI, p. 1077 Reisk., et Tacit. Annal. II, 49, rapportant le même fait, la construction, par le dictateur Posthumius, d'un temple Δήμητρι καὶ Διονύσῳ καὶ Κόρῃ, dit l'un, *Libero Liberæque et Cereri*, dit l'autre.

dation expresse par la bouche de son stoïcien, quand il distingue le Liber « que les ancêtres ont consacré par un culte auguste et saint avec Cérès et Libéra, le Liber tel qu'on l'enseigne dans les mystères, » d'un autre Liber, le fils de Sémélé[1].

Du reste, on le voit, les vieux noms pélasgiques de *Liber* et de *Libera* communs, selon toute apparence, à la Grèce et à l'Italie primitives, ne demeurèrent point exclusivement réservés, dans cette dernière contrée, même aux religions mystérieuses. Les inscriptions des vases peints des villes grecques de l'Italie, appliquées à des scènes qui s'y rapportent sans aucun doute, en offrent de nouvelles preuves. Liber y est ordinairement appelé *Dionysos*, et Libéra *Persephone*[2]. Il se peut que le rang de la *vierge ineffable*[3], comme elle s'appelait encore, de cette *Kora*, dont *Libera* paraît au premier abord une simple traduction, ait été transporté avec son nom à Ariadne, la fiancée de Dionysus à Naxos, quand elle était montée au ciel avec son divin époux; que ce mélange de la fable populaire avec la fable mystique ait eu quelque influence sur les monuments figurés, et que, sur les vases, par exemple, Ariadne déifiée se présente quelquefois comme Libéra; qu'il faille même la distinguer par ses attributs proprement bachiques, tels que le lierre entre autres[4].

---

[1] De N. D. II, 24, p. 300 ed. Creuzer.

[2] *V.* nos planches CXVII, 443, CXLVII, 548, et l'explication.
(J. D. G.)

[3] Ἄρρητος κόρη. Hesych. s. v.

[4] Millin, *ibid.* — *V.* les sujets divers relatifs à Ariadne, ou comme telle, ou comme Kora-Libéra, dans nos planch. CXX, CXXI, CXXII,

Mais, encore un coup, quand il s'agit de l'épouse ordinaire, légitime, en quelque sorte, du mystérieux Liber ou Dionysus, sur les vases spécialement, c'est à Proserpine, à elle seule qu'il faut songer. Ariadné, d'ailleurs, quoique son fortuné réveil à Naxos l'ait fait employer comme un symbole d'immortalité sur les sarcophages[1], ne fut pourtant jamais, que nous sachions, considérée comme reine des morts. Or, c'est ce qu'est essentiellement la mystérieuse Libéra, ainsi que le prouve la connexité originelle et permanente des Liberalies de la Grande-Grèce avec les mystères de la Grèce propre, surtout avec ceux d'Athènes; de plus, la fréquente substitution du myrte au lierre sur les monuments des mystères italiques[2], et la présence plus habituelle encore, sur les vases, des têtes de pavot et des pommes de grenade, ce fruit mystique de Proserpine[3]. Tout concourt donc à établir l'opinion, à laquelle nous croyons devoir nous ranger, que Libéra, en qualité d'épouse du Bacchus mystique de la Grande-Grèce, n'est pas, dans la règle, différente de Proserpine.

CXXVI, 452-457, coll. CXVI, 460, CXVII, 460 a, CXLIV, 489; surtout 456 et 457, avec l'explication. (J. D. G.)

[1] V. pl. CXXI, CXXII, 454, 455, avec l'expl. (J. D. G.)

[2] Le myrte, comme on sait, était consacré aux divinités telluriques, particulièrement à Cérès (Spanheim ad Callim. Cer. 45, Dian. 203).

[3] Spanheim *ibid*. — *Cf.* les planches relatives à Bacchus et à Cérès, *passim*, et la note 20 sur ce livre, fin du volume, où les questions traitées dans cet article sont examinées de nouveau d'après les monuments, surtout les peintures des vases, si multipliées depuis quelques années, et les recherches récentes des savants archéologues Millingen, Gerhard, Panofka, de Witte et autres. (J. D. G.)

CHAPITRE V.

DE LA DOCTRINE DES MYSTÈRES, SPÉCIALEMENT DE CEUX DE BACCHUS.

I. Doctrine de Dieu et du monde. Dionysus le créateur et le souverain de la nature; ses rapports avec Jupiter et avec Apollon; signification cosmogonique et morale du démembrement et de la mort de Zagreus, ainsi que des rites, noms ou symboles qui s'y rattachaient. Ce que sont les jouets de Dionysus enfant; le cratère dionysiaque. Rapports de Dionysus avec Héphæstus ou Vulcain, autre démiurge; mythes cosmogoniques et physiques qui concernent ce dernier.

Dans la légende de la création, suivant les dogmes du culte mystérieux de Bacchus, le premier créateur ou démiurge que nous voyons paraître, c'est Zeus ou Jupiter absorbant Phanès[1]. Ce dernier renferme en soi les archétypes de toutes choses, lesquels, après son absorption par Jupiter, sont tous manifestés dans celui-ci. De là le rapport intime qui existe entre Zeus et Phanès, rapport qui, transporté au Dionysus de la religion publique, aboutit quelquefois à une complète identification de Dionysus et de Jupiter. Ainsi, selon quelques-uns, nous apprend Aristide[2], ces deux dieux n'en faisaient qu'un seul. Selon d'autres, Jupiter, qui est le père, accomplit l'œuvre de l'uni-

---

[1] *V.* ch. III, p. 202 sqq. *ci-dessus. Cf.* Lobeck, *Aglaoph.*, p. 519 sqq., et la note 16 dans nos Éclaircissements sur ce livre, fin du vol.
(J. D. G.)

[2] Orat. in Bacch., p. 29 Jebb.; — p. 49 Dindorf.

CH. V. DOCTRINE DES MYSTÈRES. 273

vers, et Bacchus en prit le gouvernement[1]. Ailleurs Proclus s'exprime à ce sujet d'une manière positive, lorsqu'il dit : « Phanès est la cause démiurgique ou le motif de la création du monde[2], » proposition qui s'éclaircira plus loin. Enfin, Julien est plus formel encore et plus explicite. « Dionysus, avance-t-il, a reçu la création multiple de la vie unique et permanente du grand Jupiter dont il est né lui-même ; cette vie, il l'a dispensée ensuite à toutes les choses visibles, en qualité d'arbitre suprême et de souverain de la création multiple dans sa totalité[3]. »

C'est ici que le Dionysus-Zagreus de la Crète entre profondément dans la doctrine des mystères et y joue un rôle aussi important que divers. Si l'on en croit Diodore et Cornutus, qui ne fait souvent que l'extraire, le mythe entier qui concerne ce dieu, mythe que nous avons exposé dans le chapitre précédent, ne serait autre chose que l'histoire naturelle de la vigne et de son fruit[4]. Toutefois le premier de ces auteurs observe que, dans les mystères, on donnait de la légende de Zagreus des explications qui ne sauraient, suivant lui, être communiquées aux profanes. Nous avons lieu de penser, en effet, que ces explications montraient, dans le fameux démembrement du fils mystique de Jupiter et de Proserpine, un dogme fondamental de la cosmogonie et de la morale à la fois. Bac-

---

[1] Procl. in Plat. Tim., p. 336, coll. p. 334 ; in Parmenid. I, p. 91 Cousin., ex Orpheo. — *Cf.* Lobeck, p. 552 sq.   (J. D. G.)
[2] In Tim., p. 102.
[3] Orat. V, p. 179 B, Spanheim.
[4] Diodor. III, 62 ; Cornut. de N. D., cap. 30.

chus y était bien, ainsi que le présentent les Platoniciens cités plus haut, la multiplicité, la vie multiple de la nature, en un sens physique avant tout, peut-être même sidérique et astrologique[1]. Dionysus, est-il dit positivement, est la pluralité, le tout qui se produit sous la diversité des formes, dans l'air, l'eau, la terre, les plantes et les animaux. C'est là ce qu'on entendait par le déchirement et le démembrement du dieu appelé *Zagreus*, *Nyctelios* et *Isodætes*. Cet autre mythe d'un dieu mort et perdu, retrouvé et ressuscité, le mythe d'Osiris, d'Adonis et de leurs semblables, n'avait pas au fond un sens différent[2]. Pour revenir à Bacchus, Apollon qui recueille ses membres dispersés, c'est l'unité qui préside à la nature dans son évolution, pour la préserver d'une dissolution totale et la rallier, la rattacher à son principe unique[3]. Ainsi Dionysus et Apollon sont opposés l'un à l'autre; et pourtant ils se rencontrent dans le nombre sept. Ce nombre est consacré aux deux dieux à la fois, et, d'après les Orphiques, le corps de Dionysus avait été déchiré en sept parties[4], tandis que, suivant les Pythagoriciens, Apollon

[1] Si l'on admet comme ancien le dogme orphique rapporté dans Lil. Gyraldi, de Musis, Op. t. I, p. 558 A, B, et Linacer, Mythol. Musar., c. I, p. 8, à la fin de l'ouvrage bien connu de Natalis Comes.

[2] Plutarch. de Ei ap. Delph., p. 592, coll. de Isid., p. 495 Wyttenb.

[3] Plutarch. de Ei *ibid.*, coll. Orph. ap. Procl. in Plat. Alcibiad. I, p. 83 Creuzer., p. 216 Cousin. Nous avons vu plus haut (chap. IV, p. 238), d'après Nonnus, Zagreus, avant de tomber sous les coups des Titans, se métamorphoser dans tous les éléments et dans tous les corps de la nature.

[4] Procl. in Tim., p. 200.

était né le septième jour et en tirait l'un de ses surnoms[1]. Apollon et Bacchus, d'ailleurs, avaient d'autres points de contact; ils étaient réunis à Delphes et par le culte et dans les représentations figurées[2]. Mais cette réunion n'était que la conséquence de leur opposition, qui se retrouvait jusque dans le contraste des hymnes caractéristiques dédiés à l'une et à l'autre divinité : à Apollon (l'unité) le Pæan grave et simple; à Bacchus (la multiplicité) le Dithyrambe varié et désordonné. De là encore l'agitation des fêtes bachiques, comparée à l'ordonnance régulière de celles d'Apollon. De là Bacchus lui-même tantôt enfant, tantôt jeune homme, tantôt homme fait, tantôt vieillard; Apollon, au contraire, toujours semblable à lui-même, doué d'une jeunesse éternelle et divine[3].

Ici s'ouvre une nouvelle série d'idées. Des émanations des corps des Titans frappés de la foudre, après qu'ils eurent mis Zagreus en pièces, provint la matière, et de la matière naquirent les hommes. Aussi la nature humaine contient-elle en soi un principe titanique et sauvage. Conséquemment l'on interprétait en un sens purement moral toute cette histoire de la mort de Zagreus. Le sacrilége des Titans et leur châtiment, disait-on, sont des emblèmes salutaires, qui doivent nous apprendre à dompter en nous les appétits charnels, à détruire, autant qu'il se peut, la partie animale de notre être, à la régénérer en la

---

[1] Ἑϐδομαγέτας ou ἑϐδομαγένης. Cf. liv. V, sect. I, p. 268, t. II.

[2] Plutarque cité p. 240 ci-dessus, et Pausan, X, Phocic., 19. Cf. L. Gyrald. de diis gent. Syntagm. VIII, p. 287.

[3] Plutarch. de Ei, ibid.

mortifiant. Le démembrement de Zagreus est un mythe sublime, qui nous enseigne la palingénésie ou seconde naissance[1]. Notre corps, ajoutait-on, par une application quelque peu différente, est au fond le corps même de Dionysus; nous sommes une partie de ce dieu, ayant été formés de la matière provenue des Titans après qu'ils se furent nourris de sa chair. Il ne nous est donc pas permis d'attenter à ce corps et de nous en délivrer volontairement[2]. Ces idées et d'autres semblables, on cherchait à les inculquer par des rites et par des noms significatifs. Entre les rites était celui dont nous avons parlé plus haut[3], en vertu duquel les assistants au banquet solennel des mystères se partageaient, pour les manger crus, les membres de la victime. Euripide y fait allusion dans un fragment remarquable qui nous a été conservé de sa pièce des Crétois[4]. Si l'on en rapproche un passage de l'Hippolyte du même auteur[5], l'on s'assure que non-seulement cet usage était commémoratif de la mort tragique de Zagreus, mais que de plus il avait trait à l'abstinence de toute nourriture animale, prescrite aux initiés à ses mystères. Sauf cette circonstance unique du sacré banquet, les mystiques adorateurs de Bacchus, les disciples d'Orphée, ainsi que les Pythagoriciens, leurs imitateurs, s'abstenaient, en effet,

[1] Plutarch. de esu carn., p. 49 Wyttenb.; Olympiodor. ad Plat. Phædon. in fragm. Orphic., p. 509 Hermann.
[2] Olympiodor. ad Plat. Phædon., p. 134 Wyttenb.
[3] L'*Omophagie*, chap. précéd., p. 230.
[4] Ap. Porphyr. de Abstin. IV, p. 366 ed. Rhœr. — *Cf.* Lobeck, *Aglaoph.*, p. 622 sq., et *ibi* Hermann.   (J. D. G.)
[5] V. 952.

CH. V. DOCTRINE DES MYSTÈRES. 277

de manger de la chair des animaux; et pareillement, comme en fait foi le premier passage d'Euripide, les prêtres du Jupiter Idéen de l'île de Crète. Rompant avec les Titans, symboles des passions impures et déréglées, ils s'associaient au chœur des Curètes, leurs adversaires, dont la danse armée, nous l'allons voir, était une figure de l'harmonie qui préside à une vie épurée et plus haute.

Un surnom remarquable donné à Dionysus, celui de *Isodætes* ou *Isodiætes*[1], va faire ressortir encore mieux le sens du banquet dont il vient d'être question. Dionysus était ainsi appelé, d'abord comme dieu de la table en général, comme le bon dieu qui partage également ses bienfaits, qui nourrit toutes ses créatures; ensuite, par rapport à la création dans son principe, à la cosmogonie, à l'organisation et à l'ordonnance du monde; enfin, comme dieu des enfers, comme celui qui dispense alternativement la vie et la mort à tous les êtres vivants. *Isodætes*, dit Hésychius[2], est ou Pluton ou le fils de Pluton; c'est-à-dire que nous avons ici encore, aussi bien que dans Zagreus[3], un Dionysus souterrain, maître de la nature et habitant les sombres demeures, où il engloutit tout ce qui respire, pour le faire reparaître au séjour de la lumière après une période de temps déterminée. Ce nom signifi-

---

[1] Ἰσοδαίτης, suivant quelques-uns, ἀπὸ τῆς δαιτὸς εἴσης, Iliad. I, 468, *ibi* Schol. et Eustath., coll. Gesner. ad Lucian. Epist. Saturn. 32, p. 412 ed. Hemsterh., t. IX, p. 349 Bip., inclinant à changer ἰσοδιαίτης en ἰσοδαίτης.

[2] Tom. II, p. 75 Alb., où il faut lire Ἰσοδαίτης.

[3] *Cf.* le chap. précéd., p. 236.

catif renferme donc le dogme de la palingénésie, que tout à l'heure Plutarque rattachait au mythe de Zagreus. Il n'est pas moins certain que, dans ce mythe, les Titans étaient, comme nous l'avancions, l'emblème du trouble, du désordre, des penchants brutaux et sauvages, tandis que les Curètes, avec leur danse armée et rhythmique, représentaient le mouvement régulier des corps célestes, type de toute harmonie et de toute règle. Là encore il faut voir, avec Proclus[1], un dogme orphique.

De ces rites, de ces symboles antiques il faut rapprocher ce qui nous est dit des jouets qui occupaient Dionysus enfant ou Zagreus, lorsqu'il tomba dans les mains barbares des Titans. Ces jouets aussi avaient leur sens consacré par une antique tradition. Nous ne les connaissons toutefois avec détail que par Clément d'Alexandrie et Arnobe, se reportant, il est vrai, à l'autorité d'Orphée dont ils citent des vers[2]. Il y est d'abord question de dés et de boule ou de sphère, figure dont la signification cosmique est bien connue[3]; puis de pommes des Hespérides, qui doivent être des oranges[4], de cerceau, de toupie, de cône ou sabot, de laine[5] et de miroir. De tous ces em-

[1] In Theol. Platon. V, 3, p. 253, coll. Plat. Euthydem., p. 277 D, p. 405 Bekker.

[2] Le premier, Protrept., p. 15, et de là le second, V, cap. 19, p. 181 Orell. — Cf. Lobeck, Aglaoph., lib. II, cap. V, p. 555 sq., et cap. IX, p. 699 sqq. (J. D. G.)

[3] V. J. Lyd. de Mens., p. 82 Schow., p. 200 Rœther. Cf. Creuzer. Dionys. I, p. 40, et Moser. ad Nonn. IX, 107, p. 225 sq.

[4] V. Voss ad Virgil. Ecl. VI, 61; Georg. II, 126.

[5] Laine brute, πόκος, leçon que suspecte Lobeck, p. 702, et qui, en ef-

CH. V. DOCTRINE DES MYSTÈRES. 279

blèmes, le plus riche de sens est assurément le dernier. Zagreus s'y regardait, dit Nonnus[1], tandis que le déchiraient les Titans, et il n'y vit, dans ce miroir trompeur[2], qu'une image infidèle de lui-même. Déjà Eschyle, comme nous l'avons remarqué[3], donnait à Dionysus, entre autres attributs, le glaive et le miroir; et quant à la signification de celui-ci, des philosophes nous l'apprennent, d'accord avec Nonnus. Ouvrage de Vulcain que nous retrouverons bientôt dans son rôle cosmogonique, tantôt c'était un symbole de l'éther et de la voûte transparente des cieux[4]; tantôt Dionysus le portait en qualité de démiurge. Il y contemplait sa propre image, d'après laquelle il formait le monde à la figure si variée[5]. Plus loin nous signalerons un autre sens du miroir, dans la doctrine des âmes, selon les mystères. Il ne s'agit, en ce moment, que de la cosmogonie.

Non moins significatif à cet égard était le calice de la nature, le cratère de Dionysus, bien qu'il n'en soit pas mention dans l'histoire du démembrement de ce dieu. Ce cratère dionysiaque était subordonné à un autre cratère porté par un autre démiurge d'un ordre plus élevé[6]. Les

---

fet, ne présente guère un sens satisfaisant parmi les ἀθύρματα de Zagreus.
(J. D. G.)

[1] Dionys. VI, 173. *Cf.* Ouwaroff, *Nonnos von Panopolis*, p. 21.
[2] *Ibid.*, v. 207.
[3] Pag. 242 *ci-dessus*.
[4] J. Lyd., *ubi supra*.
[5] Procl. in Plat. Tim. III, p. 163, coll. Plotin. Ennead. IV, 12, 381.
[6] Jupiter surnommé κεραστής, le même que Pan, de κεράννυμι (*ci-dessus*, p. 183 et n. 3), d'où aussi κρατήρ, vase de mixtion, parce qu'on y

Platoniciens appellent ce premier cratère, où, selon le Timée de Platon, le démiurge fait le mélange de l'âme du monde, la coupe qui donne la vie[1], et ils l'attribuent à la Nuit ou à Phanès[2]. Ils le nomment aussi la source de l'âme, tant de l'âme du monde que des âmes individuelles; et, de même que le démiurge est leur père, la coupe qu'il tient est leur mère. En effet, dans cette sorte de cosmogonie qui se réfère à Orphée comme les autres, ainsi qu'en témoignent les poèmes orphiques intitulés *Crateres*[3], au lieu de générations nous avons des mixtions, des mélanges, et l'auteur de ces mélanges est avec le vase où il les opère dans le rapport de l'homme avec la femme[4]. Ces mélanges sont successifs aussi bien que les coupes où ils se font, la création procédant du général au particulier. Cette coupe de la création ou cette coupe des âmes, source et matrice de toute existence spéciale, appartient à Dionysus, et elle est double elle-même. C'est d'abord la coupe dionysiaque proprement dite. L'âme en s'y abreuvant s'enivre, elle oublie sa nature supérieure, ne songe plus qu'à s'unir au corps par la naissance, et prend la route qui

---

mêlait l'eau et le vin. Le cratère était un grand vase, distinct de la coupe, ἔκπωμα, quoique nous ayons cru pouvoir employer ici indifféremment les deux expressions. (C—r et J. D. G.)

[1] Κρατῆρα ζωογόνον.

[2] C'est du moins ce qui semble résulter du passage fort altéré de Proclus in Plat. Tim., p. 291.

[3] Κρατῆρες. *V.* Io. Diacon. ad Hesiod. Theog., p. 305 Heins., p. 604 Gaisf. — *Cf.* Lobeck, *Aglaoph.*, lib. II, cap. XIII, p. 731 sqq.
(J. D. G.)

[4] Procl. in Tim., p. 314 sq., et in Plat. Theol. V, cap. 30-32.

doit la conduire à sa demeure terrestre[1]. Heureusement elle y trouve une seconde coupe, la coupe de sagesse[2], où elle peut boire, où elle peut se guérir de sa première ivresse, où elle reprend la mémoire de son origine et avec elle le désir du retour à la céleste demeure, comme nous le verrons dans l'article suivant.

Le démiurge est aussi le créateur du temps. Ici se représentent toutes les idées que nous avons développées plus haut, de Dionysus comme dieu de l'année, parcourant les signes du zodiaque, et résidant spécialement dans celui du taureau; des cornes et des coupes servant à marquer les années; de la corne de l'année et de celle d'abondance; de la coupe de Dschemschid analogue à la coupe de Bacchus et comme elle relative à l'année, et ainsi de suite[3]. En Égypte, le roi de l'année et du pays, le Nil bienfaisant portait aussi une coupe caractéristique, et de même Hermès, son ministre, avait à la main le calice de la création contenant le feu et l'eau, et, comme miroir cosmique, montrant les images de toutes choses[4]. L'on a donc quelque raison de penser que Platon avait emprunté à l'Égypte le cratère démiurgique dont il est

---

[1] Macrob. in Somn. Scip. I, cap. 12. Arcani hujus indicium est crater Liberi Patris ille sidereus, etc.

[2] Κρατὴρ σοφίας. V. Philostrat. Vit. Apollon. VI, 11, I, 8, ibi Bekker, specim. in Philostrat. Vit. Apollon. I, p. 37.

[3] Cf. ch. II, p. 63, ci-dessus, avec les renvois de la n. 4, et liv. II, ch. I, p. 311 sq., tom. Ier.

[4] V. liv. III, ch. IV, p. 440, 444, ibi citat., et nos Éclaircissements, p. 824 sq., 851 sqq, tom. Ier.   (J. D. G.)

question dans le Timée¹; et tout annonce que ce symbole, avec ses significations essentielles, eut une seule et même origine orientale.

Parmi les différents démiurges, *Héphœstus* ou Vulcain est aussi nommé, et il l'est à côté de Dionysus². C'est pourquoi l'on distinguait dans la création l'œuvre du premier et celle du second, celle-ci ayant produit les êtres individuels de l'univers, et celle-là les rattachant les uns aux autres, ralliant par l'amitié les parties diverses au tout unique. Tous les deux sont également subordonnés à un démiurge suprême, qui maintient aussi bien la création totale, causée par la nécessité et réalisée par Héphœstus, que la création partielle opérée par Dionysus³. Les poèmes orphiques tout comme les mythes vulgaires sont pleins d'allusions au rôle cosmologique, au rang supérieur de Vulcain⁴; mais sa subordination et celle de Bacchus vis-à-vis d'un autre démiurge semblent nous reporter, ici encore, à la source égyptienne. En Égypte, on le sait, Amoun était le premier auteur de la lumière; Phthas, le premier artisan, l'habile ordonnateur de l'univers, du tout; Osiris, le bon, le bienfaisant, le souverain du monde sensible et multiple dont il accomplit le développement

---

¹ Augustin. Steuchus de perenni philosophia, cap. 25.
² Platon. Phileb., p. 61 C Steph., p. 240 Bekker.
³ Hermias in Plat. Phædr., p. 79, coll. Procl. in Tim., p. 147, et in Plat. Theol. VI, 22, interprétant, l'un les Bacchantes de Dionysus, l'autre les fameux filets de Vulcain, ou telle autre de ses œuvres, en ce sens transcendental.
⁴ Par exemple l'hymne orph. LXVI (65), conçu tout entier dans cet esprit.

CH. V. DOCTRINE DES MYSTÈRES.

varié[1]. A Samothrace, à Lemnos, au contraire, Héphæstus occupait la première place, et un rang inférieur était assigné à Dionysus en tant que Casmilus, ou au bienfaisant Gigon, à la fois ministre de la création et dieu de la table[2]. Quelquefois, il est vrai, Zeus ou Jupiter était présenté comme le premier Cabire, et Dionysus avait, soit la seconde, soit la troisième place[3]. Mais, tandis que la mythologie classait ces différents rapports sous la forme généalogique, faisant tantôt de Vulcain, tantôt de Bacchus, le fils de Jupiter, les Orphiques qui, dans leur théologie plus avancée, substituaient aux générations les mélanges et les compénétrations réciproques, élevaient au premier rang tantôt Héphæstus, la seconde puissance, et tantôt Dionysus, la troisième. De là, comme nous l'avons vu[4], Zeus et Dionysus confondus ensemble ; de là cette parole solennelle des vieux théologiens-poètes, c'est-à-dire des Orphiques, ayant sans cesse devant les yeux, comme dit Plutarque[5], la suprême essence : « Jupiter est le commencement, Jupiter est le milieu, et tout vient de Jupiter. » On sait que, dans ce dogme remarquable et dont l'antiquité relative est suffisamment établie[6], les

---

[1] *Cf.* liv. III, ch. II, p. 407 sq., avec la note 6 dans les Éclaircissements sur ce livre, tome Iᵉʳ.

[2] Liv. V, sect. I, ch. II, p. 297, tom. II.

[3] *Ibid.*, p. 302 sq.

[4] Pag. 272 *ci-dessus*.

[5] De Oraculor. def., p. 781 sq. Wyttenb.

[6] Non-seulement par la citation étendue de l'auteur, quel qu'il soit, du livre *de Mundo*, qui, sans être Aristote, est cependant ancien, mais encore par l'allusion manifeste de Platon dans les Lois, liv. IV,

pères de l'Église ont cru trouver une preuve de la connaissance de l'unité de Dieu, à laquelle, selon eux, les païens n'auraient point été étrangers. Mais ils se méprenaient sur le vrai caractère du dogme dont il s'agit, ainsi que l'ont fait ceux des modernes qui ont prétendu que l'unité de Dieu, au sens rigoureux, au sens biblique, était enseignée dans les mystères. Ce Dieu unique ou plutôt suprême, dans lequel s'absorbent tous les autres dieux, ce premier créateur auquel sont subordonnés les créateurs secondaires, ce Jupiter qui est à la fois le commencement, le milieu et la fin, reposent sur un même principe, sur le système oriental de l'émanation, tel que nous l'avons rencontré en Égypte et dans l'Inde, tel qu'il se retrouve au fond de toutes les spéculations des Orphiques, de tous les dogmes des mystères, dérivés de cette source. En ce sens seulement l'on peut admettre que l'unité de Dieu ait été professée dans les religions anciennes. Du reste, Plutarque a raison quand il distingue les théologiens de l'antiquité de ceux que l'on appelait les physiciens. Tandis que ceux-là se demandaient de qui procédait l'univers et pourquoi il avait été créé, et qu'ils s'élevaient de plein saut à la cause finale de toutes choses, ceux-ci, s'arrêtant aux causes secondaires, aux causes physiques, se bornaient à recher-

---

p. 715 D Steph., p. 354 Bekker., au vers capital qui renferme ce dogme, et que rapportent, avant ou après Plutarque, une foule d'auteurs, tous l'attribuant à Orphée : Ζεὺς ἀρχὴ (ou κεφαλὴ), Ζεὺς μέσσα, Διὸς δ' ἐκ πάντα τέτυκται (ou πέφυκε, ou πέλονται). *Cf.* Orphica, ed. Hermann., p. 457 sqq.; Lobeck, *Aglaoph.*, p. 522, 529 sqq.; et notre livre VI, ch. I, p. 551, tom. II. (J. D. G.)

CH. V. DOCTRINE DES MYSTÈRES. 285

cher de quels éléments était formé le monde[1]. Mais de bonne heure la mythologie avait anticipé cette recherche, elle en avait personnifié, selon son génie, les principaux résultats, si bien que les plus anciens physiciens, Empédocle, par exemple, et les autres, se virent obligés eux-mêmes d'accepter les noms et les formes consacrés par la tradition.

En reprenant notre exposition de la doctrine des mystères, nous trouvons une preuve frappante de cette vérité dans la relation des deux puissances cosmiques Héphæstus et Dionysus. Chez Homère, en effet, Vulcain est deux fois précipité du ciel, une fois par Jupiter, une autre fois par Héré ou Junon, sa mère[2]. Le poète s'inquiète peu du sens primitif de ces mythes physiques qu'il a recueillis, ainsi que d'autres non moins significatifs[3], dans son épopée tout humaine et toute personnelle. Ce sens heureusement nous est révélé par la merveilleuse histoire du retour de Vulcain dans l'Olympe, que Pausanias nous a transmise[4]. Le dieu gardant rancune à sa mère lui envoya un trône d'or, qui recélait des liens invisibles. A peine y fut-elle assise qu'elle se vit retenue sans pouvoir se dégager. Vulcain seul était en état de dissoudre ces

---

[1] Même distinction entre les théologiens et les physiciens, dans Aristote, Metaphys. XIII, 4, ed. Brandis, p. 1091 Bekker. (J. D. G.)

[2] Iliad. I, 590, et XVIII, 395 sqq.

[3] Par exemple le combat d'Héphæstus et du fleuve Xanthe (Iliad. XXI, 342 sqq.), où déjà les anciens reconnurent un dogme physique. *V.* Heyne, sur ce passage, p. 180. *Cf.* Creuzer et Hermann, *Homer. Briefe*, p. 29 et 79 sqq.

[4] I, Attic., 20.

nœuds qu'il avait formés; mais toutes les instances des dieux pour l'y déterminer furent vaines. Il fallut que Bacchus lui-même, en qui il avait confiance, l'enivrât pour le ramener au ciel[1]. Comment l'y ramena-t-il? c'est ce que nous verrons par la suite. Arrêtons-nous d'abord sur cette confiance qui rapproche Héphæstus et Dionysus, et dont la tradition mentionne plus d'une preuve[2]. Il est clair que c'est une relation physique conçue entre le dieu du feu et le dieu humide et brûlant tout à la fois. Pareillement ils étaient rapprochés dans la fête athénienne des Apaturies, consacrée à Bacchus *Melanægis* et à Jupiter, et dans laquelle les Athéniens portaient des flambeaux allumés, en invoquant Héphæstus, à cause du feu qu'il avait donné[3]. Ce sont là précisément les trois dieux qui tout à l'heure nous apparaissaient unis dans une œuvre commune, celle de la création de l'univers. Quant au trône sur lequel Héra est enchaînée, ce doit être un de ces siéges cosmiques que le dieu du feu, que l'artisan du monde, dont il lie toutes les parties, fixe tous les rapports, y avait fabriqués pour tous les autres

---

[1] *Voy.* les deux scènes représentées dans notre planche CXLII, 275 et 472, en comparant, pour cette dernière, les planches CXLV, 473, et CXLIII, 471, avec l'explicat. *Cf.* pour la première, liv. VI, chap. II, p. 621, tom. II. (J. D. G.)

[2] Entre autres l'accueil fait au premier par le second à Naxos, et pour lequel celui-ci reçut de Vulcain le don d'une coupe, telle qu'il en porte une à la main dans la seconde et triple scène qui vient d'être citée. *V.* Nonnus, XIX, 118 sqq.; Schol. ad Il. XXIII, 92, VI, 130.

[3] Ister ap. Harpocrat. in λαμπάς. *Cf.* Istri fragm. ed. Siebelis, p. 60. Il sera traité au long de cette fête dans l'article V du présent chapitre.

dieux[1]. Quoi qu'il en soit, Dionysus a seul le pouvoir de réconcilier le fils avec la mère, sans doute parce que la brûlante liqueur du vin, dont il enivre Héphæstus, est une sorte de médiation entre le feu que représente ce dieu et l'humidité atmosphérique dont Héra est en un certain sens le symbole. C'est là du moins un des côtés significatifs du mythe, celui dont semblent s'être préoccupés surtout quelques anciens[2], mais qui est loin de l'expliquer dans toute son étendue. Rappelons-nous d'une part la doctrine des Cabires et les îles volcaniques qu'ils habitent, de l'autre le boiteux Vulcain et les neuf ans qu'il passe au sein de l'Océan, occupé de ses merveilleux ouvrages[3]; et nous soupçonnerons ici, indépendamment du sens physique propre, un autre sens supérieur et plus général, un sens cosmogonique enfin, où les périodes de la terre, les grands faits de son histoire naturelle et les traditions qui peuvent s'y rapporter, jouent le principal rôle.

C'est ce dernier sens que le physicien-poète Empédocle va nous aider à dégager. Pour lui Jupiter est l'éther et le bouillonnement, la fermentation; Héra, l'air qui donne la vie; Héphæstus, le feu, la flamme, le soleil; Aïdoneus ou Pluton, la terre; et l'eau, il l'appelle l'écoulement et la pluie. Dans son système comme dans celui d'Héraclite, Héphæstus a, parmi les éléments, la prépondérance, et nous avons encore de lui des vers où la Terre, à titre d'élément, s'unit, se mêle avec Héphæstus ou le feu, avec l'eau

---

[1] Procl. in Plat. Theol. VI, 22.
[2] Aristid. in Bacch., p. 29 Jebb., p. 49 Dindorf.
[3] *Cf.* liv. V, sect. I, ch. II, art. III, p. 288-295, tom. II.

ou la pluie, et avec le rayonnant Éther, tandis qu'Aphrodite ou Cypris, c'est-à-dire l'amitié, l'union, domine sur toutes choses[1]. Déjà, en exposant la doctrine des mystères de Samothrace[2], nous avons parlé du dogme philosophique d'Empédocle sur la dispute et l'amitié. Évidemment, dans les mythes qui nous occupent, réside une conception semblable. Nous y trouvons aussi une querelle, une haine, suivie d'une réconciliation. Dans l'Odyssée, comme nous le savons[3], l'épouse d'Héphæstus est Aphrodite, et si, dans l'Iliade, elle se nomme Charis, c'est encore au fond la même idée ; c'est l'union, l'amour, la beauté, formant un tout plein d'harmonie des éléments et des forces contraires dont se compose le monde. Dionysus réconciliant Héphæstus et Héra s'explique dans le même sens, comme le génie bienveillant et plein d'abandon qui, monté sur un âne, en qualité de Bacchus-Silène et de Chalis[4], et sur un âne également ramenant Vulcain de la terre au ciel, lui fait, par son charme puissant, dissoudre les liens de haine qu'il avait formés et qui le tenaient éloigné de sa mère captive. Dieu céleste et tellurique à la fois, soit comme versant d'en haut les pluies fécon-

---

[1] *V.* Empedocl. fragm., p. 522, 598 ed. Sturz.; Plutarch. de Placit. I, 3 *fin.* ; Euseb. Præpar. Ev. XIV, 4; Simplic. ad Aristot. Phys. I, p. 7 B; Aristot. de gener. et corrupt. II, 3, et Metaphys. I, 4. — *Cf.* Brandis, *Handbuch der gr. rœm. Philosophie,* I, p. 193 sqq.
(J. D. G.)

[2] Liv. V, *ibid.,* p. 296, tom. II.

[3] Même livre et même tome, p. 299.

[4] *Cf.* ch. II, p. 140, 147 sqq., *ci-dessus,* et notre pl. CXXIII, 470.
(J. D. G.)

dantes, soit comme produisant du sein de la terre l'enivrante et brûlante liqueur, soit comme présidant à la vapeur non moins brûlante, non moins salutaire, qui s'échappe des eaux volcaniques en ébullition, il est le médiateur naturel entre les régions, les dieux et les éléments opposés, entre la terre et le ciel, entre le feu et l'eau, et le libérateur, le sauveur prédestiné de la déesse en qui se personnifiait l'air vital de l'atmosphère, qui ne saurait pas plus se passer de l'un que de l'autre. L'âne lui-même n'est point ici indifférent, symbole, comme presque partout, de salut et de délivrance. N'est-ce pas lui, en effet, qui sauva un jour Vesta, le feu central ou l'âme du monde, de la violence brutale qui la menaçait[1]? N'est-ce pas lui qui, dans une autre circonstance, dans le combat des Géants, amena sur la scène de ce conflit, qui remettait en question l'ordre du monde, Vulcain et Bacchus, et par son cri contribua à sauver les dieux[2].

Nous croyons avoir poursuivi assez loin cette série mythique d'idées pour qu'il nous soit permis d'en déduire, avec le degré de vraisemblance possible dans le clair-obscur d'un tel sujet, les résultats suivants. Nous avons ici, en premier lieu, des dogmes cosmogoniques où Dionysus, en tant qu'émanation des puissances supérieures et la dernière de toutes, retourne à celles-là comme à sa source, par un cercle nécessaire, et rattache la fin au principe. Parmi ces dogmes se mêlent, en second lieu, les faits physiques de l'antique histoire de Lemnos et des îles

[1] Liv. VI, ch. VII, p. 701 sq., tom. II.
[2] Ch. II, p. 142 sq., *ci-dessus*.

voisines, et les conjectures ou plutôt les croyances au moyen desquelles on tenta de s'en rendre compte. D'après ces croyances, le feu céleste, le soleil, opère comme feu terrestre dans les profondeurs du globe, et les planètes étendent leur influence sur les métaux et sur les forces souterraines. Ainsi le feu tellurique des volcans de Lemnos était venu du ciel, comme du ciel était tombé Vulcain. Ce feu terrestre, qui agit dans les abîmes de la mer et des montagnes, tient enchaîné l'air atmosphérique, comme Vulcain tient Junon captive sur son siége merveilleux. Mais ce dieu qui lie les autres, il est lié lui-même, il est mutilé et boiteux par suite de sa chute; il est impuissant à retourner seul au ciel et s'obstine à rester sur la terre. Il lui faut l'ivresse et la persuasion, il lui faut le secours de Dionysus pour le décider et le ramener. Enfin il cède, il va, il délivre Junon ; c'est-à-dire que dans les chaudes vapeurs, dans les sources brûlantes qui jaillissent du sein de la terre, dans la flamme brillante que lancent les volcans, l'air emprisonné se dégage par le bienfait de Dionysus, souverain à la fois du chaud et de l'humide, médiateur entre les éléments, libérateur et sauveur.

II. Pneumatologie et anthropologie, ou des Génies dans le culte secret, particulièrement des Génies bachiques. Ces Génies, médiateurs entre le ciel et la terre, guides et précepteurs des âmes, comme Dionysus lui-même; ailés et non ailés.

Dionysus, ainsi que nous venons de le voir, lorsqu'envoyé par les grands dieux il ramène au ciel Héphæstus, joue le rôle d'un Démon, d'un Génie médiateur. Il réconcilie Vulcain et Junon, les puissances telluriques et les puissances atmosphériques, et, à ce titre encore, il rend des oracles, il communique l'inspiration et l'enthousiasme, qui procèdent à la fois du ciel et de la terre. Ne soyons donc pas étonnés de trouver en lui la divinité tutélaire des musiciens et des poètes. Il donne l'essor à leur imagination, comme il rend la liberté aux dieux, comme il les rappelle au séjour de l'Olympe. Les poètes et aussi bien les acteurs dramatiques sont qualifiés spécialement d'artistes de Dionysus[1]; et, sur les monuments, dans la scène même qui nous occupait tout à l'heure, c'est en compagnie de la Comédie et du musicien Marsyas que Dionysus ramène Héphæstus[2].

Mais ce ne sont pas seulement les dieux, ce sont les esprits, ce sont les âmes en général que le médiateur divin ramène au ciel. Dans ce dogme réside l'essence la plus intime des mystères. Ces mystères et leurs initiations, comme l'indique le nom sacramentel de *Télestique*[3] qui leur était propre, formaient une institution de perfectionnement moral, un véritable ordre de salut. Dionysus y présidait, et il est dit de lui, chez un Platonicien, qu'il conduit l'âme à la perfection[4]. Déjà, selon toute appa-

---

[1] Διονυσιακοὶ τεχνῖται. *V.* Schwarz, Miscell. polit. human., p. 91. C'est à ses fêtes seulement qu'avaient lieu les luttes ou concours dramatiques, Διονυσιακοὶ ἀγῶνες, sur lesquels Dicéarque avait écrit un livre, aussi bien que son maître Aristote sur les vainqueurs de ces concours (Νῖκαι Διονυσιακαί). Jonsius de Scriptor. hist. philos. I, 16, 3, coll. Sturz ad Hellanic., p. 86.

[2] *Cf.* notre pl. CXLIII, 471.

[3] Τελεστική, de τελεῖν.

[4] Hermias in Plat. Phædr., p. 107 sq., p. 165.

rence, la Grèce primitive lui reconnut un caractère analogue lorsqu'elle lui déféra le titre de *Mystès* sous lequel il avait un temple à Tégée en Arcadie, près d'un bois sacré consacré à Cérès[1]. Nul doute que Dionysus ne figurât dans ce culte antique, de même qu'Hermès à Samothrace, en qualité de Camillus ou de serviteur des grandes puissances cabiriques, remplissant, entre autres fonctions, celle d'initier à leurs mystères. Pareillement nous avons trouvé à Éleusis le jeune Iacchus rapproché de Déméter avec une mission toute semblable[2]. Dans ses propres mystères Dionysus avait un caractère plus élevé. Il y était le maître de la nature, le créateur des âmes et l'arbitre de leurs destinées, aussi bien que Cora-Libéra qui partageait ses honneurs. L'un et l'autre y avaient en commun leurs Génies subordonnés, ministres de leur culte, et ces Génies y étaient représentés heureux ou malheureux. Ceux d'entre eux qui, de même que les hommes, avaient subi le joug des passions, s'étaient dégradés par des penchants vils, on les voyait dans l'excès de leur égarement et dans celui des misères qui en résultaient. Ceux au contraire qui, bien que descendus dans des corps mortels, avaient prouvé par de nobles efforts leur divine origine, on les voyait également, pour l'exemple des initiés, jouissant des récompenses dues à leurs mérites[3]. Dionysus lui-même, dans son abaissement comme dans son élévation, et dans tout le cours de sa carrière terrestre, était un modèle divin pro-

---

[1] Διονύσου Μύστου. Pausan. VIII, Arcadic., 54.
[2] Ch. IV, p. 233 *ci-dessus*.
[3] Plutarch. de Oracul. def., p. 707 Wyttenb.

posé à l'imitation de ses adorateurs. Ce fils de Jupiter, venu du ciel et y retournant, leur apprenait que l'âme, à son exemple, doit tendre sans cesse au retour dans sa céleste patrie. Il était ainsi le premier initiateur, le précepteur des âmes qu'il avait créées, mais sans cesser d'être dieu, de résider en Jupiter et de se confondre avec lui, comme Libéra avec Junon. Aussi, pour combler l'intervalle qui le séparait des hommes, pour diriger réellement leur vie, pour leur servir de mystagogues[1], lui fallait-il d'autres Génies plus rapprochés d'eux, qui les aidassent à opérer ce retour, véritable but des mystères. Ces Génies, quels pouvaient-ils être, si ce n'est ceux dont nous parlions tout à l'heure, et qui, placés entre les deux natures, la nature divine et la nature humaine, participant de l'une et de l'autre, ayant ressenti les passions et les souffrances des hommes, partageant l'excellence et le pouvoir des dieux, étaient médiateurs par leur essence non moins que par leurs fonctions ?

Nous devons donc, selon toute apparence, chercher ces Génies précepteurs des âmes, ces Génies initiateurs et médiateurs, tels que Bacchus lui-même, dans les Génies bachiques proprement dits, dans ces compagnons du dieu, en qui se personnifient ses diverses propriétés, et qui réfléchissent ses différents attributs comme autant de rayons divergents émanés de sa suprême essence. Après avoir escorté Dionysus sur la terre, l'avoir assisté dans ses épreuves et ses luttes ici-bas, ils le suivent au ciel et reprennent leur

---

[1] *Cf.* chap. I, p. 44, coll. p. 29, *ci-dessus*.

place à ses côtés dans sa gloire. A leur tête il faut mettre Silène, qui est appelé entre tous le Démon ou Génie de Dionysus, qui, comme Chalis-Acratus, est Bacchus lui-même en puissance, qui fut, ajoute-t-on, le précepteur du dieu [1]. Viennent ensuite Maron, le conducteur de son char terrestre; le jeune Ampélus, son favori; Méthé, Nysa et les autres Nymphes; enfin tous les personnages du cortège dionysiaque. *Télété* mérite une mention à part. C'est l'initiation personnifiée, qualifiée de servante de Dionysus, célébrant les danses nocturnes, se complaisant aux réjouissances et au bruit des fêtes [2]. Pausanias [3] nous apprend que sa statue accompagnait sur l'Hélicon celle d'Orphée, le prophète de Bacchus et le précepteur des mystères.

Quant aux formes sous lesquelles ces Génies bachiques figuraient dans les représentations mystérieuses, dans leur rôle en quelque sorte céleste, il est à croire qu'elles ne s'écartaient pas généralement des formes vulgaires sous lesquelles Bacchus les avait aimés pendant son séjour sur la terre. Mais comme il était lui-même le dieu aux formes diverses, aux formes changeantes [4], qu'il était représenté à tous les âges, avec l'un ou avec l'autre sexe et même avec les deux [5], ses compagnons et compagnes terrestres

---

[1] Ch. II, art. VI, p. 140-157, *passim*.

[2] Τελετή. *V.* Nonn. Dionys. XVI *fin.*, XLVIII 880 sqq.

[3] IX, Bœot., 30.

[4] Αἰολόμορφος, épithète donnée à Bacchus par les Orphiques principalement. *V.* Hymn. Orph. L (49), 5. *Cf.* Creuzer. Meletem. I, p. 21, p. 17.

[5] Ἀρσενόθηλυς, θηλύμορφος (p. 125, *ci-dessus*), ἀνδρόγυνος, γύνις. Με-

devaient affecter des figures différentes. Et puis les mystères préféraient en toutes choses l'antique, le significatif, le symbolique. L'art qui leur était propre, la sculpture et la peinture mystiques, devaient, de leur côté, choisir les formes les plus anciennes, formes plus ou moins orientales dans l'origine. De là, entre autres caractères, les ailes données aux divinités. Sans revenir sur les longues discussions dont ce point d'antiquité a été l'objet[1], nous ferons remarquer que le chef des mystères et celui des Génies, Dionysus, était quelquefois figuré avec des ailes. Nous en avons un exemple dans le Dionysus *Psilas* d'Amycles en Laconie, dont le surnom exprimait cet attribut[2]. Pausanias y voit un emblème de l'essor que le vin donne aux pensées; mais cette interprétation est certainement trop restreinte. Il faut se reporter, ici comme en tant d'autres cas, au culte général des éléments, fondement de la religion grecque. Suivant Aristide[3], l'âne sur lequel Bacchus ramena Vulcain au ciel, dans ce mythe si profondément élémentaire que nous avons analysé plus haut, fut doué d'ailes par le dieu, ce qui le rapproche du cheval ailé Pégase, lui-même en rapport avec la source sacrée des Muses, Hippocrène, qui jaillit d'un coup de pied de ce coursier divin. Les ailes, pour l'un comme pour l'autre, ont

---

letem. *ibid.;* Meinecke dans la *Biblioth. der alt. Liter. u. Kunst,* II, 5, p. 40 inedit.

[1] Notre auteur fait ici allusion à la polémique de Voss dans les Lettres Mythologiques (*Mythol. Briefe*), tom. I et II.   (J. D. G.)

[2] Ψίλας, de ψίλα, ailes, en dialecte dorique. Pausan. III, Laconic., 19. — Suivant une autre leçon, Πτίλας et πτίλα pour πτέρα.   (J. D. G.)

[3] In Bacch., tom. I, p. 29 Jebb., p. 49 Dindorf.

trait à l'inspiration prophétique supposée provenir des éléments et des puissances qui les régissent; et si Bacchus, le compagnon, le guide des Muses, a quelquefois cet attribut, ce doit être dans le même sens, d'autant plus que ce dieu, en qualité de suprême mystagogue, préside aux eaux purifiantes aussi bien qu'aux sources inspiratrices. Nous pensons donc que Lanzi[1] a raison de reconnaître un Bacchus dans cette figure ailée de jeune homme, placée au-dessus d'une fontaine où les Bacchantes viennent se baigner. D'autres Bacchus ailés ont été signalés sur les monuments[2].

Pour ce qui est des Génies, Winckelmann a cru voir le jeune Satyre Ampélus dans ce jeune homme également ailé et muni d'une petite queue, qui se montre, sur un bas-relief de la villa Albani, entouré d'attributs bachiques et de symboles, tels que le cratère et la cassolette, où l'on peut trouver une allusion aux purifications par l'eau et par le feu[3]. Zoëga, au contraire, appelle ce personnage un Cupidon satyresque[4], voyant exclusivement des Amours dans ces Génies ailés que l'on rencontre assez souvent parmi les scènes bachiques, et que son prédécesseur tenait pour bachiques eux-mêmes, en vertu de la théorie qui donnait à chaque dieu comme à chaque mortel son

---

[1] *Vasi*, p. 118.

[2] Par exemple sur ceux d'Herculanum, tom. V, tab. 7, la figure mâle avec des ailes et avec une couronne de lierre.

[3] Winckelmann, *Monum.*, n° 7, coll. Descript. des pierres grav. de Stosch., p. 230.

[4] *Bassirilievi*, n° 88, coll. n° 79, et tom. I, p. 30.

Génie propre, et qui se représentait tous ces Génies portant des ailes. A l'appui de l'opinion de Zoëga, on se rappelle cet Éros ou Amour du Banquet de Platon, l'un des Démons ministres des mystères[1]. Et d'ailleurs Éros, le fils de la Nuit, dans les vieilles religions asiatiques, avait un rôle cosmogonique, comme conciliateur de la lutte des éléments[2]. Non-seulement il présidait à l'élément primitif de l'eau, en qualité de puissance démiurgique, ce dont la Vénus Anadyoméné est encore une preuve[3], mais il étendait son pouvoir jusque sur les sources chaudes[4]. Sous l'un et l'autre point de vue, l'Amour et les Amours se rattachaient naturellement à Bacchus, au mystérieux Bacchus, dominateur des éléments et de l'eau en particulier, de même qu'il pouvait avoir d'autres Génies ailés, dans un sens tout-à-fait général[5].

En effet, les ailes données aux Génies et aux âmes, aussi bien que celles qui caractérisaient fréquemment les dieux eux-mêmes, sous leurs formes les plus anciennes, exprimaient, sans aucun doute, des qualités qu'on leur supposait propres, telles que la légèreté et la vitesse. De là vient que l'absence des ailes, dans des êtres dont la nature comportait ces qualités, signifiait le repos et la permanence. Ainsi chez la Victoire sans ailes, à Athènes[6], qui se re-

[1] Ch. I, p. 44 *ci-dessus*.
[2] *Cf.* liv. IV, ch. IV, p. 97, 99, tom. II.
[3] Liv. VI, ch. V, p. 656, 658, 664, même tome.
[4] Eunap. in Vit. Iambl., p. 26 ed. Steph.
[5] *V.* nos pl. CVIII, 428 *b*, CXX, 452, CXXI, 453, 454, CXXII, 455, coll. CXLIX, 476, CXXV, 486, avec l'explication.   (J. D. G.)
[6] Pausan. I, Attic., 22; III, Laconic., 15; V, Eliac. (I), 26.

trouve sur des pierres gravées. Pour les âmes, les monuments nous montrent Hermès Psychopompe, tantôt accompagnant une âme ailée, tantôt présentant à Pluton et à Proserpine des figures dépourvues d'ailes et complétement humaines[1]. Quand l'âme est représentée, comme dans le premier cas, avec des ailes de papillon, il y faut voir un emblème de sa délivrance et de son essor vers le ciel. C'est cet essor que les mystères étaient destinés à favoriser. Les Génies présidaient aux initiations, aux purifications, à toutes les cérémonies qui en faisaient partie. Ils donnaient les éléments qui servaient à purifier l'âme, l'eau, le feu, l'air; ils l'aidaient à purger ses souillures, à se dégager de ses liens, à s'élever vers sa céleste patrie. Ils devaient, par conséquent, eux aussi, dans ces hautes fonctions, porter des ailes.

Mais les Démons, les Génies n'étaient pas seulement chargés de tout ce qui concerne les initiations; ils étaient censés encore présider aux prophéties, comme tempérant et dirigeant les forces souterraines desquelles dépendait l'inspiration[2]. Là aussi il y avait essor, il y avait élévation de l'âme s'affranchissant des bornes étroites de la réalité. Là se retrouvait le démon bachique par excellence, Chalis-Acratus, libérateur ainsi que Dionysus lui-même, dieu prophète et assesseur du trépied de Delphes. Il se retrouvait ailé, tel qu'on voit son image sur le socle du trépied ou candélabre du Musée de Dresde, autour duquel est sculptée la fameuse lutte d'Apollon et d'Hercule

[1] V. nos pl. CLVII, 602, CIII, 421, avec l'explicat. (J. D. G.)
[2] Plutarch. de Oracul. defect., p. 783 Wyttenb.

pour le trépied prophétique[1]. Loin de nous la pensée de regarder comme arbitraire et de pure imagination le choix de cette figure dans un monument de cette importance, de cette antiquité, et qui respire si manifestement l'esprit des vieilles religions de la nature. Nous y reconnaissons, d'après ce qui a été dit ailleurs[2], un ministre bachique de l'oracle, qui envoie l'inspiration du fond des abîmes de la terre et des eaux ; en d'autres termes, un Bacchus-Silène prophétisant l'avenir.

Au reste, dans le grand cercle des mystères, qui renferme tant de conceptions et de formes diverses, Silène, les Satyres et les autres compagnons de Bacchus ne tendent pas toujours aux régions supérieures. Souvent leur direction est vers la terre, leur mission s'accomplit ici-bas, et alors ils sont privés de leurs ailes. Ainsi voit-on Dionysus et Acratus lui-même s'appuyer sur des Génies non ailés; et près des eaux, des fontaines, ou dans d'autres fonctions plus ou moins mystérieuses, paraissent également des Génies bachiques dépourvus d'ailes[3].

Pareillement, dans les représentations qui concernent les mystères, beaucoup d'êtres femelles, la plupart même, se montrent sans ailes. Mais il en est aussi d'ailés, comme l'on s'en assure par les peintures des vases, où des jeunes filles munies d'ailes entourent Bacchus, portent ses attri-

---

[1] Becker, August. I, n° 5 et suiv.— *Cf.* notre pl. LXXV, 280, 280 *a* et *b*, avec l'explicat. (J. D. G.)
[2] Chap. II, art. VI, p. 143 sq., 149 sqq. *ci-dessus*.
[3] Pl. CXX. 452, CXXII, 455, CXXVII, 481, etc., avec l'explicat. (J. D. G.)

buts, jouent avec des Satyres et des Silènes[1]. *Télété* particulièrement, cette danseuse nocturne, qui célèbre incessamment les Orgies, doit être conçue de la sorte. Outre le crotale que lui donne Nonnus[2], elle avait certainement le diadème, et probablement aussi des ailes[3]. Quant aux Nymphes qui firent l'éducation de Bacchus et furent ses premières servantes, même sur les vases elles en sont ordinairement dépourvues, ainsi que nous l'avons vu plus haut[4].

L'on serait justement surpris de ne pas retrouver, dans ce cycle de représentations mystérieuses, la figure de l'androgyne. Dionysus est en dernière analyse un dieu originaire de l'Inde, et nous savons qu'aux yeux des Indiens le monde lui-même avait les deux sexes[5]. Or, le Bacchus des mystères n'était pas seulement le créateur du monde, il était le monde même personnifié, ainsi que les cosmogonies orphiques présentent leur Phanès et le Démiurge, qui de plus porte des ailes[6]. D'autres conceptions physiques se rattachaient encore à la double nature de Dionysus, sur lesquelles s'expliquent les anciens[7].

---

[1] Passeri, tom. II, *tav.* 155. — *Cf.* notre pl. CXLIX *ter*. (J. D. G.)

[2] Dionys. XVI *fin*. *Cf. ci-dessus*, p. 294.

[3] *V.* nos pl. CXIV, 469, et CXLV, 491 *a*.   (J. D. G.)

[4] *Cf.* chap. II, p. 128 sq. *ci-dessus*, avec les planches indiquées.

[5] Philostrat. Vit. Apollon. III, 34. *Cf.* notre livre I, ch. V, p. 266, et *passim*, surtout les not. 6 et 13 dans les Éclaircissements sur ce livre, tom. Ier.

[6] Chap. III *ci-dessus*, p. 203 sq. et *passim*.

[7] *V.* Lydus de Mens. 125 sq. Schow., p. 292 Rœther. *Cf.* Creuzer. Dionys., p. 269.

CH. V. DOCTRINE DES MYSTÈRES. 301

C'est donc avec raison, selon nous, que, sur les monuments figurés, spécialement sur les vases, l'on a signalé Dionysus sous la forme d'un androgyne ailé[1]. Et comme sur le dieu se modèlent d'ordinaire ses serviteurs, comme dans les religions asiatiques et égyptiennes, et même dans les vieilles religions grecques, dieux et prêtres échangent souvent les deux sexes entre eux ou les vêtements qui leur sont propres[2], il est naturel de penser que, dans telle ou telle des fêtes de Bacchus, dans celles de Briseus, par exemple, que nous avons reconnu mâle et femelle[3], dans les voluptueuses Sabazies, où Sabos-Bacchus était à la fois le soleil et la lune, les ministres célestes et terrestres du dieu figuraient avec les deux sexes. De même, dans les mystères de Liber et de Libéra, dans les Dionysies proprement dites, il est à croire que l'androgyne divin avait son Camillus, son ministre spécial, génie ou prêtre qui le représentait, semblable à lui. Tel nous le retrouverons bientôt, sur les vases bachiques, unissant aux signes les plus expressifs de la virilité des formes et une parure féminines.

---

[1] Millin, Peint. de Vases antiq. I, pag. 77. — C'est du Génie des mystères, et non pas de Dionysus lui-même, qu'il est question chez Millin. Ce Génie, dans son opinion comme sur les monuments, est parfaitement distinct de Bacchus. (J.D.G.)

[2] *Voy.*, par exemple, Plutarch. Quæst. Græc., p. 304. *Cf.* liv. IV, ch. III, p. 52, 85 sq., 90; ch. V, p. 179 sq., etc., tom. II.

[3] Chap. précéd., p. 248, n. 6.

III. De la destinée et de la migration des âmes. Leur descente sur la terre et dans les corps, sous les auspices de Dionysus et de Proserpine ; leur délivrance et leur retour aux cieux par l'intervention des mêmes divinités ; conditions de ce retour, épreuves et purifications nécessaires.

A la doctrine des Esprits se liait étroitement le dogme de la destinée des âmes et de leurs migrations, partie essentielle de l'enseignement secret des Mystères de l'Attique et spécialement des Lénées[1]. Dionysus y était conçu comme le souverain du monde sensible, et à ce titre comme le guide des âmes qu'il conduisait dans les corps et qu'il en ramenait. Principe de toute existence particulière et individuelle, conséquemment créateur de ces âmes qui lui étaient soumises, il tenait en cette qualité la seconde des coupes dont nous avons parlé, la première, celle où se fait le mélange de l'âme du monde, étant réservée au Démiurge suprême. Cette seconde coupe s'appelle la coupe de partition. Les âmes qui en découlent ne sauraient se soustraire à l'individualité ; elles tendent inévitablement à la naissance[2]. Du reste, il est des causes diverses de l'union des âmes avec les corps mortels, divers motifs qui les poussent vers les sphères inférieures. Quelques-unes y descendent, parce qu'elles n'étaient point encore venues ici-bas, et qu'elles sont nécessaires au maintien de l'économie du monde. Ce sont les âmes nou-

---

[1] *V.* Plat. Phædon., p. 231 sqq. Heindorf., p. 85 sqq. Wyttenb., p. 111 sqq. Bekker. *Cf.* Aristoph. Ran. v. 154, 321, 390.
[2] Plotin. Ennead. IV, 9, 4.

velles ou novices. D'autres sont renvoyées dans les corps pour y expier leurs fautes antérieures. D'autres enfin se livrent volontairement à leur penchant pour la terre[1]. Ce penchant vient de ce qu'elles ont regardé dans le miroir, dans ce même miroir où s'était vu Dionysus avant de créer les existences individuelles. Il laisse les âmes s'y regarder aussi, et, sitôt qu'elles ont aperçu leur propre image, un désir violent s'empare d'elles de descendre ici-bas et d'exister par elles-mêmes[2]. Dans le système égyptien, ce désir est appelé curiosité[3], et il ne diffère pas au fond de l'idée indienne du besoin ou de l'affection de créer, modifiée seulement dans son application. Commun au créateur et aux âmes, ses créatures, il revient à cette séduisante image, qui n'est qu'une illusion, une apparence, ouvrage de l'amour, et supposée antérieure à toute existence. Il est identique à cette mère du monde et des âmes, à cette décevante Maïa, dont il est tant question dans les Védas de l'Inde[4]. Nous savons que, dans la langue sacerdotale des Grecs, Proserpine, en qualité de nourrice de tous les êtres particuliers, était aussi nommée Maïa[5].

Quoi qu'il en soit de ces rapprochements, les âmes,

---

[1] Celsus ap. Origen. VIII, p. 780. *Cf.* Wyttenb. ad Plutarch. de Ser. Num. Vind., p. 113.

[2] Plotin. IV, 3, 12; Proclus in Plat. Tim., p. 163.

[3] *Cf.* liv. III, ch. V, p. 453 sqq., avec les Éclaircissements, p. 838, tom. Ier.

[4] *Cf.* liv. I, ch. V, p. 268 sq., avec les Éclaircissements indiqués là même.

[5] Porphyr. de Abstin. IV, 16, p. 352 sq. Rhoer.

dans leur soif de l'existence individuelle, abandonnent leur céleste patrie et elles s'en vont chercher des destinées nouvelles[1]. Une fois qu'elles ont bu à la coupe de Liber Pater, enivrées, éprises de la matière, elles perdent peu à peu le souvenir de leur origine[2]. C'est cet oubli qui les pousse à s'unir aux corps. Les meilleures d'entre elles, redoutant la naissance, se gardent du fatal breuvage, dont la séduction les emporterait vers la terre. Même parmi celles qui ne savent point y résister, il est une différence. Les plus nobles n'en boivent qu'avec mesure; elles s'attachent fortement au Génie tutélaire qui leur est assigné pour les accompagner ici-bas[3], ont les yeux fixés sur lui et sont dociles à sa voix. Mais d'autres ne sont point ainsi; elles boivent à pleine coupe; elles se plongent à plaisir dans l'élément humide, d'où vient qu'elles sont quelquefois appelées Naïades[4]; et ce monde, qui n'est qu'une ténébreuse caverne, leur paraît beau. C'est là qu'elles achèvent de s'oublier, fascinées par les attraits, par les délices de la grotte de Dionysus, symbole du monde sensible et de ses voluptés[5].

[1] Sur la route des âmes à travers l'espace, il faut voir les recherches de Bœckh au sujet du Timée de Platon, dans les *Heidelberg. Jahrbüch. der Philologie*, 1808, I, p. 112 sqq., coll. Aristot. de Cœlo, II, 13; Plat. Phædr., p. 248 sq. Steph., p. 43 sqq. Bekker.

[2] Macrob. in Somn. Scip. I, 12. *Cf.* Creuzer. Dionys. I, p. 90 sqq., et Præpar. ad Plotin. de Pulcrit., p. XXXIV sqq.

[3] Procl. in Plat. Tim., p. 17.

[4] Hermias ad Plat. Phædr., p. 94 ed. Ast.; Porphyr. de Antro Nymphar., cap. 10-12; Clem. Alex. Stromat. VI, p. 746 Potter.

[5] Plotin. et Porphyr. *ibid.*, coll. Plutarch. de Ser. Num. Vind., p. 97 Wytt.

Or, Dionysus était le soleil, dans la doctrine des mystères comme dans la religion du peuple. A cette notion se rattachait celle de la course solaire et de la carrière que parcourent les âmes à travers le zodiaque. Liber Pater parcourt lui-même une double carrière dans le cours de l'année. Il suit, l'une après l'autre, la route de l'hiver et celle de l'été, allant et revenant d'un solstice à l'autre, par les signes inférieurs, puis par les supérieurs[1]. Cette même et double route est prescrite aux âmes, pour descendre sur la terre et pour remonter aux cieux. Au signe du Cancer commence leur migration ici-bas; au signe du Capricorne leur retour vers les dieux. Deux portes leur sont ouvertes dans ces deux signes, par lesquelles elles entrent dans la vie ou elles en sortent; et chacune touche par un côté la voie lactée, nommée la Table des dieux[2]. Deux chiens, placés aux deux tropiques, gardent en outre ces deux portes[3]. Arrivées dans cette vie, les âmes se trouvent dans l'empire varié de Dionysus, le souverain du règne animal et du règne végétal, le souffle qui anime la nature terrestre, l'esprit de la création matérielle[4]. Elles se plaisent dans ce monde des sens, si divers et si riche de formes, comme dans une grotte enchantée, dont les parois aux mille couleurs réfléchissent la pléni-

---

[1] Macrob. Sat. I, 18; Jo. Lyd. de Mens., p. 82-83 Schow., p. 200 sqq. Rœther.

[2] Macrob. Somn. Scip. I, 12; Porphyr. de Antr. Nymph., cap. 6, 22 sq., *ibi* interpret.

[3] Clem. Alex. Strom. V, 7, p. 671 Potter.—*Cf.* nos Éclaircissements sur le liv. III, p. 866, tom. Ier. (J. D. G.)

[4] Macrob., *ubi supra*.

tude de la vie. Là se tient aussi la mère et la nourrice de toute créature provenue d'un germe, s'occupant à tisser avec art les voiles nombreux dont elle enveloppe les âmes. Cette tisseuse divine est Proserpine, comme la qualifiait Orphée, et le tissu de ses mains c'est ce corps matériel[1]. Plus les âmes s'attachent à la vie de la terre, plus nombreux sont les corps, qui, comme autant de vêtements, les étreignent et les enchaînent ici-bas. Aussi l'âme qui songe au retour doit-elle dépouiller l'un après l'autre ces vêtements et s'affranchir de ces corps mortels qui la retardent et s'opposent à son essor[2].

L'idée de Proserpine tisseuse ne saurait nous être étrangère, après ce que nous avons dit ailleurs de la bonne fileuse Ilithyia et du fuseau dans les mains des prêtresses de Diane[3]. Toutes les grandes déesses de la nature étaient, à ce qu'il semble, ainsi conçues, et les Grecs, ici encore, ne firent que développer à leur manière un vieux symbole que leur avait transmis l'Orient. Chez les Égyptiens, Neith formait le voile de la nature, qu'elle avait reçu de Phthas, et qui était un emblème de la création intellectuelle[4]. Chez les Hindous pareillement, à l'origine des

---

[1] Plat. Gorg., p. 523 Steph., p. 164 Bekker.; Plutarch. de Ser. Num. Vind., p. 92 Wytt.; Porphyr. de Antr. Nymph., cap. 14, p. 15, *ibi* Goens, p. 103; Procl. in Plat. Alcibiad. I, cap. 48, p. 138 Creuzer., tom. II, p. 296 Cousin.

[2] Procl. de Anim. et Dæmon., p. 239 ed. Ficin., coll. Procl. in Plat. Alcib. I, *ibid.*, et Plat. de Republ. X, 11, p. 611 sq. Steph., p. 497 sq. Bekker.

[3] Liv. IV, ch. IV, art. 1, p. 97 sq., tom. II.

[4] *Cf.* liv. III, ch. X, p. 519, avec la note 6 dans les Éclaircissem., tom. Ier.

choses, Maïa s'unit avec Brahm au sein du mystérieux tissu qui représentait en idée les formes innombrables des créatures[1]. La déesse de Syrie, elle aussi, outre la ceinture, avait la quenouille pour attribut[2]. De là fut transplantée à Athènes la notion de l'*Athéné-Ergané* ou de la Minerve tisseuse, modifiée à l'imitation des femmes laborieuses de l'ancienne Attique[3]. De là encore, dans la même ville, l'Aphrodite ou Vénus-Uranie des Jardins, dite la plus vieille des Parques[4], conséquemment une Clotho, une fileuse divine, semblable à l'Ilithyia de l'antique Olen, déesse de la destinée et antérieure à Kronos ou au temps[5]. C'est pourquoi, dans la Perséphone tisseuse, ouvrière des corps selon les Orphiques, il faut, selon toute apparence, distinguer cette œuvre matérielle et postérieure d'une œuvre primitive et plus haute, d'une opération, d'une création intellectuelle, dont l'emblème était ce voile ou ce manteau, ce vêtement merveilleux de Jupiter, dont nous parlent ces mêmes Orphiques aussi bien que Phérécyde[6]. Et tandis qu'à la seconde œuvre se rattacha l'idée des liens du corps, cette prison de l'âme, à la première s'unit, comme nous le voyons par l'exemple d'Ilithyia, l'idée supérieure de la destinée, de la fatalité. Du moment que se révèle la Nature, apparaît la Nécessité, c'est-à-dire l'enchaînement fatal des causes naturelles.

[1] Liv. I, ch. V, p. 269, tom. Ier.
[2] Liv. IV, ch. III, p. 29, tom. II.
[3] Liv. VI, ch. VIII, art. IX, p. 770 sqq., tom. II.
[4] Même tome et même livre, ch. V, p. 654 sq.
[5] Liv. IV, ch. IV, passage déjà cité.
[6] Chap. III de ce livre, p. 203, 205, n. 3, *ci-dessus*.

Cet enchaînement est figuré tantôt par un lien magique, indissoluble, ouvrage d'Héphæstus, tantôt par un tissu que forme Proserpine ou que file Ilithyie ; en sorte qu'à la fin la fileuse divine s'identifie avec la destinée, dont son travail exprime la répartition[1].

Le poids qui pèse sur l'âme, par suite de la seconde opération de Proserpine, et qui la retient ici-bas, est comparé, chez les anciens, à cette singularité qu'offrait, selon eux, le poisson nommé Glaucus, entraîné dans la profondeur des mers par toute sorte de plantes marines, de coquillages, de pierres, qui s'attachent à lui et le fixent au sol[2]. Ce poisson était du nombre de ceux qui, au lever de Sirius, supposé exercer sur la mer une action si puissante, passaient pour rester cachés pendant soixante jours au fond de ses abîmes[3]. Symbole de l'âme descendue dans la sphère humide, il fuyait devant les rayons brûlants de l'astre du Chien, devant les feux de la sphère étoilée, et allait s'engager sous les eaux parmi les herbes qui l'y enchaînaient. Pareillement, son homonyme, le démon ou génie Glaucus, ayant voulu un jour, dans l'île Dia ou Naxos, faire violence à Ariadne, fut enchaîné par Dionysus avec des pampres, et il devint un des prophètes de la mer en compagnie des Néréides[4].

Mais l'âme n'est pas faite pour rester à jamais atta-

---

[1] *V.*, sur cette idée si riche par elle-même et dont les philosophes ont fait une si fréquente application, Gatacker ad Antonin. IV, 26, p. 112 sq. *Cf.* Welcker, *Zeitschrift f. alte Kunst*, I, 2, p. 225 sqq.

[2] Proclus cité plus haut.

[3] Plin. H. N. IX, cap. 16, sect. 25, p. 509 Harduin., *ibi* annotat.

[4] Athen. VII, p. 81 sq. Schweigh.

chée à la terre; elle doit reprendre son vol et remonter aux cieux. Le démiurge suprême, le père céleste, Jupiter, dans sa miséricorde, a voulu que les liens dont les démons l'ont enchaînée au corps pussent être rompus, et elle en est affranchie au temps marqué[1]. Hadès, le bon, le doux Hadès, est pour elle l'auteur de ce grand bienfait[2]. C'est lui qui délivre les âmes des soucis, des tourments de la vie, de toutes les vaines agitations qui les partagent dans ce monde multiple et divers. Alors leur est présentée la seconde coupe, la coupe de la sagesse, qui les rappelle à elles-mêmes et leur fait oublier les séductions de la matière[3]. Alors elles commencent à pressentir l'essence des choses et à soupirer après le retour. Dans le signe du Verseau se trouve placée l'urne[4], où le juge des enfers jette le sort de grâce qui doit leur assurer ce retour et les ramener aux sphères supérieures par la porte des dieux[5]. L'enfer, personnifié chez les Égyptiens, comme nous l'avons plus d'une fois remarqué, cet Amenthès qui recevait et rendait tour à tour[6], était identique avec Osiris, le grand dieu de la nature, qu'Hérodote, d'un autre côté, appelle Dio-

[1] Plotin. IV, 3, 12.
[2] Plat. Cratyl., p. 403 Steph., p. 44 Bekker.; Julian. Op., p. 135. sq. Spanheim. *Cf.* Creuzer. Comment. Herodot. I, p. 310 sq., p. 326-328.
[3] Plotin. IV, 9, 4.
[4] Κάλπις ou κάλπη, chez les Romains *Amphora* ou *Aquarium* ou *Aqualis* (Procl. de Sphær., p. 19 ed. Antverp.; Hygin. Poet. Astr. III, 28, p. 530 Staver.). Dans beaucoup de sphères, l'Urne remplace le Verseau, d'où les noms hindou et persan de cette constellation.
[5] Macrob. in Somn. Scip. I, 12.
[6] Liv. III, ch. VI, p. 464, tom. 1er.

nysus, en qualité de juge des morts. La doctrine des mystères demeura fidèle à ces antiques conceptions, et Dionysus y fut en même temps la personnification du cercle de la vie et de la mort. C'est en ce sens qu'il est nommé chez Hermias, « celui qui veille sur la palingenésie ou seconde naissance de tous les êtres descendus dans le monde sensible [1]. »

En effet, comme nous l'avons dit, les âmes, sitôt qu'elles ont bu à la coupe de sagesse, aspirent au retour. Mais, avant qu'il s'opère et pour qu'elles en deviennent capables, elles ont à subir bien des épreuves, elles ont à accomplir des migrations et des purifications indispensables. Les Égyptiens, nous le savons, et les Pythagoriciens à leur exemple, admettaient une période de transmigration de trois mille années, durant laquelle l'âme parcourait successivement les corps des animaux [2]. Pindare aussi ne laisse l'âme parvenir aux îles des bienheureux qu'après qu'elle a trois fois achevé sans reproche la carrière de la vie [3]. Platon, les anciens Platoniciens, Plotin lui-même, et, à ce qu'il semble, Porphyre dans plusieurs de ses écrits, professent le même dogme et maintiennent la migration des âmes dans les corps des animaux. Iamblique adopta l'opinion opposée, et Proclus, prenant un milieu, essaya de concilier les partis contraires, tandis qu'Hiéroclès et Hermès, dans Stobée, n'admettent d'autre migration que

---

[1] In Plat. Phædr., *ubi supra*.
[2] Herodot. II, 123; Aristot. de Anima, I, cap. 3. *Cf.* liv. III, ch. VI, p. 464-467, t. Ier.
[3] Olymp. II, 23.

celle d'un corps d'homme dans d'autres corps humains[1]. Du reste, le dogme de la *métensomatose*[2], commun à l'Égypte et à l'Inde, fut importé dans la Grèce par les vieilles corporations sacerdotales qui présidèrent à l'éducation de ses peuples. A ce titre et conformément aux principes que nous avons posés plus haut, nous pouvons le qualifier d'orphique. Si ancien qu'il fût, il se perpétua jusqu'aux derniers temps, comme en font foi les ouvrages de Cicéron, de Virgile et d'autres auteurs bien plus récents encore.

Dans le système orphico-bachique, le retour des âmes a lieu, aussi bien que leur descente, sous les auspices de Liber et de Libéra, les doux, les miséricordieux souverains des morts. Proclus s'en explique fort longuement dans son Commentaire sur le Timée de Platon[3]. Le grand moyen, dit-il, pour échapper aux détours du monde sensible, au cercle infini des migrations que l'âme y parcourt, des épreuves qu'elle y subit, c'est l'initiation aux mystè-

---

[1] Wyttenb. ad Plat. Phædon., p. 210. Pour se faire une idée complète des opinions de Platon à ce sujet, il faut rapprocher le Phèdre, p. 248 sq. Steph., p. 43 sqq. Bekk.; le Timée, p. 90, p. 138 sqq.; la République, p. 614, p. 502 sqq.; le Phédon, p. 81, p. 52; le Gorgias, p. 524, p. 165. Plotin s'explique sur la descente de l'âme (κάθοδος) dans ses Ennéades, IV, 8; et Porphyre avait écrit sur son retour (Augustin. de Civ. Dei, X, 29). Cf. Virgil. Æneid. VI, 735 sqq., avec le 13e Excursus de Heyne sur ce livre.

[2] Ainsi que l'appelle justement Plotin, passage cité, et non pas *métempsychose*. Cf. Creuzer ad Plotin. de Pulcrit., p. 40, 272 sq.; et tom. Ier, p. 276, 465 sq.

[3] Pag. 330. Cf. Olympiodor. in Phædon., in fragm. Orph., p. 449, 509 et 510 Hermann.

res de Dionysus et de Cora. En ce sens nouveau Dionysus s'appelait le *Libérateur*[1], et son épouse, la bonne, la compatissante Perséphone, le secondait dans cette œuvre de grâce et de salut. Suivant Platon[2], c'est elle qui règle la destinée des âmes, qui renvoie sur la terre, anoblies et pour y grandir encore, pour s'y élever jusqu'au rang des héros, les âmes qui y ont déjà vécu. Toutes les âmes, après les purifications nécessaires, doivent retourner aux célestes demeures d'où elles sont venues. Moins l'homme s'est purifié dans cette vie, plus longtemps et plus sévèrement il doit l'être aux enfers, où l'attendent diverses expiations par le feu, par l'eau, par l'air[3]. Des expiations analogues existent dans les mystères, qui peuvent lui sauver celles-là, et dont nous avons déjà traité en parlant des Lénées de l'Attique dans notre chapitre précédent.

IV. Les symboles du culte mystérieux de Bacchus et de la doctrine des mystères, soit en général, soit sur les vases grecs de l'Italie en particulier. Destination de ces vases, leur sens, leurs peintures; exemples des représentations figurées, relatives à Bacchus, à sa légende, aux dogmes fondamentaux de la religion bachique, qu'ils offrent aux yeux. Les Danaïdes et leur rapport avec les mystères.

Tous ces dogmes physiques, métaphysiques et moraux de la religion mystérieuse de Bacchus, s'y incarnèrent en

---

[1] Λυσεύς. *Cf.* ch. II, p. 73 sq. *ci-dessus.*
[2] Meno, p. 81 Steph., p. 348 Bekker.
[3] Plat. Gorg., pag. 524 sq. Steph., pag. 167 Bekker., coll. Virgil. Æneid. *l. l.*

quelque sorte et s'y personnifièrent dans un grand cycle de symboles qu'il s'agit maintenant de parcourir. C'était un usage reçu dans tous les mystères, que les divinités auxquelles ils étaient consacrés, celles qui y jouaient un rôle, et le cortége entier de leurs ministres ou de leurs serviteurs surhumains, fussent représentés, à leurs fêtes, par des initiés. Les points essentiels de la doctrine, tels que Dieu, la création, la hiérarchie des esprits, les âmes avec leurs destinées et leurs migrations, le monde infernal avec ses joies et ses douleurs, étaient figurés dans une série de scènes significatives. Les chants et les sons variés de la musique, la profusion des lumières et d'autres accessoires contribuaient à fortifier l'impression de ces enseignements salutaires. Cet appareil extérieur fut apporté d'Orient et d'Égypte avec la doctrine elle-même, comme le prouve entre autres la fête nocturne de Saïs, transplantée dans la Grèce, et dont nous avons déjà parlé plus d'une fois. De même les Éleusinies, aussi bien que les fêtes cabiriques de Samothrace, lorsqu'elles travestissaient les prêtres en dieux cosmogoniques ou astronomiques, ne faisaient que renouveler la coutume égyptienne. Nous savons, par exemple, qu'à Éleusis l'Hiérophante représentait le démiurge, le Dadouque le soleil, l'Épibomius la lune, et l'Hiérocéryx Hermès[1]. Un autre écrivain nous dit : Le dadouque était l'image du soleil, et l'assemblée des initiés l'emblème du monde[2]. A Rome encore l'en-

---

[1] Euseb. Præp. Ev. III, p. 117 A.
[2] Cleanthes Stoicus ap. Epiphan. adv. Hæres. III, 9.

lèvement de Proserpine était figuré par un prêtre ou par une prêtresse qui disparaissait au milieu du temple[1].

Quant aux Bacchanales, les témoignages ne manquent pas non plus, et ils sont tout-à-fait explicites. Nous avons cité plus haut[2] la description qui nous a été conservée de la procession solennelle d'Alexandrie, où l'on voyait des représentations colossales de Bacchus, de sa nourrice Nysa, et d'autres personnages du même genre. Sans doute les fêtes du dieu n'étaient ni toujours ni partout aussi somptueuses, et il fut un temps où, selon Plutarque, elles se célébraient avec une simplicité toute populaire[3]. Néanmoins, même dans l'antique Athènes, les personnifications et les scènes symboliques en faisaient déjà partie. Ainsi, dit un ancien[4], l'un y représentait Dionysus, un autre un Satyre, un troisième un prêtre de Bacchus. Et ceci s'étendait aux légendes mystérieuses, comme le prouve ce passage de Lucien[5], où, parmi les sujets de danses mimiques, il est question du démembrement d'Iacchus, de l'embrasement de Sémélé, et de la double naissance de Dionysus. De telles scènes servirent plus tard de modèles et aux poètes et aux artistes : à Nonnus pour sa description si animée de la mort de Zagræus, et à l'au-

[1] Tertullian. ad Nat. II, p. 30.
[2] Chap. II, art. V, p. 124.
[3] Τὸ παλαιὸν ἐπέμπετο δημοτικῶς καὶ ἱλαρῶς κ. τ. λ. Plutarch. de Cupid. divit,, p. 124 Wyttenb. Cf. Schwarz Miscellan., p. 73 sq. et p. 96 sqq.
[4] Aristid. Panathen., p. 96 Jebb., *ibi* Schol. ms. ap. Valckenaer Diatrib. Euripid., p. 155 A ; — edit., tom. III, p. 22 Dindorf.

(J. D. G.)

[5] De Saltat., § 39, tom. V, p. 147 Bip.

teur inconnu du bas-relief romain où elle est sculptée[1]. A Rome, dans les Bacchanales nocturnes, les matrones étaient costumées en Bacchantes[2]. Et quoique le témoignage de Plutarque rapporté ci-dessus pût faire penser que l'usage des masques dans ces fêtes était une innovation récente du luxe, aussi bien que les chars, les vêtements et les vases précieux, il n'en est pas moins certain que cet usage, de toute antiquité en Égypte, datait en Grèce d'une époque reculée. Fréquemment des personnages masqués se remarquent dans les pompes bachiques peintes sur les vases grecs de l'Italie; et sans doute que, dans les opulentes colonies de cette contrée, l'on s'écarta de bonne heure de la simplicité primitive, comme, d'un autre côté, ce fut là que l'antique liberté des Dionysies se maintint davantage. Il ne faut pas s'imaginer, d'ailleurs, que ces fêtes si répandues aient été célébrées de la même manière chez toutes les tribus grecques[3]. Le passage de Plutarque n'en est que plus digne d'attention à d'autres égards. Trois ou quatre personnages au plus composaient, suivant lui, les vieilles processions bachiques de la Grèce. Le phallus y était porté solennellement. C'était, avec le taureau et le serpent, l'image la plus antique et la plus sacrée de toute cette religion; et ces trois symboles, qui ne différaient que par des idées accessoires, avaient au fond une même signification générale[4].

[1] *Cf.* ch. IV, art. II, p. 238 et 244 *ci-dessus.*
[2] Livius, XXXIX, 13.
[3] *Cf.* Bœttiger, *Ideen zur Archæol. der Malerei*, I, p. 193 sqq.
[4] *Cf.*, sur le phallus et l'ithyphallus, Eustath. ad Odyss. I, 126, p. 50

Le maître de la religion, le prêtre, est en même temps l'inventeur de ses symboles et le premier artiste. Ce grand fait, constaté par l'histoire de tous les cultes, et que nous avons posé en principe dans l'Introduction de cet ouvrage[1], se vérifie ici d'une manière éclatante. Les premiers prophètes de Bacchus furent aussi les premiers auteurs de l'appareil sacré de ses fêtes. Il y avait, pour la célébration des mystères, un rituel en forme, qui était attribué à l'antique Orphée, et qui, à en juger par quelques fragments, n'était peut-être pas moins détaillé que les prescriptions de Moïse aux lévites. Nous devons au savant Macrobe[2] un de ces fragments, dans lequel est déterminée la manière dont Dionysus doit être représenté en qualité de démiurge. Il y est fait mention avant tout du péplus de pourpre, semblable au feu ; puis de la peau bigarrée du faon, figurant le ciel parsemé d'étoiles; ensuite du baudrier d'or, emblème du soleil levant et colorant le ciel des premiers feux de l'aurore; enfin de la ceinture, symbole de l'Océan qui entoure la terre. C'étaient là des instructions pour le costumier ou *stoliste*, comme les Grecs d'Égypte appelaient dans leur langue une des divisions de la caste sacerdotale de cette contrée[3].

Bas.; et sur le serpent, Vossius de Theol. gent. IX, 29, t. II, p. 276 Amstel.

[1] Pag. 10, t. Ier.

[2] Saturnal. I, 18. *Cf.* Orphica, p. 464 Hermann.

[3] Στολιστής. *Cf.* la note 2, § 4, dans les Éclaircissements sur le livre III p. 793, tom. Ier. Le passage de Macrobe est probablement tiré des ἱεροστολικά ou ἱεροστολιστικά d'Orphée, sur lesquels il faut voir Eudociæ Violar., p. 318 (et Lobeck, *Aglaoph.*, p. 727 sqq.). Dans les *Specimens of ancient*

CH. V. DOCTRINE DES MYSTÈRES.

L'essence du symbole et de l'allégorie, c'est, comme nous l'avons bien souvent remarqué, de s'adresser au dehors et au dedans, de frapper à la fois les sens et l'âme ; et leur prix est d'autant plus grand qu'ils donnent plus à penser à celle-ci, tout en satisfaisant ceux-là davantage. Les mystères des Grecs remplirent cette double condition. Quelque profonde, quelque difficile à produire au dehors que fût la doctrine qui parvint à ce peuple des contrées étrangères, en se l'appropriant, en la propageant, et même pour l'inculquer plus sûrement, il demeura fidèle à la loi du beau, autant du moins que le permettait le but de la religion secrète. Nous n'en saurions citer un exemple plus concluant que l'inimitable et toute mystique fiction de l'Amour et de Psyché. On y trouve réunis dans une merveilleuse alliance le génie de la forme, qui flatte les sens, et celui du fond, qui plonge l'âme dans une rêverie sans fin. Éros tenant un papillon suspendu au-dessus d'un flambeau[1], est, à le prendre poétiquement, un emblème parfait des tourments de l'amour ; pris au sens des mystères, cet emblème contient l'idée profonde et salutaire des souillures de la matière et des souffrances de l'âme purifiée par le feu de cet impur contact. Sans accumuler ici les exemples, posons en fait provisoirement,

---

sculpture, etc., *London*, 1810, pl. LV et LVI, se trouve un *buste panthéistique du Bacchus mystique*, ou une *personnification de l'âme du monde*, ouvrage de l'époque macédonienne, découvert à Aquila, dans le royaume de Naples, en 1775, et qui appartient au même ordre d'idées symboliques que le Dionysus-démiurge de Macrobe.

[1] *V.* pl. CV *bis*, 409 *a*. *Cf.* chap. IV, p. 226, n. 3 *ci-dessus*, et *ci-après*, ch. VI.

sauf à le démontrer plus tard, qu'une grande partie des fables de la mythologie grecque, indépendamment du sens qu'elles avaient dans la bouche du peuple, en recevaient un autre dans les mystères. Chaque symbole, chaque mythe, chaque rite ou chaque instrument du culte public, y fut en quelque sorte pénétré d'un élément nouveau qui le transforma. Le langage même fut soumis à cette métamorphose. Il y avait une multitude d'expressions et de formules orphiques, dont les unes étaient d'origine étrangère ou dérivaient d'un antique usage, mais dont les autres n'étaient que des mots de la vie commune, auxquels on donnait une signification plus haute[1]. Le mois, par exemple, chez les Orphiques, était nommé *bœuf*[2], comme la nouvelle lune *veau*, chez quelques anciens[3]. Il suffit de se rappeler le Bacchus-Sabos de l'Asie-Mineure, dominateur de la lune et portant les attributs du taureau[4]; il suffit de songer au Mois personnifié et divinisé, pour entrer dans l'esprit de semblables expressions[5].

S'il en est ainsi de la langue, que doit-ce donc être des représentations de l'art? Les bas-reliefs et bien plus encore les médailles, les pierres gravées, les vases surtout, offrent une ample moisson de figures et de scènes symboliques empruntées aux mystères. Pour les bas-reliefs, nous

---

[1] *V.* Fragm. Orphic., p. 493 Hermann. — *Cf.* Lobeck, *Aglaoph.*, lib. II, part. III, cap. VIII, p. 834 sqq.   (J. D. G.)

[2] Βοῦς. Proclus ad Hesiod., p. 168.

[3] Μόσχος. Eustath. ad Odyss. XIX, 307, p. 697 Bas.

[4] *V.* ch. IV, art. III, p. 245 *ci-dessus*, coll. liv. IV, ch. III, p. 83 sq., tom. II.

[5] *Cf.* Creuzer. Dionys., p. 56 sq.

CH. V. DOCTRINE DES MYSTÈRES. 319

avons cité plus haut le combat de Dionysus contre Lycurgue, et Zagreus déchiré par les mains des Titans[1], sans parler de quelques autres. Des exemples tirés des pierres gravées et des médailles ont été recueillis par nous dans un autre ouvrage, auquel il nous suffit de renvoyer en les indiquant[2]. Tels sont le Bacchus armé de cornes sur une médaille de Nicée[3]; sur une autre de Géla en Sicile, le taureau à face humaine barbue, représentant le même dieu adoré sous cette forme et avec le surnom de *Hébon* par les habitants de Néapolis en Campanie[4]; sur une troisième médaille, appartenant à la ville également sicilienne de Sélinunte, d'un côté Proserpine assise, recevant les caresses d'un serpent, de l'autre encore Bacchus-Hébon, ces deux figures réunies faisant allusion à la naissance de Zagreus par l'union de Jupiter métamorphosé en serpent, et de Perséphone, sa fille[5]; de plus, la médaille grecque d'Aradus en Phénicie, avec l'urne entre deux branches de palmier, gardée par deux sphinx, autre allusion aux mystères de Bacchus, qui se retrouve sur les monnaies de l'île de Chios[6]; enfin la médaille grecque-lydienne sur laquelle paraît, absolument comme sur les vases, le Bacchus qualifié d'Indien, avec le sceptre et la

---

[1] Pl. CIX, 444, et CXLVIII, 554 b. *Cf.* p. 123 et 244 *ci-dessus*.

[2] Nous nous sommes fait un devoir de reproduire ces exemples dans nos planches, d'après les tab. III et IV du *Dionysus*. (J. D. G.)

[3] Pl. CXXVIII, 462, coll. 462 a, et l'explication.

[4] Pl. CXXVII, 465 a, coll. CXXVI, 465, avec l'explicat., et *ci-dessus*, p. 76, en ajoutant Macrob. Sat. I, 18.

[5] Pl. CXXVI, 464. *Cf.* p. 265, n. 1, et 258, n. 1, *ci-dessus*.

[6] Pl. CXI, 487 a, coll. CCXXI, 755, et *ci-dessus*, p. 111, n. 1.

longue tunique talaire ou bassaride, et épanchant une coupe [1].

Quant aux vases, et principalement aux vases grecs de l'Italie, décorés de peintures, la plupart représentent des personnages bachiques et des scènes relatives au culte mystérieux de Dionysus. Il est donc nécessaire, pour bien comprendre ces représentations, de se familiariser avec le sens et l'esprit des mystères de la Grèce. De bonne heure, il est vrai, l'on s'est aperçu que la mythologie vulgaire ne suffisait point à les expliquer. Mais les érudits toscans s'étant préoccupés de l'idée que tous les vases peints sans distinction étaient d'origine étrusque, et s'étant par cela même engagés dans une fausse voie d'interprétation, il a fallu toute la critique de Heyne pour réfuter cette erreur, et toute la sagacité des antiquaires allemands et français qui sont venus ensuite pour ouvrir la vraie route. Convaincus que la plus grande partie des vases sont d'origine grecque, c'est aux mythes de la Grèce, c'est à ses croyances, à ses mœurs, à son histoire, qu'ils ont demandé l'explication des peintures qui les couvrent, et souvent avec un succès aussi heureux qu'incontestable. Toutefois, pour les vases des mystères et en particulier des mystères bachiques, l'on ne saurait se flatter de pénétrer le véritable sens de leurs représentations qu'en étudiant plus profondément encore qu'on ne l'a fait l'inépuisable fable de Dionysus, les restes des anciennes Dionysiades, soit dans les fragments des tragiques, soit chez

[1] Pl. CXI, 429 a. *Cf. ci-dessus*, p. 87 sq., avec les monuments indiqués.

CH. V. DOCTRINE DES MYSTÈRES. 321

Nonnus et d'autres poètes compilateurs. Il faut aussi donner plus d'attention aux fragments des historiens grecs perdus, et appeler à son secours une classe d'écrivains presque totalement négligée jusqu'ici, nous voulons dire les philosophes grecs, surtout les Platoniciens. Puisque les peintures des vases, ainsi qu'on s'accorde à le reconnaître, se rapportent en grande partie aux mystères, n'est-il pas naturel, pour les éclaircir, de s'adresser à ceux des auteurs de l'antiquité qui se sont le plus occupés des mystères?

Les vases peints se rencontrent dans les pays habités par les Grecs où le culte secret de Bacchus, de Cérès et de Proserpine fut dominant, surtout en Italie et en Sicile, et principalement autour des anciennes villes de Capoue et de Nola. Mais l'on en trouve aussi dans l'ancienne Grèce, et au voisinage d'Athènes en particulier [1]. Presque tous on les découvre dans des tombeaux, où d'ordinaire ils environnent le corps du défunt, et se voient aussi suspendus aux murs par des clous de bronze. Sur les tombeaux mêmes nous savons que les Grecs avaient coutume de placer aussi des vases. A cet usage se rattachaient des rites et des idées religieuses qu'il est bon de rappeler

---

[1] *V.* Hamilton dans Bœttiger, *Vasengemœlde*, I, p. 26 sqq., et l'ouvrage de ce dernier déjà cité, *Archæol. der Mal.* I, p. 81. — *Cf.*, sur la topographie des vases, le § 1 de la note 21 dans les Éclaircissements sur ce livre, fin du vol., note où nous avons essayé de concentrer les résultats les plus importants des recherches, soit archéologiques, soit mythologiques, auxquelles cette classe de monuments a donné lieu dans ces dernières années. (J. D. G.)

ici. Dans les noces des Athéniens, un jeune garçon, le parent le plus proche du fiancé, puisait à la source Callirrhoé l'eau destinée à la purification, d'où vient qu'il était nommé *Loutrophore*, ou celui qui porte l'eau du bain. Un jouvenceau semblable, désigné sous le nom de *Camillus*, avait son rôle dans les cérémonies des noces romaines. L'eau y faisait allusion à l'élément humide et primordial, à la propagation, à la fécondité, et le vase qui servait à la puiser était un emblème de l'hymen et de ses bénédictions[1]. Aussi, par une autre allusion des plus touchantes, un tel vase était-il déposé, chez les Grecs, sur la tombe des personnes non mariées, pour faire entendre qu'elles n'avaient point pris le bain de l'hyménée et qu'elles étaient mortes sans enfants[2]. C'est ce que nous exprimons par la couronne de fiancée placée sur le tombeau des vierges. Chez les Égyptiens, le vase à mettre de l'eau avait trait, dans les sépultures, au rafraîchissement des âmes

---

[1] *Cf.* Plutarch. de exsilio, p. 444 Wyttenb.

[2] *V.* Demosthen., p. 1086 ed. Reisk.; Eustath. et Schol. ad Iliad. XXIII, 142. Suivant Pollux (VIII, 7, 66), on plaçait sur ces tombes l'image d'une jeune fille avec une hydrie à la main. Une statue semblable sur un tombeau, avec ou sans ce vase, se nommait, chez les Attiques, ἐπίστημα. Le vase était noir d'ordinaire, et pour cette raison appelé λιβύς; mais son nom le plus usuel n'en était pas moins ἡ λουτροφόρος κάλπις, quoique ce dernier mot et celui de κάλπη, employé plus tard, aient été appliqués à des vases à boire aussi bien qu'aux vases à puiser de l'eau et aux urnes funéraires. *Cf.* Homer. hymn. in Cerer., v. 107, *ibi* Ruhnken. et Valckenaer ad Hippolyt. 121; Theocrit. Idyll. V, 127; Cyrillus ad Hesych., tom. II, p. 128 Albert.; Philem. ap. Athen. XI, 34, p. 234 Schweigh.; Coray ad Heliodor. Æthiop., p. 84; Plutarch. Marcell., cap. 30. — *Cf.* la même note, fin du vol., § 2. (J. D. G.)

descendues au ténébreux séjour[1]; et il se peut même que, chez les Grecs, selon ce qui a été dit plus haut[2], la constellation appelée vulgairement le Verseau ait été, dans un sens mystérieux, un signe d'espérance pour l'âme soupirant après son retour. C'est un exemple de plus des significations diverses dont est susceptible un seul et même symbole.

Quant à la destination générale des vases que l'on trouve en si grande quantité dans les tombeaux, nous n'avons que peu de choses à en dire d'après les recherches récentes dont cette question a été l'objet. Un point hors de contestation, c'est qu'ils ne renfermaient point les cendres des morts, que les Grecs de l'ancienne Italie enterraient aussi bien que nous. Il faut les considérer comme un présent que le défunt emportait avec lui dans la tombe, qui lui avait été précieux et cher même pendant la vie. Mais comme l'on n'en découvre point dans toutes les sépultures, que plusieurs ont été trouvés sans fond, et que la plupart, ainsi que nous l'avons fait observer, représentent des sujets bachiques, il est naturel de penser que ces dons faits aux morts durant leur vie, et qui les suivaient au tombeau, avaient un sens religieux qui les concernait, qu'ils leur furent adressés en vue des mystères de Bacchus, à titre d'initiés, et par une sorte de commémoration et d'attestation à la fois du sacrement qu'ils avaient reçu. Or, l'initiation avait lieu, selon toute apparence, à la

---

[1] *Cf.* liv. III, ch. II, p. 414, et surtout la note 5 dans les Éclaircissements sur ce même livr., p. 818 sqq., tom. Ier.

[2] Art. précéd., p. 309.

même époque où les enfants de la Grande-Grèce étaient admis au rang des Éphèbes, c'est-à-dire des jeunes gens, époque où ils prenaient le manteau en usage dans cette contrée, et tel qu'on le remarque fréquemment porté par les figures tracées au revers même des vases [1]. Tout induit donc à croire que ces vases furent peints et donnés en mémoire de cette double cérémonie. Plus grands étaient les biens que les anciens se promettaient de l'initiation aux mystères, surtout après la mort, plus devaient leur être chers ces présents qui en étaient les gages sacrés, et voilà pourquoi ils voulaient que les morts les emportassent dans leur dernière demeure. Du reste, on sait que, dans la Grande-Grèce, les femmes aussi bien que les hommes étaient admises aux mystères bachiques, vraisemblablement, dans nombre de cas, à l'époque de leur mariage. Elles étaient ainsi consacrées à Liber et à Libéra, dont l'hymen mystique devenait le prototype de leur propre hymen, béni en quelque sorte par les grandes divinités des mystères, et revêtant le caractère auguste d'un véritable sacrement [2]. Par là s'expliquent les scènes d'hyménée que l'on rencontre si fréquemment sur les vases peints, vases commémoratifs, comme nous le disions tout à l'heure, que les fiancées recevaient dans cette circonstance solennelle, et qui les suivaient jusqu'au tombeau [3].

Mais, ne manquera-t-on pas de demander, par quelle

---

[1] *V.*, entre autres, pl. CXLIV *ter*, avec l'explic.

[2] Τέλος. *Cf.* liv. VI, ch. I et II, p. 566 et 617, tom. II.

[3] *V.* Bœttiger, *Aldobrandin. Hochzeit*, p. 144 sqq., et son *Archæolog. der Malerei*, I, p. 207 sqq.

raison des vases précisément furent-ils choisis pour ces cadeaux de confirmation et de mariage? Cette raison n'est autre peut-être que la coutume si générale et si ancienne, chez les Grecs, de donner en présents des vases et des urnes, tels qu'en recevaient, par exemple, comme prix, les vainqueurs de certains jeux[1]. Toutefois, si l'on considère l'esprit des religions mystiques, où chaque objet, chaque instrument du culte prenait un sens particulier, l'on sera tenté de conjecturer que les vases d'argile, déposés en si grand nombre dans les sépultures des initiés, pourraient bien avoir aussi leur signification propre et impliquer par eux-mêmes quelque idée, quelque emploi d'un ordre supérieur. Que sera-ce si, en observant avec soin leurs peintures, l'on remarque que des vases y figurent, quelquefois parfaitement semblables à ceux qui en sont décorés, et jouant un rôle dans les scènes qu'ils représentent? Ajoutez, d'un autre côté, les formes infiniment variées de ces vases, et cette circonstance déjà mentionnée que, plusieurs n'ayant point de fond, ils semblent n'exister en quelque sorte que pour leurs formes mêmes et pour les représentations qu'elles étaient susceptibles de recevoir. Tout considéré, il semble que l'on soit ramené invinciblement au sens général, au sens symbolique, que les urnes, les vases, les coupes, avaient dans les religions de la haute antiquité, et dont nous avons traité dans un de nos livres précédents[2]. Nous l'avons vu, d'ail-

[1] *V.* Th. Panofka, *Vasi di premio*, et le mémoire de Brœnsted sur les vases panathénaïques, déjà cité, liv. VI, ch. VIII, p. 761, n. 3, coll. 771, n. 4, et la planche indiquée, tom. II. (J. D. G.)

[2] Liv. V, sect. I, ch. II, p. 308 sqq., tom. II.

leurs, dans la doctrine elle-même du culte de Bacchus, le symbole du vase ou de la coupe avait une haute importance ; il était l'expression d'idées sublimes. Le vase s'appelait mystiquement « le récipient des âmes, » à quoi le fragment, mutilé par malheur, qui nous a conservé ce fait, ajoute cette légende sacrée qui l'explique : Lors de la descente des âmes en ce monde, la Nature, la grande formatrice (par conséquent Proserpine), fabrique des vases, et y renferme les âmes comme dans une prison[1]. Ainsi le corps, en tant que récipient des âmes, est assimilé à un vase, et de même le tombeau et le cercueil, comme récipients des corps[2]. Pausanias[3] fait mention d'un cercueil d'argile, supposé celui d'Ariadne, dans un ancien temple de Bacchus, à Argos. Au vase d'argile, même parmi les Grecs dissolus de l'Égypte, étaient encore rattachées des idées religieuses[4], et l'antique Italie posséda dans ses vieux sanctuaires des vases d'argile, images des dieux bons et grands[5]. On sait combien les philosophes de l'école de Platon furent attentifs à recueillir les rites et les symboles des temps anciens. Il ne faut donc pas non plus passer sous silence le passage suivant de Porphyre[6] : « Les cratères faits de pierre, dit-il, sont des symboles naturellement assortis aux Naïades, parce que les sources auxquelles celles-ci président jaillissent des pierres. Dio-

---

[1] Hermes ap. Stob., p. 1085 ed. Heeren.
[2] Cf. Dionysus, p. 158, 178 sqq.
[3] II, Corinth., 23 fin.
[4] Athen. VI, 15, p. 381 Schweigh.
[5] Timæus ap. Dionys. Halic. Antiq. rom. I, 67, p. 54 Sylb.
[6] De antro Nymphar., cap. 13, p. 14 ed. Goens.

nysus, au contraire, a pour attributs des vases de terre cuite, parce qu'ils ressemblent aux présents de ce dieu, aux fruits de la vigne, étant, comme les raisins, mûris par le feu[1]. » En combinant cette donnée avec les précédentes, nous aurions, dans le vase d'argile cuit au feu et consacré dans les tombeaux des initiés, quant à la matière, une allusion au vin qui brûle, au dieu brûlant qui le prodigue, aux purifications par le feu qu'il a instituées dans ses mystères; quant à la forme, un emblème du corps, de cette étroite prison, d'où l'âme s'est enfuie à l'heure de la mort. Sans rejeter aucune autre explication de l'usage si répandu des vases peints chez les Grecs, soit le génie plastique de ce peuple qui se complaisait dans la beauté comme dans la variété de leurs formes, soit la facilité qu'ils offraient d'y représenter des sujets aussi étendus que divers, l'on peut, nous le croyons, admettre pour les vases bachiques une interprétation puisée dans l'essence même du culte dont ils portent les symboles[2].

Avant de parcourir ces symboles et de signaler quelques-unes des scènes mystérieuses que les vases offrent aux yeux, disons un mot de celles de ces scènes relatives

[1] Déjà les Grecs, dans leur langue maternelle, trouvaient naturellement rapprochées les idées de *terre* ou argile et de *vin*, πηλός signifiant à la fois l'un et l'autre. *V.* Schol. Aristoph., p. 426, avec la note d'Hemsterhuis; Schol. Venet. ad Iliad. I, 596; et la remarque dans les *Homer. Brief.* de Creuzer et Hermann, p. 217-219.

[2] *V.* sur les formes, les noms, la destination des vases, sur la diversité des sujets qu'ils représentent, et principalement sur ceux qui se rapportent aux mystères et aux fêtes de Bacchus, les développements et les indications de la note 21 sur ce livre, fin du vol., §§ 2 et 3.

(J. D. G.)

à Bacchus et à son culte, qui se rencontrent sur des vases d'origine étrusque proprement dite. On sait que les Étrusques reçurent de bonne heure le culte de Bacchus. On n'ignore pas non plus qu'ils trouvaient, dans le sol de leur territoire, une argile de qualité supérieure, et qu'ils étaient fort habiles à la travailler. C'est donc avec raison que, dans la multitude des vases longtemps confondus sous la dénomination d'*étrusques*, un certain nombre ont été revendiqués en faveur de ce peuple, par ceux mêmes qui ont fait justice de cette dénomination fausse ou inexacte[1]. Parmi ces vrais vases étrusques, quelques-uns appartenant au culte dionysiaque se remarquent déjà dans les recueils de Passeri et de Tischbein, auxquels beaucoup d'autres peuvent être ajoutés[2].

Pour revenir aux vases de la Grande-Grèce, nous nous demanderons d'abord comment Dionysus y est représenté. Trouve-t-on, sur ces vases, le *taureau*, nom et symbole de ce dieu, chez les anciens Grecs, ou l'homme-taureau, tel que le montrent les monnaies de Naples[3]?

Très rarement. Aussi doit-on savoir gré à Millin d'avoir fait connaître un vase représentant le taureau dionysiaque, sur lequel est assise une initiée. A ses côtés se voient plusieurs autres initiés, l'un costumé en vieux Bacchus, avec la couronne, le cothurne et la massue, at-

---

[1] Par exemple Lanzi dans ses dissertations souvent citées.

[2] *V.* le vase de Volterra dans Passeri Pict. in Vasc. Etrusc., tab. 139; celui de Tischbein, I, 29, copié dans Lanzi, I, 3; celui d'Arezzo dans Passeri, tab. 163. *Cf.* Lanzi, p. 23 sqq.; — et la même note, à la fin du vol., surtout § 1. (J. D. G.)

[3] *Cf.* ch. II, p. 57, 63, et cet article même, p. 319, n. 4, *ci-dessus.*

tributs solaires; un second qui figure Arès ou Mars, en qualité d'Axiokersos; un troisième qui doit être Axiéros, c'est-à-dire Héphæstus ou Vulcain, portant le bonnet conique des Cabires, en sorte que nous aurions ici un mélange des Orgies de Bacchus et des mystères de Samothrace[1]. Dionysus ne paraît pas moins rarement sur les vases avec des cornes ou d'autres parties du taureau. C'est ce qui rend d'autant plus précieux le monument du Musée royal de Paris, connu sous le nom de vase d'Orsay, et dont le célèbre bas-relief nous montre Bacchus à la tête et aux pieds de taureau, conduisant le chœur des Pléiades. Ici encore la massue caractérise le dieu comme puissance solaire[2]. Du reste, ce sont là des exemples isolés. En général, sur les vases, qui ne représentent pas seulement des scènes mystiques, mais aussi, en grande partie, des événements de la vie réelle, et surtout des cérémonies religieuses, les Grecs, ainsi que dans celles-ci, s'attachèrent à éviter tout ce qui pouvait blesser le sentiment du beau, tout ce qui, par la forme, pouvait sembler ou laid ou bizarre. Ils exclurent donc, autant qu'il fut possible, du domaine de l'art, et par conséquent des peintures de vases, souvent copiées d'après de grands tableaux, les images des dieux, symboliques mais repoussantes pour le goût, telles que les avait consacrées l'ancienne religion. Sur les monnaies, au contraire, qui ne furent jamais, à proprement parler, considérées comme des œuvres d'art,

---

[1] Millin, Peintures de vases antiques, tom. II, pl. 9. — *V.* notre pl. CXI, 467, coll. 468 et CXII, 466, avec l'explicat. (J.D.G.)

[2] *V.* notre pl. CXXVII, 463, avec l'explicat. (J.D.G.)

ils se firent peu de scrupule, ils se firent même un devoir de perpétuer ces antiques symboles, ces images sacrées des divinités tutélaires des peuples et des villes. Ainsi, tandis que les médailles offrent aux yeux Proserpine recevant les caresses d'un serpent, et en regard le taureau à face humaine, Hébon, les vases représentent l'hymen mystique de Liber et de Libéra sous des traits qui le rapprochent singulièrement de l'union toute héroïque de Dionysus et d'Ariadne dans l'île de Naxos[1].

Lanzi a prétendu que, sur les vases, Bacchus est figuré d'ordinaire comme un jeune homme imberbe, et quelquefois seulement comme un homme barbu[2]. Bœttiger est d'un avis tout opposé; il soutient que le Bacchus imberbe est extrêmement rare sur les monuments, et que celui qu'ils montrent communément, c'est le Bacchus à la longue barbe, au long vêtement flottant, tel que le représentaient les Doriens dans l'origine, et tel qu'il figurait en personne dans les processions bachiques des villes de la Grande-Grèce[3]. Entre ces opinions contraires, il se pourrait que la vérité fût au milieu. Ce qu'il y a de sûr, c'est que, sitôt que l'on entreprit de représenter Bacchus sous des traits humains, ces représentations durent être diverses, comme l'idée même du dieu qu'elles faisaient apparaître aux regards. Le changement d'âge et de figure était dans l'essence de ce dieu. Sans nous référer ici à des passages qui pourraient, quoique injustement à notre

---

[1] *Cf.* ch. IV, p. 270 sq., *ci-dessus*, avec les monuments indiqués.
[2] *Vasi*, p. 82 sq.
[3] *Archœolog. der Mal.*, p. 185 sqq.

avis, être taxés d'interprétations récentes [1], rappelons ces rites antiques dont Pausanias rapporte un si grand nombre, et par exemple son récit, déjà cité [2], sur les différentes idoles de Bacchus, rapprochées les unes des autres dans son temple de Sicyon. Lesbos aussi, à côté de son Dionysus barbu figuré en Hermès, avait dès longtemps son jeune et doux et imberbe Briseus aux formes virginales [3]. Mais les vases mêmes de la Grande-Grèce prouvent qu'indépendamment du Bacchus à la longue barbe, vulgairement appelé le Bacchus indien, un jeune Bacchus, et, qui plus est, un Bacchus hermaphrodite, vinrent avec les Doriens et les Achéens dans leurs colonies italiques. On peut voir, dans le recueil de Millin [4], la belle peinture où Dionysus-Éphèbe repose dans les bras d'une Nymphe, avec son nom inscrit au-dessus en vieux caractères grecs. Au revers de ce vase, le dieu reparaît, monté sur le char du soleil et tout-à-fait semblable à un hermaphrodite. Ces peintures sont dans la manière antique et sans aucun vestige de ce qu'on nomme syncrétisme [5].

Quant au costume, il est vrai que le Bacchus barbu et à l'attitude royale porte d'ordinaire l'ample et longue bassaride; mais souvent aussi, sur les vases, il est vêtu de la nébride ou d'une courte peau de bête. Une couronne de

---

[1] Par ex., Plutarch. de Ei ap. Delph., p. 593 Wytt.; Macrob. Sat. I, 20.

[2] Chap. II, p. 73 *ci-dessus*.

[3] *Cf.* ch. II et IV, p. 149 et 248 *ci-dessus*.

[4] Tom. II, pl. 49. — *Cf.* notre pl. CXVII, 443, avec l'explicat.
(J.D.G.)

[5] *Voy.* encore Pausan. VII, Achaic., 23, coll. II, Corinth., 30.

lierre, rarement de laurier, ceint sa tête. Quelquefois il a la mitre, c'est-à-dire un simple bandeau dont les deux bouts retombent de chaque côté. De là des épithètes caractéristiques[1]. Dans une main il tient ou une large coupe, ou un vase profond d'une forme particulière, appelé cantharus, et servant également à boire. Ce vase est un de ses attributs spéciaux ; lui seul et tout au plus son assesseur Hercule le portent d'habitude[2]. Dans l'autre main il tient fréquemment la branche de lierre ou la férule. Le cothurne, chaussure qui lui est propre, et qu'il garde même à la guerre, fait allusion à la tragédie, aux jeux solennels du dieu, ou à sa nature féminine[3].

Quelques traits de l'histoire héroïque de Bacchus, dont les principales scènes se retrouvent sur les vases, peuvent nous introduire aux représentations qui concernent son histoire et sa doctrine mystérieuses. Sur un vase gravé dans Passeri[4], pour prendre, ici encore, de Thèbes notre point de départ, Lanzi reconnaît le devin Tirésias, donnant à Cadmus le conseil d'honorer le demi-dieu à son retour de l'Inde, comme le raconte Nonnus[5]. Ainsi cette scène se rapporte à la fondation du culte de Bacchus thé-

---

[1] Θηλυμίτρης, parce que c'était une parure de femme; χρυσεομίτρης. *V.* Creuzer. Meletem. I, p. 21, coll. Sophocl. OEdip. R. v. 209, *ibi* Musgrave; Anthol. gr., t. III, p. 216 Jacobs; — et nos pl. CVIII, 428 *a*, CVIII *bis*, 458 *c*, CXLVIII, 447, etc. (J. D. G.)

[2] *V.* nos pl. CXLII-CXLV, 471-473, 489, coll. CXXVI, 457, CXCIV, 685, etc. (J. D. G.)

[3] *Cf.* Welcker sur les Grenouilles d'Aristophane (en allem.), 47, p. 112.

[4] I, 13, et Lanzi, p. 141.

[5] Dionys. XLIV, 95 sqq.

CH. V. DOCTRINE DES MYSTÈRES. 333

bain. Sur un autre vase¹ paraît être représenté un sujet tiré d'un mythe qui n'est qu'une variante de celui que nous avons touché ailleurs et qui consacrait l'introduction de la vigne en Étolie². On y voit Althæa, femme d'Œnée, roi de Calydon, s'entretenant avec Dionysus épris d'elle, du haut d'une fenêtre, où nous la montre également une peinture qui complète celle-ci et qui offre le dieu endormi devant la porte, dont Œnée vient de franchir le seuil pour lui céder la place³. On sait que, pour prix de cette complaisance, il reçut le présent de la vigne, et qu'Althæa eut de Bacchus la fameuse Déjanire, épouse d'Hercule, comme elle eut de Mars le héros Méléagre⁴.

Une peinture de vase plus remarquable encore et qui tient de plus près aux mystères, est celle que nous trouvons dans le même recueil⁵, et que Lanzi n'a pas expliquée avec moins de bonheur. Danaüs, raconte la fable⁶, avait envoyé ses filles pour puiser de l'eau, parce que Poseidon, dans sa colère, avait tari toutes les sources du pays d'Argos. Amymone, l'une des Danaïdes, fut assaillie en route par un Satyre; mais elle échappa à son attaque et alla se plaindre à Poseidon, qui, ravi de sa beauté, s'u-

---

¹ Passeri, II, 123, et Lanzi, p. 149.
² Ch. II, p. 173 sq. *ci-dessus*.
³ Passeri, III, 201 ; Lanzi, *ibid*.
⁴ *V.* Hygin. fab. 129, coll. Apollodor. I, 8, et l'allusion d'Euripide dans le Cyclope, v. 39; Nonnus XLVIII, 554.
⁵ Passeri, 171, et Lanzi, p. 145.
⁶ Hygin. fab. 169, avec l'appendice du Glossateur, p. 284 Staver., *ibi interpret*.

nit lui-même avec elle et la rendit mère de Nauplius, en un lieu où de son trident il lui indiqua la source célèbre de Lerne ou la fit jaillir de terre[1]. Sur le tableau qui nous occupe paraît, dans une scène pleine de vie et de mouvement, Amymone implorant de la justice de Neptune la punition du Satyre insolent. A côté d'elle est sa cruche. Des trois Satyres qui figurent à l'entour, l'un a tout-à-fait l'attitude d'un accusateur; un autre semble chercher à se justifier. Quant au dieu, il contemple en silence la beauté d'Amymone[2]. Rien de plus saisissant que cette scène, dont le sens se présente naturellement à quiconque y jette les yeux. Mais elle était bien plus significative encore pour les initiés. En effet, Amymone était une de ces Danaïdes qui avaient fondé les Thesmophories[3], et avec elles une des branches principales de la doctrine secrète de Bacchus. C'était près du lac de Lerne, dans lequel la source appelée du nom d'Amymone avait son écoulement, que Pluton avait entraîné Proserpine aux enfers. C'était là aussi que Dionysus en avait ramené Sémélé, sa mère; et,

---

[1] Cette source, la plus fameuse des deux qui se trouvaient à Lerne, avait son écoulement dans le lac de ce nom; quelquefois elle est qualifiée de fleuve, et elle partageait avec la fille de Danaüs, qui la découvrit, le nom d'Amymone. *V.* Schol. Euripid. Phœn. 195, d'après la correction de Valckenaer; Spanheim. ad Callim. Pallad., v. 145, coll. ad Jov. v. 19.

[2] Il faut comparer le sujet représenté dans notre planche CXXX, 508, et tiré également d'une peinture de vase. On y voit Neptune s'entretenant avec Amymone appuyée sur son urne. Cette scène rappelle le tableau décrit par Philostrate, I, 8, p. 775 Olear., dont elle semble presque une copie. (G—n et J. D. G.)

[3] Herodot. II, 171.

dans un bois sacré du voisinage, les Danaïdes avaient, dit-on, consacré les statues antiques de Cérès et de Bacchus[1]. Aussi rencontre-t-on souvent les Danaïdes sur les vases, par exemple sur le fameux vase de la première collection d'Hamilton, que Visconti appelle le plus beau de tous, et que Winckelmann a si heureusement interprété dans l'Histoire de l'art[2]. Elles étaient célèbres dans la mythologie à bien des égards, comme portant ou versant l'eau. C'étaient elles qui jadis avaient arrosé le sol aride de l'Argolide par la découverte des sources auxquelles elles présidaient. Celles qui fondent les mystères sont en même temps celles qui donnent les eaux rafraîchissantes. On sait qu'elles étaient venues d'Égypte, et l'on se rappelle tout ce que signifiait pour les Égyptiens l'eau rafraîchissante versée aux enfers par Osiris; l'on se rappelle aussi qu'Hermès tient en main la coupe des libations et qu'il est le précepteur des mystères[3]. Pareillement les Danaïdes, venues de la terre sacrée d'Hermès, apportent à la plaine altérée d'Argos[4] l'eau et la richesse, la nourriture du corps et celle de l'âme, le bienfait de cette doctrine consolante dont l'eau qui rafraîchit est le symbole, et qui montre aux initiés le but de la vie en leur donnant l'espoir du retour aux sphères supérieures, retour dont l'Urne, attribut du Verseau, était le signe révéré, suivant le dogme de la mi-

---

[1] Pausan. II, Corinth., 36 sq.

[2] Tom. Ier, p. 305 sq. de la trad. franç. — *V.* notre pl. CLIX, 606, avec l'explication.   (J. D. G.)

[3] *Cf.* liv. III, ch. IV, et les Éclaircissements, p. 442, 818, t. Ier.

[4] Πολυδίψιον Ἄργος. Iliad. IV, 171.

gration des âmes. Peut-être Danaüs était-il lui-même le Verseau, aussi bien que Cécrops, cet autre colon égyptien de l'Attique, qualifié ainsi par quelques anciens. Ce qu'il y a de sûr, c'est que Nonnus appelle Danaüs « celui qui porte l'eau[2], » parce qu'il avait fertilisé, au moyen de ses travaux d'irrigation, l'aride terre d'Argos. Dans la doctrine des mystères, Argos, ce berceau des plus anciens cultes de la Grèce, était présenté sous deux points de vue, d'abord comme une terre de sécheresse et de malédiction, puis comme une terre de bénédiction et d'abondance; opposition semblable à celle du Touran et de l'Iran, dans la doctrine des Parses, de la terre maudite de Typhon et de l'heureuse terre d'Osiris, dans celle des prêtres d'Égypte. Cette opposition, cette double nature, nous la retrouvons et chez Danaüs et chez les Danaïdes. Pour en finir avec la scène qui nous a déjà occupés, Amymone était par excellence celle qui versait les eaux; elle était aussi l'*irréprochable*, la *pure*, comme l'indique son nom, qui n'a pas d'autre sens[3]. Elle avait résisté au Satyre; elle avait été choisie par Neptune pour faire la découverte de la source pure et sainte de Lerne, appelée comme elle *Amymone*; elle avait eu du dieu un fils irréprochable comme elle, le fidèle Nauplius[4]. Seule avec Hypermnestre, elle avait gardé ses mains pures de sang, tandis que leurs quarante-huit sœurs avaient mis à mort leurs époux, les fils

---

[1] Eratosthen. Cataster. cap. 26, *ibi* interpret.
[2] Ὑδροφόρος. Dionysiac. IV, 254.
[3] Ἀμυμώνη.
[4] Apollodor. III, 9, 1.

d'Égyptus[1]. Quel sujet mieux assorti que son histoire au but d'une peinture mystérieuse de vase? C'était une allusion, une exhortation symbolique aux mystères et à leurs purifications, à leurs consolations et à leurs espérances. Amymone, en outre, était par elle-même un symbole de la pureté et de l'amour conjugal. Un vase qui la représentait devait être un présent des plus convenables pour une jeune fiancée initiée aux mystères.

Mais si telles sont les idées mystiques qui se rattachaient à l'urne, comme emblème de salut, et à celle qui la portait, cette urne dans les mains des Danaïdes, en général, avait un sens qui formait avec tout ce que nous venons de dire une opposition frappante. C'était, pour ainsi parler, le revers de ce grand mythe. L'urne brisée, le vase fendu ou le crible, avec lesquels les Danaïdes s'efforcent en vain de puiser de l'eau, sont les emblèmes de la vie misérable que mènent les non-initiés. Leur existence est sans consolation, sans espoir et sans but. Même après la vie actuelle, ils demeurent dans la sphère inférieure de la matière. Cette idée, mise en rapport avec les mœurs grecques, donna naissance à l'image de ces femmes infortunées, qui se consument dans un travail, dans des efforts sans fruit, qui s'obstinent à remplir des vases sans fond. Tout concourt à prouver que le mythe des Danaïdes enfermait sous son enveloppe symbolique ce dogme de la foi antique des mystères. Les vases qu'elles portent sont nommés,

---

[1] Pindar. Pyth. IX, 195, *ibi* Schol.

d'une manière significative, des « hydries imparfaites[1] » ou sans résultat, sans fin, du mot même qui exprime la fin où tendent les mystères, la perfection ou la consécration qu'ils donnent, l'initiation. Les Danaïdes elles-mêmes étaient appelées « les infirmes[2] » ou celles qui chancellent, qui manquent de base. Enfin, nous savons par Pausanias que le célèbre Polygnote avait peint dans le Lesché de Delphes, parmi les supplices divers représentés dans son tableau de l'enfer, des femmes portant de l'eau dans des vases brisés, et au-dessus desquelles se lisait cette inscription : « Elles n'ont point été initiées aux mystères[3]. »

Ainsi, en bien comme en mal, l'histoire de la famille de Danaüs fut mêlée avec les symboles et les dogmes que cette famille avait apportés aux Grecs. Danaüs venu d'Égypte avec ses filles, suivant la tradition mythique, fonda chez les Pélasges de l'Argolide l'agriculture et les mystères tout ensemble. Il vivifia doublement le pays par les eaux fécondantes et par ses enseignements non moins salutaires. Il donna le pain du corps et celui de l'âme. Le grand forfait consommé par ses filles, Amymone elle-même quelquefois comprise, montrait ce héros législateur sous un point de vue opposé ; et les Danaïdes, meurtrières de leurs époux, ces Danaïdes, aussi bien que leur père, bienfaitrices du pays d'Argos au physique et au moral, n'étaient

---

[1] Ὑδρίαι ἀτελεῖς, de ἀ privat. et τέλος. Æschin. Axioch., § 21, p. 166 Fischer.

[2] Ἠπεδαναί, de ἀ et πεδανός, venant de πέδον. Proverb. gr. Cent. III, 31.

[3] Pausan. X, Phocic., 31, coll. Platon. Gorg., p. 493 B Steph., p. 100 Bekker; Bœttiger, *Archæolog. der Mal.*, I, p. 263, coll. Mus. Pio-Clem., tom. IV, tab. 36.

plus que des criminelles, des réprouvées, condamnées à puiser l'eau qui s'échappe incessamment de leurs seaux percés. Mais quand elles portent des vases intacts, quand elles les remplissent à coup sûr, elles recommencent à prodiguer les biens de toute sorte. Y a-t-il, en effet, dans ce mythe, autant d'histoire réelle qu'on le croit généralement? Les cinquante filles de Danaüs sont-elles autres, dans le fond, que les cinquante fontaines de l'Argolide, dont les eaux coulaient tantôt avec abondance et tantôt tarissaient, tour à tour symboles de salut et de désolation? Quoi qu'il en soit de cette idée, qui a pour elle plus d'une raison grave[1], l'emblème de l'hydrie, avec son sens mystérieux et ses sublimes avertissements, dut être bien antérieur à la légende mythique du supplice des Danaïdes aux enfers, qui ne fut qu'une interprétation populaire et tardive de ce grand symbole, par suite de laquelle les fondatrices elles-mêmes des mystères se virent ravalées à la condition misérable des non-initiés[2].

Près de Nauplie, de la ville bâtie par le fils d'Amymone, l'on montrait un rocher dans lequel était sculpté un âne. C'était un âne bachique, qui jadis, selon la légende rapportée dans Pausanias[3], avait rongé les ceps de vigne, et

---

[1] *V.* Spanheim ad Callim. Pallad. 46 sqq., et interpret. ad Hygin. *l. l.* — Elle a été reprise et développée, principalement par O. Müller et par Vœlcker, dans des recherches dont notre note 22 sur ce livre, fin du vol., présente les résultats. (J. D. G.)

[2] *V.* les nombreuses allusions des anciens à ce mythe, dans Hemsterhuis ad Lucian. Dial. Mar. VI, 1, et dans Fischer ad Eschin. *l. l.*

[3] II, Corinth., 38.

par là enseigné aux habitants l'utilité de la taille. Nous avons vu plus haut les rapports intimes de cet animal avec Dionysus qui le monte et qui ramena au ciel Héphæstus ivre et monté de même[1]. Cet âne, monture des deux divinités, se retrouve sur les monuments et particulièrement sur les vases, non pas ailé, comme pourrait le faire croire Aristide[2], mais sans ailes, par exemple dans les trois peintures qu'offrent les recueils d'Hamilton, de Tischbein et de Millin[3]. Un vase de Sicile, avec le même sujet, publié par ce dernier, mérite une attention spéciale[4]. Dionysus barbu, précédé de Marsyas avec la double flûte, et d'une Ménade en qui l'inscription nous montre la Comédie personnifiée, y ramène au ciel Héphæstus, les quatre personnages également à pied et désignés par leurs noms. Peut-être, comme le conjecture Millin, cette peinture est-elle une copie du tableau que Pausanias avait vu dans un temple à Athènes[5]. Ce qu'il faut remarquer, ici encore, c'est l'alliance du culte de Bacchus avec les religions de Lemnos et de Samothrace, alliance dont on rencontre des vestiges sur d'autres vases, tels que celui du dernier recueil cité[6], où l'on voit Cadmus avec le bonnet propre aux Cabires, et sur la face opposée Liber et Libéra avec le miroir démiurgique.

[1] *Cf.* p. 286, 288, *ci-dessus.*
[2] In Bacch., p. 29 Jebb. —, p. 49 Dindorf.
[3] *V.* nos pl. CXLII, 472, et CXLV, 473, coll. CXXIII, 479, avec l'explication.   (J. D. G.)
[4] Pl. CXLIII, 471, et l'explication.   (J. D. G.)
[5] I, Attic., 20.
[6] Millin, II, 7.

Ces peintures de vases, qui nous présentent Liber et Libéra jouant les principaux rôles, et autour d'eux gravitant, pour ainsi dire, toute l'action du drame mystérieux, sont naturellement très multipliées. Le sujet qui y ressort le plus fréquemment, c'est l'union, et, comme nous l'avons dit, l'hymen sacré de ces divinités, prototype de tout hymen sur la terre entre des initiés. Avec chaque hymen commençait un monde nouveau, une race nouvelle. Ce monde en général, composé des générations corporelles, était l'œuvre de Liber et de Libéra. L'union d'Uranus et de Gæa, du ciel avec la terre, fut, dans la langue des Orphiques, le premier hymen, et la terre la première fiancée. Le quatrième hymen fut celui de Liber et de Libéra, ou de Dionysus et de Perséphone, et cette dernière fut en conséquence la quatrième fiancée [1]. L'on reconnaît ici une série d'hyménées divins, empruntée aux religions des îles de Crète et de Samothrace, où des cérémonies solennelles représentaient aux yeux ces dogmes fondamentaux. Ainsi l'ancienne Rome eut elle-même ses *Lectisternia*, dans lesquels les grandes divinités nationales, les puissances démiurgiques du culte pélasgique primitif, Mars et Vénus, par exemple, étaient accouplés sur le lit du festin. Chez les Grecs, qui donnaient davantage encore aux sens, les dieux, même dans le culte mystérieux, étaient encore plus rapprochés de l'humanité. Aussi n'est-il guère douteux que souvent, sur les vases, l'hymen sacré est figuré par la pompe ou le

---

[1] Procl. ad Plat. Tim., p. 293.

banquet nuptial de Bacchus et d'Ariadne à Naxos[1]. Mais alors même que ces représentations tendent ainsi à se confondre avec des scènes de la vie extérieure, toujours quelque accessoire s'y remarque, qui nous rappelle au sens symbolique caché sous cette écorce.

Un semblable banquet nuptial, d'un caractère tout héroïque et tout humain, se voit sur un vase de la Bibliothèque royale de Paris[2]. Il a lieu sous un berceau de lierre. Dionysus barbu tient dans ses bras une jeune fille vêtue d'une longue robe traînante. Il est assis sur un lit moelleux, et deux convives sont placés derrière lui. En face, un quatrième personnage tient un tambourin qu'il est sur le point de frapper. Entre lui et la compagnie plane un Génie ailé. Que l'amante du dieu soit ici Ariadne ou une simple joueuse de flûte, telle que l'on en voyait d'ordinaire dans les banquets des Grecs[3], c'est ce qui au fond est indifférent. La peinture mystérieuse peut descendre, non-seulement à la légende populaire, mais jusqu'à la vie réelle, sans perdre pour cela son sens typique et religieux. C'est ce qu'atteste la présence du Génie des mystères, qui s'abat au-devant du couple des époux, étendant ses mains vers eux comme en signe de bénédiction. Cette scène peut passer pour un emblème des plaisirs du monde en général, des jouissances que prodiguent,

[1] *V.* Lanzi, p. 125, sur le n° 220 de Passeri. *Cf.* ch. IV, p. 270 sq. *ci-dessus*, et les monuments indiqués dans la note 4.

[2] Dans Passeri, tab. 157, et Millin, tom. I, pl. 38. — *Cf.* le sujet analogue figuré dans notre pl. CXXVI, 457, avec l'expl. (J.D.G.)

[3] *V.* Plat. Sympos., cap. 5, et Lucian. Tim., § 55, p. 124 Bip. *Cf.* Bœttiger, *Archæolog. Æhrenlese*, où il a donné une copie de ce vase.

dans ce monde des sens sur lequel ils dominent, Dionysus et Perséphone. Le couple qui les représente, tant rapproché soit-il de la vie commune, n'en fait pas moins allusion à ces dieux comme auteurs du monde sensible, de ses biens passagers, et à leur union céleste comme type de ces terrestres unions, gages de la perpétuité des générations humaines.

A propos du personnage qui tient un tambourin dans la scène que nous venons d'expliquer, un mot sur l'emploi et le sens des instruments de musique dans le culte retentissant de Dionysus. Le tambourin était en usage dans ce culte aussi bien que dans celui de Cybèle. Il se nommait τύμπανον (*tympanum*), et il était plat d'un côté, bombé de l'autre. Il faut le distinguer du ρόμβος et du ρόπτρον, ce dernier, outre enflée que portaient les Corybantes et les compagnons de Bacchus, et qui était munie d'un anneau avec une courroie, au moyen de laquelle on la faisait tourner et quelquefois on la jetait en l'air. On faisait aussi tourner en rond le tambourin, ce qui, joint à sa forme, ronde également, avait, dit-on, rapport à la figure du monde et au mouvement des sphères. Souvent encore il est question de cymbales et de crotales (κύμβαλα, κρόταλα), parfois de castagnettes. Pour de plus amples détails, et pour les représentations sur les monuments, on peut consulter les passages et les indications cités en note[1]. Nous avons déjà fait remarquer que la musique

---

[1] *V*. Pindar. ap. Strabon. X, p. 719 Cas. ; Diogen. Trag. ap. Athen. XIV, 38 ; Euripid. Bacch., v. 58 et 124 ; Nonnus, IX, 116, *ibi* Moser, p. 226 sq. *Cf.* Schwarz, Miscell. polit. hum., p. 86 sq. ; Zoëga, *Bassiril.*,

phrygienne passa en Grèce avec les cultes associés de Cybèle et de Bacchus. Il s'en était transmis quelque chose à l'Église grecque-chrétienne, et de là les vestiges que l'on croit en découvrir, soit chez les Arméniens, soit, par une propagation en Occident opérée de bonne heure, dans certaines musiques d'église de l'Italie et d'autres pays[1].

Liber et Libéra, ou les personnages qui représentaient ces dieux dans les drames religieux des mystères, se voient également sur une peinture de vase encore inédite, de la collection du comte d'Erbach[2]. Des deux côtés d'une éminence formant une grotte sont assis Liber et Libéra, celui-là tout-à-fait dépouillé de son vêtement qui retombe, et tenant d'une main le thyrse orné de la bandelette mystique; celle-ci richement vêtue et ramenant sa robe par-dessus son épaule, geste que font souvent les femmes sur les monuments. Un Silène, venant d'une colline qui est indiquée, s'approche d'elle avec toute l'impétuosité propre à cette espèce de génies bachiques et lui présente un œuf. Entre les deux divinités, à l'entrée de la grotte, est couché un lièvre. En contemplant ce Bacchus entièrement nu et le geste expressif du Silène, on ne saurait méconnaître un instant le sens de cette scène. C'est une scène mystique, à la fois aphroditique et bachique.

---

tab. 5, 6, 14, 15; Bœttiger, *Archæol. d. Mal.* I, p. 196 sqq.; — et nos planches relatives à Bacchus et à son culte, *passim*. (J. D. G.)

[1] *Voy.* l'ouvrage d'un grand maître, l'abbé Vogler, intitulé : *Choralsytem*, Kopenhagen, 1800, et surtout la seconde section (*Déduction historique sur l'ancienne psalmodie*), p. 28 sqq.

[2] Publiée par M. Creuzer, et reproduite dans notre pl. CXLV, 491. *Cf.* l'explication des planches.

caractérisée surtout par la présence du lièvre. On sait combien cet animal fut célèbre dans l'antiquité, non-seulement à cause de la superfétation que lui attribuent déjà Hérodote, Xénophon, Aristote[1]; aussi bien que les plus grands naturalistes modernes, Linné et Buffon, mais parce que les anciens le regardaient comme complétement androgyne, d'où vient qu'ils en racontaient tant de fables aphrodisiaques[2]. Le lièvre était même employé dans la composition de divers philtres ou recettes d'amour, superstition qui s'est propagée jusqu'à nos temps[3]. Placé au-devant de la grotte bachique, comme on le voit ici, c'est un symbole du monde sensible et de ses voluptés. Tout semble annoncer, en effet, que nous n'avons point dans ce tableau une vulgaire scène d'amour; mais, plus que tout le reste, la bandelette deux fois répétée. Non moins que le Génie ailé dont il était question tout à l'heure, elle nous transporte au sein des mystères et de leurs dogmes. L'œuf lui-même, dans la main du lascif Silène, est profondément significatif, symbole cosmique qu'il était par la forme et par la matière tout ensemble, et censé renfermer les germes primitifs de tous les êtres.

[1] Herodot. III, 108; Xenoph. Cyneg. V, 13; Aristot. Hist. anim. II, 12.

[2] *V.* Schneider ad Ælian. Hist. anim. II, 12, XIII, 12, et ad Eclog. phys., § 71, p. 30, coll. Weiske ad Xenoph. *l. l.* C'est pour une raison semblable qu'il était défendu aux Hébreux de manger de la chair du lièvre, défense sur laquelle il faut voir les réflexions de Clément d'Alexandrie, Pædagog., 2. — Cet animal était, sans aucun doute, l'objet d'idées analogues et d'une égale aversion en Égypte. *V.* notre pl. XXXII, 141, avec l'explication des pl., p. 38 sq. (J. D. G.)

[3] *V.* Philostrat. Icon. I, 6, p. 772, *ibi* Olearius.

C'est ici, en effet, l'image de cette union solennelle qui donne la naissance à toutes les créatures; c'est un hymen mystique, l'hymen sacré de Liber et de Libéra. Le lieu de la scène est l'entrée de la grotte bachique, emblème, nous le savons, du monde naissant, du monde humide de Dionysus. Avec l'acte qu'elle représente commence le monde des sens, le règne du plaisir et de l'amour. Silène est le ministre brutal de cette œuvre de la création matérielle, dont il offre le symbole à Libéra, qui se détourne avec pudeur vers le beau et tendre Dionysus. C'est que si l'un, comme nous l'avons dit ailleurs[1], est le premier travail, l'ébauche grossière du monde sensible, l'autre en est la consommation et l'image accomplie. Libéra est placée entre les deux, parce qu'ils sont également nécessaires à la création; mais elle donne son amour à celui qui seul peut la réaliser dans tout son éclat.

Cette peinture s'offre encore à nous sous un autre point de vue. Souvenons-nous que les vases peints étaient déposés dans les sépultures, où les Grecs déposaient aussi des œufs comme offrandes propitiatoires en faveur des morts[2]. De plus, le lièvre se remarque sur d'antiques urnes sépulcrales, et se trouve ainsi lui-même en rapport avec le tombeau. Ainsi sur un sarcophage du Capitole[3], où des lièvres mangent des fruits sortant d'une corbeille

---

[1] Chap. II, p. 153 *ci-dessus*.

[2] Lucian. Dial. Mort. I, 1, tom. II, p. 129 Bip., et *ibi* interpret., p. 400; Juvenal. Satir. V, 84.

[3] *Cf.* Winckelmann, de l'Allégorie, p. 636 de la nouv. édit. allem., et *ibi* Meyer, p. 736.

CH. V. DOCTRINE DES MYSTÈRES. 347

renversée, absolument comme, dans un tableau décrit par Philostrate[1], se voyaient des Amours jouant avec des pommes qu'ils cueillaient, et donnant la chasse à des lièvres qui rongeaient de ces fruits sous les arbres. On sait quelle était, dans les fêtes de l'hymen, la signification érotique des deux actes de jeter des pommes et d'en goûter. On sait aussi que Bacchus passait pour avoir trouvé ce fruit et pour en avoir fait présent à Vénus[2]. Or, Vénus et Bacchus, ou, ce qui était la même chose dans les mystères, Libéra et Liber, sont à la fois les divinités de l'hymen et celles de la mort, ce qui nous ramène à l'idée fondamentale des religions bachiques, où la génération et la destruction, la vie et la mort, étaient liées par les symboles comme par le fait. C'est pourquoi le lièvre, dans le tableau qui nous occupe, ainsi que l'œuf et la grotte elle-même, peuvent avoir trait à l'un et à l'autre de ces grands phénomènes corrélatifs; et le sens n'en serait pas changé au fond, quand on voudrait voir dans la main de Silène la pomme au lieu de l'œuf. Le lièvre pourrait encore, sur les tombeaux, être un emblème du facile réveil, les anciens ayant su déjà qu'il dort les yeux ouverts[3]. Quoi qu'il en soit, sous ses aspects divers, notre peinture reproduit toujours l'idée essentielle de la vie dans sa perpétuelle alternative avec la mort.

[1] Icon. I, 6, p. 772 Olear.
[2] Athen. III, 23, pag. 323 Schweigh.; Kayser ad Philet. fragm., p. 60 sqq.
[3] Xenoph. Cyneg. V, 11; Ælian. Hist. Anim. II, 12; Pollux, V, 12, 69. Déjà même les Égyptiens connaissaient cette allégorie. V. Creuzer. Comment. Herodot. I, p. 396 sq.

Passeri et Millin[1] nous font connaître une autre scène où l'hymen mystique se présente considérablement modifié dans la forme. Au lieu de Bacchus, nous y voyons un éphèbe nu et ailé, ou plutôt un androgyne avec des ailes, embrassant Libéra. Le premier des deux antiquaires cités y trouve simplement Vénus qui caresse l'Amour. Mais le second, frappé du caractère et du but mystérieux des vases de la Grande-Grèce, est porté à y reconnaître, soit l'androgyne Iacchus qu'embrasse Proserpine, soit le Génie des mystères auquel une initiée donne un baiser. Ce Génie, en effet, est presque toujours représenté jeune et de petite taille, tel qu'il paraît dans cette scène. Néanmoins un Bacchus ailé, éphèbe et même androgyne, ne saurait nous surprendre, après que nous l'avons rencontré sur les monuments avec des ailes et avec l'indice d'un double sexe, après surtout que les Éleusinies nous ont révélé ce jeune Iacchus qui était transporté dans le temple de la déesse d'Éleusis par une procession nocturne[2]. Si c'est bien ce dieu que nous avons ici, le miroir placé à côté nous montrera en lui le créateur du monde sensible s'unissant à la divine Kora, mère de ce monde. C'est un miroir cosmique et un hymen cosmique également qui figurent dans cette scène.

Quand, d'accord avec les idées dogmatiques qui ont été développées plus haut, nous considérons le miroir comme un symbole démiurgique, nous ne prétendons pas exclure par là son sens immédiat, celui qu'il avait dans les

---

[1] Le premier, tab. 14; le second, tom. I, pl. 65.
[2] *Cf.* chap. IV, p. 233, et le chap. actuel, p. 294, 300, *ci-dessus*.

appartements des femmes grecques, et par conséquent
dans le culte public des déesses modelées sur leur idéal.
Ainsi nous ne dédaignerons point les récits qui nous apprennent que le miroir, dans le culte public, était un instrument de parure. Nous savons, par exemple, que les
prêtresses de Junon tenaient devant elle un miroir, et cela
tandis qu'elles lui faisaient sa toilette solennelle[1]. Mais il
n'en reste pas moins vrai que le démiurge aussi se regarde
avec complaisance dans un miroir, avant d'être saisi du
désir de créer le monde à son image; que la mère de la
nature, Kora, se pare et se complaît elle-même dans les
riches couleurs de cette robe diaprée dont elle revêt ensuite les mortels[2]. Voilà pourquoi le miroir, si fréquemment reproduit sur les vases peints, appelle notre plus
sérieuse attention. On l'a pris souvent pour une patère;
mais enfin il a bien fallu le reconnaître, surtout dans les
sujets où figure Vénus, et dans les scènes bachiques[3]. Dès
lors il était naturel, en suivant les indications des anciens,
de mettre en rapport avec ce symbole la doctrine de la
création et celle des âmes, comme nous avons entrepris
de le faire. Ainsi, quand nous voyons, sur les vases, un
jeune homme se regardant dans un miroir, ce peut être
soit Dionysus lui-même, au moment où le désir de créer
s'empare de lui, soit l'âme désireuse du terrestre séjour,
contemplant sa propre image dans le miroir du créateur.

[1] Senec. Epist. 95, p. 604 Lips., coll. Augustin. de Civ. Dei, VI, 10.
[2] *Cf.* p. 279 et 306 sq. *ci-dessus*. Ils avaient en commun l'épithète
d'αἴολος et ses composés (p. 294).
[3] *V.* Millin, Peint. de Vas. I, p. 118.

Pour le premier cas, nous en avons probablement un exemple dans une peinture de vase publiée par Millin[1]; car la femme qui est à côté de Dionysus s'annonce comme Proserpine, à en juger par son attribut dont nous traiterons dans la suite. Quant au second cas, ce sera le sujet des développements où nous allons entrer.

V. Représentations figurées des vases qui ont trait à la migration des âmes, à leur descente sur la terre et dans les corps, à leurs purifications ici-bas et à leur retour aux cieux. La fête des Apaturies et ses rapports avec la doctrine des mystères, avec tout cet ordre d'idées et d'images.

Le symbole du miroir nous ouvre une nouvelle série de représentations qui se rapportent à la destinée de l'âme, et en premier lieu à sa venue dans ce monde des sens. Sur un vase encore inédit de la collection du comte d'Erbach[2], se voit un jeune homme assis sur un rocher et plongé dans une méditation profonde. Au-dessus de lui est suspendu le gâteau sacré de forme sphérique, assimilé pour ce motif à un peloton de laine et à une courge, dont il portait le nom commun[3]. Un vêtement pointillé couvre

---

[1] II, pl. 57.
[2] *V.* le sujet gravé dans notre pl. CXLV *bis,* 491 *c.*, avec l'explic.
(J. D. G.)
[3] Τολύπη, *glomus:* Athen. III, p. 445 Schweigh.; Biel Thesaur. Vet. Test. s. v., et Scaliger ad Varron. de L. L. IV, 10, p. 45. Entre autres gâteaux consacrés dans les mystères bachiques, cette espèce est citée par Clément d'Alexandrie, Protrept., p. 19 Potter. On sait, du reste, combien les représentations de gâteaux sacrés sont fréquentes sur les vases. La préparation, à Athènes, en était confiée à certaines jeunes filles, singulièrement honorées, appelées par excellence les *Meunières*

CH. V. DOCTRINE DES MYSTÈRES.

seulement les reins du jeune homme. Il tient devant lui un miroir, dans lequel il regarde de loin, comme indécis sur le parti qu'il doit prendre. Mais le rocher sur lequel il est assis indique le sentier rocailleux du gouffre qui conduit aux délices de Bacchus[1], au lieu d'oubli, au monde sensible. Ce jeune homme représente donc une âme dans laquelle commence à s'effacer le souvenir de la vie divine qu'elle a puisée à la source d'en-haut. Elle prend le miroir de Dionysus, et, en y portant ses regards, en contemplant le jeu varié des couleurs de la création matérielle, elle est saisie du désir de s'y mêler et de descendre dans cette grotte enchantée d'ici-bas. Désormais cette âme ne peut plus échapper à la condition des mortels. Mais de l'autre côté de la grotte, dans l'empire même de Dionysus, se montre la prêtresse du dieu, parée d'une robe de diverses couleurs. Elle présente au jeune homme la bandelette sacrée, symbole de purification, gage du retour aux sphères supérieures, et l'admet ainsi au nombre des initiés; en sorte que cette scène est tout à la fois celle de l'initiation d'un néophyte.

L'âme, nous l'avons vu, reçoit, à la naissance, ce corps mortel, comme un vêtement, des mains de Proserpine qui en a formé le tissu. A cette idée doit se rapporter l'instru-

(ἀλετρίδες, Eustath. ad Odyss. XX, 105, p. 724 Bas.). On parle aussi d'un dieu, selon d'autres une déesse, *Eunostos*, (de νόστος, douceur, mets), dont l'idole fort petite était placée dans les moulins, eux-mêmes consacrés, où les *Meunières* broyaient la farine destinée aux gâteaux des sacrifices (θεὸς ἐπιμύλιος: Eustath. *ibid.* et ad Odyss. I, p. 9 Bas. ex Athen.).

[1]. Plutarch. de Ser. Num. Vind., p. 96 Wyttenb.

ment que, sur les peintures de vases, Libéra a quelquefois dans les mains. Passeri veut y voir une échelle, et par conséquent, dans la déesse qui le porte, une Fortune; mais c'est avec raison que Millin y a reconnu une navette de tisserand, ce sur quoi ne laisse aucun doute un des monuments publiés par son prédécesseur[1]. Cette Proserpine tisseuse, avec l'instrument qui la caractérise comme telle, paraît, entre autres, sur un vase que le même Millin a donné[2], et cela au milieu de personnages et de circonstances qui font allusion à la descente des âmes et à leur prise de possession du vêtement des corps. A côté de la déesse, Liber, son époux, tient le thyrse et le cantharus. Un Satyre, ayant dans sa main le flambeau entouré de la bandelette mystique, présente à Libéra, qui préside à la naissance, le seau d'eau, symbole de l'élément humide et de la sphère sublunaire, dans laquelle les âmes descendent par la naissance corporelle[3]. De l'autre côté s'approche du couple divin, pour lui faire l'offrande d'une couronne et de fruits, le Génie androgynique ailé, dont les formes ne sont pas moins prononcées ici que sur d'au-

[1] Passeri, tab. 140. Au-dessous de la navette se voit le métier, tel qu'il existait chez les anciens Grecs, qui ne tissaient point horizontalement comme nous, mais du haut en bas.

[2] Tom. II, pl. 16, coll. pl. 57, où la déesse tisseuse est assise près d'un jeune homme qui, debout devant elle, lui présente un miroir.— *Cf.* notre planche CXLV *bis*, 491 *b*, avec l'explication. (J. D. G.)

[3] Sur le rapport établi entre l'œuvre mystique de Proserpine tisseuse et l'élément humide ou l'eau, on peut voir l'interprétation donnée par Porphyre (de antr. Nymph., cap. 14) à la grotte de l'Odyssée (XIII, 107 sqq.), où les nymphes Naïades tissent, au sein des eaux, des voiles merveilleux.

CH. V. DOCTRINE DES MYSTÈRES. 353

tres vases. Des gâteaux sacrés, ici également, sont suspendus au mur. Les trois pommes que l'on remarque aux pieds de Proserpine sont un emblème connu des trois saisons de la haute antiquité, dont nous avons parlé ailleurs[1]. Il peut ici avoir rapport à la déesse qui, selon les saisons, change de séjour, qui tantôt réside aux enfers et tantôt dans les cieux, et qui en même temps divise la route des âmes à travers le cercle annuel du zodiaque.

Avec ces idées sont encore en liaison ces figures à manteaux, qui se rencontrent si fréquemment au revers de certains vases grecs de l'Italie, et aussi bien, sur la face principale de ces vases, ces images assez multipliées d'éphèbes portant des vêtements sur leurs bras, ou assis dessus, ou auxquels des vêtements sont présentés. Pour les premières, celles qui représentent des jeunes gens enveloppés de grands manteaux, souvent accompagnés d'une personne d'un certain âge, l'on ne saurait y voir de simples spectateurs; il y a dans leur costume une intention trop manifeste. Ce seraient plutôt, comme on l'a pensé[2], des éphèbes qui viennent de recevoir le pallium, et auxquels leur père, maître, ou surveillant, enseigne les règles de la bienséance; ces éphèbes qui, dans la Grèce et à Rome, devaient cacher quelque temps leurs bras dans leur toge et sous leur manteau, et qui n'avaient point en-

---

[1] Liv. IV, ch. V, tom. II, p. 176 sq.
[2] *V.* Uhden, Lettre, dans les Peint. de Vas. gr. de Bœttiger, tom. II, p. 65 (en allem.), et l'*Archæol. der Malerei* de ce dernier, I, p. 211 sqq.

core le droit de suffrage[1]. Mais, si l'on se souvient que les vases qui portent de telles figures étaient commémoratifs de l'initiation aux mystères, et qu'ils suivaient les initiés dans le tombeau, l'on y soupçonnera un sens plus élevé, sens que l'examen d'une ancienne fête de l'Attique, ainsi que les inductions naturelles tirées de la doctrine des Héros et des Génies, et les particularités mêmes que présentent les images en question, vont peut-être confirmer.

La fête dont il s'agit, appelée les *Apaturies*, était une fête fort antique de Bacchus, célébrée à Athènes au mois d'octobre, et qui remontait à une époque antérieure à l'établissement des colonies Ioniennes, lesquelles l'emportèrent en Asie-Mineure[2]. Solennité civile et religieuse à la fois, on y inscrivait les enfants sur la liste des phratries, et les adultes sur celle des citoyens. Le troisième jour de la fête, les Athéniens offraient un sacrifice pour les jeunes gens enregistrés dans la phratrie, et un autre semblable pour les vierges nubiles, qui y étaient également inscrites[3]. En effet, cette inscription dans la phratrie, espèce de communauté religieuse, analogue à la curie romaine, était aussi un acte religieux, et, s'il est per-

---

[1] Exprimé par le mot pittoresque χειροτονεῖν, auquel est opposé *cohibere brachia toga* (Cic. pro Coel. 5, coll. Artemidor. I, 54).

[2] On fixe sa fondation à l'an 1190 avant J.-C. *V.* Herodot. I, 147; Vit. Homer., cap. 29, *ibi* interpret. *Cf.* Meursius, Græc. fer., in Gronov. Thesaur., t. VII, p. 701 sqq., avec les rectifications de Corsini, Fast. Att., II, p. 306 sqq.

[3] Ce jour était appelé κουρεῶτις, le premier sacrifice κούριον ou κουρεῖον; le second γαμηλία (Pollux, VIII, 9, § 107, *ibi* interpret.).

mis de le dire, une sorte de fête de la confirmation[1]. Un autre caractère non moins remarquable de cette solennité, à Athènes, c'est que l'on y célébrait, en l'honneur d'Héphæstus, une course du flambeau, accompagnée d'hymnes, l'une des trois de ce genre qu'avaient instituées les Athéniens[2]. A Samos, la fête de Déméter *Kourotrophos* (nourrice des garçons) se liait intimement aux Apaturies[3]; celles-ci tombant en général dans le même mois que les fameuses Thesmophories, c'est-à-dire dans le mois Pyanepsion, qui revient à peu près à notre mois d'octobre. Au point de vue purement civil et politique, l'on donnait du nom des Apaturies une étymologie qui montrerait en elles la fête des ancêtres[4]. Une autre origine, politique aussi au premier abord, mais qui tient de plus près au côté religieux de la fête, tendrait à la faire envisager comme la commémoration d'une victoire remportée par les Athéniens sur les Béotiens. Le Messénien Mélanthus commandait les premiers, le roi Xanthus les seconds. La querelle des deux peuples devant se vider par un combat singulier entre leurs chefs, Mélanthus eut recours à la ruse contre son adversaire. Il lui dit qu'il voyait derrière lui un auxiliaire vêtu de la peau d'une chèvre noire, et tandis que Xanthus se retournait pour s'en as-

[1] Pour les petits enfants eux-mêmes c'était une espèce de sacrement. *V.* Andocid. ap. Meurs., *l. c.*, p. 725.
[2] Ister ap. Harpocrat. *v.* λαμπάς. *Cf.* Istri fragm., p. 60 sq. Siebelis.
[3] Pseudo-Herodot. Vit. Homer., *ubi supra*.
[4] Ἀπατούρια, *quasi* ἀπατόρια, tandis qu'on le dérive ordinairement de ἀπατᾶν, tromper.

surer, il lui porta le coup mortel. De là, dit-on, le surnom d'*Apaténor* ou de trompeur d'hommes donné à Jupiter; de là la fête des *Apaturies*, la fête de la fraude, instituée en l'honneur de Bacchus surnommé *Melanægis* ou à l'égide noire, le mystérieux auxiliaire n'étant pas autre que ce dieu; de là enfin le temple qui lui fut élevé sous ce nom [1].

L'on a déjà fait observer que ce mythe se rattachait à une fête et à des jeux champêtres de l'Attique, d'où il avait tiré ses principaux traits et ses couleurs principales [2]. Mais n'y faudrait-il pas voir en même temps la tradition d'une colonie bachique venue du Péloponèse, et d'une guerre de religion avec les Béotiens qui en aurait été la conséquence? Qu'on fasse attention, en effet, au nom du territoire qui fut l'objet de la querelle entre eux et les Athéniens, et qui est appelé *Œnoé*, la terre du vin, ou *Mélænæ*, la terre noire. Qu'on remarque les noms, encore plus significatifs, des deux adversaires, le vainqueur, *Mélanthus*, c'est-à-dire le noir, et le vaincu, *Xanthus*, c'est-à-dire le clair ou le blond. Bacchus, couvert de la peau de la chèvre noire, apparaît à l'un pour son salut, à l'autre pour sa ruine. Celui qui l'emporte, l'homme noir, vient de la Messénie, du Péloponèse, de cette péninsule où, dès longtemps, en Argolide, à Hermioné, était adoré

[1] *V.* les passages cités par Fischer, index ad Theophrast. Charact. in ἀπατουρ., coll. Larcher ad Herodot. Vit. Hom., c. 29. De plus, Schol. Plat. ad Tim., p. 201 Ruhnken.; Schol. mscr. Aristid., p. 118 sqq. Jebb (edit., p. 111 sq. Dindorf.); Ephori fragm., p. 120 Marx; Nonn. Dionys. XXVII, 302.

[2] Kanne ad Conon. 39, p. 149 sq.

Bacchus *Mélanœgis*, étaient célébrées en son honneur des fêtes pareilles aux Apaturies de l'Attique[1]. Dès longtemps aussi l'Argolide avait reçu d'Égypte son prophète de Bacchus, *Mélampus*, l'homme aux pieds noirs; et c'est de là, c'est de cette terre noire, de cette terre des dieux aux formes de bouc et chèvre, que dut venir également le dieu à la peau de chèvre noire. Là, comme un véritable Jupiter Apaténor, Ammon dut se montrer à son fils Osiris, enveloppé d'une peau de chèvre[2], et sans doute, avec ce caractère, il lui avait communiqué ce costume, sous lequel il se retrouve dans le Bacchus Mélanægis de la Grèce. Quant à la couleur noire, c'est celle des dieux et du salut en Égypte, c'est celle qui présage l'abondance et la félicité. De la terre égyptienne, Mélampus, nous le savons, avait apporté le dogme du phallus, par conséquent de la vie et de la mort, dogme, est-il dit, développé par ses successeurs, et qui enseignait, avec la descente des âmes dans la sphère inférieure du monde sensible, leur retour de cette sphère au moyen de la métempsychose[3]. Or, c'est Jupiter qui envoie les âmes ici-bas; c'est le dieu du phallus, Osiris-Bacchus, qui les remplit des désirs et des illusions des sens. L'existence corporelle, racontent les anciens historiens, n'était point la véritable existence, au dire des prêtres d'Égypte. Il s'ensuit que les dieux qui plongent les âmes dans cette déception du

---

[1] Pausan. II, Argol., 35.
[2] Comme il s'était montré à son autre fils, Hercule, sous une peau de bélier. *Cf.* liv. III, ch. III, p. 428, t. Ier.
[3] *Cf.* chap. II, p. 112-114, etc., *ci-dessus*.

monde physique, qui leur assignent ou leur préparent cette vie qui n'est qu'une fausse vie, sont des dieux imposteurs, Ammon-Zeus aussi bien que Dionysus, son fils, le décevant (*Apatourios*) par excellence. Il s'ensuit que les *Apaturies*, cette fête antique de victoire par la fraude, peuvent encore, dans ce sens supérieur, justifier leur nom de *fête de l'imposture*. Sans doute les vestiges d'un tel sens sont rares dans la haute antiquité; ils sont indirects, quoique réels; et il nous faut descendre jusqu'aux Néo-Platoniciens pour trouver les Apaturies, du moins quant au fond, positivement interprétées comme nous l'avons fait[1]. Mais on conçoit que, tant que subsista dans sa force l'ancienne croyance, le sens intime de la plupart des rites et des cérémonies ne dut point être révélé au grand jour, surtout quand ils tenaient d'aussi près aux mystères. Ce ne fut qu'à l'époque de la décadence du culte grec et de l'invasion triomphante du christianisme, que les penseurs de la nation tâchèrent à sauver la foi antique en faisant ressortir ce sens caché. Voyons, au surplus, si, pour la fête dont il s'agit, d'autres indices ne nous conduiront pas plus près du but, tout en nous ramenant aux peintures des vases et à notre point de départ.

Il nous faut revenir, avant tout, à la doctrine des Gé-

---

[1] Par exemple dans Proclus, in Tim., pag. 27, où il faut changer ἐξισταμένης en ἐξισταμένοις, et remarquer surtout ce qui est dit du but de la fête comme étant « la perpétuité du bon ordre dans le monde » (τὴν ἐν τῷ κόσμῳ διαιώνιον εὐθημοσύνην, au lieu de εὐθυμοσύνην, évidemment fautif).

nies, selon les anciens, doctrine sans laquelle ne peut absolument s'expliquer rien de ce qui touche aux mystères. Nous savons quelle était la croyance publique des Grecs concernant les Héros et les Génies. Nous savons que les poètes, sur la scène, parlaient d'un Génie mystagogue ou initiateur de la vie, et que les Héros étaient donnés en spectacle au peuple comme des modèles à imiter[1]. Il était donc tout-à-fait dans l'esprit des anciens Athéniens, que la fête de l'inscription de leurs fils sur les registres publics et de leur entrée dans le monde se liât à une commémoration, publique aussi et religieuse, des Héros et de leurs vertus. Les Apaturies, d'un autre côté, étaient la fête commune des enfants, des jeunes gens et des jeunes filles, une fête du commencement de la vie, au sens de la nature et de la société à la fois. Le côté intime, le côté religieux de cette fête ne pouvait donc manquer non plus d'avoir trait au guide de la vie, au Génie tutélaire. Peut-être même que l'imposition des noms y était pour quelque chose; que la tutèle du Génie sur l'homme se rattachait à un nom qui faisait de lui, à la lettre, son patron divin[2]. Quoi qu'il en soit, selon la foi des Grecs, les Héros sont les modèles des hommes dans leurs efforts pour s'élever de cette humble terre; les Génies ou Démons les y amènent d'un séjour supérieur, ils unissent les âmes aux corps, ils les accompagnent dans la vie et hors de la vie. Le corps est un vêtement tissu par

[1] *Cf.* chap. I, p. 24, 29, 35 sqq., *ci-dessus.*
[2] C'est ce qu'on pourrait induire d'un passage de Plutarque, de Oracul. def., p. 724 Wyttenb.

Proserpine et dont les Génies prennent soin. C'est pourquoi Proserpine, la tisseuse, avait part à la fête des Apaturies ainsi que la fileuse Artémis; et plus d'une allusion, chez les anciens, tend à faire penser que dans cette fête, à Athènes, les jeunes garçons, peut-être même les jeunes filles, étaient revêtus solennellement d'habits neufs.

Maintenant, et cette fête et ces rites qui lui étaient propres, quelque peu vraisemblable que la chose paraisse au premier abord, peuvent avoir été en relation avec celles des représentations figurées des vases dont nous avons parlé en dernier lieu. Les Apaturies étaient une fête de Bacchus; elles furent apportées en Attique du Péloponèse, pays d'où vinrent les colonies grecques qui s'établirent sur les côtes méridionales de l'Italie. Les Samiens aussi, Ioniens d'origine, avaient cette fête, et nous savons que des Samiens passèrent à Crotone. Nous savons encore que les Grecs de l'Italie, et spécialement les Pythagoriciens, tenaient beaucoup au dogme des Génies; que les législateurs de la Grande-Grèce, Zaleucus et Charondas, s'en étaient fortement préoccupés[1]. Mais quand même les Grecs italiotes n'auraient pas connu les Apaturies, ils avaient au moins leurs fêtes de la jeunesse, leurs fêtes de l'entrée, ou, pour mieux dire, de l'initiation dans la vie, leurs fêtes de la prise d'habits, comme il est difficile d'en douter. Dans ces fêtes, il devait être grandement question des Génies, ces dispensateurs des corps, vêtements des âmes, ces guides de la vie, ces

---

[1] Chap. I, p. 15, *ci-dessus*.

maîtres dans l'art de bien vivre. Ajoutons que ces fêtes de la jeunesse, dans la Grèce italique, étaient des Bacchanales[1]. Quand donc nous reportons nos yeux sur ces figures à manteaux qui couvrent le revers d'un si grand nombre de vases peints des cités helléniques de l'Italie, nous ne pouvons nous empêcher d'être frappés de trois circonstances. La première, c'est que quelquefois des figures de femmes, de jeunes filles, paraissent vêtues ou voilées avec intention; ensuite, que le manteau, le pallium, est souvent tiré jusque par-dessus la bouche[2]; enfin, que Silène se voit, remplissant les fonctions de gardien, entre des jeunes gens enveloppés de manteaux. Or, Silène, c'est un Démon, c'est le Génie bachique par excellence, le guide qui mène à Dionysus, le prophète et le précepteur de sa doctrine. Il est appelé spécialement le *pédagogue*, et ce fut lui, on le sait, qui fit l'éducation du jeune Bacchus. Comme fut élevé *Liber Pater*, tous ses enfants (*Liberi*), à leur tour, doivent être élevés. Avec l'éducation extérieure des maîtres humains concourt l'éducation intérieure que donnent les Génies. Ce sont eux qui dirigent l'âme dans les voies du salut, qui affermissent les pas du jeune homme au moment où il aborde la carrière de la vie publique, qui lui enseignent à se maî-

[1] La pythagoricienne Arignoté avait écrit des Βακχικά (Eudoc. Viol., p. 71, et *ci-dessus*, p. 119), et nous savons, par un fragment qui nous a été conservé de son livre sur les mystères, que l'acte de se vêtir ou la prise d'habits y avait un sens secret (Harpocrat. *v.* νεβρίζειν).

[2] *V.*, par exemple, la figure qui se rend aux îles des bienheureux, montée sur un hippocampe, dans Inghirami, *Monum. Etrusch.*, fascic. III, tav. VI.

triser, à se recueillir, au milieu même de ses passions et de ses orages, à prendre pour modèles ces Héros, serviteurs fidèles de la patrie et de ses dieux. De là, si fréquemment, sur les vases, le bâton du voyageur aux mains d'un éphèbe couvert de son manteau et prêt à partir[1]. Ainsi nous avons là, comme déjà nous l'avons insinué, le symbole d'une sorte de sacrement, de confirmation, dont le fruit est la vie bien réglée, cette vie dont les Orphiques et les Pythagoriciens avaient fait leur idéal[2]. Si bien que la bouche fermée et le pallium, souvent encore ramené par-dessus, ne sont pas seulement le signe de l'absence du droit de vote politique, mais aussi du fameux silence pythagorique que le maître à la fois et le Génie imposent au jeune homme, afin qu'il soit tout entier à leur voix et que son esprit puisse se fortifier dans un recueillement salutaire. Avec ce précepte de la vie bien réglée concourait celui de la bienséance, de la grâce dans les manières[3], et le résultat des deux réunis était l'honnêteté en ce sens complexe et supérieur qui correspond à la *Kalokagathie* des Socratiques. Dans cette haute éducation des éphèbes de la Grèce, la mystagogie et la pédagogie se confondaient, l'une servant de complément et de couronnement à l'autre. Toutes deux ensemble for-

---

[1] Souvent même les figures de ce genre sont représentées en marche. *V.* Passeri, tab. 94, et notre pl. CXLIX *bis. Cf.* le même, tab. 31 et 56. Remarquons en passant que l'inscription Καλός, *le beau*, laquelle, comme l'a montré Lanzi (*Vasi*, p. 199), n'a pas toujours un sens érotique, doit parfois, sans doute, être prise au sens de la beauté morale.

[2] Chap. II, p. 107, *ci-dessus*.

[3] L'εὐσχημοσύνη avec l'εὐθημοσύνη (note de la page 358, *ci-dessus*).

CH. V. DOCTRINE DES MYSTÈRES. 363

maient l'introduction à la vie belle et vertueuse à la fois.

L'on ne saurait non plus méconnaître une intention dans ces autres figures qui, sur la face principale de tant de vases, portent ou présentent des vêtements, à voir seulement de quelle manière elles les tiennent dans leurs mains ou sur leurs bras. Souvent ce sont des femmes qui accomplissent de tels actes[1]. Supposons maintenant, comme nous l'avons fait plus haut et comme il est vraisemblable, que, dans la Grande-Grèce, ainsi qu'à Athènes, à cette initiation préalable au mariage, appelée *Gamelia*, se rattachât une sorte de prise d'habits des jeunes filles, nous serons transportés également par les autres symboles dans un ordre supérieur d'idées. Les figures dont il s'agit ne tiennent-elles pas fréquemment le miroir, cet emblème de la nature sensible, et aussi bien la ciste mystique, la coupe dionysiaque, et d'autres attributs mystérieux? Ne remarque-t-on pas auprès d'elles le Génie des mystères et d'autres personnages symboliques qui semblent prouver que ces vêtements portés ou présentés sur les vases, d'une manière significative, doivent s'expliquer par le dogme de la migration des âmes?

Il est, dit la doctrine, des vêtements divers pour les âmes, tantôt plus, tantôt moins grossiers, des vêtements d'air, d'eau ou de feu[2]; il est des âmes elles-mêmes plus ou moins raffinées. Ceci nous conduit à parler des scènes de purification qui se trouvent représentées sur les vases. Aux purifications par le feu semblent se rapporter quel-

[1] Par exemple, dans Passeri, tab. 84 et autres.
[2] Proclus in Plat. Tim., p. 35.

quefois les torches que tiennent les personnages du cortége mystique[1]. Les masques se lient, d'un autre côté, aux purifications par l'air, ainsi que nous l'avons déjà remarqué[2]. Probablement, c'est aux purifications par l'eau qu'il faut songer, quand on voit une initiée près d'une *situla* ou d'un seau, ou bien une jeune fille portée par un oiseau semblable à un cygne, qui vole sur le bord de la mer indiquée par un dauphin et par des poissons[3]. Quelquefois, à côté du seau d'eau, l'on aperçoit une colombe, par suite de l'alliance d'idées signalée ailleurs entre l'élément humide et cet animal, dans les anciennes religions[4]. L'on pourrait penser aussi au ramier, qui était consacré à Proserpine. Mais n'oublions pas que, dans le culte mystérieux surtout, où les conceptions primitives retrouvent leur unité, Proserpine était singulièrement rapprochée de Vénus, la déesse à la colombe, ou même identifiée avec elle. Vénus n'était guère moins étroitement unie à Bacchus, comme on le voit par les hymnes orphiques et comme nous l'avons fait observer plus haut[5]. C'est pourquoi leurs temples étaient fréquemment réunis[6] ; et c'est

---

[1] *V.* ch. IV, p. 225 sq. *ci-dessus*, et pl. CXIV, 499, avec l'explic. (J. D. G.)

[2] Même chap., p. 226, 227, n. 2.

[3] *V.* Millin, Peint. de vases, II, pl. 52, 53, 54. *Cf.* p. 225 *ci-dessus*.

[4] Millin, II, pl. 52. *Cf.* liv. IV, ch. III, p. 31 sq., t. II, et, pour ce qui concerne le symbole de la colombe dans le culte de Bacchus, Bœttiger, *Archæol. Mus.* I, p. 96, 97, avec Artemidor. Oneirocrit. II, 20, p. 174, *ibi* Reif., p. 350.

[5] Hymn. Orph. LV (54), v. 7. *Cf.* ch. IV, p. 266 sq. *ci-dessus*.

[6] *V.*, par exemple, Pausan. II, Corinth., cap. 23.

ce qui autorise à reconnaître Vénus dans les peintures d'un grand nombre de vases bachiques. Souvent encore on y remarque des initiés portant des colombes, ce qui doit également avoir trait au culte d'Aphrodite. Par exemple, sur un vase inédit[1], se voit un éphèbe s'avançant en toute hâte vers un temple décoré d'un péristyle d'ordre ionique. Dans sa main gauche il tient une colombe, et en même temps une cassolette fermée avec des cordons qui pendent; sur son bras gauche il porte un vêtement, et de sa main droite un seau d'eau bénite. Aux murs latéraux, près du portail du temple, sont suspendues de larges bandelettes ornées de perles. L'on pourrait supposer ici une fête de la Sicile et songer aux colombes de Vénus Érycine[2], si l'on était sûr que le vase en question vînt de ce pays, et si Aphrodite avec la colombe n'était pas une idée et une représentation d'un ordre tout-à-fait général dans la religion grecque[3]. Il vaut donc mieux nous en tenir, ici comme ailleurs, au cycle spécial du culte de Bacchus, culte auquel, ainsi qu'il a été dit, appartiennent la plupart des vases peints. L'île sacrée de Dionysus, Dia, plus tard Naxos, est appelée, dans l'hymne remarquable d'Orphée en l'honneur d'Aphrodite[4], un des séjours favoris de la déesse. Là les Grâces, ses compagnes assidues, tissent un péplus destiné à Dio-

---

[1] Publié par M. Creuzer, et reproduit dans notre pl. CXLV *bis*, 491 *d*. (J. D. G.)

[2] *Cf.* liv. VI, ch. V, p. 654, t. II.

[3] *Ibid.* et p. 663, t. II.

[4] LV (54), v. 22.

nysus[1]. Qui plus est, dans l'Inde, au banquet du triomphe de Bacchus, le chantre Lesbien Leucus chante un merveilleux cantique, où Aphrodite apparaît tissant avec l'aide des Grâces un autre péplus, travail malheureux, sans résultat, qu'elle est forcée d'interrompre[2]. Ce chant, renouvelé des antiques Dionysiades et dont le fond est cosmogonique, rappelle à plusieurs égards celui de Démodocus dans l'Odyssée[3]. Harmonie, le railleur Hermès y figurent également, et la scène suit immédiatement le combat des Titans contre les dieux Olympiens et le détrônement de Kronos. Cette scène rappelle en même temps l'antique Vénus des jardins à Athènes, qui portait pour inscription : La plus ancienne des Parques[4]. Ses jeunes sœurs et ses servantes, les Grâces, sont elles-mêmes ici transformées en Parques, et elles forment un tissu d'illusion et d'imposture avec la nourrice du genre humain, avec la mère de la Nécessité[5], digne compagne du Dionysus trompeur (*Apatourios*). Mais elle partage cette qualification, elle est aussi l'Aphrodite trompeuse (*Apatouros*), nom sous lequel elle avait un temple à Phanagorie en Asie-Mineure, vis-à-vis de la Chersonèse Taurique. Un mythe, cosmologique comme le précédent, selon toute apparence, expliquait et justifiait ce nom[6].

[1] Apollon. Rhod. Argon. IV, 425.
[2] Nonn. Dionys. XXIV, 236 sqq.
[3] Commenté liv. V, sect. I, ch. II, p. 299 sq., t. II.
[4] Liv. VI, ch. V, p. 654 sq., t. II.
[5] Aphrodite est ainsi appelée chez Nonnus et dans l'hymne orphique déjà cité, v. 3.
[6] Ap. Strab. XI, p. 495 Casaub., coll. Steph. Byz. v. Ἀπάτουρ.

Il y est question d'une ruse qui a rapport à l'histoire du monde, aux phénomènes naturels, et celle qui l'accomplit n'est autre que la grande déesse de la Nature, la mère artificieuse et décevante du monde sensible, une Maïa, semblable à celle de l'Inde. Elle aime les eaux fécondantes de l'humide Égypte[1]; elle porte l'aquatique et amoureuse colombe dans sa main. C'est elle qui préside à la naissance des êtres, qui tient le fil, qui forme le tissu de leur destinée. Mais ce tissu qu'elle forme est imparfait et vain, comme l'existence illusoire et incomplète dont il est l'image. C'est en vain que la Parque trompeuse qui fait nos destins sur cette terre veut imiter l'œuvre divine de la céleste Athéné[2]. Son travail est un travail grossier, qui ne peut résister au temps, qui se détruit sous les doigts même de l'ouvrière. Aussi ce voile du monde, ce vêtement des créatures d'un jour qu'elle fabrique, est justement dit le péplus de Dionysus, dieu de ce monde passager et créateur de toutes les choses finies.

Il est évident que, dans cet ordre d'idées, Aphrodite échange son rôle avec Proserpine. Toutes deux sont les mères du monde et de l'humanité, toutes deux fabriquent le tissu de la vie et du corps. La forme en est bonne, empruntée qu'elle est aux dieux supérieurs; mais la matière de ce corps terrestre trompe celle qui l'emploie et qui nous trompe à son tour par son œuvre. Le vêtement grossier dont elle couvre les âmes ne saurait durer. Et pourtant cette reine de la sphère inférieure et humide,

---

[1] Orph. hymn., v. 19.
[2] Nonn., *ubi supra*.

cette fille de la mer, y sème en se jouant les perles que recèlent les profondeurs de son empire.

Cette déesse trompeuse, au sens cosmogonique et cosmologique des anciennes religions, vue par une autre face, devient la déesse artificieuse et séduisante de l'amour, et le tissu de ses mains se métamorphose en cette magique ceinture dans laquelle elle enlace le monde, transition déjà indiquée chez Nonnus [1]. Aussi n'est-ce ni aux voiles ni aux bandelettes mystiques de l'Aphrodite tisseuse, de cette Vénus-Proserpine qu'il faut penser, quand on entend dire que, dans le culte public de Corinthe, de Cypre, du mont Éryx, les jeunes filles consacraient leurs ceintures à Aphrodite. Elles le faisaient, à coup sûr, dans un sens différent. Mais il en est tout autrement du tableau qui a été le point de départ de ces réflexions. Nous y voyons, en dernière analyse, un néophyte des mystères de Bacchus, qui court au temple de Vénus pour lui présenter ses offrandes. C'est un éphèbe qui vient d'avoir les cheveux coupés, comme cela se pratiquait à Athènes, à la fête des Apaturies [2]. Il représente, selon nous, une âme descendue dans l'empire humide de Libéra et d'Aphrodite, qui passe entre les grandes bandelettes, emblèmes des liens de l'existence corporelle, dont il est sur le point de revêtir le voile suspendu sur son bras.

Si la descente des âmes dans les corps se trouve ainsi figurée sur les vases, l'on doit s'attendre à y découvrir

---

[1] *Ibid.*—Sur la ceinture de Vénus, *voy.* liv. VI, ch. V, p. 660, n.1, *ibi* citat.

[2] Hesych. *v.* Κουρεῶτις.

également des images de leur retour aux cieux. L'on sait que Bacchus et Proserpine y paraissent en qualité de juges des morts, prononçant sur leurs destinées, sur leurs épreuves, et par conséquent sur le retour qui les couronne. Nous y avons rencontré également la coupe enivrante de Dionysus et d'autres symboles de l'existence terrestre. La coupe de sagesse n'y peut pas manquer non plus, cette coupe dont le breuvage rappelle l'âme à elle-même, à sa céleste origine, ni l'urne, signe de miséricorde, qui ouvre la route des cieux. Peut-être faut-il expliquer en ce sens une des peintures de vases publiées par Millin[1], et qui montre deux initiés, caractérisés par la bandelette mystique, paraissant vouloir se diriger vers un lieu élevé. Entre les deux est Dionysus barbu, debout, avec le sceptre, ou, si l'on veut, le bâton du voyageur; il porte également ses regards en haut. Au-dessus de cette scène on aperçoit l'urne suspendue au mur et qui figurerait le signe du Verseau. A côté est une Bacchante avec la double flûte, conduisant le cortége, et qui rappelle cette autre prêtresse de Bacchus, la Comédie, que nous avons vue escorter Dionysus et Héphæstus dans leur route vers les cieux[2].

Mais il est une autre peinture qui rentre bien plus décidément dans ce cercle d'idées; c'est celle que l'on voit au revers du célèbre vase du prince Poniatowski, et que

---

[1] Tom. I, pl. 55.
[2] Pag. 291, ci-dessus, coll. pl. CXLIII, 471.

Millin a fait gravé également[1]. Sur la face, qui sera le sujet de quelques remarques nouvelles dans le huitième livre de cet ouvrage, est représentée une scène des Thesmophories de l'Attique. Cérès y paraît livrant à Triptolème la semence du blé. Au-dessus se voit Jupiter à qui Hermès apporte un message, puis Proserpine revenant des enfers, et à côté d'elle une autre figure de femme tenant des fleurs et où l'on reconnaît la saison du printemps. Cette seconde scène n'est autre chose que l'exécution de la sentence de Jupiter, en vertu de laquelle Proserpine reste unie à Pluton et ne passe auprès de sa mère, dans l'Olympe, qu'une partie de l'année. C'est l'alternative de la vie et de la mort de la nature; c'est la semence ensevelie dans la terre et qui reparaît au jour renouvelée et rajeunie. Ainsi s'explique naturellement cette première peinture; mais il fallait un antiquaire aussi consommé que E. Q. Visconti pour deviner le sujet de l'autre. Un jeune homme nu, avec un bâton à la main, sort d'un temple orné de deux colonnes d'ordre ionique et à l'entrée duquel un chien est assis à ses pieds. A côté du temple est un autre jeune homme nu, portant un vêtement sur son bras. Du côté opposé, une figure de femme vêtue tient ou une patère ou plutôt un miroir. Au-dessus d'elle est un troisième jeune homme, nu comme les deux autres, avec des fruits sur un plat et une couronne, et en face de lui une seconde femme, vêtue, avec la ciste mystique et une

---

[1] Tom. II, pl. 32; — reproduite dans notre pl. CXLV *ter*, et celle de la face, CXLV *bis*.

autre couronne garnie de rubans. Une guirlande de lierre entoure le bord du vase, et des masques y sont appliqués que l'on rapporte au culte de Bacchus [1].

Visconti, mettant en rapport cette scène avec la précédente, reconnaît, dans le personnage qui occupe le centre, Jasion, l'amant de Cérès aussi bien que Triptolème, et le père de Plutus, c'est-à-dire des riches moissons dont Triptolème dispense la semence. Mais peut-être l'habile archéologue a-t-il été moins heureux dans l'explication du chien, qu'il attribue à Jasion en qualité de chasseur [2], tandis que Jasion est généralement présenté comme un laboureur, ainsi que l'appelle Nonnus [3]. Il donne la richesse et la santé à la fois, de même que Déméter, son amante, de qui il eut Plutus dans un champ trois fois retourné de l'île de Crète [4]. Il est sauveur dans l'un et l'autre sens, et son nom implique tout ensemble le pouvoir qui fait croître les moissons et celui qui guérit [5]. Mais la guérison, le salut par excellence, c'était l'initiation aux mystères; et voilà pourquoi, à Samothrace comme en Crète, à Éleusis comme à Samothrace, partout où la Cérès cabirique était adorée, Jasion passait pour un sau-

[1] Millin, *ibid.*, p. 50 du texte.
[2] Rien n'autorise cette idée dans le passage de Théocrite, Idyll. III, 50, où il est seulement question des amours secrètes de Déméter et Jasion, avec allusion au sens mystérieux de ces amours.
[3] Dionys. XLVIII, 677.
[4] Ἐν τριπόλῳ (Hesiod. Theog. 969, coll. Diod. Sic. V, 77, *ibi* Wesseling.), d'où peut-être le nom de *Triptolème*, ce que nous verrons dans le livre suivant. *Cf.*, en attendant, le livre VI, ch. VIII, p. 764, t. II.
[5] *Cf.* liv. V, sect. I, ch. III, p. 327, 343, 352 sq., t. II.

veur au moral et au physique[1]. A Éleusis, Esculape lui-même paraît avoir joué, dans les mystères, le rôle de Jasion. Il y figurait, nous le savons, comme l'assesseur de Cérès, le huitième jour des Éleusinies, en qualité d'Esmoun ou du *huitième*, et il y présidait à un complément de l'épopsie, véritable *Télesphore* qu'il était de fait et de nom[2]. Dieu-serpent, il se rapprochait, aussi bien que Jasion, de Triptolème avec son char traîné par des serpents, cet animal étant à la fois un symbole de l'agriculture et de la santé. Mais il avait aussi le chien pour attribut[3], ce chien qui, de même que le serpent, était un signe de salut sur la terre et au ciel[4]. Rappelons-nous et le chien d'Oresthée et celui d'Icarius, transporté, avec sa fille Érigone, parmi les constellations[5]; et surtout ces deux chiens qui gardent les deux portes célestes du Cancer et du Capricorne, par où les âmes accomplissent leurs migrations[6]. De là, selon nous, le chien donné à Jasion, le même au fond qu'Esculape, avec qui il était identifié dans les Éleusinies.

Jasion passait pour un Héros, même à Samothrace.

---

[1] Même livre et même tome, p. 313 sqq., 319, 351 sq.

[2] *V*. Pausan. II, Corinth., 26; Philostrat. Vit. Apollon. IV, 6. *Cf.* même livre et même chapitre, p. 336, et surtout 342 sq., tom. II, avec le renvoi indiqué au livre VIII.

[3] Pausan. II, Corinth., 27.

[4] La constellation d'*Ophiuchus*, le porte-serpent, n'est autre qu'Esculape. *V*. Eratosth. Cataster. 6, *ibi* Schaub. *Cf.* même livre et même chapitre, p. 344, tom. II.

[5] *Cf.* chap. II, p. 173 sq., ch. IV, p. 226, *ci-dessus*.

[6] *Cf.* p. 305 de ce chapitre et de ce livre.

C'est comme tel que le présente Homère, lorsqu'il nous raconte que Jasion fut frappé de la foudre par Jupiter pour avoir joui des faveurs de Cérès[1]. Ainsi fut foudroyé Esculape parce qu'il avait ressuscité les morts. Nous savons que, dans les mystères, on donnait la clef de la vie et de la mort de Jasion[2]. Cette mort par le feu, par la foudre, avait sans doute un sens supérieur, analogue à celui du trépas d'Hercule, et relatif à la purification de l'âme par le feu. De même qu'Hercule, Triptolème, lui aussi purifié par le feu, et Jasion étaient proposés aux jeunes hommes de l'Attique comme des modèles divins. C'était un couple de frères, se retrouvant au ciel dans les Gémeaux, et à la fois les premiers cultivateurs, les premiers défenseurs de la patrie, les libérateurs, les sauveurs du peuple, ses instituteurs et ses prophètes. Jasion, est-il dit, inspiré par Cérès et Proserpine, parcourut différentes contrées et vint jusqu'en Sicile, où il enseigna le culte mystérieux de ces déesses[3]. Mais le Héros devenait un dieu, à la fin de ses épreuves, et par conséquent un purificateur, un sauveur divin. Après avoir sauvé les corps, il sauvait les âmes, les délivrait de leurs misères, les affranchissait de leurs liens, et opérait leur retour à la demeure céleste par la porte des dieux. C'est en ce même sens que nous expliquons le chien qui se voit à côté du Héros divin sous le vestibule du temple, dans la peinture qui nous occupe. Ce chien est le gardien du céleste séjour

---

[1] Odyss. V, 125. *Cf.* p. 344, t. II.
[2] Diodor. Sic. V, 49.
[3] Hellanic. et Arrian. ap. Eustath. ad Odyss. *ibid*, p. 213 Bas.

dans le signe du Capricorne, et le tableau entier représente, à notre avis, Jasion, le Héros éleusinien déifié, paraissant sur le seuil du temple des dieux, à côté du chien qui en garde la porte, et tenant à la main le bâton du voyageur en qualité de guide des âmes. Des prêtresses et des hiérodoules lui présentent d'un côté leurs offrandes, parmi lesquelles il faut remarquer la ciste mystique, ainsi que le diadème qui ceint la tête de l'objet de leurs hommages, et la bandelette sacrée suspendue au mur. De l'autre côté s'approchent du Héros, sauveur de la patrie, de jeunes Athéniens, fervents néophytes, qui veulent marcher, à son exemple et sous ses auspices, dans cette carrière de la vie où ils viennent d'entrer. Ils portent avec eux leurs vêtements, emblèmes de ce corps périssable. Mais lui, aussi bien que son frère jumeau Triptolème, les guidera, dans leur laborieux pèlerinage, vers le but proposé à leurs nobles efforts, et, parvenus au terme, il les accompagnera dans la mort comme dans la vie et conduira leurs âmes jusqu'au séjour des dieux[1].

[1] Les interprétations des vases données dans cet article par M. Creuzer, aussi bien que son explication corrélative de la fête des Apaturies, seront l'objet de quelques remarques dans la note 23 sur ce livre, fin du vol. (J. D. G.)

CHAPITRE VI.

L'AMOUR ET PSYCHÉ, ET LES INITIATIONS DE THESPIES.

I. Introduction. Éléments primitifs, degrés divers et principaux symboles des Mystères de l'Amour à Thespies; alliance du culte d'Éros avec celui des Muses, et développement supérieur, soit du dogme, soit des formes, qui en fut la conséquence.

Après avoir parcouru dans son entier le cycle des mystères de Bacchus, nous passons à l'exposition de ceux d'*Éros* ou de l'*Amour* à Thespies, et du mythe de l'*Amour* et *Psyché*, mythe qui représente avec tant de bonheur l'ardente aspiration de l'âme humaine vers un bien au-dessus de tous les biens terrestres. Non pas que nous ayons la prétention de développer ici dans toute la richesse de leurs rapports, soit cette belle allégorie, soit la mythologie de l'Amour en général. Nous nous proposons seulement de retracer les traits essentiels des Mystères érotiques de Thespies, d'en rechercher les éléments primitifs, et de montrer comment l'idée fondamentale du mythe de l'Amour et Psyché, née en Orient, fut reçue au sein de la doctrine secrète des Grecs, et en sortit transformée par le génie propre de ce peuple.

En cherchant à dégager l'idée première du culte de l'*Amour* des développements successifs qu'elle prit, nous trouvons, comme le plus bas degré, la déification de l'amour physique, où *Éros* n'est encore autre chose que le penchant naturel qui unit le corps au corps, et par là devient le principe de la propagation des créatures vivantes. Cette forme nous apparaît surtout dans l'Asie antérieure, dans le culte de l'Amour et de Vénus propre au Pont et à la Mysie, aussi bien que dans celui de l'Éros grec à Parium. On voit s'y rattacher ce *Priape*, dont nous avons parlé dans un de nos livres précédents[1], ce fils de Dionysus (d'autres disent d'Adonis) et d'Aphrodite, avec tout son cortége pareil à celui de Bacchus, aux Satyres, aux Silènes, aux Pans, génies qui tiennent de l'animal et où se personnifient les aveugles instincts, les mouvements désordonnés de la nature[2]. De même l'*Artemis Priapina*[3], si différente de la vierge altière connue d'Homère et des Doriens; et la *Vénus Epitragia*[4], surnom qui rappelle le bouc, ce symbole de la sensualité brutale, que l'on remarque avec la chèvre aux côtés de l'Amour, sur les pierres gravées[5]. Ainsi le bouc appartenait à cette religion toute sensuelle, aussi bien que le lièvre, emblème antique de la superfétation[6].

---

[1] Liv. IV, ch. III, p. 55 sq., tom. II.

[2] Les anciens comiques nous ont conservé les noms significatifs de quelques-uns de ces génies priapiques, *Tychon, Conisalus, Orthanes, Lordon* ou *Dordon, Cybdasus* et *Pyrges*. *V.* Hesych. II, p. 314, p. 778 Alberti; Athen. X, cap. 58, *ibi interpret.*

[3] Même livre et même chapitre, p. 92, t. II.

[4] Plutarch. Theseus, cap. 17.

[5] *V.* Lippert, *Dactyliothek*, erst. Tausend, nos 773, 807, 792, 797 et 818.

[6] *Cf.* le chap. précéd., p. 345.

CH. VI. MYSTÈRES DE L'AMOUR. 377

Ce degré inférieur du culte de l'Amour, qui prévalut en Asie-Mineure, ne fut point étranger non plus à la Grèce d'Europe; mais il s'y combina avec un élément supérieur, comme il arriva principalement à Thespies. Cette ville[1] était située sur le versant sud-ouest de l'Hélicon en Béotie, dans un canton dont faisait également partie la petite cité d'Ascra, patrie d'Hésiode. Dans son voisinage était le bois sacré des Muses avec les sources révérées d'Aganippé et d'Hippocrène, ainsi que la grotte des Nymphes Libéthrides. C'étaient des Thraces qui avaient consacré l'Hélicon aux Muses. Des Thraces et des Pélasges s'étaient jadis établis en Béotie, et y avaient civilisé les grossiers indigènes par l'influence du culte bachique et apollinique. Au nord de Thespies était la montagne du Sphinx, où Œdipe avait, dit-on, prouvé sa sagesse; au nord-est Thèbes, et, sur la route, le temple des Cabires; au sud-ouest, le temple des Muses; enfin, au sud, le golfe de Crissa avec le port de Creusis dépendant de Thespies. C'était aussi dans le pays des Thespiens que se trouvait la source où Narcisse s'était contemplé dans le miroir des eaux[2].

Quant au culte de cette contrée, Pausanias[3] nous apprend que, sur l'Hélicon, l'on voyait une remarquable

---

[1] *V.*, sur sa position, Pausan. IX, Bœot., 31; et surtout Strab. IX, 25, p. 409 Casaub. *Cf.* O. Müller, *Orchomenos*, p. 381 sqq., avec la carte; et, quant à la constitution de Thespies, Kortüm *zur Gesch. der Hellenischen Staatsverfassungen*, Heidelberg, 1821, p. 84-88.

[2] D'après le passage altéré de Pausanias, *ibid.*, sur lequel il faut voir nos remarques dans la Præparat. ad Plotin. de Pulcrit., p. LV.

[3] Même livre et même chapitre.

statue de Priape, et que ce dieu était adoré dans les lieux où l'on faisait paître les brebis et les chèvres, où les abeilles avaient leurs ruches. Le même auteur, dans un autre passage[1], parle d'une très ancienne et très grossière statue en pierre de l'Amour, à Thespies, laquelle semble n'avoir été qu'un Hermès phallique, semblable à Priape et à l'antique Hermès Pélasgique des Athéniens[2]. Ce devaient être là les objets d'une religion non moins sensuelle et non moins brutale que celle que nous venons de signaler en Asie-Mineure. Mais si les habitants de Lampsaque et de Parium ne s'élevèrent pas plus haut et restèrent jusqu'aux derniers temps fidèles à leur Priape, il n'en fut point de même à Thespies; ici se développa un culte plus spirituel de l'Amour. Le culte matériel de la nature sensible se purifia, s'épura, et devint capable des idées les plus hautes, lorsqu'il eut fait alliance avec celui des Muses, lorsque les *Éroties* des Thespiens se furent unies aux jeux des déesses de Mémoire, lorsque des luttes musicales et athlétiques à la fois y eurent été rattachées. Les anciens mentionnent, en effet, les grands honneurs dont jouissait Éros chez les Thespiens, les fêtes publiques qui lui étaient consacrées, fêtes nommées *Éroties* ou *Érotidies*, et qui sont comparées aux solennités les plus augustes du reste de la Grèce[3]. Pour l'alliance du culte

---

[1] Même livre, chap. 27, *init.*

[2] Herodot. II, 51, et notre liv. VI, ch. VI, p. 673, tom. II.

[3] Athen. XIII, p. 561 E, p. 27 Schweigh. « A Thespies, dit un ancien grammairien (Philemon. Lex. Technol., p. 42 ed. princip. Londin. v. Λύκαια ἆθλα), on célèbre les *Éroties;* à Lébadée, la fête appe-

d'Éros avec celui des Muses, alliance à laquelle nous rapportons l'épuration du premier, les témoignages de l'antiquité ne sont pas moins positifs. Tous les cinq ans, dit Plutarque[1], les Thespiens célèbrent des jeux en l'honneur des Muses et de l'Amour avec un grand appareil et une grande magnificence. Pausanias, de son côté, confirme pleinement ce que nous avons avancé à cet égard[2].

Ainsi l'Hermès ithyphallique se transforme en cet autre Hermès qui préside aux jeux, aux luttes, aux exercices du corps et de l'esprit[3]; Éros-Priape devient l'Éros adroit, habile, ingénieux, que chante l'un des hymnes orphiques[4]; cet Éros qui, associé à Hermès et à Hercule, présidait avec eux aux gymnases de la Grèce, celui-ci comme donnant la force, celui-là l'éloquence, Éros comme figurant leur union, principe de toute union, de toute amitié, de tout bien, et de la liberté elle-même[5]. Enfin, Éros, par son association avec les Muses, qui président à toutes les hautes directions de l'esprit, tend vers un but plus élevé encore, la sagesse, et devient *philosophe*[6].

lée les *Éroties royales*, et les *Trophonies.* » Éros, en effet, est présenté comme *roi* de l'univers dans l'hymne orphique LVIII (57), et à Lébadée Jupiter était honoré sous ce même titre (Plutarch. amator. narrat. *init.*, tom. IV, p. 95 Wyttenb.).

[1] Amatorius, tom. IV, p. 1 Wyttenb.

[2] IX, Bœot., 31.

[3] Hermès ἐναγώνιος: Liv. VI, ch. VI, p. 685, tom. II.

[4] Déjà cité. Éros εὐπάλαμος.

[5] *V.* Zeno Citieus ap. Athen. XIII, p. 561 D, p. 26 Schweigh., et Eustath. ad Odyss. VIII, 266 sqq., p. 309 Bas.

[6] Ἔρος φιλόσοφος. Platon. Sympos., c. 29, p. 64 sq. Ast., p. 430 sq. Bekker. Sur les caractères et les effets politiques des institutions éroti-

Ce degré supérieur des Éroties peut être rapporté à la troisième période des développements de l'esprit religieux en Grèce, tels que nous les avons reconnus plus haut[1], c'est-à-dire à la réforme du culte bachique et orgiastique de la nature par la pure doctrine d'Apollon. Cette doctrine de lumière, doctrine sacerdotale, rattachée non-seulement à Apollon, mais à Hermès, et prêchée par Orphée, s'empare des antiques institutions pélasgiques de la Béotie pour les transfigurer. Elle pénètre dans la contrée de l'Hélicon, et le culte salutaire des Muses descendant avec elle des monts de la Thrace, se naturalise dans les écoles des prêtres et des chantres de Thespies et d'Ascra, et s'y développe avec éclat. Parmi les chantres sacrés qui avaient célébré l'Amour, on cite Olen, Orphée et Pamphos, auteurs d'hymnes que les Lycomèdes devaient faire retentir aux fêtes mystérieuses de ce dieu[2]. On cite d'autres poètes qui, en Béotie ou ailleurs, avaient chanté Éros, Hésiode, par exemple, et Sappho, auxquels il faut joindre l'auteur des deux hymnes orphiques en l'honneur de ce dieu[3]. Ce furent eux qui dressèrent ses différentes généalogies, dont trois sont rapportées par

ques dans les différents États de la Grèce, il faut voir les interprètes du Banquet de Platon, p. 21 sq. ed. Wolf., p. 213 Ast., et les écrivains modernes qui ont traité des mœurs et des lois de la Crète, de Sparte, de la Béotie, etc., tels que Meursius, Cragius, Manso, Neumann, Hœck, Kortüm, et autres.

[1] Chap. II, p. 116 de ce livre.
[2] Pausan. IX, Bœot., 27.
[3] VI (5) et LVIII (57).

CH. VI. MYSTÈRES DE L'AMOUR.

Cicéron[1]. Suivant lui, le premier Éros fut le fils d'Hermès et de la première Artémis; le second, fils d'Hermès encore et de la seconde Aphrodite; le troisième, fils d'Arès ou Mars et de la troisième Vénus. Le vieil Olen, nous l'avons vu ailleurs[2], faisait Ilithyie mère d'Éros, tandis qu'Hésiode posait en tête de sa Théogonie les quatre grands principes du Chaos, de la Terre, du Tartare et de l'Amour[3].

Mais il semble qu'outre ces éléments divers, certains dogmes mystérieux des religions Idéennes, venus du Pont et de la Phrygie, se soient fait jour jusqu'en Béotie, et qu'ils aient été accueillis notamment à Thespies; ce sont des dogmes astronomiques, unis à des purifications par le feu et à des initiations de la lumière. Nous en découvrons des traces dans un passage de Pausanias[4], où il est dit qu'Hercule avait un temple chez les Thespiens, temple desservi par une vierge dont le sacerdoce durait jusqu'à sa mort, et qui, selon le Périégète, n'était point dédié au fils d'Amphitryon, mais plutôt à cet Hercule compté parmi les Dactyles Idéens, et le même qui était adoré, soit chez les Érythréens de l'Ionie, soit chez les Tyriens. Les habitants de Mycalessus en Béotie connaissaient, de leur côté, un Hercule sacristain de Cérès[5]. Cet

---

[1] De N. D. III, 23, p. 626. *Cf.* Valckenaer Diatrib. Euripid. XV, p. 154-161.

[2] Liv. IV, ch. IV, p. 97, t. II.

[3] Liv. V, sect. I, ch. IV, p. 357, t. II. — *Cf.* notre dissertation sur la Théogonie d'Hésiode, p. 23 sq. (J. D. G.)

[4] IX, 27.

[5] Pausan. *ibid.* et VIII, Arcad., 31.

Hercule n'était autre que celui de Thasos, que Cadmus avait apporté en Béotie, où l'on connaissait également une Cérès cabirique[1].

Voici donc sur quelles bases se constituèrent en définitive la religion et les initiations de Thespies. Avant tout, et comme premier principe, Déméter, la Cérès voilée, que l'on voit encore sur les monnaies des Thespiens; puis les Muses, avec l'Hercule Idéen, le guide sidérique des Muses et le même que l'Hercule Musagète[2]; en troisième lieu, Hermès et les Muses, qui se retrouvent à Athènes, dans la fameuse course aux flambeaux vers l'autel de Prométhée[3]; enfin, Éros, le fils d'Uranie, l'Amour Céleste. C'est le *médiateur* et *celui qui unit*, comme son nom l'indique[4]; c'est lui qui unit, en effet, les corps et les esprits, le terrestre et le céleste, qui joue le rôle de médiateur entre les dieux et les hommes, portant aux dieux l'odeur des sacrifices, le bruit des prières et des cantiques des hommes, aux hommes les commandements et les ordres des dieux[5]. C'est encore l'Éros représenté à Épidaure par le pinceau de Pausias, qui avait rejeté loin de lui l'arc et les flèches, et saisi la lyre à leur place; hiéroglyphe sur lequel on peut voir les développe-

---

[1] Herodot. II, 44, et Pausan. IX, 25.
[2] *Cf.* liv. IV, ch. V, p. 197, t. II.
[3] Pausan. I, Attic., 30. *Cf. Briefe über Homer. u. Hesiod.*, p. 194 sqq.; — et notre note 6 sur le livre V, sect. 1, dans les Éclaircissements du tome II.   (J. D. G.)
[4] Ἔρως, ἔρος, de ἔρω, je noue, j'attache.
[5] *Cf.* ch. 1, p. 44, *ci-dessus*, d'après Platon.

CH. VI. MYSTÈRES DE L'AMOUR.

ments et les indications que nous avons donnés au livre quatrième[1].

Maintenant, quant à la doctrine des mystères de Thespies, elle se résume tout entière dans cet axiome philosophique : La discorde est le fondement des choses terrestres; elle est suivie d'une réconciliation, qui elle-même a pour conséquence l'abolition du monde réel se résolvant dans son principe ; en d'autres termes, il y a une chute et un retour. Les éléments naturels ou, si l'on veut, les symboles divins qui furent, en quelque sorte, les pivots de cette doctrine, c'est d'abord Cérès, la mère du monde et la déesse qui présidait aux mystères dont il s'agit; puis Hercule, son Camillus ou son serviteur, qui, par sa mort au milieu des flammes, se fraie une route jusqu'à l'Olympe. Mais cette même doctrine se personnifia, en outre, dans des allégories religieuses, dans des mythes significatifs, tels que celui d'Hylas, ce jeune homme qui fut englouti dans les eaux d'une source, et surtout celui du beau Narcisse, qui, penché sur le miroir humide d'une autre source, y dépérit et s'y transforma en une fleur funèbre. Nous allons essayer de développer le sens profond de ces mythes, particulièrement du dernier.

[1] Ch. IV, p. 153 sq., t. II.

II. Mythe de Narcisse et son rapport avec la destinée de l'âme, avec la doctrine morale des mystères de Thespies; un mot sur le mythe analogue d'Hylas. Représentations figurées.

Narcisse, selon la fable[1], était fils du Céphise, fleuve de Phocide et de Béotie, et de la nymphe Lirioessa; c'était un jeune homme d'une beauté ineffable et des inclinations les plus nobles. Il arriva, un jour, accablé de fatigue, au bord d'une claire fontaine, et, comme il se penchait, ayant aperçu son image dans le miroir des eaux, il fut, pour ainsi dire, frappé d'une baguette magique Immobile, ivre de sa beauté, il demeura plongé dans l'extase que lui causait cette vue, sans pouvoir s'en détacher; jusqu'à ce qu'enfin, consumé d'amour, ou selon d'autres, précipité dans les ondes, il trouva la mort. Sur le bord de la fontaine, à la place qu'avait occupée Narcisse, naquit du sein de la terre une fleur de même nom. Conon[2], dans des termes quelque peu différents, quoique non moins significatifs, parle du beau Narcisse de Thespies, qui dédaignait ses nombreux amants. L'un d'eux, Aminias, supplia l'Amour de le venger, et Narcisse, éperdu de la beauté de sa figure, qu'il contemplait dans le cristal d'une fontaine, devint l'instrument de son propre trépas.

[1] Les sources de ce mythe ont été déjà indiquées dans notre Præparat. ad Plotin. de Pulcrit., p. XLV. Il faut voir principalement Eustath. ad Iliad. II, 498, p. 201 Bas.; Eudoc. Violar., p. 304, coll. Ovid. Metam. III, 342, *ibi* interpret.; Pausan. IX, 31.

[2] Narrat. 24, p. 263 Gal., p. 20 Kanne.

CH. VI. MYSTÈRES DE L'AMOUR. 385

Pausanias, sur l'autorité de Pamphos, nie que la fleur de Narcisse doive son origine à la mort d'un jeune homme de ce nom. C'est, suivant lui, la fleur d'imposture, au moyen de laquelle Pluton, lorsqu'il enleva Proserpine, surprit cette vierge divine[1]. Sophocle[2] appelle le narcisse la couronne des grandes déesses, par lesquelles il faut entendre soit Cérès et Proserpine, soit les Érinnyes ou Furies. Dans l'un et l'autre cas, cette fleur avait trait à l'enfer, idée qui ressortait de ses propriétés naturelles. Non-seulement elle croissait sur les tombeaux, comme pour indiquer le passage de la mobilité de la vie à l'immobilité de la mort, mais elle croissait encore plusieurs fois l'année, surtout à la fin de l'automne ; elle fleurissait trois fois, comme trois fois la terre est labourée[3] ; d'où ses rapports avec Cérès et avec l'enlèvement de Proserpine. Plante charmante et d'une odeur aussi forte qu'agréable, plante portant au sommeil et narcotique, elle tirait de là et son nom et ses épithètes[4] ; elle passait, par cela même,

---

[1] IX, 31, *fin*.

[2] OEdip. Colon., 683, *ibi* Schol.; Natal. Com. IX, 16; Cornut. de N. D., cap. 35, p. 235, et Pausan. VIII, 31, *init*.

[3] *V*. Plin. H. N. XVIII, 26, 65, et interpret. ad Virgil. Georg. IV, 122.

[4] Νάρκισσος de ναρκᾶν, engourdir. *V*. Plutarch. Sympos. III, p. 632 Wyttenb. Le narcisse est qualifié βαρύοδμος : Clem. Alex. Pædag. II, 8. *Cf.*, sur l'histoire naturelle de cette plante, Theophrast. Hist. Plantar. VI, 6, *ibi* Scaliger et Boden a Stapel, p. 657 sq.; Schneider index ad script. rei rustic., *s. v.* Les anciens la nommaient aussi λείριον, et la rapportaient au lis comme l'espèce à son genre, donnant à Narcisse, comme nous l'avons vu, *Lirioessa* pour mère (Bekkeri Anecdot. gr. I,

pour la fleur de la mort, pour la fleur des enfers; car elle en venait et elle y attirait; elle entraînait ceux qu'elle avait engourdis et trompés dans les humides profondeurs où elle avait pris naissance [1].

Quant au jeune homme qui, d'après la fable, avait donné son nom à la fleur de narcisse, il était fils, avons-nous dit, du fleuve Céphise et de la nymphe *Lirioessa* ou *Liriopé*, deux noms qui renferment l'idée de la douceur, de la mollesse et de la volupté [2]. Ainsi ce fils du fleuve nous fait songer, par sa seule généalogie, au fleuve de volupté, aux jouissances qui s'écoulent et dans lesquelles la vie humaine s'écoule elle-même, se dissipe et se fond. C'est, en effet, dans les eaux d'une source, de la source des plaisirs et des joies, qu'il trouve la mort. C'est auprès de cette source funeste que les Nymphes chantent son funeste destin [3]. Quelques-uns, parmi les anciens, cherchant à dégager l'idée philosophique cachée, selon eux, sous le voile du mythe, virent, dans ce courant fatal à Narcisse, le cours même de la vie, de la vie terrestre et matérielle. La naissance s'opérant dans l'élément humide, c'est-à-dire dans les eaux du corps de la mère, a nécessairement pour suite la corruption, la mort et la destruc-

---

p. 5o). Elle s'appelait, chez les Crétois, *Acacallis* (Athen. XV, p. 480 Schweigh.; Hesych. I, p. 181 Alb.). *Cf.* encore Sprengel, *Gesch. d. Botan.* I, p. 31.

[1] *Cf.* Artemidor. Oneirocrit. I, 77, p. 107, et II, 7, p. 139; Jacobs. Animadv. ad Anthol. gr. l. 1, p. 105, et III, 2, p. 279.

[2] Etymol. M. *v.* λειριόεις, et Apollon. Lex. Homer., *s. v.*; Heyne ad Iliad. III, 152.

[3] Nonn. Dionys. XI, 322 sq., XV, 352.

CH. VI. MYSTÈRES DE L'AMOUR.   387

tion. Ce n'est point au sein des eaux, à proprement parler, que périt Narcisse, ajoutaient-ils; mais comme il contemplait son image, c'est-à-dire la vie corporelle, dernier reflet de l'âme véritable, dans le miroir liquide de cette matière qui va sans cesse s'écoulant, et comme il cherchait à la saisir, la prenant pour l'essence de son être, il s'abîma dans cette contemplation stérile, il fut entraîné par ce courant qui ne s'arrête pas[1]. Quand, du reste, Conon, dans son récit, place à côté du beau Narcisse cet *Aminias* (son nom veut dire *le meilleur*[2], dont il méprisa l'amour, il semble que cette particularité fasse allusion à l'âme heureusement douée, mais rebelle aux conseils de la sagesse, aux entraînements de la sympathie, qui se complaît en elle-même, s'y concentre toujours davantage, tellement qu'un froid égoïsme finit par la précipiter dans le désespoir[3].

Ce furent principalement les philosophes de l'école de Platon qui s'attachèrent à développer la doctrine contenue dans ces mythes et dans ces symboles, doctrine plus ou moins relative à la descente de l'âme humaine des sphères supérieures dans les corps terrestres. Ainsi Proclus dans ses commentaires, soit sur le Timée, soit sur le premier

[1] *V.* Anonym. de Incredibil., cap. 9, in Opusc. mythol., p. 88 sq. Gale.

[2] Ἀμεινίας de ἀμείνων.

[3] Aminias, contraste de Narcisse, le bon du mauvais amour, fait penser à la formule connue des mystères : Ἔφυγον κακόν· εὗρον ἄμεινον (Demosth. pro Coron., cap. 79, *ibi* Taylor), et aux principes de la théorie de l'amour tel que l'entend Platon, dans le Banquet, ch. X et XI, et surtout XI, 4, p. 36 Wolf.

Alcibiade de Platon[1]. Ainsi Plotin, dans son traité de l'âme[2]. Marsile Ficin, ce grand Platonicien des temps modernes, résumant les interprétations de l'antiquité, dégage de la manière suivante le sens de la fable qui nous occupe. « Notre âme, dit-il[3], est tellement captivée par les attraits de la beauté corporelle qu'elle oublie sa propre beauté, et que, l'oubliant, elle s'attache à la figure du corps qui n'est pourtant qu'une ombre de sa propre figure. L'aventure de Narcisse est un emblème de ce malheur... Ce n'est point sa véritable image que le jeune et beau Narcisse aperçoit au sein des eaux; ce n'est que l'ombre de lui-même qu'il poursuit et veut embrasser. Et encore n'y réussit-il pas; car l'âme, en se livrant à la poursuite du corps, s'abandonne elle-même, et elle ne saurait être satisfaite par les jouissances corporelles. En effet, ce n'est point après le corps comme corps que l'âme soupire; mais, séduite par la figure du corps, qui n'est qu'une image de la sienne, c'est en réalité pour elle-même, pour sa propre forme, pour son *idée*, qu'elle se passionne. Désirant ainsi une chose et en poursuivant une autre, elle se trompe d'objet, et ne saurait en aucune manière assouvir sa passion. Voilà l'infortune de Narcisse; voilà pourquoi il se consume, ou plutôt se fond en un fleuve de larmes. C'est-à-dire que l'âme humaine, quand elle s'est abdiquée elle-même et qu'elle s'est livrée tout entière au

---

[1] In Tim., p. 338 sqq.; in Alcibiad. I, cap. 32, p. 100, et cap. 39, p. 116 Creuzer. (p. 241, 262 Cousin).

[2] Pag. 381.

[3] Commentar. in Plat. Conv., cap. 17, p. 1165 D, E, ed. Francof.

corps, devient la proie des passions les plus pernicieuses, et, souillée par ce contact impur, s'éteint et meurt, pour ainsi dire, semblant désormais plus corporelle que spirituelle. C'est à cette mort de l'âme que Socrate voulait échapper; c'est pour cela que Diotima le ramène du corps à l'âme, de celle-ci au Génie, et par le secours de ce dernier jusqu'à Dieu. » En d'autres termes, l'âme aspire à sa propre essence; si elle la cherche selon sa condition actuelle, dans la réalité, si elle se complaît dans cette existence imparfaite, dans cette vie si décolorée et si vide, victime d'une illusion qui ne saurait la satisfaire, elle se consume de tristesse. C'est seulement quand elle la cherche telle qu'elle était, telle qu'elle redeviendra, quand elle aspire à l'essence véritable et divine de son être, quand elle tend de ses regards et de ses efforts vers son *idée*, qu'elle peut trouver le salut et le bonheur.

Pour revenir au mythe originel, dans lequel fut déposé symboliquement le germe de ces dogmes élevés, nous sommes portés à le considérer comme une sorte de parabole ou d'allégorie morale, qui se rattachait au culte commun de l'Amour et des Muses à Thespies. Nous y voyons comme le second degré d'une théorie religieuse de l'amour, celui où l'âme gardant le souvenir de sa primitive essence, alors qu'elle résidait en Dieu, soupire après elle-même; mais ne pouvant se détacher de son existence individuelle, laquelle n'est que le reflet de cette essence divine, la prenant au contraire pour cette essence même, elle se consume, elle s'abîme dans l'amour de soi, puis reparaît et ressuscite sous la figure d'une fleur de deuil, d'une plante narcotique qui croît sur les tombeaux.

Au même cycle de mythes moraux, relatifs à la destinée de l'âme, appartient le compagnon d'Hercule, *Hylas*, que les Nymphes ravirent au sein des eaux, tandis qu'il puisait à une source, et qui ne put suivre son divin guide ramené seul aux sphères supérieures. Le nom même de ce jeune homme semble faire allusion à la matière qui s'écoule et se fond[1]. Enfin, dans le *Gygès* de Platon, tel qu'il est présenté au second livre de la République, percent des traits analogues.

Tous ces mythes, comme il était naturel, fournirent des sujets aux représentations de l'art. On trouvera dans une de nos planches[2] la copie d'un tableau d'Herculanum, où Narcisse paraît assis près d'une source et entièrement absorbé dans la contemplation de son image. Derrière lui se tient Éros ou l'Amour, triste et découragé, avec un flambeau renversé qu'il éteint contre terre. On peut penser que c'est le moment où les Nymphes chantèrent à Narcisse ce vers d'admonition, qui nous a été conservé: «Beaucoup te haïront, si tu t'aimes toi-même[3].» D'autres monuments corrélatifs ont été publiés dans le Musée de Florence[4] et par Winckelmann[5]. Les vases peints, qui ont tant de rapports avec les mystères, leurs

---

[1] De ὕλη, laquelle est qualifiée de ῥευστή.
[2] CV *bis*, 409 e. — Pour *Hylas*, voy. pl. CLXXI, 641, et CXCV, 690, avec l'explicat. (J. D. G.)
[3] Suidas s. v., tom. III, p. 142 Kuster.
[4] Tom. III, tab. 71.
[5] Monum. ant. ined., n° 24, coll. Visconti Mus. Pio-Clem., t. II, p. 60 sqq.

dogmes et les légendes sacrées qui leur étaient propres, ne durent pas non plus négliger la fable de Narcisse. C'est ainsi que Millin, et non sans fondement, croit reconnaître, sur l'une des faces du célèbre vase de Poniatowski, une fleur de narcisse, et, sur le bord de l'autre, la tête de ce beau jeune homme s'élevant du calice d'une fleur[1].

III. Éros ou l'Amour, au point de vue orphique et platonicien, comme favorisant le retour des âmes.

Ainsi Narcisse est l'emblème de l'âme absorbée dans l'apparence; l'Amour Céleste, au contraire, est le bon génie, qui la conduit à la sagesse et au bonheur, qui, lorsque Narcisse s'est précipité dans le miroir des ondes, éteint tristement son flambeau, qui, de la beauté corporelle, sait faire sortir le céleste reflet de la beauté divine. Suivant une généalogie que Plutarque nous a conservée[2], Éros eut pour mère Iris, qui le conçut de Zéphyre, ce dont on donnait deux raisons différentes, dont l'une revient tout-à-fait à cette dernière idée. Quand, d'un autre côté, les poètes, pour exprimer au sens vulgaire les peines d'amour, parlent d'Éros comme d'un fils du feu, ou appellent l'amour la pierre de touche de l'âme[3], nul doute que ces images n'aient eu un sens supérieur, un sens spirituel, dans la doctrine morale des mystères.

Narcisse qui se fond ou qui se consume, c'est la mort

---

[1] Peint. de Vas. antiq., t. II, p. 50.
[2] Amator. cap. 20, t. IV, p. 69 Wyttenb.
[3] Anthol. gr., t. II, p. 128 (p. 115), et ibi Jacobs., p. 344.

des âmes, cette mort, avons-nous dit, à laquelle Socrate voulait échapper. Il y échappe en s'élevant du corps à l'âme, de l'âme au Génie, et, par l'aide de celui-ci, jusqu'à Dieu. Aux Génies ou Démons, tels que celui dont il s'agit ici, appartient Éros ou l'Amour, comme nous l'apprend Platon élaborant un mythe orphique[1]. « Quand Vénus naquit, poursuit-il, les dieux se réunirent à un banquet; parmi eux se trouvait Poros, le fils de Métis. Lorsqu'ils furent sortis de table, vint Pénia ou la Pauvreté, mendiant les restes, et elle se tenait près des portes. Poros enivré de nectar (car il n'y avait point encore de vin) passa dans les jardins de Jupiter et s'y endormit. Alors Pénia désirant obtenir de Poros un enfant, à cause de son indigence, se coucha près de lui et conçut Éros. Éros est donc le compagnon et le serviteur d'Aphrodite, soit parce qu'il fut engendré le jour de sa naissance, soit parce qu'il est, de sa nature, amant du beau, et qu'Aphrodite est belle. Du reste, fils de Poros et de Pénia (de la richesse et de la pauvreté), il est toujours pauvre; il n'est ni délicat ni beau, comme la plupart le pensent, mais au contraire grossier et malpropre, sans chaussure et sans asile, constamment nu et couché sur la dure, dormant à la belle étoile, sur le seuil des portes et dans les rues, et, de même que sa mère, sans cesse en compagnie de l'indigence. Comme son père, au contraire, il dresse des embûches à tout ce qui est bon et beau; il est

---

[1] Sympos., p. 429 sq. Bekker., cap. 29 ed. Ast., coll. Procl. in Alcibiad. I, ap. Bentl. Epist. ad Mill., Opusc. philol., p. 455 Lips. (cap. 20, p. 66 ed. Creuzer.; tom. II, p. 181 Cousin).

CH. VI. MYSTÈRES DE L'AMOUR. 393

brave, hardi, impétueux; il est un fort chasseur, il forge incessamment des ruses, il cultive la philosophie, il est un magicien puissant, un empoisonneur, un sophiste. De sa nature il n'est ni immortel, ni mortel.... La sagesse est un des trésors les plus beaux. Or, Éros est l'amour du beau; il est donc nécessairement un philosophe, et, à ce titre, il a sa place entre les sages et les ignorants[1]. »

A ces idées se rattache la théorie de Plotin sur l'Amour Céleste et sur l'art d'aimer. « Il y a, dit-il[2], trois routes pour retourner à Dieu et à notre céleste patrie : la première par la musique, la seconde par la science de l'amour, la troisième par la dialectique (ou la métaphysique). En d'autres termes, celui qui veut revenir au bien suprême doit être ou musicien, ou philosophe, ou amoureux. Premièrement, le musicien est excité et transporté par l'harmonie des sons. Il ne s'agit pour lui que de se dégager de ce qu'ils ont de matériel, de ne point se laisser captiver par ces Sirènes; mais, uniquement préoccupé du nombre qui se révèle en eux, de s'élever ainsi peu à peu jusqu'au point de prêter l'oreille à l'harmonie des sphères. Celui qui aime a le pressentiment de la vraie beauté, mais, séparé d'elle, il ne saurait la saisir en elle-même; la beauté matérielle, qui séduit ses sens, ne fait que le

---

[1] *Cf.* Ast., sur ce passage de sa traduction, p. 335, et *ibi* Philo Leg. Allegor. II, 62 ; Plutarch. de Ei Delph., t. IV, p. 593 sq. Wyttenb. — *V.* aussi la traduct. fr. de M. Cousin, avec ses notes, p. 299 sqq. et 443 du tom. VI des Œuvres de Platon. (J. D. G.)

[2] Præpar. ad Plotin. de Pulcrit., p. CIV sq., *ibi* Plotin. περὶ διαλεκτ., p. 19-21 Bas., coll. Plat. Republ. VII, p. 339 sqq. Bekker.

livrer aux mouvements tumultueux des passions. Aussi doit-il parcourir les degrés divers du sentiment et de la connaissance d'un seul et même beau, lequel réside dans l'ensemble de tous les corps; du beau qui est dans les lois, les mœurs, l'ordre civil, les vertus; du beau intelligible; enfin du beau ou du bon essentiel. Le philosophe également a plusieurs degrés d'initiation à parcourir; d'abord la purification, puis la délivrance, l'affranchissement des choses corporelles, où le conduit l'étude des mathématiques; enfin, la perfection. Quiconque est né pour la philosophie a des ailes en naissant; c'est-à-dire que la nature a mis en lui un penchant irrésistible à s'envoler d'ici-bas au séjour divin. » Voilà la route du retour, de ce retour que guide l'Amour Céleste, et dont le but est le bien suprême identique à Dieu.

IV. Représentations figurées tirées du cycle mythique de l'Amour.

L'art, dans ses créations relatives à Éros aussi bien que dans les autres, mariant ses progrès avec ceux de la langue et de la poésie, s'éleva, des vieilles idoles sacerdotales et des grossiers fétiches, à la représentation des différents états qui sont propres à l'amour, soit au sens physique, soit au sens spirituel. Nous nous bornerons ici à quelques rapides indications, et nous supposons avant tout que nos lecteurs ont présent à l'esprit le bel hymne adressé à Éros par le chœur de l'Antigone de Sophocle[1]. La plus ancienne image de l'Amour à

[1] V. 796 sqq.

CH. VI. MYSTÈRES DE L'AMOUR.   395

Thespies, selon Pausanias [1], fut une pierre presque brute, dont prit bientôt la place l'admirable Amour de la main de Praxitèle, qui, deux fois, sous Caligula et sous Néron, dut émigrer de Thespies à Rome [2]. D'autres statues de l'Amour à Thespies étaient celle de Lysippe en bronze, et celle de Métrodore d'Athènes en marbre, imitation du chef-d'œuvre de Praxitèle. A Athènes, l'on voyait dans un temple d'Aphrodite plusieurs représentations ayant trait au cycle érotique [3]. Et d'abord, *Aphrodite Praxis*, la Vénus qui conduit au but ; à côté d'elle *Pitho*, la Persuasion, ou plutôt le Génie de la persuasion, qui maîtrise toutes les âmes avec les douces paroles d'amour ; puis *Parégoros*, la Consolation, conçue également comme un génie femelle, qui adoucissait la perte de l'objet aimé [4]. Ces deux statues étaient du ciseau de Praxitèle. Scopas y ajouta les trois génies mâles qui accompagnent Vénus : *Éros*, ou l'Amour proprement dit, l'essence de l'amour [5] ; *Himéros*, Cupidon, ou le désir d'amour, la douce langueur qui s'attache à un objet présent ; et *Pothos*, la passion personnifiée, qui soupire

---

[1] IX, Bœot., 27.

[2] *V.* Pausan. I, Attic., 20, coll. Strab. IX, p. 449 Casaub.; Lucian. Amor., 11, t. V, p. 268 Bip.; Junius Catalog. Artific., p. 179 ;—Sillig, Catal., p. 385 ; O. Müller, *Archæol.*, p. 109.   (J. D. G.)

[3] Pausan. I, Attic., 43.

[4] *Pitho* elle-même paraît avoir été appelée *Paregora*, au sens de la *Persuasion*. Cf. Bœttiger, sur la peinture de vase publiée par Millingen, pl. 42, dans la *Minerva*, 1820, p. 489 sqq.

[5] *V.* Plutarch. λείψανα τοῦ περὶ ἔρωτος, t. X, p. 851 sq. Wyttenb.

après l'objet absent[1]. On le voit, c'est une même idée fondamentale, celle de l'amour, considérée sous ses divers points de vue, dans ses manifestations et ses états divers[2].

Ici se place naturellement un autre Génie du même cycle, *Antéros*, né, suivant Cicéron[3], d'Arès ou Mars et de la troisième Vénus, ce qui nous reporte à la doctrine sacerdotale de Samothrace, dont les éléments étaient la discorde et l'union. A Athènes, Éros avait un autel dans l'Académie, et Antéros un autre dans la ville même, comme génie vengeur de l'amour dédaigné. On peut voir dans Pausanias[4] à quelle tragique occasion fut élevé ce dernier autel. Selon le même auteur[5], il y avait à Élis, entre autres statues qui décoraient la Palestre, une statue représentant Éros, une branche de palmier à la main, et Antéros cherchant à la lui enlever. Ainsi, ce dernier était conçu comme un génie luttant contre l'Amour, et l'idée du retour, de la réciprocité en amour, était présentée sous l'image d'un combat ou d'une rivalité[6]. Porphyre nous a conservé un mythe qui montre clairement cette

---

[1] « Si leurs effets sont distincts aussi bien que leurs noms, » dit justement Pausanias, *ibid*.

[2] *V.* Plat. Cratyl., 420 Steph., p. 120 Heindorf., p. 78 Bekker., et Creuzer ad Plotin. de Pulcrit., p. 213 sq.

[3] De N. D. III, 23.

[4] I, Attic., 30, *init*.

[5] VI, Eliac. (II), 23.

[6] *Cf.* Procl. ad Plat. Alcibiad. I, cap. 43, p. 127 ed. Creuzer (p. 281 Cousin).—*Add.* le bas-relief dans Hirt, *Bilderbuch*, pl. 31, 3.

(J. D. G.)

intime connexité d'Éros et d'Antéros. Éros, est-il dit, ne voulait point grandir. Aphrodite s'en plaignit à Thémis, qui lui conseilla de donner à son fils un compagnon. Antéros, en effet, lui fut associé, et de ce moment l'enfant divin profita merveilleusement, et il ne connut plus d'autre peine que d'être séparé de son camarade. On a prétendu que cette idée du retour, personnifiée dans Antéros, est une invention relativement moderne. Mais des passages de Pausanias en établissent au contraire la haute antiquité, par exemple celui où il rapporte que, dans la Palestre d'Élis, des autels étaient érigés en l'honneur de l'Hercule Idéen, surnommé l'assistant, d'Éros et d'Antéros, ainsi que l'appellent les Athéniens et les Éléens, enfin de Cérès et de Proserpine [1]. Nul doute que ces deux génies, aussi bien qu'Hercule, figuraient en Élide comme les ministres des grandes déesses ; et tout annonce qu'il en était de même en Béotie, où l'Hercule Idéen passait pour le Camillus, c'est-à-dire pour le serviteur divin, de Cérès. Un seul et même système religieux paraît avoir dominé dans ces deux contrées, qui remonte jusqu'à Samothrace et jusqu'à la Phrygie. Pline nous montre une autre face de ce système, dans un passage que nous avons commenté ailleurs, et où il parle de Vénus, de Pothos et de Phaëthon, comme unis dans un culte commun et infiniment saint à Samothrace [2].

---

[1] Pausan. VI, 23, coll. IX, 28.
[2] *Cf.* liv. V, sect. I, ch. II, art. III, p. 300 sq., tom. II, et la note indiquée, fin de ce tome. — Dans le chapitre de Vénus (liv. VI, p. 665

V. Exposition du mythe ou de l'allégorie d'Amour et Psyché; diverses interprétations qui en ont été données; éléments primitifs et sens originel de ce mythe.

Nous pouvons maintenant aborder le mythe de l'*Amour* et *Psyché*, mythe dans lequel, au point de vue extérieur du moins, est représentée la passion de deux personnes de sexe différent. Appulée en a fait, comme l'on sait, un récit développé qui nous mènerait trop loin pour le moment[1]. Nous nous contenterons donc de l'exposition sommaire du sujet de ce mythe, telle que la donne Fulgence[2]. « Il y avait dans une certaine ville un roi et une reine. Ce roi et cette reine avaient trois filles, deux d'une beauté médiocre; la plus jeune, Psyché, si parfaitement belle qu'elle passait pour Vénus sur la terre. Les deux premières furent bientôt mariées; mais personne n'osait demander la main de la troisième; on lui rendait d'humbles hommages, on lui offrait même des sacrifices. Vénus, irritée de ce culte impie, commanda à Cupidon de punir sévèrement Psyché; mais au premier coup d'œil sa colère et son zèle se changent en amour pour elle. Survient bientôt un oracle d'Apollon, ordonnant que Psyché soit menée, comme en un convoi fu-

---

sq., t. II), nous avons déjà renvoyé le lecteur à nos planches, pour les monuments qui représentent, soit *Éros*, soit les êtres mythologiques analogues, dont il est ici question.   (J. D. G.)

[1] *V.* ses Métamorphos. IV, chap. 83, p. 300, jusqu'à VI, chap. 125, p. 429 Oudendorp.

[2] Mythologicon, III, 6, p. 715 sqq. Staver.

nèbre, sur une montagne, et y devienne la fiancée d'un dragon. Les parents accomplissent les ordres cruels du dieu. A peine ont-ils quitté leur fille que Zéphyre la transporte avec sa douce haleine dans un palais d'or, où des voix seulement lui répondent, et où, parmi les plus exquises recherches de la vie, un invisible époux s'approche d'elle dans les ténèbres, pour la quitter chaque jour au lever de l'aurore. Ses sœurs, cependant, pleurent sa mort sur le sommet de la montagne. L'âme tendre de Psyché est émue de leurs regrets, et, malgré la défense de son époux, elle les fait venir près d'elle par l'entremise de Zéphyre. Mais l'envie, la jalousie s'élèvent dans leurs cœurs à l'aspect du bonheur de Psyché, et elles lui donnent le funeste conseil de mettre à mort son époux (le dragon prétendu) pendant son sommeil. Au moment de la catastrophe, Psyché aperçoit à la lueur d'une lampe l'Amour endormi, et frappée, éperdue de sa beauté céleste, elle laisse tomber une goutte de l'huile brûlante qui le réveille. Amour fuit, et il abandonne à la fois son palais et son épouse, en lui reprochant sa fatale curiosité. Une douleur inconsolable s'empare de Psyché; désespérée, elle veut d'abord se précipiter dans les eaux d'un fleuve; puis elle part et s'en va cherchant dans tous les temples l'amant divin qu'elle a perdu. Enfin, elle arrive au palais de Vénus. Alors elle est soumise à trois punitions que lui inflige la déesse, à trois épreuves sur la terre, à trois tentations aux enfers. Elle les surmonte toutes heureusement, même la dernière, où peu s'en faut qu'elle ne succombe. Elle dut descendre au sombre royaume pour y recevoir des mains de Proserpine une boîte que cette déesse avait remplie du parfum de beauté, avec défense de l'ouvrir. Mais au retour elle enfreint la défense, et à l'instant une exhalaison mortelle s'échappe de la boîte, tellement que Psyché en est renversée contre terre. Amour paraît en ce moment terrible. La pitié et la tendresse touchent de nouveau son cœur. Il effleure la malheureuse avec sa flèche, et la rappelle à la vie. Vénus aussi lui pardonne. Par l'ordre de Jupiter, Psyché devient immortelle et reste unie éternellement à l'Amour, son époux. Un pompeux hyménée marque la fin de ses peines et la dernière heure de ses envieuses sœurs qui se précipitent d'un rocher. »

Le double sens d'un mot conduisit les Grecs à une autre allégorie non moins riche de sens, *Psyché* signifiant dans leur langue l'âme et cette espèce de papillon qui, le soir ou la nuit, dans l'été, vole autour de la lumière et souvent se précipite dans la flamme[1]. Le papillon devint ainsi l'emblème de l'âme. Un noble instinct, pensa-t-on, anime cet insecte amant de la lumière; mais ce même instinct lui est funeste et cause sa mort. La chenille qui se change en chrysalide, et sort, papillon brillant, de sa dure enveloppe, est un animal humide, pareil à l'âme qui, une fois tombée dans le monde humide de la matière, et emprisonnée dans ce corps mortel, a perdu sa liberté. Un moment vient toutefois où elle la recouvre,

---

[1] C'était la *phalène* des Rhodiens : Ἡ φάλαινά ἐστιν ἡ παρ' ἡμῖν ψυχή... Schol. Nicandr. Theriac., v. 760, p. 108 Schneid., coll. Hesych. v. ψυχή, *ibi* interpret.; Aristot. Hist. Animal. V, 19 (Schneid. 17), § 1.

CH. VI. MYSTÈRES DE L'AMOUR. 401

où elle aussi, elle brise ses entraves, et, laissant là l'enveloppe grossière qui la tenait captive, s'élance dans les espaces célestes, et remonte vers sa lumineuse et divine patrie[1].

Les poètes grecs s'attachèrent surtout à développer le côté sensible et passionné de cette théorie de l'amour, comme on en juge par divers fragments qui nous restent d'eux[2]. Les philosophes, de leur côté, particulièrement les Stoïciens, posèrent en principe que le devoir du sage est de cultiver l'art d'aimer[3]. Quant aux artistes, leurs chefs-d'œuvre, qui remplissaient les temples de la Grèce, nous présentent une foule de sujets tirés du cycle allégorique de l'Amour et Psyché; et ces monuments suffiraient à prouver, quand même il pourrait y avoir quelque doute là-dessus, que ce mythe si remarquable est beaucoup plus ancien qu'Appulée. Pour se faire une idée de leur richesse, l'on n'a qu'à parcourir l'Anthologie grecque et les collections des œuvres de l'art, spécialement les pierres gravées, si nombreuses et si belles en ce genre[4].

---

[1] *Voy.* le développement de ces idées dans Plutarque, Sympos. II, 3, p. 579 Wyttenb., coll. Consol. ad uxor., p. 465 Wytt.; fragm. de Anim. ad calc. Plutarch. de Ser. Num. vind., et t. V, part. 2, p. 724 Op. Plut. ed Wytt.; Plat. Cratyl., p. 399 D Steph., p. 37 Bekker.

[2] Entre autres, Alcman ap. Athen. XIII, p. 600 (Alcman. Fragm. XXVI et XXVII, p. 45 sq. ed. Welcker.).

[3] *V.* van Linden, de Panætio, p. 76 sq.

[4] *V.* Thorlacius dans ses Prolusion. et Opuscul. Academ., tom. I, n° 20, sect. II, p. 341-358. *Cf.* nos pl. CIV, 406, 406 *a*, 407, XCVIII, 408, CII, 409, CV *bis*, 407 *a*, 409 *a* jusqu'à 409 *d*, CLVII, 602, CLVIII, 603, avec l'explication. On sait que Raphael a peint les aventures d'A-

Ce serait ici le lieu de mentionner les différentes interprétations que la profonde et immortelle allégorie qui nous occupe a trouvées chez les anciens et chez les modernes. Dans l'impossibilité de les parcourir toutes, nous en choisissons trois entre autres qui peuvent servir à marquer les directions principales d'idées que les mythologues ont suivies en cette matière. Puis nous y joindrons nos propres remarques, non pas avec la prétention de mettre en lumière chaque trait de ce mythe inépuisable, mais seulement pour montrer comment on peut s'élever jusqu'à la source d'où il est émané, pour en définir l'idée fondamentale, et en faire saisir, s'il est possible, dans une rapide esquisse, le sens originel et total.

La première interprétation que nous avons à rapporter est celle que Fulgence a donnée à la suite de son exposition du mythe lui-même, telle qu'on l'a vue plus haut. Elle respire l'esprit chrétien de son auteur. « La ville, suivant lui, est le centre du monde; le roi et la reine, Dieu et la matière; les trois filles, la chair, la volonté, et l'esprit (l'âme). Celle-ci est la plus jeune, parce que le corps était fait avant que l'âme vînt l'animer; elle est la plus belle, parce qu'elle est supérieure à la volonté et plus noble que la chair. Elle est l'objet de la jalousie de Vénus, c'est-à-dire de la volupté, qui, pour la perdre, lui envoie Cupidon. Mais comme l'amour ou la passion s'attache au bien ainsi qu'au mal, Cupidon s'éprend d'amour pour

mour et Psyché au plafond de la petite salle du palais Farnèse à Rome.
(C—n et J. D. G.)

l'âme et s'unit avec elle. Amour ne veut pas qu'elle voie sa figure, c'est-à-dire qu'elle ne doit pas connaître les attraits des passions (Adam lui-même ne se sentit nu que quand il eut goûté du fruit de l'arbre de concupiscence); elle ne doit pas condescendre à la curiosité de ses sœurs, la chair et la volonté. Mais pourtant elle suit leurs conseils; elle tire la lampe de dessous le boisseau, c'est-à-dire elle nourrit la flamme de la passion cachée dans son cœur, elle en aime l'objet sitôt qu'elle l'aperçoit, mais elle le brûle en répandant sur lui l'huile de la lampe; en d'autres termes, toute passion brûle en proportion de sa force et de sa durée, et elle laisse dans la chair le stigmate du péché. C'est pourquoi l'âme, quand elle a dépouillé la passion, est précipitée du faîte du bonheur et engagée dans d'immenses périls. »

Parmi les modernes, Thorlacius[1] conjecture que l'histoire d'Amour et Psyché est un mythe moral qui a pour but de représenter les dangers courus par la foi conjugale, surtout à l'époque de la décadence des mœurs en Grèce, mais en même temps de faire ressortir avec éclat l'image d'une fidélité diversement éprouvée et triomphant en définitive de tous les périls qui la menaçaient. Il pense que ce mythe découla des mystères d'Éros ou d'Aphrodite à Thespies ou à Cnide.

Nous trouvons beaucoup plus de justesse dans les idées de Hirt, telles qu'il les a présentées dans les Mémoires de l'Académie de Berlin (année 1816). « Cette fable, dit-il,

---

[1] Dans le recueil cité, tom. I, p. 329, 366 sqq., 379 sq.

est une allégorie de la destinée de l'âme humaine. L'âme, d'origine céleste, est ici-bas, dans sa prison du corps, exposée à l'erreur. C'est pourquoi des épreuves et des purifications lui sont prescrites, afin qu'elle devienne capable de s'élever à une vue supérieure des choses et aux vraies jouissances. Deux Amours différents s'attachent à elle : l'Amour terrestre, le séducteur, qui l'entraîne vers les choses de la terre; et l'Amour céleste, qui dirige ses regards vers la beauté première et divine, et qui, vainqueur de son rival, emmène l'âme comme sa fiancée. »

Voici, selon nous, comment on peut parvenir à l'explication pleine et entière de l'allégorie de l'Amour et Psyché. Il faut d'abord songer aux vestiges des religions cabiriques de Samothrace et des doctrines orphiques, que nous avons déjà signalés dans les mystères d'Éros, surtout à l'association remarquable d'Aphrodite, de Phaéthon (le même que Phanès et l'Éros orphique) et de Pothos. Puis au mythe, vraisemblablement orphique aussi, de la naissance de l'Amour et de Vénus, tel que nous l'avons rapporté d'après le Banquet de Platon. Enfin, au papillon qui se brûle à la lumière, symbole de l'âme aspirant à la lumière trompeuse de la science, absolument comme le désir de connaître, la curiosité, est la source du mal, dans l'histoire de la chute de l'homme racontée par la Genèse.

Si tels paraissent être les éléments primitifs du mythe dont il s'agit, il n'en faut pas moins reconnaître qu'il a pour base et pour fond les vicissitudes d'un hymen mystique. Les mystères de l'Amour et des Muses étaient une sorte d'initiation conjugale, comme on peut dire que la doctrine des mystères en général expliquait le mariage dans un sens religieux et profondément spirituel. Elle l'envisageait, nous l'avons dit, comme un véritable sacrement, sous la protection immédiate de Zeus et de Héra, les premiers époux[1]; et toutes les cérémonies de l'hymen, tous les usages des noces, chez les Grecs aussi bien que chez les Romains, portaient ce caractère. Mais le sacerdoce de la Grèce et l'ordre également sacerdotal de Pythagore rattachaient en outre au mariage un dogme mystérieux et symbolique déterminé, celui de la monade, de l'unité, en tant que l'homme, de la dyade ou dualité, en tant que la femme. La dyade est la cause de la génération, mais en même temps de la division et du malheur. L'âme aussi est une dyade, mais, par l'impulsion de sa partie divine, elle tend vers l'unité et reçoit d'elle la forme et la figure[2]. Nous nous en tenons à ce peu de mots, parce que ces idées pythagoriciennes seront développées et éclaircies dans le livre suivant[3].

Nous avons donc ici, au fond, un dogme de la chute de l'âme, sous la forme d'une théorie pythagorique des nombres, et avec une origine très probablement orientale. La séparation et la réunion, présentées allégoriquement comme la perte et le recouvrement d'un objet aimé, comme une aventure d'amour et d'hymen, sont le sujet d'une foule de poèmes de l'Orient, si riche en poé-

---

[1] *V.* liv. VI, ch. I et II, p. 566, 617, etc., t. II.
[2] Eustath. ad Odyss. XIII, 53, p. 653 Bas., et *ibi* Plutarch.
[3] Sect. II, chap. des Eleusinies.

sies à la fois érotiques et mystiques. Ce genre d'allégorie est tout-à-fait dans l'esprit de la philosophie Védanta des Hindous en particulier. De tout temps, chez les Orientaux, l'on se représenta le rapport entre Dieu et l'homme, la séparation de celui-ci d'avec le premier, et leur réunion finale, sous l'emblème d'un époux et d'une épouse, tantôt divisés, tantôt se rapprochant; et l'on peignit les joies ou les souffrances de ces mystiques fiancés avec tout le feu de l'imagination, avec les couleurs les plus voluptueuses. Nous n'en citerons pas d'autres exemples que le fameux poème sanscrit intitulé *Gitagovinda*, espèce d'idylle composée par Djayadêva[1], où se remarque une frappante analogie avec la fable d'Amour et Psyché, et le non moins fameux Cantique des Cantiques de Salomon[2], qui offre lui-même une grande ressemblance avec le Chant de Govinda ou du Pasteur.

Pour nous résumer, nous pensons que l'allégorie d'Amour et Psyché, à en juger d'après les indices épars dans ce chapitre, vint aux Grecs comme une sorte d'initiation persique[3], et fut transplantée par des colonies sacerdo-

---

[1] *V.* W. Jones, *On the mystical poetry of the Persians and Hindus*, dans les *Asiat. Res.*, t. III, p. 165-178, 182, 185 sqq. — *Cf.* nos Éclaircissements sur le livre I, pag. 575, tom. I. (J. D. G.)

[2] *V.* Kistemaker, Cantic. Canticor. illustratum, Monasterii, 1820, p. 28 sqq., p. 70 sq., p. 73 sqq.; Umbreit *Einleitung zu (Salomon's) Lied der Liebe*, Gœtting., 1820, p. 12 sqq.

[3] Il faut se rappeler la *Mitra* d'Hérodote, qui est Aphrodite-Uranie ou la Vénus Céleste (liv. II, ch. IV, p. 345 sqq., tom. Ier). Les anciens nous apprennent que, dans les mystères de Mithras, on représentait le passage des âmes humaines à travers des corps différents (Porphyr. de Abstin. IV, § 16, p. 351 Rhœr.).

tales à Samothrace, en Thrace et en Béotie. L'idée fondamentale de cette allégorie, c'est la séparation et la réunion, la chute et le retour. Dieu est l'unité par excellence et l'union en elle-même; l'âme, aussi bien celle du monde que celle de l'homme, consiste dans la séparation d'avec cette source suprême de tout être et de toute vie. L'amour est une révélation, un attribut et une personnification de Dieu. Dans cet attribut de l'amour, Dieu ramène à lui l'âme séparée du monde et de l'homme, et l'unit de nouveau avec sa propre essence. Cérès Éleusine n'était autre, nous le verrons bientôt, que cette âme séparée et de nouveau réunie ; et c'est à ce dogme que se rapporte une partie du culte d'Éleusis. A Thespies, qui avait sa Cérès cabirique et voilée, les mystères d'Éros paraissent avoir figuré cette idée fondamentale comme une recherche de l'Amour Céleste perdu, puis retrouvé. Les Pythagoriciens enfin représentèrent cette même idée selon leur système des nombres, et reconnaissant, garantissant la dignité des femmes, dans la société civile comme dans les choses religieuses, ils donnèrent au mariage, à l'amour conjugal et à la vie de famille, un caractère plus élevé, plus moral, plus saint [1].

[1] *Voy.*, note 24 sur ce livre, fin du vol., l'examen des idées principales développées dans ce chapitre, avec quelques observations complémentaires. (J. D. G.)

FIN DU LIVRE SEPTIÈME.

www.ingramcontent.com/pod-product-compliance
Lightning Source LLC
Chambersburg PA
CBHW060548230426
43670CB00011B/1740